RECHERCHES
SUR LE
PÉRIGORD ET SES FAMILLES — III.

GÉNÉALOGIES
PÉRIGOURDINES

FAMILLES
DE LA CROIX, DE BEAUDET, DE MALLERET
DE BARRAUD, DE MARSOULIER, DE COUSTIN DE BOURZOLLES, D'ARLOT
D'AUROUT, DE BRONS, DE FAYOLLES DE PUYREDON
DE THOMASSON

PAR LE
COMTE DE SAINT SAUD
Membre du Conseil héraldique de France

Interroga generationem pristinam et diligenter investiga patrum memoriam.
JOB, VIII, 8.

IMPRIMÉ POUR L'AUTEUR
BERGERAC — IMPRIMERIE GÉNÉRALE DU SUD-OUEST (J. CASTANET)
1898

GÉNÉALOGIES
PÉRIGOURDINES

Imprimé à quatre-vingt-quinze exemplaires non mis dans le commerce et numérotés.

15 exemplaires sur papier de fil des cuves de M. Jardel, à Couze, numérotés de 1 à 15.

80 exemplaires sur papier vélin des Usines du Pont-de-Claix (Isère), numérotés de 16 à 95.

N°

RECHERCHES
sur le
PÉRIGORD ET SES FAMILLES — III.

GÉNÉALOGIES
PÉRIGOURDINES

FAMILLES
DE LA CROIX, DE BEAUDET, DE MALLERET
DE BARRAUD, DE MARSOULIER, DE COUSTIN DE BOURZOLLES, D'ARLOT
D'AUROUT, DE BRONS, DE FAYOLLES DE PUYREDON
DE THOMASSON

PAR LE
Comte de Saint Saud
Membre du Conseil héraldique de France

Interroga generationem pristinam et diligenter investiga patrum memoriam.
Job, viii, 8.

IMPRIMÉ POUR L'AUTEUR
BERGERAC — IMPRIMERIE GÉNÉRALE DU SUD-OUEST (J. CASTANET)
1898

AVERTISSEMENT.

Collige fragmenta ne pereant.

Depuis trois siècles environ qu'on s'occupe d'études héraldiques, de recherches généalogiques, de rédactions de généalogies pures, est-ce à dire que les façons d'opérer en cette matière, plus délicate qu'on ne croit, ont toujours été les mêmes? Pour qui connaît comment les d'Hozier, juges d'armes de France d'une part, et Chérin, le généalogiste des Ordres du Roi, Clérembault même, dressaient leurs dossiers à la même époque, il ne viendra à l'esprit de personne de répondre affirmativement. Aussi que de jugements divers sur ces généalogistes officiels ! Quand les amis du scrupuleux Chérin entendaient ceux de d'Hozier reprocher à Chérin sa froideur pour la noblesse, ses sentiments sévères à son égard, ils répondaient à ces derniers en se faisant l'écho du bruit, qui courut pendant tout le XVIIIe siècle, que les scrupules de messieurs d'Hozier de Sérigny se laissaient parfois facilement endormir.

Tous les grands auteurs d'ouvrages généalogiques, sauf peutêtre cette personnalité anonyme et complexe qu'on nomme le Père Anselme, ont à se reprocher les faiblesses des d'Hozier. Quand cela ne porte préjudice à personne, — on ne peut arguer de la vérité historique s'il s'agit de la très modeste histoire d'une famille, même qualifiée de maison, — pourquoi, disaient-ils tout bas, peiner d'honorables gens qui souscrivent à beaux (très beaux même) deniers à nos publications ? Pourquoi ne pas tenir compte dans une large mesure de traditions respectables, et ne faire preuve d'un peu d'imagination bienveillante dans l'agencement des degrés d'une filiation ?

C'est ainsi que dans le *Dictionnaire de la Noblesse*, par La Chesnaye des Bois, que dans le *Nobiliaire universel de France* par Saint-Allais, que dans les onze volumes des *Archives historiques de la Noblesse* par Laîné, que même dans l'*Histoire généalogique et historique des Pairs de France* par Courcelles, à côté de nombreuses et excellentes généalogies il s'en est glissé qui présentent des parties par trop faibles. Ces auteurs ont parfois accepté des mémoires complaisamment rédigés par les familles, sans les contrôler le moins du monde.

Je ne cite que les principaux nobiliaires, car il en est de dorés, ou leur faisant suite, édités plus récemment, qui sont d'une fantaisie que l'on peut presque taxer de scandaleuse.

Tant que le monde existera l'orgueil humain incitera certaines familles à rédiger ou faire rédiger leur histoire d'une façon incomplète et inexacte, bien heureux si elle n'est pas fausse. Ne retrouve-t-on pas à chaque instant des cadets, des filles, des alliances laissées de côté, des branches oubliées exprès, dans la crainte soit d'exposer leur dérogeance ou simplement leur pauvreté, soit de dire qu'un différend de famille avait éclaté ?

Il faut bien le reconnaître : il est un reproche assez réel qu'on adresse aux généalogistes, c'est de faire appel à l'amour-propre et d'amener les gens d'abord à se croire, puis bientôt à se prétendre ouvertement, ce que ni eux ni leurs aïeux n'ont été.

Ce reproche, réflexion faite, serait-il aussi fondé qu'il paraît ? L'amour-propre n'est-il pas le mobile d'actions tant bonnes que blâmables, et la pensée, souvent pieuse, de sonder le passé, de faire connaître la vie d'honneur, qui fut en somme celle de la grande chevalerie française comme de la modeste noblesse provinciale, de rechercher les causes de relèvement et hélas ! de décadence aussi d'un nom, ne peut-elle conduire à un retour sur nous-mêmes ? Plus qu'on ne croit il se dégage des lignes, si froides et monotones en apparence, d'une filiation, un enseignement philosophique et patriotique, un parfum de virilité, de courage, d'honnêteté qui réconfortent, surtout à l'époque troublée que nous traversons.

Ces généalogies fantaisistes, dont nous parlions plus haut, ont pour base un sentiment vrai, le culte du passé. Seulement par les exagérations que parfois il entraîne, et dont il faut se méfier, ce sentiment dévie et finit par donner prise à la critique, souvent même à la moquerie, alors qu'on respecte ce qui est exposé avec sincérité et sans forfanterie.

Cette façon d'écrire en côtoyant la vérité tend à disparaître, et — qu'on nous pardonne cette expression — « ça ne mord plus. » Elle est passée l'époque où l'orgueil de faire figure à Versailles faisait tomber des écus d'or dans les mains de fabricants de parchemins et de généalogistes complaisants, passée aussi l'époque, plus rapprochée de nous, où le romantisme se glissait partout, donnant à la Vérité une sœur charmante, la Légende, sans songer que la jonction de leur filiation est trop incertaine.

Notre fin de siècle n'a guère plus rien à découvrir en ces sortes de matières qui nous occupent. Mais si les grandes lignes nous font défaut, on semble se complaire au contrôle des textes, s'adonner à l'examen approndi et à la critique historique des documents anciens et même — pourquoi pas ? — à la recherche du détail. C'est là la seule tâche qui nous est dévolue, car du passé il ne subsiste plus que des épaves. *Collige fragmenta ne pereant*, a dit un auteur. Eh ! bien, puisque messire Jadis ne nous a légué que des fragments usons-en jusqu'à ce qu'usés à leur tour ils tombent en poussière !

L'accès, de plus en plus facilité, des grands dépôts publics de Paris et de province, les inventaires et catalogues qu'on en dresse et publie de tous côtés à fa fois, les moyens de communication plus faciles aujourd'hui d'un bout de la France à l'autre qu'autrefois entre deux sièges de sénéchaussées voisines, les relations que les revues spéciales, les sociétés d'érudition, les congrès amènent chaque jour entre les chercheurs, permettent, ou pour mieux dire engagent ces chercheurs à travailler avec plus d'ardeur et d'émulation. Un même sentiment consciencieux les dirige parce qu'il les domine ; partant, une même manière de voir, une même méthode s'imposent à eux.

Aussi que de progrès dans ce sens ont faits depuis quelques années les études généalogiques ! Pour cette raison elles ne sont plus un vain monument élevé, disons le mot, à l'orgueil d'une race ou d'une famille modeste. Elles contribuent, — elles en sont même une petite partie, — à cette histoire provinciale, que nos aïeux ne cherchaient pas à connaître puisqu'ils la « vivaient », mais que notre esprit investigateur veut comprendre, voir et toucher du doigt (l'amour du bibelot ancien le prouve).

Quand les généalogies parlent de fiefs ne servent-elles pas en effet à la géographie provinciale ? De fondations religieuses, à l'histoire ecclésiastique des diocèses ? Ne donnent-elles pas à chaque instant des détails inconnus et fort curieux sur les mœurs, les usages, les coutumes ? A tout moment on les consulte, et les travailleurs qui les critiquent sont les premiers à avoir recours à elles. Bref, elles sont dans leur simple sphère une expression de la Vérité que tout homme recherche ici-bas, sous quelque forme qu'elle se présente, et vers laquelle nous tendons toujours parce qu'elle est une émanation de la Divinité.

Tels sont les motifs qui nous ont engagé à publier ce volume de généalogies périgourdines, heureux s'il nous sera loisible de lui donner une suite. Réservons, soit pour cette suite, soit pour une étude sur les Bans de la noblesse du Périgord à la fin du XVIIe siècle, des considérations particulières sur cette noblesse. A défaut d'intérêt, ce volume-ci témoignera des efforts que nous avons faits pour parler consciencieusement du passé de quelques familles de notre province. Qu'on veuille bien excuser les lacunes et les erreurs involontaires qu'il renferme ; nous serons reconnaissant à nos lecteurs de nous les signaler.

Il est trois fidèles et érudits confrères, MM. Huet, G. de Gérard et F. de Bellussière, dont le zèle et les conseils, connus et appréciés de tous ceux que le passé du Périgord intéresse, ont facilité notre tâche. En tête de chaque généalogie nous avons nommé ceux qui ont bien voulu nous aider d'une façon plus particulière pour chacune. Le vicomte de Poli a autorisé l'application, sur notre livre, du sceau du Conseil héraldique de France, dont il est le savant président. A tous, merci !

Nous avons évité, autant que possible, les abréviations. Il en est cependant d'employées qu'il faut expliquer : *not.*, notaire ; *roy.*, royal ; *sgr* et *sgrie*, seigneur et seigneurie. Dans l'indication des sources : *Arch.*, archives, soit de châteaux, soit *admin.*, administratives, *dép.*, départementales, *mun.*, municipales. *Bull.*, indique un Bulletin périodique ; *ms* et *mss* signifient manuscrit ou manuscrits ; *nob.*, nobiliaire ; *f.,* folio ; *v.*, verso, *Soc.*, société ; *archéol.*, archéologique, et autres abréviations faciles à comprendre. *Reg. par.*, désigne les registres paroissiaux des églises, qui ont formé en 1792 le fonds de l'Etat-civil des communes. Quant aux mots : *Cabinet* (Cabinet de d'Hozier) ; *Carrés* (Carrés de d'Hozier) ; *Chérin* (Dossiers de Chérin) ; *Dossiers bleus, Ecoles, F. Périg.* (Fonds Périgord ou collection Lespine), *Fonds français, Nouveau d'Hozier, Pages des Grande et Petite Ecuries, Pièces Originales*, ils indiquent autant de fonds spéciaux conservés au *Cabinet des Titres* du département des *Manuscrits* à la *Bibliothèque nationale* à Paris.

La Valouze,
Noël 1897.

GÉNÉALOGIE

DE LA CROIX.

NIVERNAIS.
PÉRIGORD — SAINTONGE — BORDELAIS.
ANGOUMOIS.

1402 - 1897.

Par un motif de reconnaissance la famille de la Croix figure au début de ces essais généalogiques périgourdins. En effet, en 1888, alors que je ne m'intéressais que très modérément aux études héraldiques, je fus appelé à faire des recherches sur un la Croix du Repaire, officier supérieur des armées vendéennes, en vue de l'Edition originale des Mémoires de la marquise de la Rochejaquelein, qui allaient paraître. Ce qui avait été imprimé sur les la Croix dans le Dictionnaire de la noblesse par La Chesnaye des Bois, me parut si incomplet que je résolus de continuer mes recherches d'une façon plus approfondie. A la même époque, je trouvai aux Archives départementales de la Gironde des documents intéressants sur le Périgord; j'en pris copie pour les annoter et les publier dans la suite. C'est ainsi que peu à peu je me suis adonné à l'étude du passé des anciennes familles de ma province. L'ayant commencée par la Maison de la Croix, il est de toute justice d'en imprimer la généalogie en tête de ce livre.

M. de la Croix Saint-Cyprien a facilité ma tâche, non seulement par la communication des documents conservés dans son château du Chatelard, mais aussi par une aide constante; ce dont je lui suis infiniment reconnaissant. Je dois à M. de Boisville, le consciencieux et infatigable chercheur bordelais, la copie d'un essai manuscrit *sur les la Croix*, dressé en *1780 pour la branche du Bordelais, par l'abbé Baurein, archiviste de l'Intendance de Guyenne et de l'Ordre de Malte, l'auteur des* Variétés bordeloises. *Comme on le verra, j'y ai trouvé d'utiles détails; les mots* Ms. Baurein, *entre parenthèses, indiquent cette provenance. Quant au mot* Jouan, *aussi entre parenthèses, il désigne des pièces originales, ou copies anciennes en due forme, que j'ai vues et qui appartiennent à M. Jouan, mon confrère des Archives historiques de Saintonge; il les a acquises à l'extinction de la branche de Besne. Mon érudit confrère, M. Dujarric-Descombes, m'a communiqué de précieuses notes,* Mme *Nairac, M. de Fleury, M. Audiat et le baron Eschassériaux également. De son côté mon ami Xavier de Monteil a bien voulu faire des recherches fréquentes sur la branche aînée du Repaire (voisine de ses aïeux, les Lageard, seigneurs de son château de Cherval), dont les papiers, — disparus probablement à la Révolution, — m'eussent été bien utiles. Que tous ces aimables collaborateurs reçoivent mes cordiaux remerciements.*

LA VALOUZE
Mars 1897.

ARMES

D'ARGENT au lion de gueules, la patte sénestre appuyée sur une croix pattée d'azur, *(Production pour la maintenue de 1667; cachets de famille)*.

TIMBRE : Couronne de marquis.

SUPPORTS : Deux lions. — Les branches de Tougnan et de Jovelle avaient deux chevaux, *(Ms. Baurein)*.

DEVISE : *A cruce salus*.

VARIANTES

D'argent au lion de gueules, tenant de la patte dextre une croix d'azur. *(Armorial général de France de 1696;* registre *Guyenne*, f. 223, n° 219 de Périgueux)*; armes déclarées par *Gabriel de la Croix* le 13 juin 1698.

D'argent au lion de gueules, à la croix tourtelée d'azur à droite de la pointe de l'écu, *(Dossiers bleus,* 5,729 ; *Pièces originales,* 936; *Nob. du Limousin, par Nadaud)*.

D'argent à la croix alesée d'azur, surmontée d'un lion léopardé de gueules, *(Armorial du Périgord, p. Froidefond).*

D'or au lion de gueules, tenant une croisette d'argent sous sa patte, *(Armorial général de France de 1696 ;* registre de *Limoges,* f. 65 ; *id.* blasons coloriés, f. 24) ; armes déclarées par *J. et F. de la Croix, sgrs de la Chapelle et du Chaslard.*

SEIGNEURIES

Autefaye. — On trouve aussi *Haute-Faye.* — Métairie noble dans la châtellenie de la Tour-Blanche (Angoumois), actuellement écart de cette commune du canton de Verteillac (Dordogne).

Besne. — On trouve aussi *Baine.* — Fief dans la paroisse de Chénac, commune actuelle du canton de Cozes (Charente-Inférieure).

Bouilhaguet. — L'ancien nom de ce fief était *Denoux* ou *Devoux*. — Il appartint à une famille de Bouilhaguet qui dut le débaptiser pour lui donner son nom. Le 6 mars 1639 Arnaud Bazin, écuyer, sieur dudit Bouilhaguet, fils de Jean Bazin, écuyer, sieur de Mortfort, et de Jeanne de Bouilhaguet épousait Honorette Saunier de Châtillon. En 1667 cet Arnaud Bazin était condamné comme usurpateur de noblesse, il se qualifiait toujours de sieur de Bouilhaguet, son fils, François Bazin, également encore en 1686. Or la maintenue de noblesse du 1er janvier 1667, concernant les la Croix du Repaire, constate qu'ils habitaient Bouilhaguet et s'en qualifiaient seigneurs. Ce n'est cependant qu'à partir de la fin du xviie siècle qu'ils prennent couramment cette qualification dans les actes. Il est possible que la terre de Bouilhaguet ait été divisée en deux vers 1665, que les la Croix se soient rendus acquéreurs d'une partie d'abord, puis de l'autre plus tard. Vendu probablement nationalement en 1793, Bouilhaguet appartient actuellement à M. Térère, qui l'a acquis, il y a quelques années, de M. Puyrasat ; il est dans Gouts-Rossignol (Dord.).

Breuil d'Arces (Le). — Fief dans la commune d'Arces, voisine de Chénac (Charente-Inférieure) ; il n'a fait que passer en co-seigneurie chez les la Croix de Besne.

Chapelle (La). — Si ce n'est pas la paroisse de la Chapelle-Montabourlet (Dordogne), voisine de Mareuil, ce pourrait être une maison noble dans Rossignol.

Chaslard (Le). — Ancien nom de « l'hostel noble de Jovelle », est-il dit dans le testament d'Arnaud de la Croix en 1570. C'était donc dans la Tour-Blanche, et très probablement dans le bourg même.

Chatelard (Le). — Château et propriété actuels de M. de la Croix de Saint-Cyprien, commune de Passirac (Charente).

Claud (Le). — Pré et terres nobles mentionnés dans le partage de 1573 ; peut-être est-ce l'écart de ce nom qui est dans la Tour-Blanche.

Croix (La). — Château (la construction, du xve siècle, se compose d'un corps de logis flanqué de deux tours rondes), paroisse de Saint-Loup près d'Avril-sur-Loire, canton de Decize (Nièvre), (*Répertoire archéol. de la Nièvre*, col. 127). Il ne devait pas relever directement du duché de Nevers parce que, parmi les fiefs en dépendant, on ne trouve qu'une ferme du nom de *la Croix* dans la commune de Saint-Germain-Chassenay, et qui dépendait de la châtellenie de Decize, (*Inventaire des Titres de Nevers*, 817). Cependant en 1535 et 1540, comme on le verra à la fin de la généalogie, L. de la Croix rendit hommage pour le « domaine des Chapes, autrement appelé de la Croix, paroisse de Sainct-Loup, près d'Avril », relevant de Decize.

Une métairie des la Croix du Périgord, située probablement dans Gouts, se nommait aussi *la Croix*, mais on ne s'en qualifia jamais, même de *sieur*.

Devoux ou **Denoux**. — Voir *Bouilhaguet*.

Eygounias. — Ecart de la commune de Gouts-Rossignol (Dordogne).

Flory (Fleury)-**sur-Loire**. — Commune du canton de Decize (Nièvre).

Guichardie (La). — Maison noble dans la Tour-Blanche ; elle est désignée en 1723 par le curé de cette ville comme dépendant de sa paroisse, avec d'autres écarts dont le nom n'existe pas sur les cartes anciennes et modernes.

Hautefaye. — Voir *Autefaye*.

Jovelle. — Le nom le plus ancien serait *le Chaslard*. Ce fief comprenant un hôtel noble dans la Tour-Blanche, puis un château, relevait de cette baronnie. Il est dit dans plusieurs actes qu'il était situé paroisse de Cercles parce que l'église paroissiale de la Tour-Blanche ayant disparu vers 1500, les fonctions curiales furent faites jusqu'à la Révolution dans la chapelle de l'Hôpital, appelée N. Dame-de-la-Recluse, annexe de l'église de Cercles. Mais Jovelle était, et est encore en réalité, dans la paroisse de la Tour-Blanche. Jovelle arriva à la famille de Jehan par mariage, comme on le verra plus loin. Marie-

Louise de Jehan, héritière de sa branche, épousa, en 1832, le comte Ferdinand-Thibault de Galard-Béarn, et leur fils, le comte Charles de Galard-Béarn, mort en 1895, eut dans sa fortune maternelle le château de Jovelle. — En souvenir du fief primordial les la Croix donnèrent le nom de *fief de Jovelle*, à un petit jardin tenu à rente au devoir de 3 sols, sis dans leur terre du Jousset, paroisse de Thenac.

Lestang. — Peut-être l'*Étang-des-Faures*, village dans Gouts, proche de Mitounias, ou l'*étang* de Saint-Pardoux, dont il est parlé au partage de 1573.

Longue-Rouchette. — Voir *Repaire*.

Mitounias. — Anciennement *Mitonias* ; écart dans Gouts.

Puyozard. — *Puyojeard* dans la carte de Belleyme. — Fief et hameau dans la commune de Montrem (Dordogne). Il fut vendu vers 1731 par Gabriel de la Croix à M. Puylimeuil de Chantal, *(Ms. Baurein)*.

Repaire (Le). — « Le Repayre de *Longue-Rouchette*, autrement appelé *Chasteau-Rompu* », dit le partage de 1573 entre les frères de la Croix. Puis le nom de *Repaire* tout seul est resté et est devenu nom propre. L'emplacement de ce manoir ruiné était sur le tènement d'Eygounias, dans la paroisse de Gouts.

Saint-Cyprien. — Ancienne paroisse réunie actuellement à Chatignac, commune du canton de Brossac (Charente).

Thenac. — Anciennement *Tenac*. — Commune du canton de Saintes (Charente-Inférieure). Les la Croix n'y ont eu que la terre de Jousset et des droits seigneuriaux, provenant de l'alliance avec la famille de La Chambre, qui y possédait le fief de la Mothe-de-Thenac. Les deux autres fiefs de cette paroisse étaient : le marquisat de Monconseil et la terre de la Clochetterie. Ces trois châteaux se divisaient les rentes de la paroisse, dont la *motte féodale*, qui baptisa le repaire des La Chambre, donna à ces derniers une apparence de droit à se qualifier de *seigneurs de Thenac*. Jousset fut vendu par Marie-Andrée de la Croix, vicomtesse de Légé, le 26 mai 1767, pour 2.150 livres, à M. G. Capdevielle, négociant de Bayonne.

Tougnan. — Maison noble à l'extrémité du bourg de Saint-Loubès, arrondissement de Bordeaux. Elle fut vendue en 1833 à Eloi Vaultier de Moyencourt.

Vitrat. — Village dans la commune de Marval (Haute-Vienne).

Vivairon. — Moulin dans la commune de Brossac (Charente).

PREMIÈRE BRANCHE.

SEIGNEURS DE LA CROIX.

(NIVERNAIS)

1402-1592.

I. — Jean de Querret, dit de la Croix, vivait en 1402; il fut père de [1] :

1. Félix, qui aurait formé trois branches en Dauphiné (?).
2. Pierre, qui suit.

II. — Pierre de la Croix, damoiseau, demeurait en Beauce. On le croit père des suivants :

1. Jean, qui suit.
2. Peut-être Nicolas, décédé avant 1467. Cette année-là, sa veuve fut représentée au ban de la noblesse du Nivernais par Gilbert d'Avril, membre d'une famille voisine et alliée des la Croix dans la châtellenie de Decize, *(Inventaire des Titres de Nevers de l'abbé de Marolles, publiés en 1873 par le comte de Soultrait).*

---

(1) Une partie des renseignements qui ont servi à essayer d'établir la filiation de cette branche, furent recueillis en 1613, en Nivernais, par Charles de la Croix d'Hautefaye. Son père l'avait envoyé du Périgord dans cette province pour rechercher le berceau de sa famille, et savoir si ses parents du Nivernais ne détenaient aucune partie des biens auxquels il pensait avoir droit. Le peu qu'il apprit dans ce voyage fut consigné devant Dymes, notaire à Souvigny, le 27 mai 1613.

Il y avait en Nivernais, dans l'ancien comté de Château-Chinon, une autre famille de la Croix, sans rapport avec celle qui nous occupe.

III. — JEAN DE LA CROIX, damoiseau, seigneur de la Croix, vivait vers 1450. Il décéda avant 1491, et n'est connu que par le testament de son fils Pirotin. A lui commence la filiation absolument prouvée. Il eut :

1. PIROTIN, qui suit.
2. Peut-être GUINOT, écuyer, qui consentit une vente le 6 mars 1471 à Jean Chollier, curé d'Auroy, et qui fut père de :

    A. JEAN, écuyer, vivant le 18 mars 1504, d'après deux titres remis par M. de Murat. Il épousa *Anne d'Avril*, d'après une reconnaissance au terrier de St Loup en 1515, citée par M. de Villenaut *(Nobiliaire du Nivernais)*.

IV. — PIROTIN DE LA CROIX, écuyer, seigneur de la Croix. Capitaine de 50 hommes d'armes des Ordonnances (douteux selon M. de Villenaut), il épousa, croit-on, *Marie de Marole*, fille de Jean III, seigneur de Marolle, *(Ms. Baurein* d'après un mémoire de *Piganol de la Force)*. Il testa à la Croix, le 20 mai 1491, devant Heurat not. en présence de Jean de Congleton et de Jacques d'Aury, écuyers. (Copie dans les *papiers de Mme Nairac*.) Dans cet acte il rappelle son père et nomme :

1. JACQUES, qui contiue.
2. PIERRE, dit PERRIN, auteur de toutes les autres branches.

V. — JACQUES DE LA CROIX, écuyer, seigneur de la Croix et de Flory-sur-Loire (?).

Il fut héritier universel de son père, à charge de donner 1,300 livres à son frère Pierre, s'il revenait au pays natal. Il assista en 1520, comme gentilhomme, à la réformation de la coutume du Nivernais[1]. D'une femme inconnue il laissa :

VI. — LÉONARD DE LA CROIX, écuyer, seigneur de la Croix. Le 21 février 1535 il rendit hommage à Jeanne d'Albret, comtesse de Nevers, pour ses fiefs relevant de la châtellenie de Decize, *(Inventaire*, etc., ut suprà, et *Notes de Ch. de la Croix)*. Il dénombra ses fiefs le 2 août 1544 et vivait encore en

---

[1] C'est consigné non-seulement dans les notes rapportées par Charles de la Croix, mais aussi dans un arrêt du parlement de Bordeaux confirmant sa Maison dans sa noblesse.

1552. D'*Anne de Feytières*, sœur ou proche parente de noble Jacques de Feytières, il eut :

1. Gilbert, qui suit.
2 et 3. Anne et Marguerite.

VII. — Gilbert de la Croix, écuyer, co-seigneur de la Croix, père (frère serait plus plausible) du suivant.

IX. — Lazare de la Croix, écuyer, seigneur de la Croix. A la fin du XVIe siècle il aurait vendu sa terre de la Croix à Claude d'Autels qui en dota sa fille, mariée à Jacques de Murat, écuyer, seigneur d'Essards et de la Croix. Celui-ci, en 1613, donna une partie des détails ci-dessus, avec quelques titres, tels que le testament de Pirotin de la Croix, à Charles de la Croix d'Hautefaye, ajoutant que son beau-père, Claude d'Autels, décédé à 90 ans, lui avait toujours assuré que les la Croix étaient d'extraction ancienne et de vieille noblesse, et portaient comme armoiries « une croix et un lion sur icelle entre deux barres ». Le 24 décembre 1592 Lazare de la Croix, décédé dès 1613, avait transigé avec Jacques de Murat, (*Acte de 1613; Arch. du Chatelard*).

DEUXIÈME BRANCHE.

SEIGNEURS DU REPAIRE.

(PÉRIGORD)

1491-1793.

V. — PIERRE, *aliàs* PERRIN, DE LA CROIX, écuyer, seigneur de Mitounias, deuxième fils de Pirotin de la Croix, seigneur de la Croix en Nivernais.

Il servit sous le seigneur de Mareuil, et dut, pour cette raison, se fixer à Mareuil où il testa le 11 mai 1514 devant Puyrénier, notaire. Dans cet acte il nomme son père, de la succession duquel, dit-il, il n'eut rien, sa femme *Marguerite Pécon*, damoiselle (qui vivait encore en 1530), et son fils unique, qui suit. (*Arch. du Chatelard* et *Maintenue de 1698*).

VI. — MICHEAU DE LA CROIX, écuyer, seigneur du Claud et de Mitounias.

Il épousa *Louise Martin*, damoiselle, proche parente d'Hélie Martin, écuyer, sieur de Claupère, demeurant à la Tour-Blanche, qui fut, en 1570, curateur des fils d'Arnaud de la Croix[1]. Louise Martin, étant veuve, testa le 15 juillet 1530 [2] devant Martin not. et greffier, instituant son fils unique qui suit, (*Original aux Arch. du Chatelard*).

VII. — ARNAUD DE LA CROIX, écuyer, seigneur de Mitounias et de Jovelle.

Il s'unit à Mareuil le 3 janvier 1539, par articles reçus Petit et

---

(1) Ces Martin étaient de la même famille que les Martin, sgrs de la Faurie, près de la Tour-Blanche, branche des Martin de Châteauroy, qui portaient : *d'azur à deux fasces d'or*.

(2) La maintenue de 1698 dit par erreur : 1550.

Coustures, not., à *Claire Mercier*, fille de Pierre Mercier[1] et d'Honorette Rousseau, (*Arch du Chatelard*). Claire eut 8,000 livres de dot (jolie somme pour l'époque) et le fief de Jovelle ; elle hérita postérieurement de grands biens.

Arnaud figure au ban de la noblesse d'Angoumois en 1549 (*Jouan*) ; il fit un testament mutuel avec sa femme devant Grelière, not. roy., à Mareuil, le 20 septembre 1556, insinué à Périgueux le 12 novembre suivant, (*Original aux Arch. du Chatelard*).

Le 14 août 1570, Carrier et Geslard, not., reçurent un nouveau testament d'Arnaud « en son hostel noble de Jovelle ou du Chaslard. » (*Arch. du Chatelard*, où il est en triple expédition).

Ils eurent comme enfants :

1. Jean, qui suit.
2. Autre Jean, sgr de Douzac, auteur de la *branche de la Jarte et de Tougnan*.
3. Pierre, qui a formé la *branche de Jovelle*.
4. Marguerite, mariée avant 1556 avec Mᵉ *Jean de la Place*, qualifié seulement de juge de Montréal dans le testament de son beau-père, mais il est qualifié d'écuyer et de seigneur de Puyguérault en Saint-Cybard, dans un acte de cession du 8 juin 1571, par lequel sa femme cède à ses frères la part qui lui revient « avec droitz, actions, propriétés soyt de chasteau, chastellanyes, terres et juridictions des Combes, la Dausse, Saint-Sulpice, avec cens, rentes, devoirs seigneuriaux... » dans la succession des Mercier, (*Arch. dép. de la Gironde*, E, 252, n⁰ 5, *Duvillé, not.*).
5. Françoise, mariée après 1556 avec *Jean de Vars*, écuyer, seigneur de Vauzelle, de la paroisse de Nanteuil-de-Bourzac. Elle testa le 18 septembre 1605, (*Arch. dép. de la Dordogne, Insinuations*). Elle mourut et fut enterrée à Bourg-des-Maisons en 1605, (*Reg. par. de B.-des-Maisons*).
6. Norette (Honorette). Elle passa contrat de mariage le 22 mai 1564 avec *Dauphin de Maillard*, écuyer, sgr de la Vocarie, fils de Jean de Maillard, écuyer, sgr de Lafaye et de la Vocarie, et de Marguerite de Roisson, (*Arch. de la Combe*). Elle testa le 15 décembre 1591, *aliàs* 1593.

---

(1) Pierre Mercier, riche marchand, n'est qualifié dans cet acte que d'*honorable homme* ; ce n'est qu'après sa mort, dans le partage de 1573, qu'on le décore des titres d'écuyer et de seigneur de Léguilhac. Ses fils Jean et François Mercier, frères de Claire, qualifiés d'écuyers et de seigneurs des Combes et de Lavergne, laissèrent une partie de leur fortune à leurs neveux de la Croix. Les fortunes territoriales des familles de Fayard et de Maillard, viennent en partie d'alliances contractées vers les mêmes époques avec ces Mercier.

7. ANTOINETTE, ou TONIE, mariée après 1556. Peut-être est-elle l'Antoinette mariée avec *François de Vaux*, sgr de Tranchard et des Ecuyers. Elle aurait embrassé la Réforme, et vivait encore en 1602, date du mariage de son fils, Marc de Vaux, avec Renée Dorin, *(Arch. dép. de la Dordogne, Insinuations).* Lequel Marc ou Marquis assista comme proche parent au contrat de mariage la Croix et Morel.

VIII. — JEAN DE LA CROIX, écuyer, d'abord co-seigneur de Jovelle, puis, après le partage de 1573, seigneur de Mitounias, d'Eygounias et du « repaire noble de Longue-Rouchette, austrement appelé Chasteau-Rompu », qui, par la suite, fut simplement dénommé *le Repaire*.

En effet, le 8 juin 1573, il y eut un partage entre Jean de la Croix et ses frères, à la suite d'un long procès. Jusqu'alors Pierre, le plus jeune d'entre eux, avait joui de Mitounias, alors que ses aînés possédaient par indivis Jovelle et Douzac ; il eut en partage Jovelle et la métairie de la Croix ; Jean, le cadet, eut pour sa part la grande maison de Mareuil, plusieurs métairies, dont celle de Douzac, de Lespinasse et des Colombières, la terre et le pré nobles du Claud, puis des biens dans Saint-Priest-de-Mareuil. Jean, l'aîné, eut, outre Mitounias et Eygounias, les métairies de Ramonche, du Paul, de Naine, du Mas, des biens à l'Etang, la moitié de l'étang de Saint-Pardoux et une maison à Mareuil. *(Arch. du Chatelard.)*

En 1593, Jean de la Croix transigea avec sa sœur Norette : il acquit conjointement avec ses frères pour 1100 livres la part de sa sœur Marguerite sur les châtellenies de la Dausse, des Combes, etc., comme on l'a vu plus haut.

Il se maria deux fois : 1º avec *Catherine Amblard*. (Baurein donne la date du 14 juillet 1572 au contrat, mais ce doit être une erreur puisque Florence, fille de Jean, naquit avant 1570 et que sa sœur se maria en 1577). 2º le 27 mai 1578, contrat retenu Mauge not., avec *Louise Dumas*, damoiselle, qui testa le 21, *alias* 24, octobre 1626, *(Maintenue de 1698).* Son mari était mort dès 1604, laissant du premier lit :

1. PIERRE, qui continue la postérité.
2. MARGUERITE, mariée par contrat du 8 janvier 1577, avec *Hélie de Saint-Angel*, sieur de la Bredde, avocat, fils de Jean de Saint-Angel,

écuyer, sieur de la Vorie, conseiller au parlement de Bordeaux et de Jeanne de Valbrune, *(Nobil. de Guyenne*, 1, 382).

3. FLORENCE. Elle est nommée au testament de son père et est légataire de son aïeul pour 1,000 livres tournois. On peut l'identifier avec Florence de la Croix unie avant 1596 à *Pierre Pastoureau*, probablement fils de Thibault Pastoureau, sieur de la Grange, et de Marguerite de La Brousse, (*Bull. Soc. archéol. du Périgord*, xv, 259). Florence testa devant Lenoble, not., le 26 octobre 1607, *(Arch. dép. de la Dordogne, Insinuations)*.

IX. — PIERRE DE LA CROIX, écuyer, seigneur du Repaire de Longue-Rouchette.

Par contrat filiatif du 24 janvier 1604, reçu à la Chébaudie, paroisse de Palluau, en Angoumois, par Chabaud, not., et insinué à Périgueux le 5 mai suivant, Pierre de la Croix épousa *Madeleine de Morel* fille de noble Théophile de Morel, sgr de la Chébaudie et de Marie Régnault[1], *(Arch. dép. de la Dordogne, Insinuations.)* Il testa devant Defrance, not. roy., le 8, *aliàs* 28, septembre 1640, (*Ms. Baurein*, et *Maintenue de 1698*). Je ne lui connais comme enfant que le suivant :

X. — PIERRE DE LA CROIX, écuyer, sieur de Boistel du vivant de son père, puis du Repaire et d'Eygounias.

Bosroyon, not., reçut le 13 août 1645 son contrat de mariage avec *Anne Roux*, damoiselle *(Maintenue de 1698)*, fille de Gabriel Roux, écuyer, sieur des Combes, et de Jeanne de Talleyrand, (*Nouveau d'Hozier*, 294, f. 101). Assigné à Périgueux, lors de la Recherche de 1666-71 des usurpateurs de noblesse, il obtint un jugement de maintenue avec son fils Gabriel. (Voir plus loin).

Pierre de la Croix mourut au commencement de janvier 1667, le 12 de ce mois sa veuve fit procéder à l'inventaire de sa fortune, *(Original aux Arch. de la Valouze)* ; elle fut enterrée à Mareuil le 12 août 1684, (*Reg. par. de Mareuil*), laissant :

1. GABRIEL, qui continue.

---

(1) Les Morel, en Angoumois, Saintonge et Périgord portaient : *d'argent, à une aigle de sable en bande, écartelé d'or à 3 fleurs de lys de sable* (Dossiers bleus). La filiation remonte à Ithier de Morel vivant en 1365. J'espère donner, dans la suite, un essai généalogique sur cette famille qui posséda des fiefs le long de la Lizonne et de la Dronne, et que l'on dit encore représentée en Belgique.

2. Autre GABRIEL, auteur de la *branche de Besne*.
3. CLAIRE, mariée par contrat du 28 février 1685, retenu Farges not., à *Hélie Moutet*, sieur de Lambertie, *(Minutes de Farges, not. à Gouts)*. Elle alla demeurer à Saint-Paul-Laroche.
4. SUZANNE. Elle habitait Corgnac le 24 juin 1697, date d'une transaction avec son frère Gabriel l'aîné, *(Minutes de Farges)*.

XI. — GABRIEL DE LA CROIX, écuyer, seigneur du Repaire et d'Eygounias. Il demeurait à Bouilhaguet en 1697; (voir ce nom dans la liste des seigneuries).

Il épousa (bien jeune à en juger par le contrat de mariage de son père, qui put, il est vrai, le passer *post nuptias*, de même que lui, *ante nuptias*), par contrat reçu Joly not. le 7 novembre 1661, *Marie de Pindray*, demoiselle des Granges [1]. Le contrat fut insinué à Périgueux le 8 janvier 1662, *(Arch. dép. de la Dordogne, Insinuations)*.

Il produisit, lors de la première Réformation, avec son père devant Montozon, subdélégué de l'Intendant à Périgueux, les 28 décembre 1666 et 1er janvier 1667. Il en obtint décharge *(Jouan)*. Il fut également maintenu dans sa noblesse le 10 mai 1704, lors de la seconde Réformation, *(Arch. dép. de la Gironde, Cour des Aides*, liasse : *Noblesse)*.

Marie de Pindray testa le 27 novembre 1687. Enfants :

1. PIERRE, qui suit.
2. FRANÇOIS, nommé au contrat de mariage de son frère et de sa sœur; c'est probablement celui qui, lieutenant d'une compagnie d'invalides, mourut à 38 ans le 13 juillet 1723 et fut inhumé à Dournazac.
3. PHILIBERT, écuyer, sieur de Fayolles, et Vitrat, nommé dans les mêmes contrats. Il naquit vers 1685, étant dit âgé de 60 ans dans son acte de décès survenu le 30 mars 1745 à Vitrat [2]. Il avait épousé dans l'église de Dournazac, le 17 janvier 1711, *Marie de Laumonerie* ou de *La Monerie*, du village de Lastérie; elle décéda âgée de 50 ans le 25 septembre 1748, ayant eu :

   A. JEAN, écuyer, sieur de Vitrat et Fayolles, né le 24 juin 1714 et mort noyé le 8 janvier 1761. Il avait épousé à Marval le

---

(1) Je n'ai pu trouver la filiation de Marie de Pindray qui devait appartenir, vu le voisinage, aux Pindray, seigneurs d'Ambelle, Maraffy, etc., portant : *D'argent au sautoir de gueules*.

(2) Ce qui concerne Philibert et sa descendance est donné d'après le *Nobiliaire du Limousin*, par Nadaud, III, 19 et 413.

10 juin 1748 *Anne-Madeleine-Françoise de Châteauneuf*, fille des feus Emmanuel de Châteauneuf, écuyer, sgr du Chalard, et Aimée de David de Lastours. Madeleine de Châteauneuf décéda à Vitrat le 26 juin 1771, ayant eu :

    a. Jean-Louis, né le 20 décembre 1750, vivant encore en 1786.
    b. Emmanuel, baptisé le 6 décembre 1751.
    c. et *d*. Marie et autre Marie, décédées en bas-âge.
    e. Madeleine, née en décembre 1754.
    f. Charles, né le 21 octobre 1757.
    g. François, né le 19 avril 1759.
    h. Marguerite, née posthume en avril 1761.

  B. Pierre, né le 11 mai 1718.
  C. Marie, née le 20 juin 1723.

4. Isabeau. Son mariage fut célébré en l'église de Gouts, le 2 août 1700, avec *Jean de Monsalar*, sieur de la Foucaudie, fils de François de Monsalar et de Françoise Faydi, *(Reg. par. de Gouts).*
5. et 6. Deux autres filles, citées, mais non prénommées, dans le contrat de mariage de leur frère Pierre. L'une d'elles pourrait très bien être *Suzanne de la Croix*, dame de La Brousse, qui fut, en 1718, marraine d'une fille de Pierre qui suit.

XII. — Pierre de la Croix, écuyer, seigneur du Repaire et de Bouilhaguet, capitaine au régiment de Ruffec.

Il épousa *Catherine Faucher*, demoiselle du Mazat, fille de feu François Faucher, écuyer, seigneur de Versac, et de Clauzurou, et de Jeanne Régnault [1]. Le contrat fut passé au château de Clauzurou, paroisse de Champagne, par Farges, not., le 29 janvier 1706 ; la dot était de 7.200 livres, *(Arch. dép. de la Gironde, Cour des Aides*, liasse : *Noblesse.)* Le mariage religieux fut bénit à Gouts le 6 février suivant.

Pierre de la Croix mourut avant 1737 ayant été père de :

1. Pierre, qui suit.
2. Jean-Marius, né en septembre 1708 [2].

---

(1) La famille Faucher, dont le trop célèbre Magny a donné une généalogie inexacte dans son *Livre d'Or*, a pour auteur un avocat du Roi au présidial de Périgueux, dont le fils, Isaac, fut anobli par lettres patentes d'octobre 1594 et de juillet 1595, *(Arch. dép. de la Gironde, C. 3803)*. Les armes de cette famille sont : *d'azur à un faucheux* (sauterelle) *d'or*.

(2) Cette date de naissance et les suivantes proviennent des registres paroissiaux de Gouts.

3. Jean-François, né et mort en 1712.
4. Louis, baptisé le 21 septembre 1713.
5. Jean, écuyer, sieur de Bouilhaguet, décédé à Gouts le 5 septembre 1760, âgé de 48 ans dit par erreur l'acte de décès : il peut être le même que Jean-Marius ci-dessus.
6. Claire-Thérèse, née le 1er juin 1714.
7. Gabriel, écuyer, co-seigneur du Repaire. Il naquit le 1er août 1715. Il habita quelques années Angoulême avec sa femme *Marie-Anne de La Coufrette*, *(Arch. dép. de la Charente, E, minutes de 1763 de Jehan not. à Angoulême.)* Je n'ai pu avoir sur lui d'autres détails; l'ancien Etat-civil d'Angoulême ne donne rien.
8. Jean, baptisé le 8 février 1717, religieux de l'ordre de Saint-François (Cordeliers).
9. Suzanne, tenue sur les fonts baptismaux le 6 avril 1718 par Philibert de la Croix de Fayolles, et Suzanne de la Croix, dame de Labrousse.
10. Marie, baptisée le 9 avril 1720.
11. Autre Marie, née en 1721.
12. Barbe, née le 1er juillet 1723. Une des filles fut religieuse à Fontaines.

XIII. — Pierre-Jean de la Croix, écuyer, seigneur du Repaire, de Bouilhaguet, d'Eygonias.

Par contrat du 30 décembre 1737, retenu par Pichon aîné not. roy. à Mareuil, il épousa *Marie de Beaupoil de Saint-Aulaire*, fille d'Etienne de Beaupoil, chevalier, sgr de Farges, et de Jeanne de Labrousse [1], *(Cour des Aides, ut suprà)*.

M. du Repaire mourut avant 1752. Enfants :

1. Gabriel, qui suit.
2. Etienne, né en 1739 et mort en 1752, *(Reg. par. de Gouts)*.
3. Marie-Madeleine, née le 17 mai 1741. Elle se maria avec *Nicolas Roux*, chevalier, seigneur de Romain, fils de Nicolas Roux, chevalier, sgr de Vigneras, et de feue Marie de Campniac, demeurant à Pombeau, à Saint-Front-la-Rivière. Le contrat fut signé en présence de Pindray, not. roy., le 4 août 1762 « au repaire noble de Devoux autrement Bouillaguet » *(Carrés de d'Hozier, 556, f. 178)*; le mariage religieux eut lieu à Gouts le 6 septembre suivant.
4. Jeanne, née le 31 mars 1743.

---

(1) Cette branche des Beaupoil, très peu connue, descend des seigneurs de Théliac, issus eux-mêmes de la branche de Brie. Elle vint en Périgord à la suite de diverses alliances; Farges, paroisse de Vanxains lui arriva par un mariage avec les Journard, en 1676, et en sortit par un autre avec les Ribeyreix en 1750. Elle était encore représentée dans la Double à la fin du siècle dernier. Armes : *De gueules à 3 couples de chiens d'argent, liés d'azur.*

5. BARBE, née le 12 février 1746. Elle, ou sa tante Barbe de la Croix, fut religieuse hospitalière à l'Hôpital Saint-Louis, à Angoulême.
6. Peut-être MADELEINE DE LA CROIX DU REPAIRE, mariée religieusement à Fontaines, le 16 juin 1770, avec messire *Alexandre de La Faye*, seigneur du Repaire, de la paroisse de Bourdeille, *(Reg. par. de Fontaines)*.

XIV. — GABRIEL DE LA CROIX, écuyer, seigneur du Repaire de Bouilhaguet, etc.

Né le 29 septembre 1744, il fut baptisé le 8 octobre suivant. Dans le contrat de mariage de sa sœur il est dit lieutenant au régiment de Chartres. Il aurait été chevalier de Saint-Louis.

Il épousa par contrat de mariage du 5 octobre 1766, *Anne-Marie de Villoutreys*, fille de Jean-Alexandre de Villoutreys, chevalier, seigneur de la Meynardie, Ste-Marie-de-Frugie, et de Blaise de Ribeyreix (*Arch. dép. de la Gironde*, B, 1596); Anne-Marie mourut avant 1780, (*Ms. Baurein*).

M. du Repaire vota en personne en 1789 à Périgueux pour les Etats-Généraux.

Il figure à bon droit sur la liste des émigrés de la Dordogne, car il partit d'abord pour l'étranger; mais il revint en France et prit du service dans les armées vendéennes et fut membre du conseil supérieur de l'armée royale. « M. de la Croix, dit la marquise de La Rochejaquelein dans ses *Mémoires*, d'abord émigré, était très brave et très bon homme, plein de zèle, sans nulle ambition. » Fait prisonnier, il dissimula son vrai nom sous celui de Nicolas Barlet, mais il fut dénoncé comme officier par des volontaires de son armée, qui espéraient obtenir leur grâce par cette lâcheté et n'en furent pas moins fusillés. Il fut condamné le 21 décembre 1793 et exécuté à Nantes, où son jugement le nomme « Lacroix Durepaire, Gabriel, né en Dordogne, ci-devant émigré et militaire. » (*Mémoires..... La Rochejaquelein* et *La Justice révolutionnaire à Nantes, Lallié*).

1. MARIE, née le 17 sept. 1771, *(Reg. par. de Gouts.)*
2. Autre MARIE, née le 2 décembre 1772, *(Id.)*
3. ANNE-MARIE, née le 2 février 1774. Avec sa sœur Anne elle fut reçue chanoinesse de Saint-Antoine-de-Viennois (Ordre de Malte), sur preuves de seize quartiers de noblesse, *(Annuaire de la Noblesse*, 1869, p. 371).

4. Marie-Madeleine, née le 15 août 1775.
5. Anne, née le 11 mars 1777.

※※※※※※※※※※※

Ainsi finit la branche aînée des la Croix du Périgord. M. du Repaire, figurant sur la liste des émigrés, ses biens furent vendus nationalement, ses papiers brûlés ; Bouilhaguet, où il habitait, passa en diverses mains et est, de nos jours, à M. Térère. Malgré d'actives recherches mon ami X. de Monteil et moi nous n'avons pu découvrir ce que sont devenues la dernière dame du Repaire et ses cinq filles.

TROISIÈME BRANCHE.

SEIGNEURS DE BESNE.

(SAINTONGE)

1677-1869.

XI. — GABRIEL DE LA CROIX, écuyer, co-seigneur du Repaire et du Breuil d'Arces, seigneur de Joussac.

En 1677 il était officier dans les armées royales, *(Arch. de la Valouze)*.

Par contrat passé devant Marchay, not. roy., le 10 février 1681, à Besne, paroisse de Chénac, en Saintonge, Gabriel de la Croix s'allia à *Marie Duboys*, fille d'Ole Duboys, écuyer, seigneur de Besne, et de feue Marie de Cérétany, *(Jouan)*.

Bégon, intendant de la Rochelle, le maintint dans sa noblesse le 10 novembre 1698. Le 22 mars 1684, est-il dit dans ce jugement (dont M. Jouan nous a montré l'original), il donna quittance à son frère Gabriel de ses droits héréditaires.

Enfants :

1. JEAN, qui continue la postérité.
2. SÉRÈNE, née à Besne le 15 août 1683. Elle aurait épousé *Jacques de La Porte*, écuyer, sieur de Faubert et de la Vigerie, auquel elle aurait apporté la co-seigneurie du Breuil d'Arces, *(Revue de Saintonge*, 1888, p. 381).
3. LOUISE, née au même lieu le 25 novembre 1695.

XII. — JEAN DE LA CROIX, chevalier, seigneur de Besne.

Il épousa par contrat filiatif, par devant Châteauneuf, not., à Salles, paroisse de Saint-Fort, le 16 septembre 1721, *Bénigne Judith* (aliàs *Julie*) *de Cumont*, fille de Rabaine-

Gouaud de Cumont[1], chevalier, seigneur de Charmelœuil, et de Judith Peanne (*Jouan*). Ils eurent :

1. CHARLES, né à Besne le 24 juillet 1722, *(Reg. par. de Chénac)*.
2. GABRIEL-HENRI-CLAUDE, né le 3 février 1724, *(Id.)*.
3. JEAN-TIMOTHÉE, qui continua la descendance.
4. BÉNIGNE, demoiselle de Besne, née le 30 juin 1729. Elle contracta deux mariages : le premier avec *François-Louis du Breuil de Théon*, chevalier de Saint-Louis, capitaine au régiment de Tresnel, sgr de Javrezac. Le contrat fut retenu par Rivalland, not. roy., le 25 juillet 1749 ; la bénédiction nuptiale est du 29 suivant, *(Reg. par. de Chénac)*. Elle épousa religieusement en secondes noces, le 2 mai 1766, *Jacques*, aliàs *François-Germain, de Goubert*, chevalier de Saint-Louis, chef d'escadre, sgr de Faubert et co-sgr du Breuil d'Arces, veuf de Marie-Gabrielle Ancelin de Saint-Quentin, et fils de feu Jacques de Goubert, aussi écuyer et officier de marine, et de Marguerite-Françoise Légé, *(Reg. par. de Chénac et Revue de Saintonge*, 1888, p. 381).
5 et 6. GABRIEL et PIERRE, décédés en bas âge.
7. ALEXANDRE, né le 30 janvier 1727, *(Jouan)*.

XIII. — JEAN-TIMOTHÉE DE LA CROIX DU REPAIRE, écuyer, seigneur de Besne, chevalier de Saint-Louis.

Il naquit à Besne le 20 juillet 1725, *(Reg. par. de Chénac)*.

D'abord lieutenant puis capitaine au régiment de Laval-Infanterie, le 15 novembre 1746, il fut versé dans celui de Cambis, le 1er février 1749. Retiré le 8 janvier 1760, il fut nommé chef de division des Gardes-côtes, compagnie de Royan, le 1er mars 1779. Il avait été blessé à Raucoux et Berg-op-Zoom, (*Arch. admin. du ministère de la Guerre*).

Le 31 juillet 1750, M. du Repaire, comme on l'appelait, s'unit à *Hippolyte de Luchet de Rochecoral*[2], fille de messire Jean de Luchet et de Marguerite du Souchet. Le contrat, passé devant Rivalland, not. roy., à la Mothe-Rochecoral, paroisse de Saint-André-de-Lidon, constate un apport dotal de 400 livres de pension, suivi de 12,000 livres de capital futur, (*Jouan*).

---

(1) M. de Cumont devait ses bizarres prénoms à sa mère Marie de Rabaine. La famille de Cumont de la vieille noblesse de Saintonge, dont les premiers auteurs connus avec certitude vivaient à Saint-Jean-d'Angely, porte : *d'azur à la croix pattée d'argent*.

(2) Luchet de La Mothe, en Saintonge, porte : *d'argent, au lion couronné de gueules*.

. Le comte de Livenne de Balan le remplaça à l'Assemblée de la noblesse de Saintonge en 1789, il prit part à celle de l'Angoumois.

Malgré ses services il fut condamné à mort, et périt à Rochefort sur l'échafaud révolutionnaire le 15 germinal an II (4 avril 1794)[1].

Je ne lui connais comme enfants, que :

1. François-Eutrope, qui suit.
2. Marguerite, mariée avant 1780 à *Guy de Pindray*, écuyer, chevalier de Saint-Louis, chef de bataillon, demeurant à Barbezieux *(Ms Baurein* et *Revue de Saintonge*, 1891, p. 18).

XIV. — François-Eutrope de la Croix du Repaire, chevalier, seigneur de Besne.

Il naquit à Besne le 8 novembre 1751 (*Reg. par. de Chénac*). Lieutenant au régiment provincial de la Rochelle le 3 mars 1773, il émigra dès 1791, servit dans l'armée de Condé puis au corps anglais de Williamson. La croix de Saint-Louis lui fut donnée le 12 mai 1800, (*Arch. admin. du ministère de la Guerre.*)

Rentré en France M. de la Croix et sa femme, née *Marie-Suzanne Suire du Bourg*, se fixèrent à Etriac dans la Charente. Ils habitèrent ensuite, dès 1813, le castel de la Mothe dans Saint-André-de-Lidon ; ils eurent :

1. Barthélemy, qui suit.
2. Georges-Jacques-Ulric, né à Jazennes, diocèse de Saintes, le 26 janvier 1784. Il épousa par contrat du 7 avril 1813, à Cozes, devant Etienne Magistel notaire, *Léondine* (sic) *Cazaud*, fille de Léon Cazaud et de Marie-Louise Gérard, (*Jouan*). J'ignore s'ils ont eu de la postérité.

XV. — Jean-Timothée-Barthélemy de la Croix du Repaire, né à Jazennes le 6 juin 1782 (*Reg. par. de Jazennes*), et décédé vers 1868.

Il épousa à Chénac (Charente-Inférieure), le 16 mars 1807

---

(1) J'ai vu une copie authentique de son acte de décès, aux mains de M. Jouan ; il n'a donc pas été guillotiné à Paris comme il est dit p. 53 de la *Noblesse de Saintonge... aux Etats généraux*.

Louise-Athalie-Elisabeth d'Asnières, fille adoptive de Léon d'Asnières, (*Etat-Civil de Chénac*).

Née le 21 juillet 1791, elle mourut à Chénac le 25 février 1873 (*Id.*), survivant à son fils unique :

1. ALFRED-FRANÇOIS-EUTROPE-BARTHÉLEMY-LÉON, né en 1814, décédé sans alliance à Léhon (Côtes-du-Nord), et inhumé à Chénac le 17 mars 1869, (*Jouan*).

QUATRIÈME BRANCHE.

SEIGNEURS DE PUYOZARD ET TOUGNAN.

(PÉRIGORD ET BORDELAIS)

1572-*Existe*.

VIII. — JEAN DE LA CROIX, écuyer, sieur de la Jarte (terre provenant de Pierre Mercier, écuyer, sgr de la Jarte), de Douzac, du Pinié, du Claud.

Par contrat du 14 juin 1572, Fournier not., il épousa *Marguerite Dussault*, fille de Girard Dussault, écuyer, sgr de Birac et Villars-Marange, et de feue Claire Méhée [1], (Ms Baurein).

Il aurait épousé le 8 juin 1573 *Jeanne Sequaire de Veyret*, d'après La Chesnaye-Desbois.

Avec d'autres gentilshommes calvinistes, il prit part, en 1575, à la prise de Périgueux : « Quelques-uns de la Croix, de Mareuil, qui se faisoient nommer de Douzac et de Jouvelle. » (*Chevalier de Cablanc, Histoire ms de Périgueux*).

Jean de la Croix testa le 12, *aliàs* 19, novembre 1610, ayant eu :

1. GUILLAUME, qui suit.
2. GABRIEL, écuyer, co-seigneur de Douzac et sieur du Claud, maintenu dans sa noblesse le 29 mai 1617. Il se maria le 16 mai 1622 avec *Jeanne de Sescaud*, fille de François de Sescaud, écuyer, sgr de Saint-Just et Puyrigard et de Marguerite de Sans [2].

---

[1] Dussault de Villars porte : *D'azur à l'aigle éployée d'argent au vol abaissé, becquée et membrée d'or.*

[2] Les Sescaud, originaire de l'Angoumois, étaient arrivés en Périgord par le mariage de Jean de Sescaud, sgr de Puyrigard. avec Gabrielle des Alles, dame de Saint-Just. Armes : *D'azur à 3 chevrons d'argent accostés de 3 étoiles du même.* (On trouve aussi les émaux inversés).

Vers 1630, il aurait épousé en secondes noces *Claire Grant*, fille de Jacques Grant, écuyer, seigneur de Luxollière et de Suzanne de La Porte, *(Note de M. de Bellussière).*

Il mourut sans enfants après mai 1648 *(La Chesnaye)*, et sa métairie du Mas revint à la branche de Jovelle. En 1654, sa veuve habitait à Mareuil la maison noble des la Croix.

3. PIERRE, écuyer, co-seigneur de Douzac. Il habitait Mareuil et y mourut sans enfants *(La Chesnaye)*. Le 27 mai 1617, il obtint avec ses frères une sentence des Elus de Périgueux relative à sa noblesse, qui fut également constatée par un arrêt du Parlement de Bordeaux, le 16 mars 1619, où sont relatés quelques actes concernant les la Croix du Nivernais, *(Arch. du Chatelard* et *papiers de Mme Nairac).*
4. JEANNE, demoiselle de Boins. Seguin, not. roy., passa son contrat filiatif de mariage à Soulet, le 23 janvier 1633 avec *Louis de Lestang*, écuyer, sieur de Charron, fils de feu François de Lestang, sgr dudit lieu au marquisat d'Aubeterre, et de Catherine de La Porte, *(Arch. dép. de la Dordogne, Insinuations).*

IX. — GUILLAUME DE LA CROIX, écuyer, sieur de la Jarte, de Douzac, du Pinié, puis de Puyozard.

Jeanne de Mourcinq, fille de François de Mourcinq, sieur de Puyozard et de Jeanne d'Essan (Dexans ?), à laquelle il s'unit, lui apporta cette dernière terre et 5.000 livres de dot. Le contrat fut passé le 26 mai 1622 par devant Bonichon, not. *(Ms Baurein).*

Guillaume fut maintenu dans sa noblesse lors du régalement des tailles, en 1635, et convoqué au ban de la noblesse du Périgord en 1639. Un mémoire de famille, souvent erroné, lui donne comme femme une *Jeanne Ouvriers*. Il testa le 17 mai 1644, à Périgueux, devant Destompe, not. roy., nommant ses quatre enfants, *(Papiers de Mme Nairac).*

1. GABRIEL, qui suit.
2. MARIE, mariée à *Hélie de Seignes*.
3. JEANNE, mariée à *Guillaume Merveille*, conseiller au présidial de Périgueux.
4. MARGUERITE, non mariée en 1644.

X. — GABRIEL DE LA CROIX, écuyer, avocat en parlement, sieur de la Jarte.

Il épousa à Ribérac, par contrat filiatif du 19 février 1656, retenu Deguilhaume, not., *Paule Mège*, fille d'Arnaud Mège et de Marie Boule remariée à Jean Durieu, *(Ms Baurein* et *papiers de M*^{me} *Nairac*). Il décéda en 1713 à Bordeaux, où il était venu habiter.

Enfants :

1. GUILLAUME, qui suit.
2. GABRIEL qui entra comme novice dans la Compagnie de Jésus en 1692 et prononça ses vœux à Bordeaux le 8 septembre 1694, *(Arch. de la Compagnie de Jésus)*. En 1738 il se fit représenter comme parrain à Saint-Loubès par son neveu Joseph de la Croix.
3. Peut-être JEANNE, à moins qu'elle ne soit du degré précédent.

XI. — GUILLAUME DE LA CROIX, avocat, sieur de la Jarte, de Puyozard, du Pinié, puis de Tougnan.

Il fut tenu au baptême à Périgueux, le 23 juin 1659 par Guillaume de la Croix de Mitounias.

Il s'allia avec *Marie Conilh*, fille de Jean Conilh, procureur du roi au baillage de Saint-Loubès, et de Jeanne Pouyade [1], (*La Chesnaye*). Le contrat fut reçu le 16 septembre 1689 par Nisard, not roy., et le mariage religieux fut célébré à Saint-Loubès dix jours après, (*Ms Baurein* et *Reg. par. de Saint-Loubès*).

Guillaume de la Croix testa le 19 décembre 1718, (*Ms Baurein*). Il eut :

1. GABRIEL, qui continue la postérité.
2. PIERRE, né en 1691, prieur de Ste-Radegonde de Nairac, décédé à 19 ans le 1er août 1710, *(Reg. par. de Saint-Loubès)*.
3. JÉROME, écuyer, sieur de Puyozard. Il passa, dit Baurein, à la Martinique et eut de *Marguerite Mocard* :

    A. GABRIEL, capitaine de navire marchand, puis, selon un mémoire de famille, armateur à Bordeaux, ce qui ne l'empêcha pas de voter, qualifié de seigneur de Puyozard (qu'il ne possédait plus), à Bordeaux dans l'Ordre de la Noblesse en 1789, *(Nobil. de Guyenne,* II, 207). De *Jeanne Baulos*, avec laquelle il s'allia le 19 novembre 1763 *(Ms Baurein)*, il eut :

    a. BONAVENTURE, baptisé à Bordeaux le 19 février 1768 *(Etat civil de Bordeaux)*, substitut du procureur impérial à

---

[1] Jean Conilh appartenait à la famille de Conilh, dont un rameau, appelé plus tard de Conilhy, fut anobli par la charge de trésorier de France, à Bordeaux, et a donné des conseillers à son parlement. Armes : *d'azur à trois fers de dard d'argent*.

Blaye à l'installation du tribunal de cette ville le 18 juin 1811. Il conserva ces modestes fonctions jusqu'au 12 mai 1839, jour de son admission à la retraite pour infirmités, *(Note du greffier de Blaye).*

 b. JEANNE, baptisée à Bordeaux le 22 mars 1771.

4. GUILLAUME, né le 12 octobre 1692, *(Reg. par. de Saint-Loubès).* Son père n'en parle pas dans son testament.
5. JOSEPH, mort à Prague, officier au régiment d'Anjou, *(Mémoire de famille).*
6. MARIE, baptisée à Saint-Loubès le 25 septembre 1696, tenue par Emeric Chantal, sieur d'Abzac, juge du paréage de Périgueux, *(Reg. par. de Saint-Loubès).*
7. MARIE-THÉRÈSE, née le 23 septembre 1709 ; elle est appelée *Marthe* par La Chesnaye ; elle épousa religieusement à Saint-Sulpice, le 31 décembre 1729, André de Rubran, écuyer, *(Arch. dép. de la Gironde, E, sup. 259).*
8. PAULE. Elle est citée avec Marie-Thérèse au testament de son père. elle s'unit à *Louis de Malbec,* avocat au parlement de Bordeaux, fils d'André Malbec, procureur du Roi en la juridiction royale d'Ambarès, et de Jeanne Barreyre ; le contrat fut passé à Bordeaux en 1730 par devant Brun et Doüan, not. roy. *(Papiers de Mme Nairac).*

XII. — GABRIEL DE LA CROIX, écuyer, seigneur de Tougnan, avocat, bourgeois de la ville de Bordeaux.

Baptisé à Saint-Loubès le 9 juillet 1690, il y fut inhumé le 10 décembre 1749 *(Monographie de Saint-Loubès),* ayant testé le 10 décembre 1747 et le 29 octobre 1749. (Cependant les registres paroissiaux de Saint-Loubès le font mourir le 10 décembre 1747).

Par contrat filiatif du 30 novembre 1731, reçu Destenaves, not. roy., il épousa *Marie Duperrieu,* fille de Jérémie Duperrieu, greffier en chef de la sénéchaussée de Guyenne, et de Marguerite de Solminihac, *(Ms Baurein).* Ils eurent :

1. JÉRÉMIE, qui suit.
2 et 3. LOUIS et JOSEPH, morts jeunes, *(Ms Baurein).*
4. ANDRÉ, *(Id.).*
5. LÉON-ANDRÉ, mort à neuf ans en 1751, *(Reg. par. de Saint-Loubès).*
6. GABRIEL, baptisé à Saint-Loubès le 11 novembre 1738, *(Reg. par. de Saint-Loubès)* ; il fut garde du Corps dans la compagnie de Luxembourg le 27 juin 1762, *(Arch. admin. du ministère de la Guerre).* Marié en Angoumois à *Marie Riẓac de Puydelhommeau, (Mémoire de famille),* il en eut :

A. Jean, colonel du 3º cuirassiers, officier de la Légion d'honneur, chevalier de Saint-Louis, tué à Waterloo; sans enfants de N... de Bélac épousée à Angoulême, *(Mém. de famille)*[1].

B. et C. Guillaume et Renée, *(Id.)*.

7. Marie-Jeanne, baptisée à Bordeaux le 9 décembre 1734 *(Reg. par. de Saint-André)*; religieuse ursuline à Saint-Macaire, où elle était novice en 1766, *(Papiers de M*^{me}* Nairac)*.
8. Jeanne, baptisée le 11 décembre 1743, *(Reg. par. de Saint-Loubès)*.
9. Marie-Thérèse-Geneviève, baptisée à Saint-Loubès le 27 novembre 1747, morte jeune, *(Id.)*.
10, 11 et 12. Angélique, Elisabeth et Geneviève, non mariées en 1780, *(Id.)*.
13. Victoire, décédée à 6 ans le 31 mars 1750, *(Etat-civil de Bordeaux)*.

XIII. — Jean-Baptiste-Jérémie de la Croix-Chevrière, chevalier, seigneur de Tougnan, de Conilh et du Rivet, chevalier de Saint-Louis (12 février 1780).

Il naquit à Bordeaux le 14 décembre 1732, fut garde du Corps le 22 décembre 1754, puis gendarme de la Garde, le 27 mai 1764. Il quitta le service en décembre 1775, *(Arch. admin. du ministère de la Guerre)*.

Il rendit hommage au Roi, le 16 décembre 1776 pour les fiefs nobles qu'il possédait dans Saint-Loubès, *(Papiers de M*^{me}* Nairac)*.

M. de la Croix épousa *Marie Aubert*, fille d'Alexandre Aubert, bourgeois de Bordeaux et de Madeleine Cognoi; le contrat fut signé par devant Faugas et Séjourné, not. à Bordeaux, le 27 juin 1757 *(Ms Baurein)*, et la bénédiction nuptiale leur fut donnée à St-Loubès, le 7 août suivant par le R. P. Jean de St-Aubert *(sic)*, provincial des Feuillants, *(Reg. par. de St-Loubès)*. Il vota en 1789 avec la noblesse du Bordelais, car le 2 septembre 1772 il avait obtenu une sentence de l'Election de Bordeaux, le déclarant noble d'extraction.

Dans la *Monographie de St-Loubès* (par de Comet), où l'on trouve des détails sur la maison noble de Tougnan, sont consignés plusieurs faits concernant Jérémie de la Croix, homme de cœur et d'énergie. Il serait trop long de les rap-

---

(1) Une lettre de ce colonel, conservée dans les papiers de Mme Nairac, est scellée d'un cachet sur lequel à l'écu des la Croix est accolé celui de sa femme (dont le nom est douteux : *Bélac* ou *Béloc*), qui est : *D'azur à 5 flammes d'argent en sautoir*.

porter ici en détail : bornons-nous à faire connaître qu'en 1771 il réclama rang et préséance aux cérémonies de l'église de St-Loubès, qu'il y fit réintégrer son banc, jeté plus tard hors du temple au moment de la Révolution, qu'il sut en imposer à ceux qui voulaient piller son château.

Se rendant à Bordeaux en pleine Terreur, il y fut arrêté en débarquant, sur la dénonciation d'un malotru avec lequel il avait eu maille à partir; jugé et condamné à mort, le 17 pluviose an II (7 février 1794)[1]; il « monta sur l'échafaud en réclamant de ses compagnons de supplice l'honneur de passer le premier, faisant observer que *la Croix* marchait toujours à la tête. » Jeu de mot d'une sublime fierté, digne d'un gentilhomme de race !

Madame de la Croix était morte le 2 octobre 1772.
Enfants :

1. MARIE-SOPHIE, baptisée à St-Loubès le 16 mars 1758.
2. JEAN-BAPTISTE, qui suit.
3. MARIE-ROSALIE, née le 8 mars 1761 *(La Chesnaye)*, religieuse à St-Macaire. Elle décéda le 13 septembre 1810, *(Papiers de Mme Nairac.)*
4. GABRIEL, baptisé le 3 avril 1763, chevalier de St-Louis. Il émigra et revint à St-Loubès après la Révolution, *(Monographie, etc.)*
5. MARIE-ANGÉLIQUE, baptisée le 20 mai 1764 à St-Loubès.
6. MARIE-ELISABETH-DOROTHÉE, baptisée à *id.* le 21 mai 1765. Elle ou sa sœur Marie-Angélique vivait encore sous la Restauration et était appelée en famille *Mélanie*.
7. ADÉLAIDE *(aliàs* ADÈLE). Née en septembre 1766 d'après La Chesnaye qui la prénomme *Marie-Geneviève-Adélaïde*. C'est une confusion avec la suivante.
8. MARIE-THÉRÈSE-FÉLICITÉ, née en septembre 1766, morte en 1767.
9. JEANNE-CLAIRE, baptisée le 30 avril 1767, décédée sans alliance le 19 pluviose an IV (8 février 1796), *(Papiers de Mme Nairac)*.
10. BAPTISTE-FRANÇOIS, mort à deux mois en novembre 1769.

XIV. — JEAN-BAPTISTE DE LA CROIX, capitaine au régiment d'Agenais, chevalier de Saint-Louis[2].

Il naquit le 15 avril 1759 à Sainte-Croix-du-Mont, et mourut

---

(1) Mme Nairac possède le placard imprimé de ce jugement qui reçut son exécution le jour même.

(2) Les notes le concernant, lui et sa postérité, m'ont été transmises par Madame Nairac.

avant octobre 1842. Il fit la campagne d'Amérique, émigra et servit dans l'armée des Princes. Il revint en France en 1800, et mourut à Saint-Loubès le 18 juillet 1828.

De *Jeanne-Sophie Cadefer*, fille de Pierre Cadefer et de Marguerite Guiraut, épousée à Bordeaux le 4 janvier 1803, et décédée le 22 mars 1860, il laissa :

1. Pierre-Charles, sous-lieutenant au 5e régiment d'infanterie de la Garde royale, mort le 31 mai 1830 à 23 ans, *(Etat-civil de Paris)*.
2. Pierre-Jules, lieutenant de vaisseau, sans nouvelles après 1830.
3. Sophie, morte en 1831.
4. Adèle-Catherine-Adélaïde, née à St-Loubès le 5 novembre 1807, mariée à Bordeaux le 10 septembre 1838 à *Nicolas-Victor Fourcaud*, veuf de Marie-Palmezy Jay, fils de Jean-Louis Fourcaud et de Marie-Marinette Fontémoing, *(Etat-civil de Bordeaux)*. Elle vit et demeure à Libourne. Leur fille, J. Caroline, a épousé à Libourne Paul Duguit en 1854.
5. Catherine-Mélanie, née le 22 octobre 1816, mariée à Bordeaux le 3 octobre 1842 à *Pierre-Henry Bernard*, fils d'Henry Bernard et de Ketty Allègre-Gaudin, *(Id.)*. Leur fille, Marie-Rosalie, a épousé le 3 octobre 1874, Jean Nairac, dont Henri et André.
6. Marie-Rosalie, née le 14 février 1819. Elle demeure à Bordeaux.

CINQUIÈME BRANCHE.

SEIGNEURS DE JOVELLE.[1]

(ANGOUMOIS ET PÉRIGORD).

1545-1762.

VIII. — PIERRE DE LA CROIX, écuyer, seigneur de Jovelle, Autefaye, le Chaslard, Clouian.

Avant 1573 il avait eu Mitounias, le partage de cette année-là, démontre bien qu'il est le troisième fils d'Arnaud et de Claire Mercier.

Il naquit vers 1545, et jeune encore, embrassa la Réforme. Il prit part avec son frère de Douzac, à la prise de Périgueux, en 1575, dans les rangs des Calvinistes. Un *Mémoire de famille* dit qu'il commanda 800 hommes d'armes sous Henri IV. Il acquit Autefaye par échange avec le seigneur de Bourdeille, baron de la Tour-Blanche, (*Ms. Baurein*), auquel il rendit hommage le 2 mars 1614 pour ses fiefs, relevant de cette baronnie, (*Maintenue de 1667*).

M. de Jovelle obtint avec sa seconde femme, le 20 décembre 1616, une sentence de l'Election de Périgueux relative à sa noblesse, *(Papiers de Mme Nairac)*.

Pierre de la Croix contracta deux alliances : la première le 20 juillet 1572, (articles retenus Dejorillard, not., dot 2,000 livres) avec *Marguerite Saunier*, fille de François Saunier, écuyer, seigneur de la Borie-Saunier [2] et de Guyonne de La

---

[1] Un hommage rendu en 1560 pour Jovelle, par Arnaud de la Croix constate qu'à cette époque Jovelle était une maison noble dans la ville même de la Tour-Blanche avec terres et biens s'étendant hors de l'enceinte ; cet hôtel noble confrontait d'un côté aux murailles de la ville et de l'autre au jardin du baron, *(Papiers de Mme Nairac)*.

[2] La famille de Saunier, anoblie le 5 novembre 1340, est encore probablement représentée de nos jours dans la branche de Beaupine. Elle porte : *d'azur au chardon d'or, tigé et feuillé de sinople, supportant deux chardonnerets affrontés aussi d'or.*

Faye (*Arch. du Chatelard*) ; la seconde avec *Louise Dubreuilh*, décédée avant son mari qui la nomme dans son testament.

Dans cet acte retenu par Martin, not. à la Rochebeaucourt, et daté du 10 août 1625, Pierre de la Croix commence ainsi : « Nostre ayde soyt au nom de Dieu qui a faict le ciel et la terre ». Il lègue 15 livres au ministre de l'Eglise réformée de la Rochebeaucourt, (*Arch. du Chatelard*). Du premier lit il eut :

1. PIERRE qui suit.
2. CHARLES, écuyer, sieur d'Autefaye. Il habita Peyrouse dans la paroisse de Villetoureix, et fit en 1613 un voyage en Nivernais, comme on l'a vu plus haut, chargé par son père d'obtenir une part de ses droits légitimaires restés dans cette province. Deux jugements de maintenue de noblesse le concernent : un rendu le 27 août 1618 par le parlement de Bordeaux, et l'autre par les commissaires de la Cour des Aides le 3 mai 1635, *(Papiers de Mme Nairac)*. De *Claire de Chastrude*, appelée « *Thomé de Chastenet* », dans l'arrêt du parlement, il ne paraît pas avoir laissé de postérité, (*Ms Baurein*).
3. JACQUES, écuyer, sieur de L'Etang, mort avant son père et son frère Pierre.
4. JEAN-GÉDÉON, écuyer, sieur de la Guichardie, décédé étant page d'Henri IV, avant son frère Pierre.
5. SUZANNE, mariée à *Jean* (aliàs *Paquet ?*) *Feydit*, écuyer, sieur de la Tour ; le contrat retenu par Parant, not. roy. le 19 septembre 1616, fut insinué le 9 mars 1626, (*Arch. dép. de la Dordogne, Insinuations*).
6. GABRIELLE, mariée à *Pierre Duchier*, sieur de Peyronnet.
7. ISABEAU, femme de *Léonard André-du-Puy*, sieur d'Aligon, habitant Franchère, paroisse de Léguilhac.
8. Peut-être DANIEL DE LA CROIX, écuyer, sieur de la Morelie, témoin avec Charles ci-dessus, en 1636 d'un acte concernant Gabrielle Saunier de La Filolie, (*Arch. de Saint-Sernin*).

Du second lit provint :

9. CLAIRE, *aliàs* ESTHER, mariée à *Pierre de La Rivière*, juge de Cintrat, paroisse de Coutures.

IX. — PIERRE DE LA CROIX, écuyer, seigneur du Chaslard.

Il commença à servir dès l'âge de 17 ans, fut gentilhomme de la Chambre du Roi, gendarme dans la compagnie du sgr de Ruffec, puis assista au siège d'Amiens, *(Ms Baurein* et *Mémoires de famille)*.

M. du Chaslard épousa à Bordeaux, par contrat signé par devant Papin, not. roy., le 9 janvier 1602, *Anne de Cadouin*, née vers 1560, fille de Jacques de Cadouin, écuyer, sieur de Fonteville et Mouschat, et de Marie du Plessis [1], (*Arch. du Chatelard*). Anne était veuve en premières noces de Lefréni Petit, juge de la baronnie de Montpon, et en secondes noces de Clément de Lafont, conseiller-secrétaire du Roi, audiencier en la chancellerie de Guyenne. Elle eut 7.000 livres de dot.

Pierre de la Croix mourut assassiné par Marquis (Marquet) du Puy de Brémond, écuyer, sieur du Mayneneuf. Le 2 avril 1620, sa veuve obtint une sentence de Guillaume La Rivière, juge de la châtellenie du Chapdeuil « au party du seigneur de Montréal. » Cette sentence, — rendue par contumace, il est vrai, mais qui prouve que les juges châtelains pouvaient condamner à mort, — ordonne « led. Depuybrémont avoir la teste tranchée sur l'eschaffaud qui se dresse aux dictes fins, en la place et lieu de Chapdeilh, sy apprehendé peust estre, sy non en effigie, et le condamnons en trois mille livres d'amende... sur lesquels sera pris cent livres pour faire prier Dieu pour l'ame du deffunct. » *(Original aux Arch. du Chatelard)*.

Anne de Cadouin obtint, le 14 mai 1624, un arrêt de confirmation de noblesse, rendu par les Aides de Paris en faveur de ses enfants, (*Mémoire de famille*). Le 10 janvier 1644, elle testa à la Tour-Blanche devant Poumeyrol not. (*Arch. du Chatelard*), mais elle ne mourut qu'en 1664, âgée de 104 ans, disent les *Registres paroissiaux de Cercles*, où elle fut ensevelie le 30 décembre de cette année-là.

Outre plusieurs enfants décédés en bas-âge, Pierre et Anne eurent :

1. GABRIEL, écuyer, sieur du Chaslard, nommé au testament de son aïeul, et décédé sans postérité.
2. CHARLES, écuyer, sieur de la Guichardie, substitué dans le même acte, mort jeune, mais après 1620.
3. JACQUES, qui continua la descendance.
4. MARGUERITE, donnée dans le testament comme femme de *Jean de Testard*, écuyer, sieur de Puychault.

---

(1) Cadouin porte : *D'azur à la bande d'or chargée d'un lion léopardé de gueules accompagnée de 2 molettes d'argent*, (Notes de M. de Boisville). J'ai trouvé de mon côté le lion léopardé d'or sur une fasce, et des roses au lieu de molettes. — Clément de Lafont avait testé le 14 janvier 1597, ayant eu : Nicolas, Anne et Marie.

5. CHARLOTTE, vivant encore en 1671.
6. JEANNE. Elle épousa *Isaac Alamigeon*, écuyer, sieur du Mas, peut-être fils de noble Jean Alamigeon et de Suzanne de Roffignac, *(Généalogie Alamigeon)*. Elle décéda le 19 juin 1670, *(Reg. par. de Saint-Paul-Lizonne)*.
7. LOUISE, non mariée lors du testament de sa mère.

X. — JACQUES DE LA CROIX, écuyer, seigneur de Jovelle et de Clouian, page du duc d'Angoulême.

Barrière, not. roy., reçut à la Méfrenie, paroisse de Verteillac, le 30 novembre 1632, son contrat de mariage avec *Marguerite Le Long*, fille d'Itier Le Long, écuyer, sgr de la Méfrenie, et Jeanne Vilhate ; dot, 7.700 livres [1], *(Arch. du Chatelard)*. Ils étaient catholiques.

Marguerite testa le 15 novembre 1649, puis conjointement avec son mari le 14 octobre 1658, qui dicta un autre testament à Poumeyrol not. roy. le 1er décembre 1660, *aliàs* 1661, *(Arch. du Chatelard)*.

Enfants :

1. ETIENNE, écuyer, sieur du Chaslard. Il mourut sans alliance le 30 janvier 1661, tué par Mathurin Clugniac, qu'il aurait attaqué dans une querelle survenue au retour d'une visite faite avec Léonard de Fayolle du Chadeuil à Mlle de Jay du Pressac, *(Bull. de la Société archéol. du Périgord*, XI, 438).
2. ODET, qui suit.
3. HÉLIE, chevalier, seigneur d'Autefaye, chevau-léger de la Garde, tué à Fleurus en 1690. Avant de partir pour l'armée, il testa devant Fondou not. le 13 mars de cette année faisant héritier son frère Jean, *(Arch. du Chatelard)*. Il avait demeuré aux Farges, paroisse de Bourg-des-Maisons ; il est compris dans la maintenue de noblesse rendue en faveur de sa famille le 18 décembre 1666 par d'Aguesseau. Assigné pour le même fait à Périgueux, dix jours après, (dans les papiers de Mme Nairac se trouve la production), il reçut décharge du subdélégué Montozon, le 1er janvier 1667, et du subdélégué Bodin le 13 septembre suivant, *(Arch. dép. de la Gironde, Cour des Aides*, liasse *Noblesse)*.

Les mémoires de famille le représentent comme d'une nature très ardente. Vers 1655 nous le voyons avec le sieur de Fontanelle de

---

[1] Le Long, ou du Long, porte : *d'azur à une branche de rosier de sinople fleurie de 3 roses de gueules*. Famille de marchands de St-Martial de Viveyrols, anoblie par ses charges au présidial de Périgueux, alliée aux La Cropte, Feydeau, Villedon, Massacré, etc.

Vauzelle et 60 hommes armés envahir et piller le château de Grézignac, appartenant au comte de Jarnac et gardé par Mlle de Mauny, (*Arch. dép. de la Dordogne*, B, 137).

4. JEAN, chevalier, seigneur de la Chapelle et d'Autefaye. Il habitait la paroisse de Rossignol en Périgord. Il fut *maintenu* par d'Aguesseau avec ses frères en 1666, puis le 24 février 1704 avec son neveu François. Il fit son testament, dans lequel il nomme ses deux femmes, à la Tour-Blanche le 31 août 1712, (*Arch. dép. de la Dordogne, Minutes de Bertaud, not.*)

Jean de la Croix se maria deux fois : 1° le 1er février [1] 1665 avec *Jeanne Pingot* ou *Pingaud* devant Joussen not. (*Dossiers-Bleus,* 5729), fille de Jean Pingot enterré à Rossignol le 22 septembre 1678 ; 2° en 1709 avec *Marie-Aimée Saunier*, (*Reg. par. de Cherval*), peut-être fille de Gaston Saunier, écuyer, sgr des Hortes, et d'Anne Robinet. Elle se serait remariée avec Jean de Vassoigne, chevalier, sgr de Cheylac.

Du premier lit il eut :

A. PATRICE, né à Rossignol le 7 novembre 1704, mort sans enfants, (*Reg. par. de Rossignol*).
B. HÉLIE, né à *id.* le 18 décembre 1675, (*Id.*)
C. FRANÇOIS, né à *id.* le 1er septembre 1677, (*Id.*). C'est peut-être celui qui, qualifié de sieur de la Valade, fut enterré à la Tour-Blanche le 17 octobre 1706.
D. JEAN-FRANÇOIS, né le 31 janvier 1679, décédé le 21 février 1712, (*Id.*).
E. HÉLIE-SICAIRE, baptisé à *id.* le 12 janvier 1680, (*Id.*), décédé avant son père.
F. MARIE-FRANÇOISE. Elle s'unit religieusement à la Tour Blanche, (*Reg. par.*) le 20 octobre 1707 à *Jean de Sanzillon*, écuyer, sgr de Douillac, la Rochette, Chamboureau, fils de messire Jean de Sanzillon, sgr de la Foucaudie et de Renée d'Hautefort. Elle décéda le 19 août suivant. M. de Sanzillon transigea avec les cousins de sa femme, MM. de la Croix, le 23 novembre 1721, (*Arch. du Chatelard.*)

Du deuxième lit :

G. ANNE.

5. CHARLOTTE, religieuse à Fontaine, nommée aux testaments de son

---

[1] Cette date, donnée également aux Archives nationales, MM, 694, p. 366, est contredite par l'acte d'Insinuation aux Archives départementales de la Charente, qui porte le 1er janvier.

père et de son frère Hélie. En 1667 elle assiste à la profession de Marie de Fayard, (*Arch. de Rossignol*).

XI. — ODET DE LA CROIX, écuyer, seigneur de Jovelle.
D'abord destiné à la prêtrise, la mort de son frère aîné l'obligea à se marier, ce qu'il fit à Tousvents, paroisse de Nabinaud, juridiction d'Aubeterre, le 10 avril 1622, par devant Decoulerie, not. roy. Sa future, *Isabelle Galliot*[1], fille d'Hélie, écuyer, sgr de Mayac et Tousvents, et de Diane du Refuge reçut une modeste dot, la métairie de Chez-Raballe, dans le fief de Taillandie (dont il est parlé dans la généalogie d'Arlot), Arch. dép. de la Charente, E, *Minutes de Decoulerie*). Ils firent leur testament mutuel le 30 juillet 1684, retenu par Puygauthier, not. roy., — qui avait reçu le 10 avril 1671 une transaction sur la succession paternelle entre M. de Jovelle et ses frères, — demandant leur sépulture en la chapelle N.-D. de la Recluze, à la Tour-Blanche, mais Odet ne mourut qu'après juillet 1702.

Le 18 décembre 1666 l'Intendant de Limoges avait maintenu les frères de la Croix dans leur noblesse d'extraction, (*Arch. du Chatelard*).

Odet, comme possesseur du fief de Jovelle, autrement appelé le Chaslard, rapportant 200 livres de revenu, avec rentes sur le village de Coiroulias, offrit son fils âgé de 23 ans pour le service du ban de la noblesse d'Angoumois de 1687, *(Arch. dép. de la Charente*, B, *Bans)*. Il fut père de :

1. FRANÇOIS, qui suit.
2. Autre FRANÇOIS, auteur de la *branche de St-Cyprien*.
3. HÉLIE, nommé dans le testament de son père.
4. DIANE, nommée au testament de son père.
5. FRANÇOISE, infirme dit le testament de ses parents. Peut-être est-ce elle, ou une sœur prénommée Gabrielle-Françoise, qui épousa *Isaac Robert*, écuyer, sieur d'Alfous. Celui-ci habita au Breuilh, paroisse de Montignac-le-Coq, et au Petit-Bélabre, paroisse de Servanches, non loin des verreries de sa famille. Il transigea le 2 août 1709 avec François de la Croix, sur la dot de sa feue femme et testa le 17 juin 1721, *(Minutes des notaires de Saint-Privat)*.

---

(1) Galliot ou Gaillot porte : *d'azur à une tête de licorne d'argent soutenue d'une croisette de même en pointe*. Famille de l'Angoumois possessionnée et alliée en Périgord au XVIIe siècle.

6. MARIE, demoiselle de la Guichardie.

7. RENÉE, demoiselle du Mas. Elle est dite femme de *Jean Comte*, sieur de la Serve, dans un procès que, conjointement avec ses sœurs Françoise et Marie, elle soutenait le 17 janvier 1705 contre MM. de la Croix du Chaslard et de la Chapelle, (*Arch. dép. de la Charente, Présidial, Sentences*).

XII. — FRANÇOIS DE LA CROIX, écuyer, seigneur du Chaslard, Jovelle, Autefaye, appelé *Monsieur du Chaslard*.

Il naquit le 31 mai 1675 (*Arch. du Chatelard*) et testa à Jovelle devant Bertaud, not. roy., le 15 décembre 1726 (*Minutes de Bertaud*, ut suprâ), mais l'année suivante, il habitait Beaulieu, paroisse de Thenac en Saintonge, (*Arch. dép. de la Charente*, E, 1606).

M. du Chaslard passa contrat de mariage devant Odoingt not. roy., le 20 novembre 1691, avec *Marie de Bays*[1], demoiselle du Breuilh, fille de Jean, sgr du Breuilh, Beauchamp, les Bernoux, conseiller du Roi en l'Election de Périgueux et d'Hilaire Gilbert, (*Dossiers-Bleus*, 5729).

Il fut maintenu dans sa noblesse par Rouillé, intendant de Limoges, le 16 février 1704, (*Arch. nation.* MM, 694, p. 566), et transigea au sujet de la substitution imposée au testament de son grand-père avec les héritiers de Jean de la Croix de la Chapelle le 2 avril 1715 (*Arch. du Chatelard*), puis avec son frère de la Guichardie sur la succession paternelle le 2 avril 1715, (*Id.*).

Madame du Chaslard testa le 6 décembre 1743, et l'on procéda à l'inventaire de ses biens deux mois après. (*Minutes de Bertaud*, etc.). Elle fut mère de :

1. JEAN, qui suit.
2. JOSEPH, écuyer, seigneur d'Autefaye. Né à Jovelle le 22 décembre 1706, il mourut à la Tour-Blanche le 19 janvier 1755, (*Reg. par. de la Tour-Blanche)*: Il épousa le 26 janvier 1739 *Marie de Ferrand*, demoiselle de la Guillermie, fille de François, chevalier, sgr de

---

(1) Le nom s'écrit Debais et même Debetz; je ne sais si c'est la même famille que les Debetz de Lacrouzille. Jean de Bays, frère de Marie, dame du Chaslard, fut anobli par l'achat de la charge de secrétaire du Roi. L'*Armorial du Périgord* (II, 21 et 50) ne donne rien de précis sur les armoiries de cette famille.

(2) Ferrand porte : *D'argent à trois fasces de gueules*. — Je ne puis faire mieux que de renvoyer à ce sujet à l'excellente généalogie de mon ami P. Huet, intitulée : *Ferrand de Maurezin en Périgord*.

Montaubert et de Marguerite Alamigeon ². Le mariage religieux fut bénit à la Tour-Blanche le 3 février suivant. De ce mariage sont provenus :

    A. FRANÇOIS, baptisé en mai 1740, probablement mort sans postérité.

    B. MARIE, mariée le 18 janvier 1758 avec *Henry-François Arnault*, écuyer, sgr de Sarrazignac, fils de messire Jean-François Arnault et de Marie de Montozon, *(La Chenaye : Généal. Arnault)*.

3. FRANÇOISE. Elle se maria 1° avec *Jean Saunier*, chevalier, sgr du Repaire et de Mondevis, fils de messire François Saunier et de Catherine du Barry. Le contrat est du 17 janvier 1725 (*aliàs* 17 mai, *Arch. dép. de la Charente*, E, 1635), et le mariage religieux du 27 suivant. 2° Elle s'unit avec *Antoine de Montalembert*, chevalier, co-sgr de Saint-Aulaye, veuf de Marie Vigier, fils de Gaston de Montalembert, écuyer, sgr de Longevelle, et de Marie Grimouard. Le contrat fut reçu à la Tour-Blanche, par Nadaud, not. roy., le 18 juin 1732, (*Arch. dép. de la Charente*, E, 926). Elle décéda à Barbezieux.

XIII. — JEAN DE LA CROIX, écuyer, seigneur de Jovelle, Autefaye, co-seigneur de Thenac.

Il fut baptisé le 20 septembre 1693 et mourut à 65 ans le 21 mars 1757, (*Minutes de Bertaud*, ut suprà). Il fut lieutenant de dragons.

Marguerite de La Chambre, ¹ fille de Nicolas, chevalier, premier capitaine de la compagnie écossaise des gardes du Corps (?), lui accorda sa main en 1719, (*La Chesnaye*).

Enfants :

1. MARIE-ANDRÉE, demoiselle de Jovelle et de Jousset, baptisée le 13 février 1721, (*Nobiliaire du Limousin*). Par contrat accordé devant Pourteyron, not. roy., à Jovelle le 24 août 1744, elle se maria avec *Hélie Joumard des Achards*, comte de Légé, fils de feu Louis-François Joumard, vicomte de Légé et de la Double, et de Françoise-Elisabeth de La Faye. Séparée d'avec son mari elle soutint un long procès devant les parlements de Paris et de Bordeaux, au sujet de la subs-

---

(1) La Chambre en Saintonge, porte : *d'azur, au chevron d'or, accompagné de 3 têtes de lion du même, lampassées de gueules*. Cette famille remonte à Christin de La Chambre, capitaine de la garde écossaise du Roi en 1428. Il n'a pas été possible de préciser l'ascendance de ce Nicolas.

titution inscrite dans le testament de 1661 de Jacques de la Croix, lorsqu'intervint le 30 mars 1761 une transaction entre elle, ses sœurs et son cousin de la Croix Saint-Cyprien, (*Arch. du Chatelard*). Elle laissa sa fortune à ses neveux de Jehan.
2. FRANÇOISE, demoiselle du Chaslard, non mariée.
3. MARIE, demoiselle d'Autefaye, née à Bunzac le 4 mai 1722. Par contrat du 4 novembre 1749 elle s'unit à *Pierre de Jehan*, écuyer, sgr de Jaubertie, capitaine commandant au régiment de Montmorin, fils de feu messire Joseph de Jehan, et de Madeleine Martin de Châteauroy, (*Fonds Périg*. 131). Elle hérita de Jovelle où son mari mourut le 27 janvier 1762, (*Reg. par. de la Tour-Blanche*). Voir aux *seigneuries* comment les Galard ont eu Jovelle.
4. MARIE, demoiselle de Thenac. Elle assista au mariage de sa sœur Andrée, et mourut probablement avant son père.

SIXIÈME BRANCHE.

SEIGNEURS DE SAINT-CYPRIEN[2].

(SAINTONGE ET CHARENTE).

1680. — *Existe.*

XII. — FRANÇOIS DE LA CROIX, écuyer, seigneur de la Guichardie et de Saint-Cyprien par sa femme.

Il naquit à Jovelle vers 1680. Par contrat, signé à Bordeaux devant Fournier not., il offrit sa main le 23 novembre 1715 à *Catherine de Gères de Camarsac*, fille des feus Lancelot de Gères, chevalier, et de Pétronille de Gères. Elle testa devant Mioulle, not. roy., le 24 septembre 1745 et mourut peu après, car son mari était veuf quand il testa à son tour dans sa maison noble à la Tour-Blanche, le 7 janvier 1749, par devant Nouailly, not. roy. Il fut père de :

1. FRANÇOIS, qui continue la postérité.
2. Autre FRANÇOIS, baptisé à la Tour-Blanche le 2 janvier 1726, (*Reg. par.*, etc.), légataire de sa mère de 3,000 livres, non nommé au testament de son père.
3. MARIE-THÉRÈSE, légataire de sa mère pour 4,000 livres. Peut-être épousa-t-elle le sgr de Saintrac.
4. ELISABETH, baptisée en 1719, (*Reg. par. de la Tour-Blanche*).

XIII. — FRANÇOIS DE LA CROIX, chevalier, seigneur de Saint-Cyprien, de la Vidalerie, de Vivairon.

Baptisé à la Tour-Blanche le 12 janvier 1718, il y fut inhumé le 2 décembre 1789, (*Reg. par.*).

---

(1) Pour éviter des répétitions dans l'indication des sources, tout ce qui sera énoncé sans référence dans cette branche, provient de documents authentiques conservés aux *Archives du château du Chatelard* à M. de la Croix Saint-Cyprien.

(2) Ancienne famille de Guyenne qui porte : *de gueules à 3 besans d'argent.*

M. de Saint-Cyprien fut convoqué au ban de la noblesse de Saintonge le 15 juin 1758 par le maréchal de Sénectère, puis il vota dans cette province pour les Etats-Généraux.

Sa femme *Jeanne-Thérèse (aliàs : Thérèse-Anne) de Vassal* était fille de Joseph de Vassal, écuyer, seigneur de la Vassaldie [1], et de feu Françoise Perrier. Par leur contrat de mariage du 20 janvier 1747, Mlle de Vassal avait apporté en dot le domaine de Port-Boutou, paroisse d'Allemans. La bénédiction nuptiale fut donnée le 24 suivant, (*Reg. par. de Gouts*).

Enfants :

1. FRANÇOIS, qui suit.
2. MARIE-THÉRÈSE, née à St-Cyprien le 25 février 1749, (*Etat civil de Chatignac*). En 1795 elle habitait aux Grosses, commune de Veuil près d'Angoulême, (*Note de M. Dujarric-Descombes*).
3. JEAN-BAPTISTE, dit *le chevalier de Saint-Cyprien*, né le 5 mars 1752, successivement page du duc de Penthièvre en 1766, capitaine au régiment de Penthièvre le 25 avril 1788, chevalier de Saint-Louis le 5 mai 1791, et capitaine de grenadiers le 15 septembre suivant. Il fit la campagne de 1780-81, sur l'*Andromaque*, (*Arch. admin. du ministère de la Guerre*). Il émigra et mourut sans alliance vers 1823.
4. Autre MARIE-THÉRÈSE, née à Saint-Cyprien le 30 août 1755. C'est plutôt elle que sa sœur de même prénom qui épousa, le 22 novembre 1790, son cousin-germain *Bernard de Jehan*, un des dix enfants de Pierre de Jehan, ci-dessus, (*Généalogie de Jehan* en préparation). L'une des deux décéda avant 1789.
5. LOUIS-FRANÇOIS, né à Saint-Cyprien le 25 août 1757. Il était licencié en théologie, et fut curé de Saint-Pierre-de-Saintes, de Montguyon et de la Tour-Blanche, où il mourut vers 1823.
6. JACQUES, né le 19 juin 1761 à Saint-Cyprien. Il dut mourir jeune n'étant pas nommé à la transaction de 1789.
7. JOSEPH, écuyer, sieur de Vivairon. Il signe au contrat de mariage de son frère. Il aurait émigré avec son frère Jean.

XIV. — FRANÇOIS DE LA CROIX, chevalier, seigneur de Saint-Cyprien. Il fut page de Louis XV, (*La Chesnaye*).

Son mariage fut accordé par contrat du 30 décembre 1772, retenu à Sarrazin, paroisse de Passirac, par Drouihet not. roy.;

---

[1] Bertrand de Vassal, sgr de Purecet près de Mareuil, où l'avait amené un mariage, obtint la vignerie de Gouts où il fit bâtir le château de la Vassaldie à la fin du XVIIe siècle ; ses descendants, éteints quant aux mâles, y résident toujours. Vassal porte : *d'azur à la bande de gueules bordée d'or et chargée de 3 besans d'or*.

avec *Marie Sarrazin de la Nays*, fille de feu messire Pierre Sarrazin, sgr de la Nays et Moulidar, et de Thérèse Piet [1]. Marie était veuve de Guillaume Blanchereau, président en en l'élection de Barbezieux. Elle mourut le 8 ventôse an XI (27 février 1803).

En décembre, il fut procédé entre lui et ses frères Jean, Joseph, Louis-François et sa sœur Marie-Thérèse, au partage de la succession paternelle. Le 18 janvier 1817, étant veuf, il partagea, par acte retenu Vacquier not. à Blanzac, ses biens entre ses quatre enfants vivants. Il fut père de :

1. François-Gabriel, né en 1773, mort en 1775.
2. Jean-Hector, qui suit.
3. Jacques-François-Marie, en famille Émile. Né le 21 juillet 1783, il se maria en 1827 avec Elise *Dalmay des Farges*, et décéda à la Tour-Blanche. Sa veuve y mourut également le 14 septembre 1881 en odeur de sainteté, après avoir consacré une partie de sa fortune et les dernières années de sa vie au soulagement des pauvres et à l'éducation de la jeunesse. Elle fonda dans cette petite ville une maison religieuse dirigée par les sœurs de Sainte-Marthe, comprenant pensionnat, école, ouvroir et orphelinat.
4. Pierre-Paul, né à Sarrazin le 25 août 1776, mort en 1780.
5. Louis-Marie-François-Joseph, né le 27 mars 1778.
6. Marie-Catherine-Marthe, dite *Mademoiselle de Saint-Cyprien*. Née à Sarrazin le 27 juillet 1781, elle y mourut, sans alliance, le 8 février 1858.
7. Madeleine.

XV. — Jean-*Hector* de la Croix Saint-Cyprien.

Baptisé à Passirac le 19 mars 1775 (*Etat-civil*), il épousa à Flaville le 26 mai 1799, par contrat signé pardevant Pelluchon et J. Ducluzeau not. (enregistré à Châteauneuf le 17 prairial an VII), *Marie-Jeanne Guillaumeau de Flaville* [2], fille de feu Marc-Antoine G. de Flaville et de Marie-Elisabeth de Nogerée de la Fillière. Le mariage religieux fut bénit en l'église de Roissac (canton d'Hiersac) le 11 juin suivant.

---

(1) Une note établie par Hector de la Croix remonte la filiation de cette famille à Gabriel Sarrazin, époux de Marie Champaigne et qui testa en 1575; armoiries inconnues.

(2) La famille Guillaumeau, maintenue dans sa noblesse en 1667, porte : *D'or au chêne de sinople; accosté de deux étoiles de gueules*. Cette branche descendait de David Guillaumeau, conseiller et avocat du roi au présidial d'Angoulême, marié le 15 juillet 1587 à Marie Giraud.

Madame de St-Cyprien décéda le 13 mars 1822 à Flaville, et son mari mourut à Sarrazin le 8 décembre 1854. Il avait fait procéder au partage de ses biens, le 8 avril 1831, par Tahuteau not. à Châteauneuf, entre ses trois enfants qui sont :

1. François-*Joseph*, né à Flaville (com. de Bonneuil, cant. de Châteauneuf), le 26 janvier 1802. Il fut ordonné prêtre le 21 mars 1826, puis nommé chanoine et directeur du Grand-Séminaire d'Angoulême, où il mourut le 6 janvier 1876. Il avait eu en partage les domaines de Sarrazin.
2. Jacques-Marie-*Louis*, né à Flaville le 29 août 1804. Le domaine de Flaville lui échut. Il épousa le 22 août 1831 *Marie-Souveraine-Anaïs des Roches de Chassay*, fille des feus Jérôme des Roches et d'Eléonore Grenier (*aliàs* Garnier) du Breuil. Il mourut sans postérité le 6 mai 1875 et fut enterré à Bonneuil avec sa femme décédée le 21 janvier 1882.
3. Charles, qui suit.

XVI. — Louis-François-*Charles* de la Croix Saint-Cyprien. Né à Flaville le 19 août 1808, propriétaire des domaines de Roissac, il épousa à Angoulême le 19 août 1833 *Jeanne-Marie-Hermine Barreiron de Villamont*, fille de François B. de Villamont[1], chevalier de St-Louis, et de Jeanne-Catherine-Christine de Marqueyssac. Jeanne de Villamont était née le 12 mars 1814 au château de Crozes, commune de Sarrazac (Lot).

Charles de la Croix mourut à Maisonneuve-de-Balzac, près d'Angoulême, le 3 novembre 1865. De son mariage sont provenus :

1. François-Xavier, né à Angoulême le 15 août 1835, et décédé dans cette ville le 6 août 1851.
2. Jean-Baptiste-Hector. Né à Angoulême le 7 janvier 1838, il y décéda le 20 janvier 1868.
3. Marc, qui continue la postérité.

XVII. — Jacques-Marie-*Marc* de la Croix Saint-Cyprien. Né à Angoulême le 28 avril 1841, il réside dans cette ville

---

(1) L'acte de l'état-civil porte *Villamont* pour la fille et *Villaumont* pour le père, mais c'est Villamont. Il porte également pour Charles et Louis de la Croix la qualification d'écuyer, déjà bien surannée. La famille Barreiron (le nom s'écrit aussi Barreyron, Barrairon et Barriéron) a donné un conseiller à la Cour des Aides de Guyenne, Paul Barriéron de Callières, reçu le 25 février 1756, père de François ci-dessus. Armoiries inconnues.

une partie de l'année, et l'autre partie dans son domaine du Chatelard, (commune de Passirac, Charente) où il a fait construire un joli château. Il s'est marié les 21 et 22 mai 1871 à Saintes avec *Marie-Marguerite Masson de La Sauzaye* fille d'Henri-Marie-Auguste de La Sauzaye [1], officier de la Légion d'honneur, colonel et directeur du génie à Bordeaux (où il décéda le 3 novembre 1877), et d'Emma du Breuilh de Théon de Châteaubardon (épousée le 5 février 1849).

Si Mr de la Croix est le seul représentant mâle de sa Maison, son bon et vieux nom n'est pas près de s'éteindre, car il est père de :

1. Henri-Marie-Joseph-*Charles*, né à Angoulême, le 11 octobre 1872.
2. Louis, né en 1874 et décédé en 1885.
3. François-Marie-Joseph-Edouard-*Jehan*, né à *id*. le 16 juin 1876. Elève à l'Ecole spéciale militaire de St-Cyr, il sera comme ses aïeux, un officier distingué et portant dignement son nom.
4. Marie-Joseph-*Henri*, né à *id*. le 13 octobre 1878.
5. Marie-Joseph-Antoine-*Pierre*, né à *id*. le 16 décembre 1884.
6. Marie-Joseph-François-*Xavier*, né à *id*. le 9 avril 1888.
7. Anne-Marguerite-Aimée-Marie-Joseph-*Yvonne*, née au Chatelard le 1er juillet 1891.

---

(1) Masson de la Sauzaye, porte : *d'azur au cygne d'argent, sur une rivière de même, accosté de deux roseaux d'or*.

SUJETS ISOLÉS.

Jean de la Croix. — Ce prieur d'Achun qui vivait en 1455 appartenait à la branche du Nivernais de nos la Croix, (*Nobiliaire du Nivernais*).

Jean de la Croix. — Ce Jean est dit écuyer et sieur de la Croix, dans une note informe établie au siècle dernier, qui mentionne son contrat de mariage avec *Jeanne de Veyret*, reçu le 15 juin 1572 par Fournier, notaire à la Rochebeaucourt. Ce Jean a dû être confondu par La Chesnaye avec un autre Jean, sieur de la Jarte, comme cela est mentionné ci-dessus p. 23.

Nonciade de la Croix. — Elle épousa *Guillaume de Sescaud*, écuyer, sieur de Fonbouille, puis le 25 janvier 1589 *François Dumas*, procureur au présidial d'Angoulême, sieur du Mas de Chazelles et des Reyniers, (*Arch. dép. de la Dordogne*, E, *Chartier de Saint-Just*). Ce qui me fait supposer que Nonciade appartenait à nos la Croix, plutôt qu'à ceux angoumoisins, seigneurs des Ombrais et de la Fenestre, c'est que Gabriel de la Croix de Douzac épousa une Sescaud de Saint-Just en 1622.

Pierre, autres Pierre et Catherine de la Croix. — Ces personnages appartiennent à un rameau qui m'est inconnu, auquel devait appartenir Nonciade ci-dessus, le nom de Fonbouilhe le fait du moins supposer. Dans une sentence, rendue le 16 février 1608 au présidial de Périgueux (conservée au milieu des papiers de la branche de Tougnan, par Mme Nairac), on voit que feu Pierre de La Croix, archer de la garde du Roi, avait fait son testament à Jovelle en faveur de son frère, prénommé aussi Pierre. Ce testament fut attaqué par *Liette de Choumond*, veuve dud. Pierre, et qui était mère tutrice d'un troisième Pierre et d'une Catherine de la Croix. Pierre, l'héritier, fils, comme feu son frère, de *Louise Martineau*, prétendait que cette union était illicite, attendu que ladite Liette aurait contracté auparavant une alliance avec Denis Martineau, écuyer, sieur de Lafaye, frère de Louise, et qu'ainsi elle serait à un degré prohibé ; que du reste feu Pierre de la Croix, en parlant d'elle dans son testament, l'appelait sa tante. La cour assigna Liette à huitaine pour présenter sa défense. Sur le repli Pierre de la Croix, écuyer, est qualifié de *sieur de Fonbouilhe*.

Jean de la Croix, sieur de Ramefort, demeurait à Mareuil en 1612, (*Arch. de La Combe*). On voit ci-dessous que Pierre de la Croix de Douzac, mort vers 1636, se qualifiait de sieur de Ramefort.

Anne de la Croix. — Dans les registres paroissiaux d'Allemans, paroisse peu éloignée de la Tour-Blanche, on trouve des *de la Croix*, non qualifiés et cependant bien alliés, ainsi Anne de la Croix, damoiselle (ce titre ne se donnait guère à la bourgeoisie à cette époque) épousa, vers 1632, (le contrat fut insinué le 26 janvier 1633), *François Patronnier*, écuyer, sieur du Clapier, fils de noble Raymond, sieur de la Rivière.

Marie de la Croix. — Elle épousa *Jean Durieu*, sieur de la Bernerie. Nul doute qu'elle ne fut de la famille de Jacques de la Croix de Jovelle et de Pierre de la Croix du Repaire, qui sont en 1645 et 1647 parrains de ses enfants, (*Note de M. Dujarric-Descombes, leur descendant*).

François de la Croix. — Il est qualifié de *seigneur de Jovelle* dans le contrat de mariage de François de Vaux, écuyer, sgr de Tranchard, avec Françoise de La Cropte de la Mothe en 1651,

(*Dossiers Drouyn*). Or, aucun Jovelle du prénom de François ne vivait, à ma connaissance, à cette époque.

N... DE LA CROIX. — Dans les registres paroissiaux de Saint-Front-la-Rivière, on voit en 1765 Marie de Roux, fille de Madeleine de la Croix du Repaire, présentée au baptême par « *Marie-Anne de Villamont du Repaire de la Croix* » (sic). Les inversions de noms étant fréquentes à ces époques, je me demande s'il s'agit d'une demoiselle de Villamont mariée à un la Croix, ou *vice-versâ*. Dans ce dernier cas il pourrait s'agir d'une des Marie, filles de Pierre de la Croix du Repaire. Ces Villamont seraient-ils des Barreyron ? C'est possible.

NOTES COMPLÉMENTAIRES

J'ai trouvé dans les papiers de l'obligeante Madame Nairac, née Bernard de la Croix, trois pièces importantes concernant la branche du Nivernais, trop tard pour être analysées au début de cette étude. Elles furent envoyées en 1781 à messire Gabriel de la Croix de Tougnan, par la Chambre du Conseil et des Comptes de Nevers. La première de ces trois pièces authentiques, c'est-à-dire délivrées en due forme, mentionne que le 21 février 1535 Léonard de la Croix, écuyer, rendit hommage à la comtesse de Nevers « à cause de ses chastel et châtellenie de Decize, pour le lieu, mex, tènement et domaine des Chapes, aultrement appellé de la Croix, assis en la parroisse de Sainct Loup près d'Avril. » La seconde, du 2 août 1540, dit que « noble homme Léonard de Lacroix... tient à foy et hommage de Madame la duchesse de Nivernais, à cause de... Decize, le fief, terre, revenu, tènement et domaine de la Croix, sans justice, assis en la paroisse Saint-Loup..., qui peut valoir la somme de 15 livres tournois. » Avec les sieurs de Ruaux, de Chessenat et des Granges il fournissait un archer au service du ban. La troisième pièce mentionne qu'en 1575 « Claude d'Avril (*sic*), escuyer, seigneur dud. lieu en partie... advoue tenir en fief... du Duché de Nivernois la tierce partie de la terre, justice et sgrie dud. Avril, à luy eschüe par le décès de ses feux père et mère..., plus les deux tiers de la terre, justice et sgrie de la Croix à luy eschüe par led. trépas, et l'autre tiers à cause de l'acquisition qu'il en ha faicte de Gilbert de la Croix... Et encore ha ledit d'Avril, au nom et comme tuteur de Gilbert, Jehan et Charles d'Avril, enfans de feu Gilbert d'Avril, un tiers de lad. terre et seigneurie d'Avril, mouvant à cause de lad. châtellenie de Decize.... » Ceci infirme donc en partie ce qui a été dit plus haut, page 9 ; néanmoins le nom de Claude d'Avril doit se changer en Claude d'Autels.

Pierre de la Croix. — Ce Pierre (voir p. 24), était le deuxième fils de Jean de la Croix, seigneur de la Jarte, et de Marguerite Dussaut. Gabriel était son cadet. Pierre de la Croix, qui se qualifiait aussi de sieur de Ramefort, (terre qu'il ne faut pas confondre avec celle qu'il passa des Mourennes aux Barriasson puis aux Durand), épousa, probablement le 1ᵉʳ avril 1624, *Marie Hastellet*, fille de François Hastellet, sieur des Jommelières, et sœur d'autre François, sieur de Puymartin. Marie était veuve sans enfants dès juillet 1637, *(Papiers de Mᵐᵉ Nairac)*.

La Jarte et Conilh. — Ces fiefs étaient des moulins nobles, le premier, dans la paroisse de Saint-Priest-de-Mareuil (Dordogne), le second, dans celle de Saint-Loubès (Gironde).

Jovelle. — Ce château avec ses tours, ses créneaux et sa chapelle, est-il dit dans un acte ancien, servait de refuge. Il appartenait au commencement du xvᵉ siècle à Guillaume de Jovelle, damoiseau en la Tour-Blanche, *(Papiers de Mᵐᵉ Nairac)*.

Chevrière. — Ce nom (voir p. 27) fut pris par M. de la Croix de Tougnan, qui voulait se rattacher aux la Croix du Dauphiné, seigneurs de Chevrière.

GÉNÉALOGIE

DE BEAUDET.

1458-1779.

e Dictionnaire historique et généalogique des Familles du Poitou *(2ᵉ Edition, I, 561), dit que des branches de la famille* Bodet de la Fenestre, *se sont répandues en* Anjou, Touraine *et* Périgord. D'un autre côté l'Armorial du Périgord *(2ᵉ Edition, I, 62) dit :* « *d'après les notes généalogiques du comte de Touchebœuf-Clermont, l'on voit que lorsque la maison de Beaudet s'établit à Cardou, vers 1450, elle venait du Poitou* ». Le même Armorial *contenant des erreurs relativement aux armoiries des Beaudet, je n'accepte cette origine poitevine qu'en exprimant des doutes, d'autant que pas une pièce conservée soit dans les archives de ma famille, héritière de la branche aînée des Beaudet, soit dans celles des Saint Exupéry, qui ont succédé à Cardou à la branche cadette, ne mentionne cette venue d'une province voisine. En outre, les Bodet, du Bressuirais, portaient des armes absolument différentes ; je sais que cela n'est point une* raison, ayant constaté souvent le port d'armoiries dissemblables dans des branches résidant dans la même province, et issues incontestablement de la même souche. Néanmoins, ne pourrait-on rechercher l'origine des Beaudet, — si tant est qu'ils ne soient pas périgourdins, — plutôt vers Paris, puisque Mathurin Baudet, procureur du Roi en la Cour des Aides de Paris, portait, comme nos Beaudet, des gerbes et des étoiles *dans son écu ?* D'un autre côté, M. l'abbé Goustat, dans son livre : La Linde et les libertés communales à La Linde (Périgueux, 1884), — auquel je renvoie les lecteurs désireux d'avoir plus de détails sur les Beaudet, — les fait venir du Berry.

Le nom s'écrit aussi souvent Baudet que Beaudet, et quelquefois Bodet.

M. le marquis de Saint Exupéry et mon cousin M. le marquis de Cumond ont bien voulu me communiquer les pièces des archives de leurs châteaux d'Arasse et de Cumond concernant la famille de Beaudet. Grâce à eux et à M. l'abbé Castaing, curé de Bourniquel, j'ai pu esquisser cette généalogie ; je les en remercie sincèrement tous les trois.

ARMES

D'AZUR à trois gerbes d'or, deux et une, accompagnées de trois étoiles mal ordonnées aussi d'or, *(Production pour la Maintenue de 1667, et preuves de Malte de Marc-Antoine-Emmanuel de Saint Exupéry).*

VARIANTES

L'Armorial général de France, de 1696, dit que les *gerbes* sont *liées* de *sinople* et que les *étoiles* sont *d'argent*, (*Reg. Guyenne, f.* 560, n° 46 de la Déclaration de Sarlat, au 6 février 1699).

La dernière Beaudet de Cardou portait : *de... au chevron de... accompagné de trois gerbes de..., au chef de... chargé de trois étoiles de...* Le cachet avec lequel le marquis de Saint Exupéry scelle son testament, donne ainsi gravées les armes de sa femme accolées aux siennes.

Mathurin Baudet, procureur général du Roi en la cour des Aides de Paris, dès 1462, scelle, le 16 mai 1467, une quittance de gages de son sceau, malheureusement brisé, mais où l'on voit encore une *gerbe* et deux *étoiles*. La pièce émane de l'Election de Ponthieu, *(Biblioth. nat., Pièces originales, vol.* 217, *n°* 4917, VI; *n°* 4923, I.)

D'après une tradition de famille, la branche périgourdine des Beaudet du Peuch portait : *de gueules à trois hameçons d'or (*ou *d'argent), deux et un*, à cause d'un droit de pêcherie au Saut-de-la-Gratusse, près de la Linde. Je n'ai rien trouvé qui vienne la confirmer, sauf dans l'Armorial de Jouffroy d'Eschavannes, où, sans indication de province, on lit sous le nom de Beaudet : *de gueules, à trois hameçons d'argent ;* ce qui est loin d'être une preuve.

Pour quel motif le chevalier de Courcelles, qui avait d'abord attribué aux Beaudet du Périgord les armoiries des Bodet du Bordelais, rectifie-t-il, dans ses généalogies d'Abzac et de Montalembert, leur écu en : *d'azur à trois chardons d'or* ? Du fief de Cardou, a-t-il tiré le chardon, en langue romane *cardou* ? Je crois qu'il faut rejeter ces prétendues armoiries, de même que celles-ci données dans l'Armorial du Périgord (I, p. 62) : *d'azur à trois étoiles d'or deux et une, et à trois chardons de même mal ordonnés*. Une lettre de l'auteur, A. de Froidefond, adressée à mon père en 1865, dit que ces dernières ont été trouvées par M. de Touchebœuf dans les archives de Cardou. Je n'ai rien vu de semblable dans les documents de ces archives transportées à Arasse. Il ajoute avoir aussi relevé quelque part : *de gueules, à deux gerbes d'or* ; ce qui se rapprocherait de la vérité.

Les Bodet de la Fenestre, du Poitou, portaient : *d'azur à l'épée d'argent posée en pal, à la fasce de gueules brochant sur le tout*. Quand ils ont fait souche en Guyenne, c'est en Bordelais, au milieu du XVIe siècle, et non en Périgord. Jacques Bodet de La Fenestre, (fils de René et de Geneviève Olivier, d'après le *Dictionnaire... du Poitou* de B. Filleau, frère de ce René d'après les notes communiquées par M. de Boisville), épousa dans la juridiction de Bourg-sur-Gironde, le 23 novembre 1541, Jacquette d'Endrieu, dame de Pastorat et de Canteranne. Son dernier descendant mâle, Charles Bodet de Lavalade, ingénieur, chevalier de Saint-Louis, avait épousé Anne de Vincent d'Aubarède ; il vivait au commencement de ce siècle et mourut peu après 1830.

Antoine de Baudet de Canteranne, qui appartenait à cette branche, fit inscrire dans l'Armorial général de France de 1696, *(Guyenne, Registre Bordeaux*, f. 903) : *d'azur à l'épée d'argent, la pointe en haut, sur laquelle broche une fasce bandée d'or et de gueules accompagnée en chef de deux étoiles d'or*. Ce sont, avec quelques variantes, les armoiries des Bodet du Poitou. C'est donc à tort que Courcelles et l'Armorial du Périgord (Ire Edition et 2e Edition en dessin) les attribuent à nos Beaudet.

L'Armorial général de 1696 indique dans le Registre Montpellier-Montauban, f. 935, que Louis-Ignace de Beaudet, sgr de Pouzilhac déclara : *d'azur à deux chevrons d'argent surmontés d'une croisette d'or et accompagnés de trois étoiles de même, deux et une*. Je ne le mentionne qu'à titre de curiosité.

SEIGNEURIES

Bourniquel. — Paroisse dont les Beaudet n'avaient pas la justice qui dépendait de la Linde. C'est aussi le nom d'une métairie de cette commune du canton de Beaumont-du-Périgord, appartenant aux descendants des Beaudet.

Cardou. — Château dans la commune de Bourniquel, encore propriété de la famille de Saint Exupéry, qui en a hérité au siècle dernier des Beaudet.

Cazideroque. — Commune du canton de Tournon (Lot-et-Garonne); ancienne seigneurie, après le partage de 1593 mentionné plus loin, de la famille de Dordaygue.

Combe-de-Faux. — Village dans la paroisse de Sainte-Colombe, *(Carte de Belleyme)*. Cette terre et la suivante ont appartenu aux d'Arlot après les Beaudet. Je ne sais quand elles sortirent de ma famille.

Combe-Haute. — Tènement noble dans Sainte-Colombe, paroisse de la commune de la Linde.

Couderc (Le), — Hameau de la commune de Bourniquel.

Doursal. — Ecart dans Bourniquel appelé *Oursail* sur la carte de Belleyme.

Fourset (Le). — Château dans la paroisse de Saint-Marcel-de-Clérans, (canton de la Linde). Voir *Loybesse*.

Garénie (La). — Hameau de la commune de Paleyrac (Dordogne).

Leygue. — Hameau de la commune de Bourniquel, orthographié *L'Aigue* dans Belleyme et *Laigue* dans Cassini.

Loybesse. — C'est l'orthographe actuelle et celle de la carte de Belleyme. Ce hameau de la paroisse de Saint-Marcel-de-Clérans portait également le nom de *Fourcet* ou *Fourset*. Je donne plus loin à la généalogie d'Arlot l'historique de ce fief, appelé aussi *Loys-Besse*, *Louysbesse*.

Peuch (Le). — L'emplacement de cette maison noble, appelée aussi *Le Peuch-de-la-Linde*, n'a pu être déterminé d'une façon précise. Elle pouvait se trouver dans la paroisse, peut-être dans la ville même de la Linde, où les Beaudet tenaient des Alphéry au moins deux fiefs.

Il y avait cependant dans Sainte-Colombe le village du *Peuche* (carte de *Belleyme*), actuellement *Le Pech*. Or M. de Gourgues, dans son Dictionnaire topographique de la Dordogne (p. 169, col. 1), dit, d'après le comte de Larmandie que le Peuch-de-la-Linde n'est autre chose que la maison noble des *Landes*, paroisse de Sainte-Colombe (commune actuelle de la Linde), laquelle est attenante au Peuch ou Pech. Ce serait plausible puisque les Despaigne et leurs successeurs, les Coustin de Bourzolles, possédaient les Landes en même temps que Loybesse qui leur venait des d'Arlot, héritiers des Beaudet. Dans ce cas le Peuch aurait été vendu en même temps que Loybesse aux Despaigne. Ce qui semblerait résulter de ce qu'en 1780 Jean-Isaac-François baron de la Valette, cousin-germain de Marthe Despaigne, comtesse de Bourzolles, se qualifie de seigneur du Peuch et de Loybesse.

Roque (La). — Ancien castel dans la commune de la Linde. Voir à la généalogie d'Arlot l'historique de ce fief.

Roumaguet. — Moulin noble, actuellement dans la paroisse de Bourniquel.

Sainte-Croix et **Savignac**. — Fiefs indéterminés.

Tour (La). — Bien que les Beaudet ne se qualifiassent pas de seigneurs de la Tour, ils possédaient cependant dans la ville de la Linde un fief de ce nom, qui semble n'être qu'une partie de l'ancien château, qui leur appartenait également. Cette maison fut vendue, le 3 avril 1816, par mon grand-oncle, le comte Hubert d'Arlot de Saint Saud, à M. David Monteil, *(Minutes de Chanut, not. à Cause)*.

PREMIÈRE BRANCHE.

SEIGNEURS DU PEUCH.

1458-1670.

I. — Noble PIERRE DE BEAUDET, seigneur du Peuch.

Il épousa en 1458 *Marguerite Alphéry* [1], (*Maintenue de 1634*). Le 15 octobre 1463, qualifié de « nobilis vir Petrus Baudeti, dominus de Podio, maritus Margarite Alpheri, habitator ville de Lindie, » il passe un acte concernant des puits, fontaines et colombier, avec Pierre Queyrier, de la Linde, (*Arch. dép. de la Dordogne*, B, 133). Le 2 août suivant il arrente au même un « boriage » au tènement de la Malaudrie, par acte reçu Léonard Grégois, not., (*Arch. dép. de la Gironde*, B, *Procédures non classées*).

La comparution de Marguerite Alphéry dans ces actes, ferait supposer que les biens nobles de la Linde proviendraient de

---

(1) La famille Alphéry ou Alfiery ou encore Alphieri, dont on ignore les armoiries, est très anciennement connue dans la partie du Bergeracois comprise entre la Dordogne et Castillonnès, ainsi que dans cette ville et dans ses environs. Bien qu'il y ait eu à Castillonnès, en 1464, un Arnaud Alphéry notaire, bien qu'un Gabriel Alphéry ait été condamné en 1704 pour usurpation de noblesse, soit qu'il descendit de quelque bâtard ou de quelque membre ayant dérogé, cela ne pourrait servir d'argument contre la noblesse des Alphéry qui nous occupent ; ce serait une preuve de plus de ce que j'ai avancé ailleurs, (*Bull. de la Soc. hist. et arch. du Périg.* 1895, p 132, reproduit dans ma brochure *Miscellanées*), qu'autour de familles nobles gravitent souvent des familles roturières de même nom.

Les Alphéry, alliés aux Béraud en 1481, aux Pellegrue en 1555, aux La Faye en 1566, sont qualifiés damoiseaux ou écuyers dans tous les contrats de mariages, de même que dans leurs hommages aux évêques de Sarlat pour leurs biens nobles dans la juridiction d'Issigeac. Outre leurs seigneuries près de la Linde, qu'ils cédèrent aux Beaudet, ils possédaient en Périgord des terres, des fiefs, à Saint-Quentin, Sainte-Croix et Sirégeol, puis en Agenais à Cazideroque, la Motte, la Tuque, Valette. En 1470 vivait noble Arnaud « Alfieri, senyor de diu de la Motta », mais dans l'histoire de Castillonnès on relève nobles Renaud et Jean Alphéry, vivant en 1305, et ils y sont dits « des plus anciens parmi les seigneurs des environs. »

son chef. Pierre de Baudet ne serait donc pas natif des bords de la Dordogne ? Or, comme je l'ai déjà dit, le *Dictionnaire généalogique du Poitou* et l'*Armorial du Périgord*, disent nos Beaudet venus du Poitou, et l'abbé Goustat, du Berry.

Pierre de Beaudet testa en 1482, instituant son fils Etienne (*Maintenue de 1634*) et laissant :

1. Etienne, dit *du Peuch*, qui testa en 1507 faisant héritier son frère Jean.
2. Jean, qui suit.
3. Marguerite, mariée par contrat du 12 mai 1504 [1] à *Jean de La Roque*, fils de Jean de La Roque, habitant de Trémolat, (*Arch. de Cumond*).

II. — Jean Beaudet [2], écuyer, seigneur du Peuch, de Combe-de-Faux.

Il épousa *Françoise de Rousiers*, ainsi dénommée dans le testament de son fils Hélie, mais appelée ailleurs *Rosiers* ou *de Rosières*, (*Maintenue de 1698*). Labeyrie, not. roy., reçut son testament le 22 mai (*aliàs* juin) 1532, (*Maintenues diverses*). Décédé avant 1537, il eut :

1. Bertrand, nommé en tête du testament de son père, (*Maintenue de 1698*). Il dut décéder, sans postérité, ses biens ayant passé à ses frères.
2. Georges, qui a continué la filiation.
3. Hélie, auteur de la *branche de Cardou*.
4. Françoise, nommée en 1569 au testament de son frère Hélie.
5. Jeanne, substituée dans le même testament. Elle semble avoir épousé *François Ribette*, sieur de Raffinières.
6. Jacquette, vivant encore en 1573. Elle, ou sa sœur Jeanne, la jeune, épousa *Bertrand Boy*, juge de la Barde, (*Arch. d'Arasse*).
7. Autre Jeanne, substituée comme sa sœur Jacquette dans le testament de leur frère Hélie, elle fit le sien le 1er mars 1573, retenu par Lacoste, not. roy. (*Maintenue de 1667*).

---

(1) L'auteur de *La Linde*, etc., p. 374 donne par erreur comme date à ce contrat l'année 1409 et dit qu'il fut signé par Jacques Maceroza, notaire, et trois prêtres.

(2) Jusqu'au commencement du xviie siècle la particule est souvent omise devant le nom patronymique.

III. — GEORGES BEAUDET, écuyer, seigneur du Peuch, de Combe-de-Faux, consul de la Linde en 1542 et 1549.

Le 3 juillet 1537, comme héritier universel de son père Jean, il est en procès avec noble Jean de Broulet, (*Arch. de Cumond*).

Il épousa peut-être N... *Le Bigot*, ou N... *Alphéry*, qui lui apporta des droits sur la seigneurie de Cazideroque en Agenais.[1] Enfants :

1. ARNAUD, qui suit.
2. Probablement JEANNE DE BEAUDET DU PEUCH, ainsi qualifiée dans une donation qu'elle reçut de sa cousine, Marguerite Ribette, fille de Jeanne Beaudet, le 20 août 1626, (*Arch. dép. de la Dordogne, Insinuations*). Elle épousa par contrat du 25 février 1594 *Raphaël de Banes*, écuyer, sgr de Malesse, fils de Charles de Banes et de Catherine Faubournet de Montferrand, (*Arch. de Banes-Gardonne*). Qualifiée de demoiselle du Peuch elle était, comme calviniste, en procès devant la Chambre de Justice de Guyenne avec Mingert de Bordenave en mai 1582, (*Arch. dép. de la Gironde*, B, *Chambre de Justice*).

IV. — ARNAUD DE BEAUDET, écuyer, seigneur du Peuch-de-la-Linde, le Fourset, Loybesse, co-seigneur de Cazideroque, maire[2] de la Linde en 1590, premier consul en 1610, et gouverneur de cette ville, (*Arch. de Cumond*).

Il épousa le 10 janvier 1596 *Judith de Larmandie*, fille de Bertrand de Larmandie, chevalier de l'Ordre, baron de Longa, sgr de Grand-Castang, et de Françoise de Bourbon-Lavedan[3], (*Dossiers généal. du Vte de Gérard*).

Dans un procès entre la famille d'Arlot, héritière des Beaudet, et l'abbé de Trémolat, on voit qu'Arnaud de Beaudet rappelle son grand-père Jean, (ce qui corrobore la filiation), dans diverses rentes féodales consenties le 3 juin 1582 à Guillaume

---

(1) C'est d'autant plus plausible que, le 28 janvier 1666, Hélie d'Arlot, sgr de Sainte-Marie, comme tuteur des enfants de sa feue femme, Françoise de Beaudet, transigea avec Jean Charles de Dordaygue, sgr de Cazideroque, fils de feu noble Jean, fils lui-même de noble Raymond de Dordaygue, et de Marguerite de Bruzac, au sujet d'un ancien procès survenu à la suite de l'échange que nobles François Alphéry, sieur de la Roque, Arnaud Beaudet, sieur du Peuch, et Barthélémy Le Bigot, sieur de Saint-Quentin, firent, le 18 octobre 1593, de la seigneurie de Cazideroque à eux appartenant, contre d'autres biens appartenant audit Raymond de Dordaygue, sieur de Pégrix. Dans les biens délaissés par ce dernier Arnaud Beaudet eut une métairie dans la juridiction de Beaumont, (*Arch. de Cumond*).

(2) C'était le premier consul qui faisait les fonctions de maire, il était rarement désigné sous le nom de maire.

(3) Arrière-petite-fille de Jean II, duc de Bourbon, elle descendait de saint Louis, comme on le verra à la suite de la généalogie d'Arlot.

Morand, bourgeois de la Linde, sur les tènements de Combe-Haute, Combe-de-Faux, Vérouille, Cagouille, paroisse de Sainte-Colombe, *(Arch. dép. de la Gironde*, B, *Procédures non classées).* Le 23 mars 1598 il échangea à son beau-père certains droits et rentes seigneuriaux dans les paroisses de Vicq et de Pressignac, acquis de lui du reste en 1588, contre les droits que le baron de Sainte-Foy-de-Longa avait dans Saint-Marcel, *(Arch. de Cumond).* On verra à la généalogie d'Arlot comment Arnaud avait acquis le Fourset et Loybeysse.

Les Beaudet du Peuch avaient embrassé avec ardeur le protestantisme. Leurs procès avec des catholiques, portés en la Chambre de l'Edit, leurs alliances avec les familles les plus zélées de la Religion réformée en sont une preuve, corroborée par le rôle que joua à la Linde M. du Peuch, *(La Linde,* ut suprà, *p. 185 et suiv.).* Gouverneur de cette ville, il avait enlevé l'église aux catholiques, ceux-ci en obtinrent la restitution avec défense à M. du Peuch « de siminiscer au gouvernement de la présente ville ». Mais en juin 1622 il fut réintégré dans le commandement de la garnison, et il obtint que les calvinistes siègeraient au consulat de la Linde *(Arch. d'Arasse),* qu'il avait défendue en 1587 contre les Ligueurs. Il fut père de :

1. H.-B. RAPHAEL, qui continue.
2. GABRIEL, chevalier, seigneur du Fourset. Il fut maintenu dans sa noblesse de race lors de la Réformation de 1666-71, *(Catalogues aux Arch. de la Rigaudie* et *de Gironde).* Il mourut après 1670 sans enfants d'*Anne de Malcap*[1]. (Dans une pièce elle est appelée *Eléonore,* et *Anne* dans une autre où elle est dite, avec sa sœur Eléonore, héritière de feu François de Malcap, sieur de la Séguinie, *Arch. dép. de la Dordogne, Fonds Bonfils* et *Chevalier).* Madame du Fourset avait cédé à son oncle Hélie Rochon de Saint-Avit, secrétaire de la Chambre du Roi, juge de Clérans, son droit de banc dans l'église de Saint-Félix-de-Villadeix, concédé par Mgr de La Béraudière, banc voisin de celui que les Rochon y possédaient déjà, *(Généalogie Rochon-Bonfils).* Les La Rochefoucauld, comme seigneurs d'Estissac et hauts justiciers de Saint-Félix, intentèrent à

---

[1] Je saisis cette occasion pour rectifier une erreur que j'ai commise dans la *Généalogie de Bideran,* en attribuant à la famille de Lafaurie de Monbadon, du Bordelais, une origine commune avec celle de Malcap de Lafaurie. Trois pièces fausses, comme je l'ai découvert plus tard, conservées aux Archives du Séminaire d'Auch, dans le dossier des Lafaurie mêlé à celui de Malcap, avec intention assurément, en sont cause. J'ignore les armoiries des Malcap.

ce sujet un procès aux Rochon de Lapeyrouse, après avoir fait enlever violemment les deux bancs, *(Fonds Bonfils, ut suprà).* J'ignore comment se termina ce différend. Il est plus que probable que M. du Fourset était protestant comme son père.

3. JEAN, mort avant 1634.
4. HENRYE, femme de Pierre de Bournazel, sieur du Petit-Bois, juge de la Linde, *(Arch. de Cumond).*

V. — HENRY-BERTRAND-RAPHAEL DE BEAUDET, chevalier, seigneur du Peuch-de-la-Linde, la Roque, Loybesse, etc.

Il exerça plusieurs fois la charge de premier consul de la Linde de 1623 à 1637 *(La Linde et ses libertés, etc.),* et fut officier des armées royales ayant eu le commandement d'une compagnie. Il dut abjurer le protestantisme car ses enfants étaient catholiques, l'un d'eux même fut tenu au baptême par Mgr de Sourdis, archevêque de Bordeaux.

Le 24 mai 1634, les commissaires généraux, députés pour les francs-fiefs, déclarèrent noble de race Raphaël de Beaudet et son cousin issu-de-germain, Antoine de Beaudet de Cardou *(Arch. d'Arasse).*

M. du Peuch n'eut pas d'enfants d'une première alliance avec *Marguerite de Saint-Ours,* fille de François de Saint-Ours, écuyer, sgr de Cugnac et d'Hélix Vigier de Segonzac. Le contrat fut retenu le 19 juin 1617 par L. Archier et insinué le 24 septembre 1618, *(Arch. dép. de la Dordogne, Insinuations).* Raphaël de Beaudet se remaria le 24 mai 1623 avec *Charlotte de Losse,* dotée de 21.670 livres, fille de Jean baron de Losse, et de Jeanne de Montaut-Bénac [1], *(Maintenue de 1634).* Madame du Peuch testa le 14 janvier 1635 devant Giraudet, not. roy., *(Arch. de Cumond).* Elle mourut avant le 15 juillet 1638.

M. du Peuch fut tué par son beau-frère illégitime dans des circonstances particulièrement dramatiques [2]. Il venait d'épou-

---

(1) Jeanne de Montaut était fille du duc de Lavedan; elle descendait de saint Louis par son père, et quatre fois par sa mère Judith de Gontaut Saint-Geniès, petite-fille de Jeanne de Foix, cousine proche de la reine Anne de Bretagne. La maison de Losse, en Périgord, est d'ancienne chevalerie; elle remonte à Guillaume de Losse, chevalier, vivant au milieu du XIII° siècle, et compte parmi ses membres un Cordon-bleu : ses armes sont : *d'azur à neuf étoiles d'or, trois, trois, deux et une.* La branche aînée des marquis de Losse, éteinte au siècle dernier, portait les étoiles : *trois, trois et trois.*

(2) Ce qui est inséré au sujet de cet assassinat et de ce troisième mariage de Raphaël de Beaudet, (appelé Pierre dans de certains documents, peut-être après son baptême) n'est pas très concluant comme dates et comme prénoms.

ser en troisièmes noces *Marie d'Hautefort*, veuve de François d'Aubusson [1], chevalier, seigneur de Beauregard, et fille de François marquis d'Hautefort et de Louise des Cars. Le marquis d'Hautefort avait une grande affection pour son bâtard Charles d'Hautefort (tige des sieurs de Nadalou, dont la descendance existe encore de nos jours). Celui-ci cependant avait conçu une haine mortelle contre ces sœurs légitimes, et surtout contre leurs maris, aussi tua-t-il de six coups d'arquebuse, le 19 novembre 1644, M. du Peuch, dans le bois du Bastit, paroisse de Fossemagne. Charles d'Hautefort était accompagné de Godefroy de La Roche-Aymon, baron de la Farge, qui périt dans la rencontre, et qui en voulait à mort à M. du Peuch et à son fils Louis, parce que celui-ci avait été fiancé à Françoise d'Aubusson, fille du premier lit de Marie d'Hautefort, et du seigneur de Beauregard. Or, Françoise ayant préféré à Louis de Beaudet le baron de la Farge, qu'elle venait d'épouser, Louis menaça son heureux rival, qui profita de la circonstance pour comploter avec Hautefort un guet-apens contre Louis et son père. La Farge et du Peuch y laissèrent la vie, et Louis périt assassiné mais plus tard.

Marie d'Hautefort fit un premier testament, reçu par Dompchac, not. roy. à Rouffignac, le 20 mai 1646, instituant Marie-Armande de La Roche-Aymond, sa petite-fille, puis un second en 1652 en faveur de la même, *(Chartrier d'Hautefort, liasse 42, n°s 22, 24, 25)*.

De son deuxième mariage M. du Peuch eut :

1. Louis, écuyer, seigneur de la Roque et du Peuch. Il est nommé au testament de sa belle-mère ; il fut tué le 1er août 1649 par le premier consul de la Linde, Pierre Babut, sieur de Roumeguil [2]. Il testa à la Roque le même jour devant Coutard, not. roy., instituant ses sœurs héritières, *(Arch. de Cumond)*.
2. Catherine, morte jeune, *(Id.)*.
3. Marie, religieuse au monastère de Sainte-Claire de Castres, où elle fit profession le 29 juin 1654, *(Bull. de la Soc. hist. et archéol. du*

---

(1) Il mourut en prison, accusé d'avoir étranglé sa première femme, Marguerite de Calvimont.

(2) Ainsi voilà trois morts violentes dans deux générations : c'était dans les mœurs de l'époque jusqu'à ce que les passions excitées par la Fronde, aient été calmées. Que de gentilhommes auparavant essuyèrent des *arquebusades* au coin d'un bois !

Périgord, II, 158). Elle est nommée au testament de sa belle-mère, dont elle était la filleule.

4. FRANÇOISE, dame du Peuch, Loybesse, la Roque, le Fourset, etc., héritière de la branche aînée de sa maison.

Elle épousa par contrat du 21 juin 1654, reçu par Larivière, not. roy., *Hélie d'Arlot de Frugie*, chevalier, seigneur de Sainte-Marie-de-Frugie, Cumond, Sallebœuf, dit *Monsieur de Sainte-Marie*, fils d'Antoine d'Arlot, écuyer, sgr de Frugie, Saint-Saud, la Coussière, la Valouze, gentilhomme de la Chambre du Roi, et de Marie de Coustin du Masnadaud [1], *(Arch. de la Valouze)*.

Madame de Sainte-Marie mourut à 36 ans, après dix ans de mariage.

---

[1] L'épisode romanesque de ce mariage a été raconté d'une façon charmante par le marquis de Cumond dans le t. II du *Bull. de la Soc. archéol. du Périgord*, p. 159.

DEUXIÈME BRANCHE.

SEIGNEURS DE CARDOU.

1551-1779.

III. — Hélie de Beaudet, écuyer, seigneur de Cardou, co-seigneur du Peuch.

Il s'unit à *Marguerite de Saint Ours*, fille de feu Jean de Saint Ours, écuyer, sgr de Cugnac, et de Marie de La Cassaigne, et sœur de Denis de Saint Ours, écuyer, sgr de Milhet et Beaulhet [1]. Il y eut deux contrats : un, retenu par Brun, not. roy., le 14 mars 1551, dont la minute est conservée aux Archives d'Arasse, et qui est rappelé dans les *Maintenues* de *1667* et de *1698*, cité aussi au *Fonds Périgord*, 130, f. 72, et 148, f. 10 ; l'autre passé le 16 mai 1552, disent les *Maintenues* de *1606* et de *1657* ; dot, 1.730 livres.

Hélie de Beaudet fit un premier testament le 10 janvier 1561 *(Maintenue de 1666)* et un second, en présence de noble Philibert du Paré (*aliàs* du Peyrat), le 1er juin 1569, signé par Fortis, not. roy. à Saint-Avit-Sénieur, (*Arch. d'Arasse*). Dans celui-ci, il prénomme sa femme Marie, rappelle ses sœurs et ses enfants. Il mourut en 1572, laissant :

---

(1) On trouve le nom de Saint-Ours écrit de plusieurs façons et surtout *Xaintours* ou *Xaintous*. Cette vieille Maison porte des armes parlantes : *d'azur à l'ours d'or sur une terrasse de gueules*, quelquefois *adextré d'un croissant d'argent*. Elle serait originaire du Béarn, est-il dit dans une lettre écrite vers 1774 par M. de Saint Ours, premier page à la Grande-Ecurie, et adressée à l'abbé de Vergès, archiviste de l'Ordre du Mont Carmel, *(Arch. du séminaire d'Auch,* 16903, 16904.) Jean de Saint Ours, capitaine de Courbafy en Limousin, serait venu du Béarn vers 1430, son fils Arnaud-Raymond aurait épousé, dit la lettre, deux Sarladaises : Louise de Cugnac et Jeanne de Commarque, mère de cette Louise de Cugnac, ce qui semble bien douteux. Un original sur parchemin, conservé aux mêmes archives, fait connaître un procès en 1309 entre Bernard de « Sancta Orsa, milite » et un certain Raymond de Lude, qui est jugé en la vicomté de Limoges (?).

1. François-Denis, qui continue la postérité.
2. Jacquette, légataire de son père de 800 livres. Le 6 septembre 1587 elle transigea avec Denis et Marguerite sur la succession paternelle, *(Maintenue de 1667).*
3. Marguerite. Elle transigea sur le même point avec son frère le 17 février 1588, *(Maintenue de 1667).* Peut-être est-ce la même qu'une Marguerite de Beaudet mariée vers 1598 avec *Geoffroy d'Escatha,* écuyer, sgr des Vignes, veuf d'Antoinette de La Tour (épousée en 1569), fils de noble Louis d'Escatha et de Marguerite Chassarel [1], *(Arch. d'Escatha).*
4. Marie, vivant en 1573, légataire de son père.
5. Probablement Louise, demoiselle de Cardou, qui obtint, en 1604, une sentence avec François-Denis de Beaudet, *(Maintenue de 1634).*

IV. — François-Denis de Beaudet, écuyer, seigneur de Cardou, premier consul de la Linde en 1603.

Il épousa par contrat reçu Testud, not., le 27 août 1582 *Jacquette de Touchebœuf-Beaumond*, fille d'Antoine de Touchebœuf, écuyer, sgr de Peyretalade, et de Louise du Lyon, *(Arch. d'Arasse* et *maintenue de 1634).* [2] Le 11 janvier 1616 il eût main-levée des commissaires des francs-fiefs. Il testa devant Archier, not. roy., le 1er octobre 1617 *(Maintenue de 1698),* et fut enterré à Bourniquel trois jours après devant l'autel N.-Dame, *(Reg. par. de Bourniquel),* ayant eu :

1. Antoine, écuyer, sieur du Couderc et seigneur de Cardou, premier consul de la Linde en 1632. Le 24 mai 1634 les commissaires députés par la Cour des Aides le déclarèrent noble de race, *(Arch. d'Arasse.)* Il passa contrat de mariage le 2 juin 1614 avec *Marguerite de Foucauld*, fille de Jean de Foucauld, écuyer, sgr de Cubjac et de la Géraudie et d'Esther du Lau, *(Dossiers généal. du Vte de Gérard).* Antoine n'eut à fournir au ban de 1639 qu'un vingtième de chevau-léger.

   Veuf et sans enfants, il testa à Cardou, devant Laynte, not. roy.,

---

(1) J'ai vu aux archives de Boisset, à M. F. d'Escatha, une pièce où Hélie d'Escatha, damoiseau, fils de Raymond, chevalier, sgr des Vignes, passe, le jeudi avant la Saint-André 1356, une transaction avec noble Jean de Castelnau, fils de feu Gérard, paroissien de Beynac, en Sarladais, au sujet de la justice des Vignes, paroisse de Mensignac, dont le nom s'écrivait aussi Viguds. La filiation ne commence qu'à noble Jean d'Escatha, sgr des Vignes, marié vers 1480 à Peyronne de Belcier. La branche aînée, fixée en Agenais, s'est éteinte au XVIIIe siècle, la cadette, celle de Beauretour, existe encore de nos jours. Celle-ci porte : *d'azur à 9 besans d'or, groupés trois par trois, chaque groupe posé deux et un.*

(2) Voir dans la généalogie d'Arlot les armoiries de la famille de Touchebœuf.

le 13 novembre 1650, instituant Annet, léguant aux pauvres « une charge de blé cuit » et un souvenir à Denis du Paré, écuyer, sieur de la Planche, *(Arch. d'Arasse).*
2. ANNET, qui suit.
3. JEAN.
4. JACQUET, rappelé avec Jean dans la Maintenue de 1698.
5. BERTRAND, écuyer, sieur de Roumaguet, nommé au testament de son père.
6. GALIOTTE. Elle épousa 1° le 6 novembre 1606, *Foucauld de Laborie*, écuyer, sieur de la Chabanne et Montaud, fils de Foucaud de Laborie, écuyer, sieur de Laborie et co-seigneur de la Chabanne, capitaine d'une compagnie de gens de pieds[1], et de Jeanne de Valbrune ; et 2° le 9 avril 1619, *Micheau Gay*, *(Arch. dép. de la Gironde, Cour des Aides).* Elle mourut avant 1650.

V. — ANNET DE BEAUDET, écuyer, seigneur de Leygue, premier consul de la Linde en 1633.

Il fut officier au régiment de Bourdeille et dans la compagnie commandée par son cousin M. du Peuch ; en 1653 il défendit le château de Piles contre les rebelles.

Annet contracta deux alliances : la première, le 12 août 1618, Deiras not. roy., avec *Marie Palu*, fille du capitaine Jacques Palu, sieur de la Boyne et de Jeanne de Monestié, *(Arch. d'Arasse)* ; la seconde avec *Marguerite de Paty*, sœur de nobles Jacques et Gratien, prieur de St Avit ; Guiraudel, not., reçut le contrat, le 23 février 1632[2], *(Arch. dép. de la Dordogne, Insinuations).*

La minute du testament mutuel d'Annet et de sa femme, reçu

---

(1) Hélie et Pierre de Laborie, sieurs de la Chabanne et Montaud, fils de Foucaud et de Galiotte de Beaudet ne sont ni des Laborie de Campagne, ni des Laborie de la Rampinsole ; ils furent condamnés le 12 sept. 1664 par la Cour des Aides de Guyenne, comme usurpateurs de noblesse, bien que leurs aïeux aient souvent pris la qualification d'écuyers depuis 1569, parce qu'ils descendaient de Raymond de Laborie, marchand de Périgueux, vivant en 1594. A cette famille pourraient s'appliquer les armes données dans l'*Armorial du Périgord* (1, p. 94), par erreur aux Laborie de la Rampinsole, portant un *chevron* et *3 étoiles*, alors que les Laborie de la Rampinsole et de la Pinerie portaient : *d'azur à la bande d'or cantonnée de 3 fleurs de lys de même*, (*Maintenue de 1667*).

(2) Marguerite de Paty était fille de noble Jean de Paty et de Françoise de Godail, ainsi que cela ressort du contrat de mariage de son frère Jacques, écuyer, avec Catherine d'Alleguèdes, reçu à Monclar d'Agenais le 11 avril 1634, (*Arch. dép. Dord. Insin.*). Ces Paty semblent avoir été anoblis peu d'années auparavant par la charge de conseiller de la Chambre du Roi donnée à Jean Paty, consul de la Linde, intendant du maréchal de Biron en 1596. Cependant différents dossiers, à la Bibliothèque nationale (*Nouveau d'Hozier*, 260), aux Archives dép. de la Gironde (E, *Familles*), au baron de Paty du Rayet, et la Maintenue de noblesse *d'extraction*, donnée en 1667, mentionnent comme premier auteur connu

par Laphite, not. roy., le 15 janvier 1653, est aux Archives d'Arasse. Ils y nomment « etant à genoulx dans la chapelle de Cardou : »

1. ANTOINE, qui continue.
2. JACQUES, écuyer, sieur de Sainte Croix. Né vers 1638, il servit à 15 ans sous les ordres de son père et contribua à la défense de Piles en septembre 1653. Il fut maintenu en 1667 lors de la Réformation, *(Arch. d'Arasse)*.
3. HÉLÈNE DE BEAUDET. Elle fut fiancée en 1656 au seigneur de Pomport, et épousa *N... de Feytou*; sa fille Marie de Feytou fut légataire de son oncle Antoine de Beaudet [1].
4. MARGUERITE. Elle fut ensevelie, à l'âge de 75 ans, le 7 octobre 1714, *(Reg. par. de Bourniquel)*.
5. Autre HÉLÈNE, légataire en 1671 de son frère Antoine.

VI. — ANTOINE DE BEAUDET, écuyer, seigneur de Cardou, Roumaguet, Doursal, Leygue.

Il naquit vers 1637 et mourut le 2 mai 1709 ayant fait un second testament (le premier remontait au 24 septembre 1671) le 6 avril précédent, reçu par Léonard Castaing, not. roy. *(Arch. d'Arasse)*.

En 1653 il contribua également à la défense de Piles. Il fut convoqué au ban de la noblesse du Périgord en 1674, y servit

---

noble Louis de Paty, écuyer vivant en 1517, dont un fils, Guillaume, fit la tige des seigneurs de Paty près la Linde, de Luziers en Périgord, et du Rayet en Agenais ; alors que l'autre fils, Jacques, eut en Fronsadais les fiefs de Bellegarde et de Maineviel, et fut aïeul de Jacques Paty, réhabilité en 1607, père et aïeul lui-même de conseillers au parlement de Bordeaux. Armes : *d'argent au lion de sable, armé et lampassé de gueules, à la bande de gueules brochant sur le tout*.

(1) L'Armorial général de France donnant à cette famille trois armoiries différentes, nous ne savons quelles sont les véritables ; l'Armorial du Périgord n'en mentionne aucune, ce qui est excusable les Feytou étant plutôt de l'Agenais. — Peut-être que le sgr de Pomport et M. de Feytou ne font qu'un. Voici du reste au sujet de ce mariage projeté la curieuse convention passée entre MM. de Beaudet, cousins : « Il a été arresté entres moy et Monsieur de Fources (du Fourset), que maryant ma fille aynée avecque monsieur de Pomport, mon cousin, que je constituerai, moy et ma famme, la somme de cinq mille livres... Et pour faciliter led. contract de mariage, je promets à monsieur de Fources, mon cousin, d'en passer contract de mariage entre mon cousin de Pomport et ma fille, du consantement de monsieur du Marais (Jacques du Bourdieu) constituant lorsqu'il voudra ; à la charge que l'original dud. contract ce mettre entre les mains de mon cousin de Fources, iusque nous scaurons si monsieur l'évesque, ou Mr Brousse, son vicaire, pourront donner la dispance dud. mariage. Et cas advenant que nous soyons si malheureux que de ne la pouvoir obtenir, Mr de Fourcez me promet de me remettre le dit contrat; comme aussy si nous la pouvons avoir mon dit cousin le remettra entre les mains, de mon consentement et de ma femme, mère de ma dite fille, au notaire qu'il me plaira. Faict à Larrocque le 19e aoust 1656. LEYGUF. CARDOU. FOURCES promettant ce dessus. » *(Original aux Arch. d'Arasse)*.

et également à celui de 1692, ayant passé la revue à Marmande *(Id.)*. Le 17 mai 1684 il rendit hommage au roi pour Doursal, Leygue, Lafuste et Eperviers, hameaux et biens nobles sis dans les paroisses de Bourniquel, et de la Linde, *(Arch. munic. de Bordeaux,* J J, 153, f, 183 et *Arch. d'Arasse)* ; le 17 mars 1698 il fut maintenu dans sa noblesse par l'Intendant Bazin, *(Arch. d'Arasse)*.

Marie-Marthe Albert de Laval Madaillan s'unit avec lui par contrat reçu à Madaillan, le 26 avril 1681 par Brunet not. roy. Elle était fille de messire Pierre Albert de Madaillan et d'Henrye de Saint Ours[1], *(Arch. d'Arasse)*. Marie-Marthe mourut le 21 janvier 1721, nous apprend le *Livre-Journal* de ses filles.

De cette union naquirent :

1. JEAN-JOSEPH, qui suit.
2. ANTOINE-GRATIEN, tenu au baptême le 5 juillet 1683 par noble Gratien de Paty et Henrye de Saint-Ours, mort le 21 avril 1687, *(Reg. par. de Bourniquel)*.
3. JEAN, né le 24 septembre 1688, *(Id.)*.
4. GRATIEN, né le 8 octobre 1690, *(Id.)*.
5. LOUIS, dit le chevalier de Sainte-Croix. En 1721 il reçut une commission de capitaine au régiment de Nivernais, *(Arch. d'Arasse)*. Il vivait encore en 1760.
6. Autre LOUIS, chevalier, seigneur de Savignac et de la Garénie, qu'il tenait de Pierre de Bosredon, chevalier, dont il rendit hommage à l'archevêque de Bordeaux, le 21 avril 1727, *(Arch. dép. de la Gironde,* G, 205). Il fut également capitaine au régiment de Nivernais.
7. Autre LOUIS, dit *le Chevalier de Cardou*. Comme ses deux autres frères Louis, il fut légataire de son père.
8. MARGUERITE-CATHERINE. Elle s'unit avec *Bertrand de Montalembert*, écuyer, sgr de la Bourlie, fils de noble Jean de Montalembert et de Suzanne de Saint-Ours. Le contrat est du 8 janvier 1701 et le mariage religieux, du 21 juin suivant, *(Reg. par. de Bourniquel)*.
9. MARIE-SUZANNE, née le 2 juillet 1684. Elle épousa religieusement

---

(1) Les d'Albert, en Agenais, d'origine chevaleresque, ont leurs armes sculptées sur une clef de voûte d'une église de Villeneuve-d'Agen, bâtie au XIIIe siècle : *échiqueté d'argent et d'azur au chef d'or*. J'ignore pour quelle raison cette famille écartèle souvent de *Montmorency-Laval*, et si c'est pour ce motif qu'elle est connue sous le nom d'Albert de Laval, supprimant même souvent le premier nom.

le 4 août 1705, noble *Marc-Antoine Martin*, sieur de Mauriac, *(Reg. par. de Bourniquel)*.
10. Henrye, légataire de son père, non mariée en 1715, *(Reg. par. de Beaumont)*.

VII. — Jean-Joseph de Beaudet, chevalier, sgr de Cardou, Roumaguet, sieur de Bourniquel, etc.

Il fut baptisé le 30 mars 1687, âgé de 15 jours ; décédé à la Linde le 18 avril 1764 il fut enseveli le lendemain à Bourniquel, *(Reg. par. de Bourniquel)*.

M. de Cardou s'était marié par contrat reçu Castain, not., le 27 mars 1713, à la Bourlie — contrat où sont nommés ses frères — avec *Catherine de Montalembert*, fille de Jean de Montalembert, écuyer, sgr de la Bourlie, et de Jeanne-Suzanne de Saint-Ours. Madame de Cardou testa le 12 mai 1770, *(Arch. d'Arasse)*, et mourut à la Linde cette année-là, laissant :

1. Suzanne, dame de Cardou, héritière de sa branche. Elle donna sa main à *Etienne-Jacques marquis de Saint Exupéry*, seigneur de Fleurac, fils de messire Jean-Balthazar de Saint Exupéry du Fraysse et de Renée de Gironde [1]. Le mariage religieux fut bénit le 2 mars 1734 *(Reg. par. de Bourniquel)*, et le contrat ne fut passé que le 1er mai suivant devant Revaugier, not. roy. *(Arch. d'Arasse)*. Suzanne avait bien juste 17 ans, car elle était née le 10 mars 1717. Elle testa le 26 février 1774, laissant : *Jean-Balthazar marquis de Saint Exupéry*, héritier du Fraysse, aïeul et bisaïeul de MM. de Saint-Exupéry vivant en Périgord et Agenais.
2. Autre Suzanne, demoiselle de Cardou. Elle s'unit religieusement le 28 novembre 1730 à *Armand-Gautier de Coustin de Bourzolles*, chevalier, seigneur de Lespinasse et de Bourzolles, veuf d'Isabeau de Bessou, fils d'Armand de Coustin de Bourzolles de Caumont, vicomte de Beaurepos, et de Jeanne de Coste de la Calprenède. Le contrat avait été passé le 23 précédent par Castain, not. roy. *(Reg. par. de Bourniquel*, voir plus loin *généal. Coustin)*. Madame de Bourzolles décéda le 4 avril 1779, *(Arch. de la Braugelie)*.
3. Marie de Beaudet, née le 20 juillet 1711, *(Reg. par. de Bourniquel)*. Elle mourut après 1770.

---

(1) La maison de Saint Exupéry (dont le nom s'écrivait parfois Saint Supéry) remonte par filiation, dit le Nobiliaire du Limousin, à l'an 1231. En 1400 Géraud de Saint Exupéry, sgr de Vart, vint se fixer en Périgord par son mariage avec Marie du Fraysse, dernière héritière de son nom et de son château, à Terrasson, dont ses descendants relevèrent les noms et armes. Le château du Fraysse appartient au vicomte Ernest de Saint Exupéry. Armes : *écartelé, d'or au lion de gueules*, qui est de Saint-Exupéry ; et, *d'azur à l'épée haute d'argent garnie d'or*, qui est du Fraisse ou Fraysse.

SUJETS ISOLÉS

Mathurin Baudet. — Nous ne mentionnons ce procureur général du Roi à la Cour des Aides de Paris, vivant en 1462, que parce qu'il portait des gerbes de blé et des étoiles dans ses armes. (Voir au début de cette généalogie).

Guillem de Surevyl, dit Baudet, seigneur de Fons-Pierre, tué à Tocane, lors d'une rixe entre les seigneurs de Fayolle, et de Bourdeille et autres chevaliers, qui survint en 1489 à l'occasion du pèlerinage de Perdux, (*Bull. de la Soc. archéol. du Périgord*, XVII, 205).

N... Beaudet, mariée entre 1505 et 1509, avec *Gaston d'Abzac de Bellegarde*, écuyer, juge royal de Beaumont, la Linde et Molière, deuxième fils de Jean d'Abzac, damoiseau, et de Gilberte de Royère, (*Courcelles* IX, *Abzac* 107).

Arnaud de Beaudet, écuyer, sieur de Lassandre, époux dès 1636 d'une *Marguerite de Sanzillon de Douillac*, (*Arch. dép. de la Dordogne, Insinuations*), peut-être fille de noble Guillaume de Sanzillon, et de Marie de Paleyrac.

GÉNÉALOGIE
DE MALLERET.
1509-1769.

e Nobiliaire du Limousin, *par Nadaud, nous apprend qu'il existait en Bourbonnais, en Combraille et dans la Marche une famille de Malleret, connue depuis 1242 jusqu'en 1789. Nous ignorons absolument les relations qui peuvent exister entre elle et celle qui nous occupe. Nous serions plus disposés à rattacher les Malleret du Périgord aux Malleret du Bordelais. Le premier qui nous est connu ne vint, en effet, se fixer dans notre province que par une alliance, et plusieurs actes passés par ses successeurs ont été reçus à Bordeaux par des notaires de cette ville ; aussi donnons-nous à la fin de cet essai généalogique les sujets du nom de Malleret rencontrés en Bordelais.*

De nombreuses et substantielles notes, communiquées par notre cousin, le marquis de Cumond, ont facilité notre travail ; nous lui en exprimons notre reconnaissance.

ARMES

D'AZUR au fer à cheval d'or, (*Maintenue de noblesse*).

VARIANTES

Sur une plaque de cheminée du repaire des Pourcauds, qui a appartenu aux Malleret, le *fer-à-cheval* est placé au centre du chef de l'écu, il est accosté de deux *épées*, la pointe en haut, inclinées vers le fer.

L'Armorial de 1696, (*Registre Limoges*, 43), et l'abbé de Lespine après lui, disent que nos Malleret portaient : *d'azur au mouton d'or*. Ces armes étaient bien celles du cachet de François de Malleret, sgr du Repaire-Brunet, qui en scella son testament en 1726, et qui probablement en avait envoyé une empreinte aux commis de d'Hozier vingt ans auparavant. Je ne saurais expliquer pour quelle raison il ne portait pas les armes de sa maison ; je me borne à constater une fois de plus la négligence que de modestes gentilshommes apportaient en tout ce qui touchait à leurs prérogatives.

SEIGNEURIES

Fonbois. — Ecart dans la commune de Saint-Privat-des-Prés (Dordogne). La carte de *Belleyme* l'appelle : *Fonboin*.

Fouilloux (Le). — Hameau dans Saint-Privat-des-Prés.

Fromentaux. — Id.

Graveyrie (La). — Id.

Malleret. — Métairie de l'ancienne paroisse angoumoisine de Sainte-Aulaye ; actuellement écart de cette commune de la Dordogne, appelé *Chez-Maleret*.

Malleville. — Hameau dans Saint-Privat-des-Prés.

Mas-de-Montet (Le). — Maison noble dans Saint-Privat-des-Prés. C'était la *maison du Prieur*, appelée aussi *la Guérite*. Elle fut rebaptisée par les Signac en souvenir de leur fief du Mas-de-Montet, de Bersac, d'où ils venaient, *(Arch. de Cumond)*.

Maugézin. — Seigneurie située près de la ville de Saintes.

Mothe-de-Bonnes (La). — Ancienne motte féodale dans la commune de Bonnes (Charente).

Pont (Le). — Ecart dans Saint-Privat-des-Prés, appelé anciennement *Le Pont de la Rizonne*.

Pourcauds (Les). — Métairies dans la commune de Servanches (Dordogne). — Ce village comprenait jadis un repaire noble avec chapelle.

Renaudie (La). — Ancien repaire noble relevant de la fondalité du prieur de Saint-Privat. Ce château dans la commune de Saint-Privat-des-Prés, qui des Malleret passa aux Dubreuilh de Malleret, fut vendu par ceux-ci aux Chazaud de la Geoffrenie, comme on le verra plus loin. Françoise-Angélique de Villegente, petite-fille d'un Chazaud, apporta la Renaudie à son mari, J.-B. de Tessières de Miremont, qu'elle épousa le 28 mars 1769, et à qui elle la légua en 1803. Antoine de Tessières, frère et héritier de celui-ci, revendit cette terre le 13 septembre 1809 à Pierre-Charles de Saint-Angel ; elle appartient actuellement aux héritiers du vicomte Joseph de Saint-Angel.

Repaire-Brunet (Le). — Ancien repaire noble dans la commune de Saint-Privat-des-Prés, avec extension sur des maisons de cette petite ville. Il y avait au moyen-âge, dans cette paroisse et dans celles voisines de Saint-Vincent-Jalmoutiers, Mirand et Sainte-Aulaye, une famille noble du nom de Brunet ; elle aurait pu donner son nom à ce repaire, *(Arch. de la Valouze)*.

Sinsac. — Ecart dans Saint-Privat-des-Prés. Cette métairie appartient à la famille Cheyrade qui descend des Bellade.

Touzy (Le). — Actuellement *Le Tauzy*. Hameau dans Saint-Privat-des-Prés.

BRANCHE UNIQUE.

SEIGNEURS DU REPAIRE-BRUNET, DU MAS-DE-MONTET, ETC.

1509-1769.

I. — Pierre de Malleret, écuyer, seigneur de Maugézin, du Mas-de-Montet et du Repaire-Brunet.

Il épousa, le 14 mai 1509, *Jacquette de Signac*, qui lui apporta en dot le Mas-de-Montet de Saint-Privat, ancienne maison de cette petite ville dite *du Prieur* (*F. Pér.*, 121) [1]; elle était fille ou sœur de noble François de Signac ou Signiat, seigneur dudit Mas-de-Montet. Le 25 mai 1544, tant pour lui qu'au nom de Guyon d'Angoulême, écuyer, il donne à Guillaume Ruffier, bourgeois d'Angoulême, le lieu noble et la seigneurie de Maugézin situés près de la ville de Saintes, (*Arch. dép. de la Charente*, E, 1196.) Il figure au ban de 1536 de la noblesse du Périgord.

Pierre de Malleret testa le 5 septembre 1547, mais il ne mourut qu'après, car le 15 juin 1550 il fit donation de ses biens à Roland, son fils, suivie, au 17 juin 1552, d'une nouvelle donation, reçue par Gaultier, not. roy., cette fois en faveur de son fils aîné Jean, (*Arch. dép. de la Dordogne*, *Insinuations*).

Ses enfants furent :

1. Roland. Il est désigné comme aîné dans le *Fonds Périgord*, et il dut mourir sans postérité.
2. Jean, qui continue.

---

(1) Lespine n'a consacré aux Malleret qu'une filiation succinte, placée dans la généalogie de Bellade, au tome 121 du *Fonds Périgord*. — Le nom s'écrit parfois *Malaret*.

3. Guyon, écuyer, seigneur de la Mothe-de-Bonnes, de la Renaudie, du Touzy, co-seigneur du Repaire-Brunet. Le 1er février 1575, il fit une donation à son frère Jean, puis, le 13 avril 1595, il laissa à sa nièce, Marie de Malleret, la majeure partie de ses biens, *(Arch. dép. de la Dordogne, Insinuations)*. Il vivait encore le 29 décembre 1605, date d'une donation consentie à Arnaud Pontard, sieur de la Paponnie, juge de Saint-Privat.

Son testament remontait au 23 décembre 1580; il avait été reçu à Bordeaux par J. Castaigne, not. roy.; ses exécuteurs testamentaires étaient ses cousins messires Antoine de Grignols, seigneur de Bonnes et Raymond du Puy de Brémond, seigneur de Pommiers, tous deux chevaliers de l'Ordre, *(Arch. dép. de la Gironde*, E. 87, liasse 24).

4 à 7. Michau, Pierre, Michel, Jean, *(F. Périg.*, 121).

8. Roland, écuyer, C'est lui, ou son frère Roland l'aîné, dont le testament, daté du 21 avril 1590, fut insinué en la sénéchaussée de Périgueux le 29 juillet 1599, *(Arch. dép. de la Dordogne)*. D'une femme inconnue, il laissa :

> Roland, écuyer, nommé dans le testament de 1580 de son oncle Guyon.

9. Peut-être Julien, mort avant le 1er mai 1553, date où sa veuve *Marie Flamenc*, reçut une donation de Pierre de Malleret, sgr du Repaire-Brunet, *(Arch. dép. de la Dordogne, Insinuations)*.

II. — Jean de Malleret, écuyer, co-seigneur du Repaire-Brunet.

Il épousa le 25 octobre 1551[1] *Marguerite Flamenc*, dont il était veuf le 21 décembre 1597, date de son premier testament reçu au Repaire-Brunet par Rolland notaire, suivi d'un autre le 21 septembre 1598, *(Arch. dép. de la Dordogne, Insinuations)*. Il mourut avant le 26 octobre suivant, laissant :

1. Jean, institué par le testament de son père et qui continua la postérité.
2. Autre Jean, co-héritier de son oncle Guyon.
3. Roland, *Id*.
4. Marie, mariée à *Arnaud Dubreuilh*, auteur des *Dubreuilh de Malleret*, donnés à la suite.

---

(1) Les *Insinuations* aux Arch. dép. de la Dordogne donnent : 1541.

5. GALLIANE, mariée le 9 septembre 1582 avec *Georges de Termes*, sieur de la Gastaudie [1], *(F. Périg.* et *Insinuations*, ut supra).
6. MARGUERITE, unie le 24 août 1598 avec *Pierre Pauly*, *(F. Périg.*, 121).
7. FRANÇOISE, dite FRANÇON, femme de *Jacques de Lacourt*, sieur de Louberie ou la Loubière et de Puyfranc, lequel reçut, en faveur de son mariage, le 5 juillet 1587, une donation de ses parents Etienne de Lacourt et Michelle Panyot, *(Arch. dép. de la Dordogne, Insinuations).*
8. HÉLIX. Elle aurait épousé, après 1597, *Arnaud de Brunet* (?), écuyer, sieur de la Graveyrie, *(Arch. de la Cousse).*

III. — JEAN DE MALLERET, écuyer, seigneur du Repaire-Brunet et de la Graveyrie.

Il épousa par articles du 14 juillet 1586 et 26 février 1587, reçus Boylevin, Papin et Rolland notaires, *Philippe du Puy de Brémond*, probablement fille de Raymond du Puy ci-dessus, et de Jeanne Joumard de Sufferte. Il testa le 11 mars 1610 devant Dubreuilh, notaire, nommant ses enfants qui suivent, et choisissant pour exécuteurs testamentaires son beau-frère messire Annet du Puy de Brémond, seigneur de Pommiers et Jacques Jaubert, seigneur de Cumond, *(Arch. dép. de la Dordogne, Insinuations)* :

1. JEAN, qui suit.
2 à 4. JACQUETTE, FRANÇOISE et autre JACQUETTE.

IV. — JEAN DE MALLERET, écuyer, seigneur du Repaire-Brunet et du Fouilloux.

Il s'allia par contrat du 12 avril 1611 avec *Gabrielle Vigier*, *(F. Périg.*, 121). C'est tout ce que nous savons sur lui. Ses enfants furent :

1. JEAN, qui a continué.
2. FRANÇOIS, écuyer, seigneur du Mas-de-Montet, de Malleret et des Pourcauds, terre dont il acheta une partie, plus de mille hectares, aux Bellade. Le 10 juillet 1669 il échangea à Jean de Lévy, marchand, la prise de Salomon et de Carbonnat, dans Sainte-Aulaye, acquise du seigneur de Longa, contre ce que Jean possédait aux

---

(1) Probablement Georges de Termes, écuyer (?), sgr de la Gastaudie, premier consul de la Linde en 1598, qui testa le 4 mai 1623. L'abbé Goustat, dans son livre *La Linde et les libertés communales*, donne pp. 380 à 397 d'intéressantes notes sur la famille de Termes, encore représentée de nos jours, et dont la noblesse serait fort ancienne d'après lui.

Pourcauds de la veuve de « noble homme Pol Huet de Lévy, docteur en médecine. » *(Arch. de Cumond).*

Né vers 1621, il contracta mariage, le 20 janvier 1644, avec *Gabrielle de Cabry*, *(F. Périg.*, 121). Nous ne savons pour quelle raison il poursuivit la vente du château et de la terre de la Renaudie, comme on le verra plus loin. A la convocation du ban de 1690, ses ayant-cause sont appelés « les héritiers du sieur des Roches de Malleret ». Ne connaissant pas de fief du nom de *Roches* aux Malleret, il est possible que ce soit là le nom terrien de Losches, de son gendre, que le scribe aura mal écrit.

François de Malleret fut maintenu dans sa noblesse d'extraction lors de la Recherche de 1666-1671 *(F. Périg.*, 16); il décéda avant 1675, laissant :

A. Marius-François, écuyer, sieur de la Fraignière, décédé sans alliance avant le 3 février 1691, date d'un partage entre son frère et ses sœurs, *(Arch. de Cumond).*

B. François, écuyer, seigneur du Mas-de-Montet et sieur de Malleret et Fonbois. Il eut en outre : Fougeran, Chez-Courty, les prés de Tramonzat et de la Font-du-Verdier, puis les biens de Tonnay-Charente. Né le 23 août 1656, il mourut le 26 avril 1726 sans alliance, *(Arch. de Cumond)*, après avoir testé le 2 mars 1726, faisant des legs à ses sœurs, à son neveu de Bellade, et instituant héritier son cousin, Louis de Malleret, *(Minutes de Pontard, Etude de Saint-Privat).* Dans le rôle de la capitation de noblesse de 1711, il est qualifié de « lieutenant-colonel du régiment de Beauvoisy », *(Arch. dép. de la Gironde,* C, 3339).

C. Sylvie-Marie. Par contrat du 16 juillet 1675, elle s'allia à *François de Bellade*, chevalier, seigneur du Dézert, fils de feu Guy de Bellade, écuyer, et de Marguerite d'Aitz. Elle eut la petite métairie de Fonbois, *(Arch. de Cumond).*

D. Philippe-Livie. Elle épousa par contrat du 16 août 1673 *Louis de Morel*, chevalier, sgr de Losche et de Suzanne de La Porte. N'ayant pas eu d'enfants, elle vint finir ses jours au château de Cumond, où le 26 novembre 1717, elle fit donation de ses biens et spécialement de la terre des Pourcauds et de la forêt du Pouyat (ou Pouyol) Blanc, dans Echourgnac, à Léonard d'Arlot, marquis de Frugie et de Cumond, alors mineur, *(Arch. de Cumond).*

E. Manette, *aliàs* Marie. Née en octobre 1658, elle épousa *Jean-Joseph de Ravine*, sieur de Beauvais, *(Testament de son frère).* Ils déposèrent leur testament mutuel aux mains de Deffarges,

not. roy., le 17 mars 1729, *(Arch. de Gamanson).* Le Fouilloux fut son lot lors du partage de 1691.
- F. MARIE, religieuse au monastère de Saint-Bernard, à Tulle, *(Même testament).*
- G. GABRIELLE, née le 17 mai 1661.

3. Peut-être HÉLIX, mariée avec *Jean du Sablon*, écuyer, auquel elle aurait apporté la terre du Fouilloux, *(Note d'A. de Lafaye).*

V. — JEAN DE MALLERET, écuyer, seigneur du Repaire-Brunet. Il s'unit le 20 janvier 1644 à *Sylvie de Cabry*, *(F. Périg.* 121), et il dut décéder avant 1667. Nous lui connaissons comme enfants :

1. FRANÇOIS, écuyer, sieur de Sinsac. Il fut maintenu avec son frère, lors de Recherche de la vraie et fausse noblesse de 1666-1671, *(F. Périg.,* 16).
2. Autre FRANÇOIS, qui suit.
3. GABRIEL, né le 15 nov. 1656, mort jeune, *(Arch. de Cumond).*

VI. — FRANÇOIS DE MALLERET, chevalier, seigneur du Repaire-Brunet et de Sinsac.

Il fut convoqué aux bans de la noblesse du Périgord en 1674 et 1690. Il vivait encore en 1723 et était alors veuf de *Marie de la Porte*, fille Françoise Paulte et sœur d'Hélie et d'Antoine de la Porte, conseillers au présidial de Saintes. Il en eut :

1. LOUIS, écuyer, seigneur du Repaire-Brunet, de Montaliès et sieur de Fonbois qu'il racheta pour 3.400 livres, le 18 juin 1718, à ses cousins de Bellade, *(Minutes des notaires de Saint-Privat).*
    Il se retira à Chancelade, ne s'étant pas marié, néanmoins la mention de son décès est portée dans les registres paroissiaux de Saint-Privat et à l'année 1743.
2. MARIE. Elle se maria avec son cousin *Jean de Bellade*, écuyer, seigneur du Dézert, veuf de Sylvie d'Aulède, fils de François de Bellade, et de Sylvie de Malleret. Née le 10 avril 1688, elle mourut le 1er octobre 1769, *(Reg. par. de Saint-Privat)*, ayant eu : François de Bellade marié 1° avec Jeanne de Guerre, 2° avec Françoise de Belcier d'Arès en 1756, et 3° avec Anne d'Arlot de Cumond en 1770. M. de Bellade possédait le Repaire-Brunet et autres terres de Malleret.
3. JEANNE, carmélite, décédée dès 1723.

FAMILLE
DUBREUILH DE MALLERET.

1574-1736.

Nous donnons quelques notes sur cette famille, à titre de simple renseignement, sans chercher pourquoi ces bourgeois, habitant la même paroisse que les Malleret, ont cru pouvoir joindre à leur nom celui de cette famille noble, leur alliée, représentée dans le voisinage. Ayant pris en outre, induement, dans des actes la qualification d'écuyers, ils furent condamnés comme usurpateurs de noblesse.

III. — MARIE DE MALLERET, héritière des repaires nobles de la Renaudie, de la Motte-de-Bonnes, du Touzy, de Malleville.

Elle épousa, le 23 juin 1574, *Arnaud*, aliàs *Léonard*, *Dubreuilh*, procureur d'office de la juridiction de Saint-Privat. Ils firent leur testament mutuel devant Pontard, not., le 18 août 1594, (*Arch. dép. de la Dordogne, Insinuations*). Arnaud mourut peu après, mais sa femme lui survécut, elle vivait encore en 1601. De ce mariage sont provenus :

1. JEAN « DE MALLARET DUBREULH » qui fit insinuer avec ses frères et sœur le testament de leur père en janvier 1595.
2. GUYON DUBREUILH DE MALLERET, qui suit.
3. ROLLAND DUBREUILH DE MALLERET, sgr de Malleville et sieur de Fonbois. Il testa devant Sarraute, *aliàs* de Giry, not. roy. à Bordeaux, le 25 juin 1649, demandant à être enseveli dans l'église de Bonnes, et laissant de *Julie de Latour* :

    A. GABRIELLE, mariée par contrat portant filiation, le 12 janvier 1651, à *Louis Girard*, lieutenant général de la sénéchaussée de Saintonge, (*Arch. dép. de la Gironde, minutes de Sarraute, not.*).

4. Hélix Dubreuilh de Malleret, mariée dès 1626 avec *Jean du Sablon*, écuyer, dont les biens furent saisis en 1634 à la requête de l'abbé d'Aubeterre. Marie Bernier, venue d'Hélie du Refuge, écuyer, sieur de Ferchaud, était suzeraine du village de Perrot, où ces biens étaient situés, *(Bul. de la Soc. hist. et arch. du Périgord)*.

IV. — Guyon Dubreuilh de Malleret, seigneur de la Renaudie, la Motte-de-Bonnes, le Touzy, Malleville.

Le 19 septembre 1599 il épousa par contrat portant filiation *Françoise Jaubert*, fille de René Jaubert, écuyer, seigneur de Cumond et de Bonne Portenc, *(Arch. dép. de la Dordogne, Insinuations)*. Françoise, étant veuve, testa le 1er avril 1617, *(Arch. de la Rousserie)*. La concordance des lieux et des temps permet de supposer que Guyon fut père ou oncle du suivant.

V. — Guyon Dubreuilh de Malleret, seigneur de la Renaudie, Malleville et Fromentaux.

Il se maria avec *Claude de Chabans*, (qui ne figure pas dans la généalogie de cette famille), morte avant 1654, laissant :

VI. — Louis Dubreuilh de Malleret, seigneur de la Renaudie, Malleville et Fromentaux.

Il contracta deux alliances : la première, par contrat portant filiation, avec *Hélène Adhémar,* fille de noble Jacques Adhémard, sgr du Mayne et de Judic de Philip, *(Chérin, II, 22)* ; la seconde, le 30 novembre 1654, avec *Marguerite de Camain*, fille de Charles de Camain, écuyer, sgr de Lavergne, de Saint-Sulpice, et de Gabrielle du Chassaing, *(Arch. dép. de la Dordogne, Insinuations)*. Cette union fut célébrée à St-Sulpice-de-Mareuil l'année suivante.

Louis Dubreuilh se ruina, ses biens furent saisis, il fut forcé de vendre la Renaudie le 7 juillet (*aliàs* 28 octobre) 1660 à Antoine du Chazaud, écuyer, sieur de la Geoffrenie, *(Arch. de la Guillermie et de Cumond)*. Il fut condamné comme usurpateur de noblesse, sur conclusions contradictoires en premier et en dernier ressort, et dut payer 2,322 livres, *(F. Périg., 16)*. Retiré à Fromentaux, il dut y mourir, laissant du deuxième lit : .

1. François, qui suit.
2. Autre François, sieur de Fromentaux, né en 1663, mort le 18 janvier 1729, âgé de 66 ans, *(Reg. par. de St-Privat)*.

3. Isabeau, demoiselle de Fromentaux. Née le 21 octobre 1663, elle testa le 6 mai 1736, faisant héritier son mari *François de Lachèze*, (*Minutes de Pontard, Etude de St-Privat*).

VII. — François Dubreuilh de Malleret, seigneur de la Vaurasse.

Il naquit le 9 mai 1656 et fut lieutenant de cavalerie. Sa femme se nommait *Jeanne Giry*, demoiselle de la Tuillière, fille de François Giry, sieur de la Nauve et de Jeanne de Raymond ; elle n'eut pas d'enfants et fut héritière de son mari par le testament que celui-ci fit en sa faveur, au village de Lembaudie, où il demeurait, le 17 mars 1704, (*Minutes des notaires de St-Privat*).

François Dubreuilh vécut longtemps après. Le 7 février 1719 il donne conjointement avec sa femme au prieur de St Privat, la maison presbytérale, (*Id.*) ; il prend dans l'acte la qualification de *seigneur du Mas-de-Montet*, alors que cette maison devait appartenir aux héritiers des Malleret.

SUJETS NON RATTACHÉS

François Dubreuilh de Malleret, né vers 1644, mort le 10 mai 1724, âgé de 80 ans, (*Reg. par. de Saint-Privat*).

Gaspard Dubreuilh de Malleret, sieur du Pont, parrain du suivant.

Gaspard Dubreuilh de Malleret, né le 9 février 1660.

Antoine Dubreuilh de Malleret, co-seigneur de La Renaudie, 1660, marié avec *Isabeau de La Tour*, père du précédent, (*Arch. de Cumond*).

Antoinette Dubreuilh de Malleret, femme d'*Arnaud de Vars*, écuyer, seigneur de la Graveyrie et du Mayne, dont elle eut Gabriel de Vars, né le 4 mars 1657, (Id.).

Jacques Dubreuilh de Malleret, condamné comme usurpateur de noblesse par le même jugement que Louis, ci-dessus. L'appel fit monter l'amende de 300 à 2,322 livres.

Sylvie Dubreuilh, demoiselle de la Marset, est dite cousine de René de Chabans, écuyer, dans son mariage avec *Pierre Prinse*, le 5 octobre 1677, (*Reg. par. de St-Sulpice de Roumagnac*).

MALLERET EN BORDELAIS.

Pierre de Malleret. — En 1470 collation d'une chapellenie à Saint-Loubès en sa faveur, *(Hist. de la Sauve*, par Dulaura).

Jean de Malleret. — En 1536 il était seigneur de la maison noble de la Salle en Saint-Loubès, *(Monographie de St-Loubès*, par de Comèt, 245.) En Entre-deux-Mers *la Salle* était plutôt un nom commun, servant à désigner un hôtel noble, qu'un nom propre. Ce Jean est qualifié de seigneur de Jales (*sic*) et d'Ambarès dans un dénombrement de 1556; il testa le 28 juin 1557, laissant veuve Jeanne d'Arsac, *(Arch. dép. de la Gironde. Terriers*, 311, 312).

Jeanne de Malleret. — Le 1er juillet 1548 est dite femme de N... de Chaubin, sgr de Saguier, procureur au parlement de Bordeaux, elle assiste au contrat de mariage de son fils d'une première union, Jean de Lauvergnac, écuyer et avocat, avec Guyonne Chaubin, (*Id.*, *Cour des Aides*, 1631-49, f. 315).

N... de Malleret. — En 1554 il est jurat noble de la ville de Bordeaux.

Jeanne de Malleret. — Elle épousa, par contrat du 25 janvier 1556, Arnaud de Verteuil, qui devint ainsi seigneur de Malleret, en Saint-Loubès (*Bibl. de Bayonne*, F. Communay), dont la descendance subsista jusqu'en 1803.

Isabeau de Malleret. — En 1562, qualifiée de damoiselle, elle est veuve de François Boiresse, (*Id.*, B, 159).

Joseph de Malleret. — En 1570 reconnaissance féodale par Léonard de Landron, praticien d'Ambarès, en faveur du dit Joseph de Malleret, écuyer, sgr de la Salle, (*Monographie*, etc.).

Jean-Pierre de Malleret. — Il était en 1631 archiprêtre de Bourg et official de Bordeaux, (*Un Coin de l'Entre-deux-Mers*). Peut-être était-ce un Verteuil.

Jacques de Malleret. — En 1660 baptême à Libourne de Bernard de Malleret, fils de Jacques de Malleret, avocat, (*Reg. paroissiaux*).

Jean-Pierre et Paul-Joseph de Malleret. — Le premier, capitaine au régiment de Piémont ; le second, lieutenant criminel en Guyenne, vivaient en 1714, (*Arch. dép. de la Gironde*, B, 1177).

GÉNÉALOGIE
DE BARRAUD.

1500-1705.

Les principaux documents qui ont servi à établir cette généalogie sont extraits du chartrier du château de Fournil, conservé aux Archives départementales de la Dordogne, dans la série E, non encore classée ni inventoriée. Tout ce qui est énoncé, dans notre essai, sans indication de source résulte de pièces composant ce dossier. La plus curieuse de ces pièces est certainement un Journal de famille, rédigé vers 1605 par Pierre de Barraud. Au dessous d'écussons, où sont grossièrement dessinées les armoiries que je décris plus loin, le manuscrit en question débute par un sonnet sur le Roi de France, suivi de vers latins également médiocres. Voici ce sonnet :

SONET

Pendant que le Roy songe à son long mariage
Et que le jubile emmène les Romains,
A demander pardon de leurs pechés vilains
A l'autheur ancyen des troubles de nostre aâge;

Pendant que de Mornay l'esprit subtil et sage
De son livre soustient les passages certains
Contre l'Evesque aydé de juges inhumains,
Qui de faict, non de voix, jugent à son domage ;

Mon père met en l'air sa petite maison,
Et iesclos de son maistre en la mesme saison
Le père et les enfens, leur temps et leur Escaille,

Le Roy, les jubilers, et l'Evesque d'Evreux,
Duplessis, et Barraud. Pour son peuple, contre eux,
Contre luy, pour l'Eglise, pour ses Enfans travaille.

Après un nouveau sonnet, viennent quelques phrases latines consacrées à la gloire de sa famille, qui, appartenait, semble t-il jadis à la noblesse ; elles commencent ainsi :

Ad testorem humanissimum
Pet. Barraudus.

Nemo me gloriosum familiæ paternæ ædicum nominare poterit si ad quem finem has lineas direxerim pacato corde perpendat, non enim hic mihi propono perpetuum quoddam dommicula nostræ... monumentum sit potius posterior meis qui virtutis forsitan immemores in antiquitate familiæ fundamentum nobilitatis aliquando stabilient frœnum.... .... Inceperat hujus proposisum persecutus est pater Guilhelmus. Ego Petrus, ejus filius, retinui....... Quidam...ab Jove supremo paganorum deo, suam ducunt originem. Ego vero a me pater meus a se, et sic denique qui nos antecesserunt a seipsis nobilitatis insigne trahere debent........ Non igitur videbis hic, quicumque sit gentis meæ observator, longam anorum seriem.... contemplaberis tantum Dei opt. max. servos hujusce mundi cursum.........

Ajoutons que le nom s'est écrit indistinctement : Barraud, Barrault, *et* Barreau, *avec et sans la particule.*

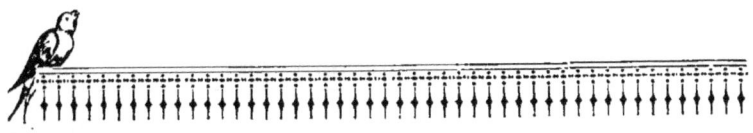

ARMES

D'AZUR au faucon d'or posé sur un barreau de sable d'où pendent trois glands d'or, accompagné en chef de trois étoiles d'or, (*Lettres patentes de noblesse octroyées à Guillaume Barraud en 1604, dont l'original est conservé aux Archives du château de Cugat*).

VARIANTES

Le *faucon* et le *barreau* sont dits *d'argent* dans la production pour maintenue de noblesse lors de la Réformation de 1666-71, (*F. Périg.* 16).

L'Armorial du Périgord (1, 56) donne, — j'ignore sur quoi il s'appuie pour cela, — des armes absolument différentes : *de gueules à deux léopards d'or l'un sur l'autre, surmontés de deux cloches d'argent.*

Le *Livre de famille*, rédigé antérieurement aux lettres de 1604 indique un premier écu, sans émaux, représentant une porte, ou une maisonnette, dessinée comme une tour de pagode chinoise, ainsi : avec cette devise : *Aperta probis, clothrata* (sic) *improbis.* Dans un second écu est dessiné un oiseau, avec cette devise, qui peut s'appliquer au faucon : *Volantes sequor, natantes insequor.* 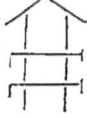 Ces deux attributs sont réunis *en parti*, dans un troisième écusson placé au dessous des premiers. Le faucon a servi de meuble principal aux armes plus héraldiques peintes dans les Lettres de noblesse. Il serait possible que les trois glands d'or aient été mis pour rappeler les armoiries de la famille de La Place, (la femme de l'anobli était une La Place), qui portait : *d'azur, à trois glands d'or.*

SEIGNEURIES

Beaupouyet. — Commune du canton de Mussidan (Dordogne).

Bénevent. — Section de la commune de Saint-Laurent-des-Hommes (canton de Mussidan), avec extension dans celle de Saint-Martial-d'Artensec (canton de Montpon). C'est une ancienne bastide. Il est possible que ce soit par sa mère, Antoinette Bouchard d'Aubeterre, que Catherine (L'Archevêque) de Parthenay, qui vendit Bénevent, ait eu cette seigneurie.

Fournil. — Château dans la commune de Saint-Laurent-des-Hommes. Il a appartenu dans ce siècle-ci à M. Piston d'Eaubonne. M. Fouquiau en est le propriétaire actuel, (Voir *Revue d'Architecture*, xxvi, 1868).

Lavaure. — Petit fief avec forge et moulin, dans la commune de Bourgnac, mais proche de Mussidan. Il était autrefois dans la paroisse de Sourzac, *(Carte de Belleyme)*.

Monbazillac. — Commune du canton de Sigoulès ayant titre de vicomté, et dont la justice, démembrée de la châtellenie de Moncuq en 1600, s'étendait aussi sur les paroisses de Colombier et de Saint-Christophe.

Peut-être que Monbazillac fit partie du domaine qu'Anne de Pons apporta par mariage, en 1488, dans la maison de Ribérac ; en tous cas, dans son testament du 20 octobre 1596, Jeanne de Bourdeille dit que son premier mari, Charles d'Aydie de Ribérac, était seigneur de Monbazillac, (*Bull. de la Soc. hist. et arch. du Périgord*, 1881. p. 359). J'ignore comment Louis Bouchard, baron d'Aubeterre, possédait cette seigneurie au commencement du xviie siècle. Il la donna à sa femme, Marie de Brisay, épousée en 1606, laquelle se remaria en Périgord à Hector de Pontbriant, baron de Montréal. Elle légua Monbazillac à Pierre de Brisay, marquis d'Avesne. Celui-ci en fit hommage au Roi, le 9 mars 1666, (*Arch. munic. de Bordeaux*, JJ, 153). Peu après, par acquisition sans doute, Monbazillac passa soit aux d'Alba pour arriver aux Barraud, soit directement à ces derniers. A la suite de longs procès cette vicomté fut cédée, en 1705 comme on le verra, à Daniel d'Alba par Elisée de Marsoulier. Les d'Alba se qualifièrent vicomtes de Monbazillac jusqu'au milieu du xviiie siècle, puis les Bacalan, qui possèdent encore ce château, leur y succédèrent.

Montjeu. — On trouve aussi écrit *Monjut*. — La situation de ce fief, appelé anciennement *Bonnetias* n'a pu être déterminée, à moins d'identifier Bonnetias avec *Bonestieu*, hameau de la commune de Saint-Sauveur.

Saint-Sauveur. — Saint-Sauveur-de-Lalande, commune du canton de Montpon (Dordogne). — Cette ancienne paroisse dépendait, comme celle de Beaupouyet, de la châtellenie de Montpon ; elles en furent démembrées en faveur des Barraud que pendant peu d'années.

BRANCHE UNIQUE.

SEIGNEURS DE FOURNIL, BEAUPOUYET, ETC.

1500-1705.

I. — JEAN BARRAUD vivait vers 1500; il épousa *Marguerite Girardotte*, et en eut :

1. PIERRE, mort avant 1560.
2. MARTIAL, dont le sort est inconnu.
3. DOMINIQUE, qui suit.

II. — DOMINIQUE BARRAUD, notaire dès 1538 et bourgeois de Mussidan.

Il naquit au Fieu, en Bordelais et fut « conjoinct par mariage avec *Jacquette de Sainct-Pierre*[1], en l'an 1535; il deceda le 26 juin 1560 (*aliàs* 1561) et Jacquete deceda le 2 novembre 1593. » Il testa le 11 août 1560. Sa femme était fille de Jeanne Rastelle et sœur de Pierre et de Guillaume de Saint-Pierre.

« *Fili ex his geniti* :

1. Une fille, deceda aussy tost qu'elle fust née, 1536.
2. JACQUES nasquit 27 octobre 1537; ie nay pust sauoir lorsqu'il mourust; son parrin fust Jacques Villatte, sa marraine Jehanne Rastelle, ayeule.

---

(1) Famille bourgeoise de Mussidan, honorablement alliée et qui fut des premières à embrasser la Réforme.

3. PIERRE, nasquit le 12 juillet 1539, il deceda a Bourdeaux. » Peut-être est-il l'auteur, si ce n'est lui-même d'un Pierre de Barraud, juge de La Force, demeurant à Mussidan en 1607.

4. « PIERRE, nasquit le 1er aoust 1541 ; parrain Pierre Chaussade, sa marraine Valerie de Sainct-Pierre ; deceda 21 septembre 1542.

5. MARGUERITE, nasquit le 22 apvril 1543. » Peut-être est-ce la même qu'une Marguerite Barraud, femme de *Jean Dignac*, procureur d'office de Mussidan, et vivant encore en 1597, *(Arch. de Montbreton).*

6. GUILLAUME, qui continue.

7. BERTRAND, né en 1546, décédé en 1552.

8. JEANNE, née en 1548, décédée en 1588.

9. Autre MARGUERITE, née le 10 septembre 1554, qu'on peut identifier avec une Marguerite Barraud, femme de N... *Milon*.

10 à 13. Quatre filles mortes en bas-âge.

14. MARIE, appelée aussi MARGUERITE la jeune ; elle épousa probablement *Jean Petit*, juge de Montpon, dont elle eut Vincent Petit, sieur de Lesparon, et Jean Petit, juge de Montpon, en 1594.

III. — GUILLAUME BARRAUD, écuyer, seigneur de Fournil, Beaupouyet, Bénevent, Montjeu, Saint-Sauveur.

Né le 13 novembre 1544, il eut Guillaume de Saint-Pierre pour parrain. Il fut zélé protestant comme son père.

Engagé comme homme d'armes dans la compagnie de M. de La Force, il s'y distingua, puis dans l'armée de Lorraine en 1567, à la bataille de Montcontour et au siège de Saint-Jean-d'Angély ; aussi en récompense de ses actions d'éclat et de ses 45 années de service, reçut-il en décembre 1604 des lettres de noblesse, (*Original aux Arch. de Cugat.— F.Périg.*, 118, p. 28. — *Fonds français*, 4139, f. 162).

Il se maria une première fois, le 5 avril 1571, avec *Marguerite de La Place*, fille de Poncet de La Place, dit le jeune, d'une famille bourgeoise de Mussidan, prétendant être « de fort bonne et noble maison », disent les lettres de noblesse de 1604[1]. Marguerite était née le 16 octobre 1553, elle fit son testament le 13 mars 1595 mais ne décéda que le 24 novembre 1601. Son

---

(1) D'après certains actes, je ne serais pas éloigné de croire, en effet, ces La Place de la même souche que ceux nobles de ce nom qu'on trouve en Périgord, Angoumois et Bordelais. Ils auraient pu ou déroger ou abandonner leur situation de privilégiés.

fils dans le *Livre de famille* en parle en termes touchants. Il lui consacre un distique latin et un quatrain français.

Moins de deux ans après, Guillaume Barraud contractait une nouvelle union en faisant recevoir le 4 juillet 1613, par Bellabre, notaire, ses articles de mariage avec *Jeanne de Mellet*, bâtarde de Jean de Mellet, écuyer, seigneur des Arras et de Neuvic, et veuve d'Hélie Chaussade, sieur de Lambertie.

Il acquit en 1580 le fief de Montjeu, anciennement appelé Bonnetias, le greffe des justices de Mussidan et de Montpon le 8 août 1598. Il échangea, en décembre 1581, Fournil à Michel de Lur, seigneur de Longa, et acheta Bénevent à Catherine de Parthenay, dame de Rohan-Soubize. Pour 15,000 livres, les seigneuries et paroisses, avec la justice, de Beaupouyet et de Saint-Sauveur, mouvant de Montpon, lui furent cédées par acte reçu Berangier, not. à Bordeaux, le 18 sept. 1603.

Guillaume de Barraud testa en juillet 1595, puis de nouveau le 23 juillet 1615, peu de jours avant sa mort arrivée le 2 août suivant. Le second testament fut reçu par du Boquet et Parricot, not., *(Arch. dép. de la Dordogne, Insinuations).*

Voici le nom de ses enfants :

1. PIERRE, qui suit.
2. JACQUES, écuyer, seigneur de Bénevent. Il naquit le 11 mars 1574, et fut tenu au baptême par Dominique de La Place, lieutenant de Mussidan. Capitaine au régiment de Navarre, il vendit, avant de s'expatrier, Bénevent au comte de Gurçon, Louis de Foix. Il se maria en Provence avec *Diane de Laubart* ou *Lombart*, et se fixa à Toulon. Joubert, not. roy., reçut son testament à Fournil le 18 mars 1619, suivi d'un codicille le 9 novembre 1621, *(Arch. dép. de la Dordogne, Insinuations).* Sa fille unique se nommait :

    MARGUERITE BARRAUD. Religieuse à Sisteron, elle testa le 3 mai 1635.

3. JOSEPH, écuyer, sieur de Lavaure. Il naquit le 13 mars 1583, et fut tenu au baptême le 27 suivant par sa tante, Marguerite de Barraud, la jeune, *(Biblioth. de l'Arsenal; mss. 6561 ; Reg. protest. de Mussidan).* Il testa le 15 juin 1637 et mourut sans hoirs avant le 25 septembre 1648, date de l'ouverture de son testament, par lequel il institue son frère Elisée, lui remettant ainsi les 110 livres de rente sur les moulins et forge de Lavaure que son père lui avait léguées.
4. ELISÉE, écuyer, seigneur de Beaupouyet. Il naquit le 22 janvier 1590

et eut comme marraine Catherine de Livron, *(Reg. de Mussidan,* etc.). Après avoir testé le 9 mai 1659, il codicilla devant Traschères, not. roy., le 13 juillet 1665, et ne mourut sans alliance que plusieurs années après. Ses neveux Pierre et Anne héritèrent de lui.

5. JEAN, écuyer, sieur de la Place. Il naquit le 3 juin 1593, et, par provisions du 23 octobre 1617, il fut nommé conseiller du Roi au siège présidial de Bergerac, sur la résignation de Charles de Belrieu, sieur de Saint-Dizier. Il résigna cette charge, qui lui avait coûté 3.600 livres, le 4 janvier 1629. Il mourut vers 1641. De *Jeanne d'Alba*, fille d'Hélie d'Alba, écuyer, *(Arch. dép. de la Gironde, Cour des Aides,* 1641), il eut :

> MARIE, mariée à son cousin-germain *Pierre de Barraud* puis à *Eléazard de Luxe.* (Voir plus loin).

6. JEANNE. Née le 18 avril 1576, elle épousa *Hélie Chaussade,* sieur de Beausoleil ; le contrat reçu par Joubert, not. roy., est donné à deux dates : 12 octobre 1590 et 18 octobre 1598 (plus plausible).

7. MARIE. Elle naquit le 19 février 1578 et passa contrat de mariage filiatif devant Teyssandier et Bonneau, not., le 24 septembre 1600, avec *Jean Papus,* de la ville de Sainte-Foy. Veuve dès 1615, elle semble s'être remariée avec *N... de Frayssinet.*

8. Autre MARIE. Née en mai 1580, elle s'unit avec *Pierre Chaussade,* sieur de Lambertie, probablement fils d'Hélie Chaussade et de Jeanne de Mellet, ci-dessus. Le contrat portant filiation fut reçu par Belarbre, not. roy., le 16 octobre 1603.

9. SUZANNE. Née le 14 septembre 1582, elle ne se maria que le 19 novembre 1618 avec *Joseph de Latané,* ministre protestant de Mussidan, qualifié écuyer en 1635, dont elle eut Joseph, baptisé par son propre père en 1622 [1], *(Reg. de Mussidan,* ut supra).

IV. — PIERRE DE BARRAUD, écuyer, seigneur de Fournil, Saint-Sauveur, conseiller du Roi en ses Conseils d'Etat et privés de Navarre.

« Revenant de Montauban, où Mgr le duc de Luines l'avoit

---

(1) Cette famille fut anoblie en 1702 et confirmée dans sa noblesse en 1782 ; elle a donné des ministres à la R. P. R., des médecins et des officiers aux armées : elle s'est éteinte il y a quelques années, les deux dernières représentantes étant : Anaïs Latané, mariée à M. de Maison-Neuve, et Mathilde Latané, unie en 1841 au vicomte Roger de Boisjourdan. Ses armoiries sont : *d'azur au lion d'or*. L'Armorial de 1696, *(Registre de Bergerac),* leur accole en parti : *d'argent à la fasce d'azur accompagnée en chef d'un faucon de sable et en pointe de 3 pommes de pin au naturel*. Il est facile de reconnaitre là les armes, un peu modifiées, des Barraud, d'autant plus qu'un cachet de famille des Latané indique en outre 3 étoiles au-dessus du faucon.

appelé pour ses services », et âgé de 40 ans, car il était né le 10 avril 1572, il épousa le 9 décembre 1612 *Jeanne de Sansart* par contrat retenu Trapaut, not. roy. à Castillon. Jeanne était fille de Jean de Sansart, écuyer. seigneur de Preissac et d'Anne de Verteuil de Feullas, et petite-fille d'Anne de Lescours remariée à Jacquelin de Vivant. A l'occasion de ce mariage Guillaume Barraud constitua en dot à son fils Fournil avec haute, moyenne et basse justice, et la justice sur les villages de la Joubertie ou Auvergnat (actuellement Les Auvergnats, commune de Saint-Laurent) et sur la Blancherie et la Faucherie (commune de Beaupouyet).

Pierre de Barraud mourut à Tonneins le 16 octobre 1621, ayant testé le même jour devant Fazan, not. roy., déclarant sa femme grosse, *(Arch. dép. de la Dordogne, Insinuations)*. Sa veuve rendit hommage au roi pour Fournil le 16 mai 1623, elle testa le 15 février 1649, codicilla le 11 mars 1653 et mourut le 21 mars 1658, ayant eu :

1. JACQUES, né et mort en 1617.
2. JEAN, né le 10 septembre 1618. Son testament, du 15 mai 1637, est scellé d'un écu en tout semblable à celui des Lettres d'anoblissement. Engagé comme volontaire dans les armées royales, il trouva la mort devant Perpignan le 17 août 1642.
3. PIERRE, qui a continué la postérité.
4. ANNE. Elle naquit à Fournil le 19 mai 1614, et fut baptisée à Mussidan le 22 mai suivant, *(Reg. protest. de Mussidan*, ut suprà). Elle épousa le 20 janvier 1635 *Daniel de Marsoulier*, chevalier, etc. (Voir la généalogie suivante).
5. JEANNE, née et baptisée le 23 juillet 1615. Elle se maria deux fois 1° en 1657 avec *Jean Cacaud*, écuyer, sieur de la Rive ; 2° par contrat, reçu Traschères, not. roy., le 30 avril 1667, avec *Gabriel Foucauld de Lardimalie*, écuyer, sieur de la Lande,(dont l'ascendance n'a pu être trouvée). Elle mourut sans postérité ayant testé devant Traschères le 9 juin 1673.
6. MARGUERITE-MARIE, né le 4 novembre 1629. Elle s'allia le 11 juillet 1645 avec *Gaston d'Abzac*, écuyer, seigneur du Claux et de la Boissière, fils de Josué d'Abzac, écuyer, sgr de la Forge-Basse du Bugue et d'Anne de Besco.

V. — PIERRE DE BARRAUD, chevalier, vicomte de Monbazillac, seigneur de Fournil, Montjeu, etc...

Il naquit posthume en avril 1622 et testa le 1er juin 1674 (*aliàs*, mais avec erreur flagrante, à moins qu'il ne s'agisse d'un premier testament, le 12 juin 1654). Il rendit hommage pour Fournil le 31 octobre 1667, aveu et dénombrement le 12 mars 1668. Il avait fait aveu pour le tènement de Soulou, paroisse de Sourzac, le 2 mai 1637, *(Arch. municip. de Bordeaux,* JJ, 153*).* Il est compris dans le catalogue des Maintenus de 1666-71, *(F. Périg.* 16). Sa femme était sa cousine-germaine *Marie de Barraud*, fille de Joseph, écuyer, sieur de la Place et Jeanne d'Alba [1]. Le contrat fut retenu par Teyssandier, not. roy., le 18 avril 1646, insinué le 4 janvier 1647, et suivi d'une quittance de dot au 2 novembre 1648, *(Arch. dép. de la Dordogne, Insinuations).* Il ne naquit pas d'enfants de cette union.

Marie de Barraud se remaria, contrat reçu Pigeard, not. le 25 juin 1685 avec *Eléazard de Luxe,* chevalier, baron de Capian, co-seigneur de Langoiran, avocat-général en la Chambre de l'Edit de Guyenne, puis conseiller au parlement, fils de noble Josué de Luxe, baron de Capian, et de Catherine de Lauvergnac. Elle n'en eut pas d'enfants, et sa mort, arrivée le 21 septembre 1705, donna lieu à de longs procès.

---

(1) Cette Jeanne d'Alba est dite dans un acte : *dame de Monbazillac;* c'est peut-être une erreur, car cette vicomté appartenait encore en 1662 à la famille de Brisay.

NOMS ISOLÉS

POUVANT SE RATTACHER A LA MÊME FAMILLE.

Pierre Barraud, fils d'Arnaud Faure, dit Barraud, et nommé en 1544 dans un acte du chartrier de Fournil.

Guillaume Barraud est en 1571 procureur d'office de Mussidan, (*Arch. d'Argillères*).

Jeanne Barraud, fille d'André Barraud, et de N... Faure, est présentée au baptême le 26 décembre 1558 par Guillaume Barraud et Catherine de Livron, qui fut, quelques années plus tard marraine d'Elisée Barraud de Fournil, *(Reg. protest. de Mussidan*, ut suprà).

André Barraud, maître tailleur, et Jeanne de Laneau ont une fille, Anne, baptisée en 1660; un fils, Gabriel, baptisée en 1701 ; un autre fils, Pierre, baptisé en 1617, et d'autres filles, (*Id.*).

Jean de Bessines, dit de Barraud, décédé dès 1606, avait été curateur des biens de feu Pierre de La Place, d'où un procès avec Guillaume Barraud, sgr de Fournil, (*Chartrier de Fournil*).

Bernard Barraud, époux de Marguerite-Anne Dupuy, et père d'Anne, Jean et Etienne, baptisés en la R. P. R. en 1651, 1653, 1656, (*Reg. protest.*, etc.).

Louise de Barraud épousa Jacques de Berne, écuyer, sieur de la Bastide. Ce gentilhomme de la sénéchaussée de Bergerac testa, le 4 avril 1689, dans la maison de Catin de Barraud, veuve de Pierre de Brugière, conseiller au présidial de Bergerac. L'une et l'autre figurent sur les rôles de la Capitation de la noblesse, en 1711, sous un seul nom : « la dame de Brugière de Barraud de Labastide ; revenu 200 livres. » (*Arch. dép. de la Gironde*, c, 3339).

Noble Jean de Barraud, assisté de son frère, messire Isaac de Barraud, sieur de Lafon, épousa religieusement, le 7 février 1720, Marie de Masmontet, probablement fille d'André de Masmontet, sieur de Fonpeyrine, (*Reg. par. de Nastringues* et *Dossiers généal. de M. Boisserie de Masmontet*).

Catherine Barraud femme de Pierre de Bayssellance, (d'une ancienne famille protestante de Bergerac), fit son testament en 1736, (*Note de M. A. Grenier*).

GÉNÉALOGIE
DE MARSOULIER.

BORDELAIS ET PÉRIGORD.

1464-1793.

omme la généalogie précédente, celle des Marsoulier (dont le nom s'écrit aussi : Marsolier, Marsouiller), a été dressée en partie sur les documents conservés aux Archives départementales de la Dordogne et provenant du Chartrier du château de Fournil, où les Marsoulier succédèrent aux Barraud. Mais cette famille n'étant venue en Périgord que par alliance, et n'ayant habité notre province qu'environ pendant un siècle et demi, on comprendra que notre notice doive renfermer bien des lacunes, qui eussent été plus considérables encore si le dernier seigneur de Fournil, J.-F. de Marsoulier, n'avait eu la pensée, en 1762, de consigner sur un registre un tableau généalogique de son ascendance paternelle.

ARMES

Nos recherches à ce sujet sont restées infructueuses. L'Armorial de 1696 ne donne sous les noms de *Marsollier des Vivetières*, *Marsollier* conseiller au parlement de Metz, *Marsolier de Villedombe*, lieutenant de Roi à Collioure, *Marsolier*, chanoine à Uzès, que des armoiries de sujets différents des nôtres.

Jean-François de Marsoulier déposa son testament le 11 août 1777 « scellé de ses armes », dit l'acte; les empreintes montrent un écu rond, timbré d'une couronne comtale et supporté par deux lions où l'on voit : *parti : au 1, d'azur à deux pierriers d'argent en pal ; au 11 coupé au 1ᵉʳ de... à trois pals de... à la fasce de..., au 2ᵉ d'or au lion de...* Or l'illustre Maison des Montaut, ducs de Navailles, sires de Bénac, portait comme armes : *d'azur à deux pierriers d'argent en pal.* Il serait très étrange de voir les Marsoulier, descendants de seigneurs d'un *Montaut* en Languedoc, prendre en première partition de leur écu, les armoiries d'une famille dont *Montaut* est le nom patronymique, quand chez eux ce n'est qu'un nom terrien.

SEIGNEURIES

Boyrac. — Fief dans Saint-Vincent-de-Pertignas (Gironde). Il appartint d'abord à la famille de ce nom, puis passa des Marsoulier aux Puch et aux Goisson.

Cugat. — Maison noble dans la paroisse de Toudenac (Gironde). Voir *Variétés Girondines* III, p. 103 et suiv., pour l'histoire de ce château.

Fournil. — Voir la généalogie précédente.

Madronnet. — Maison noble dans la palud des Chartrons, à Bordeaux.

Mondinet. — Maison noble appelée *Benauges* au moyen âge, dans la commune de Jugazan (Gironde). Aux xvᵉ et xvɪᵉ siècles elle appartenait aux Nicolau. La famille de Meslon qui en hérita des Marsoulier la possède encore.

Montaut. — Maison noble dans Rauzan (Gironde). On est sans renseignements sur elle avant les Marsoulier; il est donc probable que ceux-ci lui ont donné le nom de leur fief primordial du Languedoc. Ils tenaient du reste tellement à ce nom de Montaut qu'ils avaient débaptisé la maison noble de Cugat pour l'appeler ainsi (*Variétés Girondines*, III, 112), mais l'ancienne dénomination avait prévalu. Montaut passa aux Borie au XVIIIe siècle.

Montjeu. — Voir la généalogie précédente.

Naujan. — Fief dans Saint-Vincent-de-Pertignas. Possédé par une famille de ce nom, puis par les Boyrac, il fut disputé aux Marsoulier par les Ségur; des Cosson il passa aux Goissan à la fin du XVIIIe siècle.

Salle (La). — Fief primordial des Ségur dans la paroisse de Rauzan.

Saint Sauveur. — Voir la généalogie précédente.

Tartuc. — Commune de Toudenac (Gironde).

Villotes. — Maison ou métairie noble rapprochée du bourg de Rauzan. Du XIIIe au XVe siècles elle fut possédée par une famille de son nom, plus tard par les Labat, les la Bermondie et les Raoul. La famille de Borie, qui l'avait indivise avec les Marsoulier, en fut seule propriétaire au siècle dernier. Villotes touchait Montaut et s'étendait sur les paroisses de la Veyrie et de St-Vincent.

Pour l'histoire de toutes ces seigneuries dans l'Entre-deux-Mers, consulter les *Variétés Girondines*, par Léo Drouyn.

BRANCHE UNIQUE.

SEIGNEURS DE MONTAUT, FOURNIL, CUGAT, ETC.

1464-1793.

I. — Noble MICHEL DE MARSOULIER, seigneur de Montaut.

Il demeurait à Montesquieu-de-Volvestre, diocèse de Rieux (actuellement canton de la Haute-Garonne). Dans une acquisition du 2 mai 1464 il est qualifié « nobilis Michael Marsolieris, dominus Montaltus ». D'une femme inconnue il eut :

1. PAUL, marié à *Agnès de Polastron*, fille de noble Pey-Ramond de Polastron, sgr de la Hillère, et de Borguine de Lagorsan. Le contrat fut passé au château de la Hillère le 5 décembre 1479 ; il porte filiation pour les deux parties. Agnès eut en dot 200 moutons d'or, (*Dossiers généal. du chanoine de Carsalade*).
2. GASPARD, qui suit.

II. — Noble GASPARD DE MARSOULIER.

Il testa le 5 août 1530, et sa femme, *Françoise du Hard*, en 1539, ayant eu :

1. JACQUES, non nommé au testament de sa mère.
2. BERNARD.
3. JEAN, qui a continué la postérité.
4. Autre JEAN, doyen de Villandraut, vivant en 1554.

FAMILLE DE MARSOULIER

5. JEANNOT, chanoine.
6. PAUL, héritier de sa mère.
7. JEANNE, mariée avec *Azéma du Castet*.
8. BATHALINE.
9. Peut-être PEY, qualifié en 1575 de seigneur de Montaut dans le *Terrier de Bellefont*, aux *Arch. dép. de la Gironde*.

III. — JEAN DE MARSOULIER, écuyer, seigneur de Montaut, Villotes, Mondinet et de la maison noble de Cugat, qu'il acheta le 16 août 1579 à Anne d'Hautefort, dame de Brugnac, femme de Pierre Le Berthon, sgr d'Aiguille, (*Variétés girondines*, I, 238).

Il commanda 200 hommes d'armes et fut capitaine du château de Rauzan (*Id.* p. 237). Le 18 février 1536 il épousa *Marguerite de Durfort*, fille de Jacques de Durfort, baron de Villandraut[1]. Jean de Marsoulier testa le 19 mars 1582 et sa femme le 6 avril 1580.

Nous ne leur connaissons comme enfants que :

1. FRANÇOIS, qui suit.
2. JACQUES-FRANÇOIS, écuyer, seigneur de Mondinet. Il s'unit à *Jeanne de Lancau*, et en eut :

   A. JEAN DE MARSOULIER, écuyer, seigneur de Tartruc, dont il fit hommage, en 1605, à Pierre Le Berthon, écuyer, sgr de Brugnac, (*Variétés girondines*, II, 435). Il est nommé au testament de son oncle François et au contrat de mariage de sa sœur Françoise.
   B. FRANÇOISE. Elle épousa par contrat filiatif du 9 février 1603 *Jean du Boys*, écuyer, sieur du Fresne, fils cadet de noble François du Boys, sgr de la Grèze, et d'Anne de Grimoard de Frateaux, (*Carrés de d'Hozier*, 416, f. 32).
   C. ISABEAU. *Jean de Joas*, écuyer, seigneur de Perponcher, se maria avec elle le 26 septembre 1612, (*Arch. dép. de la Gironde, Cour des Aides*, 1641). Jean pouvait être fils de François de Joas, écuyer, sieur de la Roque, Loquin et Perponcher, et de Françoise de Combes.

---

(1) D'après la généalogie de Durfort, dans La Chesnaye des Bois, ce Jacques de Durfort n'aurait pas eu d'enfants et serait né en 1516, ce qui l'empêcherait d'avoir eu une fille nubile en 1536.

D. Marie. Le 14 août 1616 fut passé son contrat de mariage avec *Jean de Meslon*, écuyer, sgr de la Serre et du Vert, puis de Mondinet par sa femme, fils de Jean de Meslon, écuyer, sgr de Montauban, et de Jeanne de Marsan, (*Généalogie de Meslon, par Drouyn*).

3. Peut-être Antoine, sieur de Lanauze, curé en 1616, de St-Vincent-de-Pertignas.

IV. — François de Marsoulier, écuyer, seigneur de Montaut, Cugat, la Salle-de-Rauzan, co-seigneur de Boyrac dès 1584.

Il épousa en premières noces *Catherine Grimoard*, dame de la Salle, fille de noble Jean Grimoard, sgr de Frateaux et de Louise de La Personne, et veuve de Pierre de Ségur, écuyer, seigneur de la Salle, (*Carrés*, etc.). Avant de se remarier il fit à la Salle un testament, reçu Petiteau, not. roy., le 31 octobre 1596, rappelant son père et faisant des legs aux enfants de son frère Jacques, (*Arch. de Cugat*).

Le 13 août 1607, François de Marsoulier contracta une seconde alliance avec *Madeleine de Boyrac*, fille de Martin de Boyrac, écuyer, sgr de Boyrac, Naujan, la Cave-du-Noyer, et de Lucie de Lacombe. Il mourut avant 1619.

Du second lit, nous ne connaissons que :

1. Daniel, qui continue.
2. Jacquette, femme de *Jacques de Saint-Blancart*, écuyer, sieur de Vélines, lequel testa en 1677 ; il habitait la juridiction de Condom.

V. — Daniel de Marsoulier, chevalier, seigneur de Montaut, Cugat, Naujan, le Petit-Boyrac, conseiller et maître d'Hôtel du Roi, maréchal des batailles.

Il se maria, par contrat passé à Fournil, devant Teyssandier, not., le 20 janvier 1635, avec *Anne de Barraud*, fille de ¡Pierre de Barraud, écuyer, sgr de Fournil, etc., et de Jeanne de Sansart. (Voir la généalogie précédente). C'est par cette union que les Marsoulier vinrent en Périgord.

Daniel fit son testament à Cugat le 26 mai 1649 et mourut le 15 août 1652. Sa veuve habita d'abord la maison noble de la Tripoudière, paroisse de Saint-Sulpice-de-Faleyrens, avant de se retirer en Périgord, où elle testa le 30 avril 1692. (Le contrat de mariage et le testament d'Anne de Barraud sont donnés en analyse dans les *Variétés girondines*, III, 108 à 112).

Enfants :

1. DANIEL, écuyer, seigneur de Montaut, Cugat, Boyrac, Villotes, Naujan. Il épousa, le 26 septembre 1667, *Anne de Ségur*, fille de Bérard de Ségur, vicomte de Cabanac, et d'Esther de Polignac. Il avait été baptisé à Mussidan le 8 janvier 1637, dans la Religion réformée, *(Reg. protest. de Mussidan,* ut suprà); il abjura le protestantisme avec sa femme et ses enfants le 16 septembre 1685. Farineau, not. roy., retint le 22 août 1709 le testament de Daniel de Marsoulier, qui décéda le 3 août 1711 *(Arch. de Cugat)*, ayant eu :|

   A. PIERRE, mort vers 1698; père d'une bâtarde légataire de son aïeul.
   B. ANNE, héritière des biens du Bordelais de sa maison, qu'elle transmit aux enfants qu'elle eut de ses deux maris. Elle s'unit : 1° le 30 octobre 1698, à *Benjamin de Puch d'Estrac*, chevalier, sgr de Vernon, capitaine de cavalerie au régiment de Larrard, fils de Jean de Puch, écuyer, sgr de Lugagnac et de Suzanne d'Orgouilloux, *(Arch. de Cugat)*; 2° vers 1705, avec *Gédéon de Cosson*, écuyer, sgr de Trémont ou Trimond, probablement fils de Jacques de Cosson, écuyer, sgr de Trémont, dont elle eut : Daniel, co-sgr de Naujan, et Jean, sgr de Boyrac. Anne testa le 18 janvier 1731, *(Arch. d'Isle de Lalande)*.

2. JOSEPH, écuyer, marié avec *Sylvie Bontemps*, dont :

   ANNE, femme de N... *Brossard de Favières*, nommée dans le testament de sa grand'mère.

3. ELISÉE, qui a continué la postérité.
4. JEAN, écuyer, sieur de Challès, colonel au service de l'Angleterre, où il mourut sans enfants. Le 3 mai 1666, il transigea avec ses frères et sœurs sur la succession de leur père. Il s'était expatrié avant avril 1692.
5. JACQUES, écuyer, sieur de la Roque, lieutenant-colonel dans l'armée anglaise. Il avait également émigré en Angleterre, où il décéda sans alliance.
6. FRANÇOIS-PIERRE, capitaine des gardes du corps de Guillaume III.
7. ISAAC, mort jeune.
8. MARIE, mariée le 12 mars 1662 à *Pierre de Chaussade*, écuyer, sieur de la Roche, fils de feu Jean de Chaussade, écuyer, sieur de Voulzon, et de Marie Seignac ; le contrat fut retenu par de Trachères not. roy. *(Arch. dép. de la Dordogne, Insinuations)*.

9. Autre MARIE, mariée par contrat, retenu Bouzens not., le 25 avril 1684 avec *Pierre Dupuy*, ministre protestant, fils de Pierre Dupuy, docteur en médecine, et de Marie de Bessotines. Leur fils, Isaac, baptisé clandestinement, fut lieutenant au régiment d'Auvergne en 1717. Ils demeuraient au Puch de Gontaud.

10. JEANNE, demoiselle de Challès, donataire de sa mère en 1692, morte sans alliance.

VI. — ELISÉE DE MARSOULIER, écuyer, dit *le chevalier de Montaut*, seigneur de Fournil, Saint-Sauveur, vicomte de Monbazillac par donation de sa mère le 14 février 1687 (*Arch. dép. de la Dordogne, Insinuations*), puis par héritage de sa tante Marie de Barraud, femme de son oncle Pierre de Barraud.

En 1705 noble Daniel d'Alba se prétendant héritier de sa cousine Marie de Barraud, fille de Jeanne d'Alba, soutint un long procès avec Elisée de Marsoulier, qui finalement garda Fournil, mais remit la châtellenie de Monbazillac aux mains des d'Alba.

Elisée fut capitaine au régiment d'Asphelt-Dragons, et maintenu dans sa noblesse le 26 septembre 1667. Il se maria, contrat signé par devant Ferré, not. roy., le 11 décembre 1667 avec *Marie Sylvestre*, fille de Daniel Sylvestre, procureur en la Chambre de l'Edit de Guyenne et d'Elisabeth Boney, et il en eut :

1. DANIEL, capitaine de dragons (?), tué en 1690 au passage de la Boyne, étant aide de camp du maréchal de Lauzun, et où il combattit peut-être contre ses oncles.
2. Autre DANIEL, officier de marine, mort sans enfants.
3. ELÉAZARD, qui suit.
4. ELISABETH, morte à 63 ans, sans alliance, le 21 février 1731.

VII. — ELÉAZARD DE MARSOULIER DE MONTAUT, écuyer, seigneur de Fournil, Montjeu, « capitaine au régiment de Soumery » est-il dit dans le contrat de mariage de messire Louis d'Arlot de La Roque du 22 mars 1712, où il était chargé de la procuration de Léonard de La Doire, (*Minutes des notaires de Saint-Privat*).

Il épousa par contrat retenu Bernard, not. roy. à Bordeaux, le 26 février 1714, *Esther Clarmont*, fille de Mathieu Clarmont et de Jeanne Bussereau. Il testa à Fournil le 14 mai 1731 et y mourut le 27 février 1732.

Esther testa le 17 août 1772, puis le 26 mai 1774 devant Rauzan, not. roy. à Bordeaux, où elle décéda le 16 février 1777.

Enfants :

1. Jacques-Alexandre, décédé à Bordeaux le 21 août 1756, sans postérité.
2. Jean-François, qui suit.
3. Jean-Baptiste, mort à la Barthe, le 8 novembre 1756.
4. Pierre, ingénieur du Roi, mort à Roncavel (?) en Bretagne le 15 juin 1756.
5. Anne-Marie-Pétronille-Angélique, mariée par contrat du 16 mars et du 17 septembre 1765 avec *Simon Sorbier de Jaure*[1]. Elle passa le 29 juillet 1760 un acte de notoriété devant Rauzan, notaire à Bordeaux, et mourut à Lespinassat en 1777.

VIII. — Jean-François de Marsoulier de Montaut, chevalier, seigneur de Fournil, Montjeu, la Tour-de-la-Rousselle, Madronnet.

Il fut capitaine d'infanterie ; convoqué aux Etats-Généraux en Bordelais en 1789, M. de Solminihac vota pour lui, *(Nobil. de Guyenne*, I, 207).

Il s'unit avec *Marie-Jeanne Clarmont*. Le contrat fut passé le 3 avril 1770, suivi de la bénédiction nuptiale le 10 juin suivant. Le Roi donna pour ce mariage une autorisation qui fut déposée chez Rauzan, not. roy. à Bordeaux le 14 mai 1772.

M. de Montaut, comme on l'appelait, fit un testament olographe le 18 juillet 1777, il le déposa scellé de ses armes (voir ci-dessus p. 96) le 11 août, chez Buisson, not. roy. à Mussidan. Dans cet acte, il substitue à ses enfants ceux de son « vertueux ami » M. Armand de Madronnet, dont « les cendres reposoient » au fief de Madronnet, palud des Chartrons à Bordeaux, fief que

---

(1) Il y eut en Périgord deux familles de Sorbier : l'une originaire de l'Agenais, possédait les fiefs de la Tourasse et d'Arques ; elle n'appartient pour ainsi dire pas à notre province. L'autre est essentiellement bergeracoise et a donné de nombreux magistrats à cette ville ; elle fut anoblie au XVIII° siècle en la personne de Zacharie Sorbier, conseiller secrétaire du Roi, etc. nommé lieutenant-général d'épée en la sénéchaussée de Bergerac le 26 janvier 1705, (*Arch. dép. de la Gironde*, C, 4102) ; il portait : *d'or au sorbier de sinople, accosté de deux lions affrontés de gueules, au chef d'azur chargé de 3 étoiles d'argent* (*Armorial du Périgord*). Simon Sorbier, ci-dessus, est peut-être le même que Jean-Simon de Sorbier de Jaure, chevalier, sgr de Lespinassat, fils de Jacques, chevalier, etc. et d'Anne de Villepontoux, marié religieusement le 15 novembre 1752 avec Elisabeth de Narbonne-Pelet d'Anglade, (*Reg. par. de Cestas, Gironde*).

le testateur avait reçu en don d'Alexandre de Madronnet, (*Note de M. A. Grenier*).

Madame de Montaud testa le 10 mai 1787 et mourut à Bordeaux le 22 du même mois. Son mari lui survécut; il ne décéda qu'après 1793, ayant survécu aussi à ses enfants, qui furent :

1. Esther, née en 1771, morte à Bordeaux le 3 juin 1783.
2. Jean-Baptiste-Maximilien, né en avril 1772 (?), mort en septembre 1773.
3. Gabriel, mort à Bordeaux le 3 mai 1783.

GÉNÉALOGIE
DE COUSTIN
DE BOURZOLLES.

PÉRIGORD ET QUERCY.

1424-1851.

Bien que l'abbé Nadaud dans son Nobiliaire du Limousin indique à Donzenac, — paroisse dont le seigneur était suzerain des Coustin, — des individus de ce nom non qualifiés, je suis tout disposé à croire les seigneurs de Chassaing, de Bourzolles et du Masnadaud, issus de noble lignage; les roturiers, cités par Nadaud et d'Hozier, ne feraient que corroborer l'observation fréquemment faite de vilains gravitant autour de nobles de même nom.

Cependant d'Hozier (Bibl. nat.; Mss., Nouveau d'Hozier, 108, n° 2,199, f. 12) est particulièrement sévère dans ses apprécia_tions sur l'origine des Coustin. Voici ce qu'il dit : « Ils sont « originaires normans; la branche aînée est éteinte dans un « dissipateur qui a mangé les biens considérables que son « père lui a laissés, il a vendu la terre de Carlux à M. le duc

« de Noailles... Il reste des cadets de cette famille huguenote
« à l'excès. On croit que sa noblesse ne vient que des belles
« alliances que leur zèle outré pour la pretendüe reforme leur
« a procurées. Louis Coustin, abbé de Souillac, acheta la
« terre et seigneurie de Bourzolles et la donna à son neveu. »

J'ai dit que le fameux juge d'Armes de France avait été sévère, c'est injuste qu'il eut fallu mettre. De ce qu'à la fin du XVIIᵉ siècle les Coustin possédassent des terres en Normandie, est-ce une raison pour induire qu'ils en sont originaires ? Les seigneurs de Carlux, qui n'étaient pas les aînés, — deuxième erreur, — ont vécu dans deux rameaux jusqu'à ce siècle-ci, c'est donc une troisième fausseté que de les dire éteints. Puis, ce qui est plus grave, d'Hozier n'avance-t-il pas que Louis de Coustin, qui fut selon lui abbé de Souillac de 1514 à 1532, acheta Bourzolles pour le léguer à son neveu ? Or, au folio suivant, il se contredit en parlant de l'hommage que noble Pierre Coustin rendit en 1463 pour cette terre de Bourzolles. Le Jean La Boissière, alias Chousènes, habitant de Donzenac, cité par lui comme ayant, par testament du 10 juillet 1416, institué son fils Jean de Coustin, doit rentrer dans la catégorie de ces isolés, (dont ceux cités par Nadaud), bâtards, filleuls ou vassaux, s'honorant de prendre, à une époque où le nom patronymique n'était pas absolument héréditaire, celui de leurs parrains ou seigneurs.

Dans l'essai suivant je n'ai étudié que la branche de Bourzolles, la plus illustre et la seule qui intéresse le Périgord. Sa situation dans le dernier siècle de son existence est loin d'égaler celle qu'elle eut dans les précédents. Les derniers degrés même ont été difficiles à établir. Tout incomplets qu'ils soient, je n'aurais pu y arriver sans l'aide précieuse de MM. Salleix, du château de la Brangelie, le comte de Rivoyre, de Boysson, A. du Soulas, et Boisserie, notaire à la Linde, mes aimables confrères de la Société historique du Périgord et du Club alpin.

J'ajoute avec le Nobiliaire du Limousin que « les armes de cette famille se voient à Versailles... dans la quatrième salle des croisades, Robert de Coustin accompagna en effet saint Louis... en 1248. »

ARMES

Parti : au 1ᵉʳ d'argent au lion de sable, couronné, armé et lampassé de gueules, qui est Coustin ; au 2ᵉ d'azur à trois léopards couronnés d'or, qui est Caumont.

Devise : *Quamdiu spirabo sperabo*, *(Plaque armoriée de 1584).* Pour les autres branches : *Dulciter et fortiter*, et encore : *Fideliter et fortiter.*

VARIANTES.

Une plaque gravée à Rome en 1584 et appartenant au Musée du Périgord donne les lions et les léopards *contournés;* elle porte en outre un *lambel* sur les léopards pour prouver que les Caumont de Berbiguières étaient des cadets, lambel qui ne tarda pas à disparaître.
Le lion est dit *contourné* dans l'Armorial de 1696.

SEIGNEURIES

Avignac. — Ce fief était en Limousin, est-il dit dans divers actes et dans la *Production* de 1667 ; cependant le savant annotateur de Tarde l'appelle *Alvignac* et l'identifie avec une commune du canton de Gramat (Lot).

Beaurepos. — Ancien repaire noble de la commune de Peyrignac, canton de Terrasson (Dordogne).

Berbiguières. — Commune du canton de Saint-Cyprien (Dordogne), ancienne châtellenie s'étendant sur les paroisses d'Alas, Berbiguières, Carves, Cladech, Marnac, et Saint-Germain, et relevant elle-même de celle de Bigarroque appartenant aux archevêques de Bordeaux.
Dans un important hommage rendu le 4 des nones de mai 1273 au

comte de Périgord pour Castelnau et leurs biens nobles en Limeuil, Ladouze, Saint-Félix, Lacropte, Saint-Geyrac, etc., les vassaux en exceptent Berbiguières ; ils se nommaient nobles Gaillard, Guillaume et Raymond de Castelnau, frères, Bernard et Rodolphe de Castelnau leurs neveux, fils de feu Bertrand de Castelnau frère des premiers, *(Arch. dép. de la Gironde,* G, 189).

Castelnau, Berbiguières et Marnac durent advenir aux Caumont par le mariage en 1368 de Magne de Castelnau avec messire Nompar de Caumont, seigneur de Caumont. Leur petit-fils « nobilis vir dominus Brandelis de Caulmonté, miles, dominus de Cavomonté *(sic)* et de Berbegueriis », rendit hommage à l'archevêque de Bordeaux, le 24 février 1458, sous le devoir d'un marbotin d'or, pour « loca de Berbegueriis et Mornaco. » *(Id.).* Le 25 juillet 1503, Charles de Caumont rendit le même hommage, *(Id.,* 180).

Cependant, en bon huguenot, François de Coustin voulut se soustraire à cette obligation, mais il y fut contraint. Bien que le roi ait requis et reçu en 1667 l'hommage de Jean de Coustin pour cette terre, comme on le verra plus loin, l'archevêque lui réclama le même hommage et l'obtint en 1672, *(Id.).*

En 1705 Berbiguières fut saisi par le syndic du diocèse de Sarlat ; il y eut une sentence de décret le 23 juillet 1723, et un nommé Bial se rendit adjudicataire pour la duchesse de Noailles, en faveur de qui, le 30 octobre suivant, l'archevêque de Bordeaux se démit de son droit de prélation et rétention par puissance de fief. Le 11 octobre 1727 Jean Sauret, receveur des tailles de Sarlat, acquit Berbiguières de la dite duchesse et fut immédiatement assigné en hommage par l'archevêque de Bordeaux, *(Id.* 230). Le 15 mai 1765 François-J.-B. de Souc du Plancher, chevalier de Saint-Louis, baron de Berbiguières et de Marnac, rendit le même hommage, comme héritier de feu messire Annet de Souc, sgr de Berbiguières, *(Id.* 180).

Le marquis de Chevigné acquit cette terre en 1793 devant la chambre des notaires de Paris, et son gendre, le vicomte de Bourzolles, revint ainsi habiter l'ancien château de sa famille ; il fut même maire de Berbiguières, qui est possédé de nos jours par son neveu, M. François-Xavier marquis de Chevigné.

Bourzolles. — Commune du canton de Souillac (Lot). Je pense comme Lespine que cette seigneurie cadurcienne, — où les Coustin ne semblent avoir guère résidé bien qu'ils en aient porté le nom presqu'exclusivement, — dut leur venir de l'alliance avec la famille du Boys ou du Bosc, et je ne crois pas, comme l'insinue méchamment d'Hozier, qu'elle fut acquise par l'abbé de Souillac, Louis de Coustin. Celui-ci fut abbé à Souillac parce que son père possédait dès 1463 Bourzolles, qui relevait des vicomtes de Turenne.

Bourzolles fut saisi comme Berbiguières au commencement du xviii⁰ siècle, et la duchesse de Noailles s'en rendit adjudicataire le 23 juillet 1723, *(Id.*, 230).

Bussac. — Hameau de la commune de Dolus, (Ile d'Oléron, Charente-Inférieure).

Carlux. — Ce chef-lieu de canton de la Dordogne, formait jadis une châtellenie relevant de la vicomté de Turenne au point de vue féodal, de la sénéchaussée de Sarlat au judiciaire, et de l'évêché de Cahors à l'ecclésiastique ; elle s'étendait sur vingt paroisses du Quercy et du Périgord, *(Gourgues)*, sur dix seulement *(Tarde)*.

En 1510 cette vicomté fut vendue par Louis de Brézé, grand sénéchal de Normandie, à Odet d'Aydie, seigneur de Ribérac. En 1600 Armand d'Aydie, comte de Ribérac, la céda pour 90.000 livres, somme considérable pour l'époque, à François de Coustin de Bourzolles, *(Les Chroniques de Jean Tarde*, 331). D'Hozier, comme on l'a vu, prétend que Carlux fut vendu aux Noailles ; c'est-à-dire que Françoise de Bournonville, duchesse de Noailles, s'en rendit adjudicataire en 1723 en même temps que de Berbiguières. Carlux appartint pendant plusieurs années à ses descendants.

On trouvera de nombreux détails sur Carlux dans le Bulletin de la Société historique et archéologique du Périgord, III, 498 ; IV, 96 ; VI, 160; IX, 347 ; X, 134 ; XI, *passim* ; XII, 290 ; XIV, 428; puis dans le tome 52 du *Fonds Périgord*.

Cassaigne (La). — Ce fief serait en Périgord : je n'ai pu trouver où.

Chassaing. — Repaire dans la commune de Vic, (Haute-Vienne).

Gain. — Ce fief, que d'Hozier appelle « Guins, paroisse » était en Saintonge. Ce nom ne semble plus exister avec l'une ou l'autre de ces orthographes.

Landes (Les). — Cette maison noble de la commune de la Linde n'est connue que depuis le siècle dernier. Elle avait une chapelle particulière. Peut-être est-ce une propriété primordiale de la famille Despaigne, peut-être est-ce le nom d'une habitation qu'elle aurait fait bâtir sur le domaine du Peuch acquis de la famille d'Arlot. Toujours est-il que cette propriété advenue aux Coustin par alliance fut aliénée après 1851 par Jeanne Mouneydière, qui s'était fait épouser *in extremis* par le comte de Bourzolles âgé de 78 ans. (Voir *Peuch* dans la généalogie d'Arlot).

Lavaudpot. — Anciennement *Lavau-Pot*, repaire de la famille Pot, seigneurs des fiefs voisins de Rhodes et de Piégu. — Hameau de la commune de Saint-Sulpice-les-Feuilles, (Haute-Vienne), dont le château est entièrement ruiné. La terre, qui appartenait au commencement de ce siècle à une famille locale de Puyferrat, est actuellement aux mains de M. Aufort, ancien notaire : elle était située jadis sur les confins du Poitou et de la Basse-Marche. La branche des Pot, seigneurs de Lavau, n'a pas été connue de Nadaud, de Borel d'Hauterive et de La Porte, généalogistes qui ont traité de cette vieille maison.

Loybesse. — Je renvoie également pour ce fief sis dans la paroisse de Sainte-Colombe, commune de la Linde, à l'historique que j'en fais dans la généalogie d'Arlot.

Lespinasse. — Métairie de la commune de Molières (Dordogne), connue dès 1462.

Marnac. — Commune du canton de Saint-Cyprien (Dordogne). — Cette paroisse suivit féodalement la destinée de Berbiguières, dont elle relevait. Lors de l'aliénation des biens des Coustin en 1723, ceux-ci purent se réserver avec Mirabel le domaine de Dieusidoux dans Marnac, *(Arch. dép. de la Gironde*, G, 230).

Mérée. — Hameau de la commune de Dolus, dans l'île d'Oléron.

Mespoulet. — Ecart, jadis repaire noble, avec la tour dite *de Saint-Maurice*, de la commune de Saint-Pompon, (canton de Domme, Dordogne). — Le *reparium de Mespoleto*, connu dès 1269, appartenait au xvie siècle à la maison de Pons.

Mirabel. — Section de la commune de Marnac, canton de Saint-Cyprien (Dordogne).

Montagnac. — Commune de l'arrondissement de Nérac (Lot-et-Garonne). — Cette seigneurie, qui relevait des vicomtes de Brulhois, appartint aux Lomagne-Finmarcon, aux Labarthe, puis aux de Lard. En 1612, Bertrand de Lard l'échangea à noble Jean du Puy pour la terre de Sainte-Bauzeilhe. Jean-François du Puy, son fils, la donna à Marie Delbech, sa femme, qui se remaria avec François de Coustin. En 1750, Hector d'Auray de Gavaudun vendit la baronnie de Montagnac à Godefroy de Montesquieu, *(Dictionnaire..... de l'arrondissement de Nérac*, par Samazeuilh, p. 296).

Prats. — Prats-de-Belvès, ou Prats d'Orliac, est une commune du canton de Villefranche-de-Périgord (Dordogne). Le fief de Prats fut vendu par Bozon de Paulin, le 26 mai 1471, à noble Aymeric de La Borie, président au parlement de Bordeaux. Il relevait des archevêques de Bordeaux à cause de leur châtellenie de Belvès, et l'on peut consulter à ce sujet les Archives départementales de la Gironde, série G, n° 283. Héliette ou Lyette de La Borie, fille unique de François, seigneur de Prats, apporta cette terre à son mari, F. Balthazar de La Goutte, vicomte de Cours, qu'elle épousa le 4 octobre 1588. Cette branche des La Goutte s'éteignit avec Pierre de La Goutte, dont la fille unique se maria, comme on le verra plus loin, avec Antoine de Coustin de Caumont. Ses petits enfants, qui possédaient Prats encore en 1816, vendirent ce château à Jean Malaurie, dont le fils le céda en 1874 à M. Max de Boysson. Le comte de Rivoyre, camérier du S. Père, ancien officier et explorateur distingué, s'en est rendu acquéreur en 1887.

Orliac. — Commune du canton de Villefranche-de-Périgord (Dordogne). Son château ruiné se nomme « la maison des Anglais. »

Saint-Germain. — Anciennement *Saint-Germain-de-Berbières* (Berbiguières), actuellement Saint-Germain-de-Belvès, commune du canton de Belvès (Dordogne). — Cette paroisse formait au siècle dernier une justice séparée.

Saint-Mayme-de-Rauzan, *aliàs* **Rozan.** — Commune du canton de la Linde (Dordogne) unie à Mauzac. — Les Coustin l'avaient en justice.

SEIGNEURS DE BOURZOLLES

1424-1851.

I. — JEAN COUSTIN, damoiseau, seigneur de Chassaing.

Le 31 mars 1424, il fit une acquisition d'Adhémar Rudier, marchand, *(Nadaud, Nobiliaire du Limousin*, I, 736). En 1437, il rendit hommage au seigneur de Donzenac, en Limousin, *(Chérin*, 62). Il testa le 5 juin 1461, ayant eu de *Françoise du Chastaing*[1].

1. GILLES, damoiseau, marié à *Marguerite Mérillarda*. Il est l'auteur des *branches de Chassaing* et de *Puymartin*, éteintes en 1841. On peut consulter pour leur filiation Chérin et Nadaud (I, 454).
2. PIERRE, auteur de la *branche de Bourzolles*, qui suit, et la seule dont nous ayons à nous occuper.
3. GONIN, qui a fait la *branche des marquis du Masnadaud*, existante de nos jours, et sur laquelle on trouvera les éléments constitutifs d'une généalogie dans Nadaud, *(ut suprà*, I, 450, 737).
4 à 6. JOURDAIN, LOUIS, JEAN, archiprêtre de la Porcherie, *(Chérin)*.

II. — PIERRE COUSTIN[2], damoiseau, seigneur de la Floyère, d'Avignac et de Bourzolles.

Il épousa en 1458 *Matheline du Bosc* ou *du Boys*, dame de Bourzolles, en Quercy, terre dont leurs descendants incorporèrent le nom à leur nom patronymique, le lui substituant même souvent, et pour laquelle Pierre Coustin rendit hommage au vicomte de Turenne le 28 avril 1463 et le 13 septembre 1486. Il testa le 25 septembre 1498, mais il vécut au moins encore dix ans, *(Nadaud*, etc.), ayant eu :

---

(1) Fr. du Chastaing pourrait appartenir à la famille de Jean-Joseph du Chastaing, de Pierrebuffières, dont les lettres d'anoblissement, que j'ai publiées dans le tome 41 de la Société archéologique du Limousin, indiquent des armoiries compliquées représentant : une aigle, trois étoiles, deux bazillics (petits serpents) et une coquille.

(2) Ce qui le concerne, lui et sa descendance jusqu'à la fin du XVIIIe siècle, donné sans indication de source, est tiré de Lespine (*Fonds Périgord*, 121, article *Coustin*).

1. Jean, qui suit.
2. Etienne, prêtre.
3. Jean, écuyer, seigneur de la Philippe, officier au service de la France en Italie, nommé, avec son frère Louis, au testament de 1524 de leur frère Jean.
4. Louis, abbé de Souliac de 1514 à 1532, *(Nouveau d'Hozier*, etc.) et du Mont-Saint-Quentin au diocèse de Noyon.
5 à 8. Marguerite, Antoinette, Jeanne, Catherine. Cette dernière nommée dans le testament de son frère. Antoinette aurait épousé messire *Jean d'Auriolles*, seigneur de Cabreires et de Roussillon près de Toulouse, *(Dossiers généal. du comte de Maussabré)*.

III. — Jean de Coustin, chevalier, seigneur de Bourzolles, Beaurepos, Avignac, Gain, chevalier de l'Ordre du Roi, lieutenant, *aliàs* capitaine, des cent gentilshommes de sa Garde, gouverneur de Montfaucon.

M. de Bourzolles contracta deux alliances : la première, en 1512, avec *Madeleine d'Archiac*, fille de Jacques baron d'Archiac et de Marguerite Dais ou de Lévis, dont il n'eut pas d'enfants et qui testa le 31 janvier 1514[1] ; la seconde, par articles du 16 août 1517 reconnus le 19 août, *(Nouveau d'Hozier ;* on trouve aussi 1519, plus plausible*)*, avec *Béraude de Jaucourt*[2], dame d'atours de la reine Claude, fille d'Aubert de Jaucourt, chevalier, seigneur de Villarnoul, et de Renée Le Roux. Elle testa le 16 mai 1584, *(Nouveau d'Hozier*, etc.). Son mari fit un premier testament au camp des Français, devant Pavie, le 30 janvier 1524, en présence de MM. de Carbonnière et de Campagne, *(Production de 1667)*, puis un second, reçu Dousse not. roy. apost. le 21 *(aliàs* 29*)* octobre 1526, peu de temps avant sa mort, *(Nouveau d'Hozier*, etc.)

Voici ce que disent de lui les *Chroniques de Tarde*, p. 218 : « L'an 1527 decéda Jean de Costin de Brouzolles ; sa valeur le rendit si recomandable en la guerre d'Italie que, à l'issue d'un

---

(1) La maison d'Archiac en Saintonge est connue depuis le commencement du xie siècle, et s'est alliée à ces époques avec les comtes d'Angoulême et de la Marche, les vicomtes de Rochechouart, de Vivonne, etc. La baronnie d'Archiac, passée par alliance chez les Bourdeille, a été érigée en faveur de ceux-ci en marquisat, et le titre en est porté par le frère cadet du marquis de Bourdeille actuel. Armes : *de gueules à deux pals de vair, au chef d'or*.

(2) Cette très ancienne maison de Champagne, connue depuis le xiie siècle, alliée aux Beauvoir, Damas, La Trémoïlle, La Guiche, Polignac, Anlezy, porte : *De sable à deux léoparis d'or*.

combat, le roy François, premier du nom, le fit chevalier de son ordre et lui en bailla la livrée de sa propre main, et aprez le fit lieutenant des cent gentilzhommes de sa maison. »

Enfants :

1. François, qui continue la descendance.
2. Renée. Elle se maria le 14 juin 1534 avec *Antoine de Lard*, dit *de Goulard*, écuyer, seigneur de Birac et d'Aubiac, fils de noble Gabriel de Lard et d'Anne de Galard, héritière de la branche d'Aubiac, *(Cabinet des Titres*, 282, f. 75).
3. Anne, alliée à noble *Jacques d'Anglars*, seigneur de Saint-Victour, fils de noble Antoine d'Anglars et d'Hélène de Gain de Linards [1], *(Dossiers généal. du Vte de Gérard)*.
4. Antoinette.

IV. — François de Coustin, chevalier, seigneur de Bourzolles, Gain, Avignac, chevalier de l'Ordre, gentilhomme de la Chambre du Roi, capitaine de cinquante hommes d'armes des Ordonnances, gouverneur de Toul et de Verdun.

M. de Bourzolles épousa le 26 avril 1554 *Marguerite de Pierrebuffière de Châteauneuf*, fille de messire Louis de Pierrebuffière, vicomte de Chambret, etc., et de Jeanne de Chassaignes [2]. Il testa le 24 décembre 1563, et sa femme, remariée à François de Pons, baron de Mirambeau, le 12 janvier 1612, par devant Mongie not., *(Production de 1667)*. De cette union provinrent :

1. François, qui suit.
2 et 3. Jean et Jacques, dont le sort est inconnu.
4. Jeanne, mariée le 19 avril (*aliàs* août) 1571 avec *Armand d'Escodéca*, chevalier, seigneur de Boisse, Cugnac et Roquepine, fils de messire Jean d'Escodéca et de Marguerite d'Aspremont. Leur fille, Marguerite d'Escodéca, épousa en 1602 le duc de Laforce, Henri-Nompar de Caumont.

---

(1) Ces d'Anglars du Limousin et de l'Auvergne avaient abandonné leur nom patronymique d'*Ussel*, ceux du Périgord et du Quercy, aussi le leur qui était *Adhémar*, *(Note de M. de Gérard)*.

(2) Louis vicomte de Pierrebuffière et de Comborn, baron de Châteauneuf, etc., sur la généalogie duquel le Nobiliaire du Limousin est très incomplet, appartenait à une illustre famille de cette province, probablement issue des vicomtes souverains de Limoges, connue dès 980, et souvent alliée en Guyenne, où elle joua un rôle important dans les guerres de Religion. Armes : *d'or au lion de sable, armé et lampassé de gueules*.

5. GABRIELLE, unie le 15 janvier 1581 à noble *Geoffroy de Blois*, seigneur de Roussilhon, *(Production* de 1667).

V. — FRANÇOIS DE COUSTIN DE BOURZOLLES, chevalier, vicomte de Carlux, baron de Berbiguières et de Bourzolles, seigneur de Beaurepos, Rouffignac, la Chassagne, conseiller du Roi en ses Conseils d'Etat et privés, gentilhomme de sa Chambre, lieutenant de cent hommes d'armes de la compagnie du duc de Bouillon, son gouverneur à Montfort, Limeuil et Lanquais.

Il contracta deux alliances. Par articles, reçus Laplanche et Voysin, not. roy., le 15 décembre 1574, ratifiés cinq jours après, *(Production de 1667)*, il épousa *Françoise de Caumont*, dame de Berbiguières, fille de François de Caumont, chevalier, sgr de Berbiguières et de Roffignac, et de Jeanne de Saint-Estienne[1].

Il s'unit (vers 1600, dit l'abbé Nadaud, on trouve cependant qu'elle testa le 20 mars 1600) avec *Louise de Vienne*[2], fille de messire Claude-Antoine de Vienne, seigneur de Clervaux, et de Catherine de Heu; Louise était veuve de deux seigneurs allemands : Tich de Schwumberg et Hermann Goër, *(Nadaud*, etc.), et n'eut pas d'enfants.

Le vicomte de Carlux (qualifié chevalier de l'Ordre dans un seul acte), mourut en novembre 1615, *(Tarde...*, notes), ne laissant, à ma connaissance, que :

1. FRANÇOIS, qui continua la descendance.
2. HENRI.
3. MARGUERITE, dite *de Bourzolles*, mariée le 20 février 1593 à *Jacob de Souillac*, chevalier, souverain de Bettoncourt et de Rurange, seigneur d'Azerat, de Roffignac, de Malroi, de Châtillon et de Xeulle. Il était héritier des sires de Heu, gentilhomme ordinaire de la

---

(1) François de Caumont était fils de Jeanne de Beynac et de Charles de Caumont, chef de cette illustre maison de Guyenne, il en portait les armes avec un lambel, comme on l'a vu ci-dessus. En 1528 il avait épousé la fille de messire Guillaume de Saint-Estienne, gentilhomme de la Maison du Roi, et de Marguerite Hunault de Lanta. Il en eut plusieurs enfants : 1º Oger, chevalier de Malte ; 2º Gabriel, décédé en 1572, ayant fait héritières ses sœurs Françoise et Marguerite ; 3º François, qualifié de seigneur de Berbiguières, de Montbeton et de Courtinaulx, qui aurait eu des descendants ; 4º Jeanne, mariée à Philippe de Montant, baron de Bénac, dont elle n'eut pas d'enfant; 5º et 6º deux Marguerite dont l'une religieuse ; et enfin 7º Françoise, qui par un concours de circonstances devint la principale sinon l'unique héritière de sa famille, (*P. Anselme*, et *F. Périg.* 126).

Il est curieux de voir les Coustin prendre le nom et les armes des Caumont, à la suite de cette alliance avec la fille d'un cadet, dont les aînés, proches parents, vivaient.

(2) De Vienne, ancienne maison de Bourgogne : *de gueules à l'aigle d'or armée d'azur.*

Chambre, et fils de messire Bertrand de Souillac, sgr d'Azerat, et de Marguerite de Heu, *(Moréri*, art. *Souillac).*

4. GABRIELLE. Elle se maria le 5 novembre 1606 avec *Jean de Rochefort*, chevalier, baron de Saint-Angel, fils d'Isabeau de La Queille ; puis en 1630 avec messire *Gratien de Beaumont*, fils de Laurent de Beaumont-Verneuil, sieur de Pompignan, et de Marguerite de Palegry du Vigan, *(Nadaud*, etc, IV, 78).

5. FRANÇOISE, mariée avec messire *René de Saint-Julien*, seigneur de Saint-Julien dans la Marche, *(Dossiers généal. du comte de Maussabré).*

VI. — FRANÇOIS DE COUSTIN, dit DE BOURZOLLES, chevalier, comte de Carlux, etc., conseiller du Roi en ses Conseils d'Etat et privés le 22 mars 1616, capitaine de cinquante hommes d'armes.

M. de Bourzolles épousa à Paris, le 8 août 1615, *Gabrielle d'Orléans*[1], fille de Jacques d'Orléans, chevalier, sieur de Bastarde et de Françoise de Prye ; le contrat fut reçu par Ruche et Lyban, not. au Châtelet. Ils firent leur testament mutuel devant Bausse, not. roy., le 10 mai 1632, *(Nouv. d'Hozier)*, puis le 14 juin 1651, *(Production de 1667)* ; François mourut peu après.

De cette union sont provenus un grand nombre d'enfants.

1. JEAN, chevalier, comte de Carlux, baron de Berbiguières, seigneur de Lavopot ou Lavaud-Pot, de Marnac, co-seigneur de Bourzolles, capitaine au régiment de Mompezat ou Montagnat. Il naquit vers 1622 et se maria en Poitou. Le 12 août 1651, Grenier, not. à Montmorillon, reçut son contrat de mariage avec *Marie de Chardebœuf de Lavaupot*, fille de François de Chardebœuf[2], écuyer, seigneur de Vareilles et de Jeanne Pot de Lavaud-Pot.

   Le 20 décembre 1667, il rendit hommage au roi pour Carlux et la co-baronnie de Berbiguières, *(Arch. munic. de Bordeaux*, JJ, 153). Le 7 mai 1667, M. de Bourzolles produisit ses titres de noblesse devant Labrousse, subdélégué à Sarlat de l'Intendant chargé de la Recherche de la Noblesse, (j'ai eu sous les yeux une copie authen-

---

(1) Les d'Orléans, qui ont eu des chevaliers croisés et un commandant d'armée en 1204, portent : *d'argent à trois fasces de sinople surmontées en chef de trois tourteaux de gueules.*

(2) Le *Dictionnaire... des Familles du Poitou*, dit, peut-être par erreur, que cette famille n'eut des rapports avec le Poitou qu'en 1700. Armes : *d'argent à deux fasces d'argent, surmontées d'un croissant de même, accompagnées de 4 étoiles d'argent en fasce, et d'une rencontre de même en pointe.*

tique et ancienne de cette production qui m'a été communiquée par le marquis de Coustin du Masnadaud à qui je dois la connaissance de Jean ci-dessous). Enfants :

    A. JEAN, comte de Carlux, sgr de Berbiguières, etc., décédé sans alliance vers 1728, laissant le peu de biens qui lui restait (car c'est sur lui que furent saisis, de 1705 à 1723, Carlux, Berbiguières et Bourzolles), à son cousin Antoine de Coustin.

    B. MARGUERITE-HENRYE, née le 19 mars 1670, baptisée en la R. P. R. le 7 septembre suivant, tenue par Henri de Vivant, comte de Pangeas, *(Arch. dép. de la Dordogne, Reg. protestants de Berbiguières).*

2. FRANÇOIS, chevalier, baron de Berbiguières et de Montagnac. Il s'allia par articles du 29 janvier 1658 avec *Marie Delbech*, dame de Montagnac, veuve de Jean-François du Puy, baron de Montagnac, fille de noble Pierre Delbech, baron de Saint-Martin[1] et d'Anne d'Augeard, *(Arch. dép. du Lot-et-Garonne, F. Raymond,* 50). De cette union :

    A. FRANÇOIS, émigré en Hollande, où il serait mort sans postérité. Ses biens furent saisis et passèrent à René d'Auray, mari de sa tante Elisabeth, *(Id.).*

    B. ANNE, baptisée en la R. P. R, le 29 juin 1661.

3. ARMAND, qui continua la filiation.
4. FRANÇOISE, mariée par contrat signé Roste not., le 25 avril 1635, à *Jean Gain de Montaignac*, fils de Charles Gain, écuyer, sieur de Plaignes, et de Marie de Montaignac, *(Cabinet des Titres,* 283, f. 77).
5. GABRIELLE, unie à *Jean de La Goutte*, écuyer, vicomte de Cours, seigneur d'Anthe, fils de messire Jean de La Goutte, seigneur de Prats en Périgord, et de Paule de Bézolles. Le contrat fut signé à Berbiguières le 23 septembre 1646, *(F. Raymond,* ut suprà, 18).
6. MARGUERITE, demoiselle de Berbiguières, mariée le 26 août 1654 à *Jean de Bancalis*, baron de Prugues, *(Id.).*
7. ELISABETH, mariée : 1º à *Louis Lecoq*, seigneur de la Cantilonière ; 2º par contrat du 5 juin 1669, reçu Derouzier not. roy., à messire *René d'Auray*, marquis de Gavaudun, fils de Jean-Baptiste d'Auray,

---

(1) Ce Pierre Delbech, écuyer, dont les armoiries ne me sont pas connues, possédait en Périgord la baronnie de la Monzie-Saint-Martin, dont il rendit hommage au Roi, le 2 août 1648 (*Arch. munic. de Bordeaux*, JJ, 153 f. 90), et qui passa à une autre de ses filles, Elisabeth, femme de Jacques du Vigier, conseiller au parlement de Bordeaux.

chevalier, seigneur de Sérouville et de Françoise de Souillac, *(Arch. dép. du Lot-et-Garonne,* B, 80).

8. Louise, demoiselle de la Cassagne, mariée par contrat du 27..... 1658, à *Jean d'Anglars,* chevalier, seigneur du Claux, de Borrège, fils de noble Raymond d'Anglars et de Françoise de Guiscard, *(Dossiers généal. du Vte de Gérard).*

9. Marie. Elle s'allia par contrat du 20 janvier 1658 avec *Jean de Bessou,* écuyer, seigneur de Mozens, (appelé *de Constantin,* seigneur de Mondiol, dans une note du Fonds Pourquery aux Arch. munic. de Bergerac, ce qui semble être une erreur), fils de noble François de Bessou et de Nicole de Ranconnet, *(Carrés de d'Hozier,* 90).

10. Jeanne, demoiselle de Beaurepos, femme de *Jean de Bessou,* écuyer, seigneur de Mondiol, dont elle était veuve dès 1698, *(Pièces originales, Bessou).* Ce Jean de Bessou semble frère du précédent. Il peut y avoir néanmoins certaine confusion.

VII. — Armand (de Coustin) de Bourzolles de Caumont, chevalier, vicomte de Beaurepos, seigneur de Montagnac, etc.

Le 30 juin 1669, son contrat de mariage fut signé par devant Devaux, not. roy. à Sarlat, avec *Jeanne de Coste de La Calprenède*[1], fille de noble Gautier Coste et de Madeleine Delme. Ils firent leur testament mutuel le 25 avril 1670.

Enfants :

1. Antoine, qui suit.
2. Armand-Gautier, qui sera rapporté après la descendance de son frère.
3. Gabriel, mort célibataire.
4. Catherine, mariée deux fois : 1° le 12 janvier 1716 avec messire *Bernard de Auga (*aliàs *d'Eauga),* seigneur de Saint-Martin, (leur fille Catherine-Victoire épousa en 1738 Jacques Tanneguy du Bois du Bais, et eut un fils juge à Ribérac près de laquelle ville ont résidé de ses descendants) ; 2° avec *François des Essarts, (Arch. de la Brangelie,* et *F. Raymond,* etc.).
5. Thérèse, femme de *Jacques du Bois de Berville,* veuf de Marguerite de Malfilastre.
6. Marie, mariée le 14 août 1712 à *Louis-François de Lostanges Sainte-Alvère,* chevalier, baron de Paillé, dit *le marquis de Lostanges,* exempt des gardes du Corps, fils d'Henry de Lostanges, marquis de Montausier et de Madeleine Chevalier, *(Saint-Allais,* xiv, 306).

---

(1) Armes : *d'azur à trois coquilles d'argent 2 et 1 et à une étoile de même en cœur,* (*Armorial du Périg.*).

7. JEANNE. Elle alla demeurer à Lisieux.
8. Autre MARIE, co-seigneuresse de Montagnac, où elle testa sans avoir contracté d'alliance le 20 février 1764, *(F. Raymond*, etc.).

VIII. — ANTOINE DE COUSTIN DE CAUMONT, chevalier, baron de Beaurepos, seigneur de Montagnac, Saint-Germain et Saint-Jean-de-Livet (terre de Normandie vendue en 1725).

Il fut baptisé le 14 mai 1670 à Salignac, *(Reg. par.).* Le 24 décembre 1720, il s'unit avec *Jeanne de Saint-Ours*, demoiselle de Signac, fille de Pierre de Saint-Ours, chevalier, seigneur de Salibourne et d'Isabeau de Beaufort, *(F. Périg. 163, Saint-Ours,* f. 5, v.). Jeanne étant veuve testa le 17 novembre 1760 devant Laporte, not. roy. à Villefranche, (*Etude de M⁰ Doriac, not. à Villefranche*). Elle y nomme ses petits enfants.

Je ne sais rien de plus sur le *marquis de Coustin*, car c'est ainsi qu'il est dénommé par courtoisie dans certains actes. De cette union provint un fils unique, qui suit.

IX. — ARMAND DE COUSTIN DE BOURZOLLES DE CAUMONT, chevalier, seigneur de Saint-Germain, Montagnac et Mespoulet, appelé par courtoisie dans quelques actes *le comte de Bourzolles.*

Il épousa religieusement à Prats *(Reg par.)* le 5 février 1742 *Marie-Anne de La Goutte*, dame de Prats, fille de messire Pierre de La Goutte, seigneur de Prats et d'Orliac en Périgord, et d'Isabeau de La Goutte[1]. Le 3 décembre 1762, François de Fumel de Martiloque, par testament reçu à Prats devant Laporte, not. roy., laissa sa fortune à sa cousine-germaine, la comtesse de Bourzolles, *(Etude, etc.).* Le comte de Bourzolles mourut dès 1760, *(Fonds Raymond,* 50, etc.), ayant eu :

---

(1) Cette famille de l'Agenais vint en Périgord par l'alliance, en 1588, indiquée plus haut de Lyette de Laborie, héritière de sa branche, avec François-Balthazar de La Goutte, marquis de Moncléra, vicomte de Lapouyade, dont la filiation remonte à la fin du xv⁰ siècle et dont le petit-fils, Jean, fut maintenu en 1667 à Sarlat dans sa noblesse d'extraction. Armes : *de gueules à la tour à 3 tourillons d'argent, celui du milieu plus élevé.* L'Armorial du Périgord indique en écartelé, aux 1ᵉʳ et 4ᵉ quartiers: *d'azur au chevron d'or accompagné de trois étoiles d'or.*

Les notes du *Fonds Raymond* sont incomplètes sur cette branche. Les registres paroissiaux de Prats nous apprennent que Pierre de La Goutte, sgr de Prats, épousa sa cousine Isabeau de La Goutte, demoiselle de Prats, le 24 janvier 1716, qu'il mourut à 75 ans le 18 février 1756, et qu'il eut : Raymond baptisé en 1720; Jean-François, en 1724; Jean-Jacques, en 1726; François, en 1732; Isabeau, en 1734; puis Marie-Anne, et peut-être Guillemette décédée en 1780.

1. Jean, décédé lors du testament de son aïeule.
2. Raymond, qui suit.
3. Antoine, *(F. Raymond, etc.)*. Il n'est cependant pas nommé au testament de son aïeule.
4. Jeanne. Elle épousa à Prats *(Reg. par.) Charles-Bertrand de Philip de Saint-Viance*, chevalier, seigneur d'Eybène et de Saint-Lazare, mousquetaire noir, chevalier de Saint-Louis, fils de N... du Verdier et neveu de Jean de Philip, commandeur de Malte, *(F. Périg.* 155, *Philip,* 12). Elle était divorcée en 1811.
5. Marie. Elle naquit à Saint-Pompon vers 1748, étant décédée à Belvès, âgée de 80 ans, le 13 décembre 1828 ; elle était veuve de *François de La Caraulie*, ancien capitaine de dragons, *(Etat-civil de Belvès).*
6. Elisabeth, mariée à *Jean de Chaunac de Lanzac*, maire de Belvès, né le 18 avril 1758 du mariage de Jean de C. Lanzac, et de Catherine de Vassal, et décédé aussi à Belvès le 1er août 1832. Elle mourut le 10 novembre 1807 au même lieu, *(Id.).*
7. Peut-être Jean-Baptiste, qui fut maire de Prats de 1808 à 1817.

X. — Raymond de Coustin-Caumont, chevalier, seigneur de Saint-Germain, Mirabel, Prats, Mespoulet, Orliac, Montagnac, Bussac, Mérée, appelé par courtoisie le *marquis de Caumont* et le *comte de Bourzolles*.

Il fut convoqué en Saintonge et en Périgord pour voter en 1789, lors de la convocation des Etats-Généraux. Il épousa *Eléonore* (aliàs *Léone*) *de Bouilhac*, que l'on croit fille de Jean-Baptiste de Bouilhac, écuyer, seigneur de Chignac, Bourzac, fermier-général, conseiller d'Etat, et de N... de Rupin [1].

Le comte de Bourzolles, né à Mespoulet, décéda le 2 juillet 1802 *(Etat-civil de Prats),* ayant eu :

1. Pierre, appelé en famille *Prats*, et aussi le *vicomte de Bourzolles*. Il épousa *Pétronille-Aimée de Chevigné*, fille d'Arthur-Luc, marquis

---

(1) La famille de Bouilhac paraît originaire de Montignac. Jean de Bouilhac, médecin de Léon XIII fut anobli. Un de ses descendants, Jean de Bouilhac, médecin des enfants du Roi, obtint en mars 1746 de nouvelles lettres de noblesse en faveur de son neveu, autre Jean de Bouilhac, juge de Montignac, avec les armes suivantes : *d'argent à la fasce de gueules chargée d'une plante de plantin d'argent, accompagnée de trois chardons au naturel* (aliàs *de gueules), fleuris de même*, (aliàs *d'or*), *deux en chef et un en pointe*, *(Arch. dép. de la Gironde,* B, *Cour des Aides).* C'est ou ce Jean, ou un autre Jean, fils du médecin, qui serait devenu conseiller d'Etat, fermier général, et aurait acquis de nombreuses seigneuries, dont la Mothe-Fénélon et le comté de Bourzac des La Cropte.

Le comte de Bouilhac de Bourzac, son descendant, porte les armes primitives de sa famille qui suppriment le plantin et ont trois roses au lieu de chardons.

de Chevigné (qui avait acquis Berbiguières), et d'Elisabeth Le Prestre de Neubourg [1]. Le vicomte de Bourzolles mourut à Berbiguières le 6 mars 1837, et sa veuve décéda au même lieu le 3 mars 1861, âgée de 76 ans, *(Etat-civil)*. Ils n'eurent pas d'enfants.

2. MARGUERITE. Elle fut mariée le 23 frimaire an v (13 décembre 1798), à Marnac *(Tables décen. aux Arch. de la Dordogne)*, avec *Marc Lavergne*, propriétaire à Taysse, commune de Carves. Le 6 mai 1816 elle afferma, conjointement avec ses frère et sœurs, les biens paternels lui appartenant encore dans le domaine de Prats, *(Minutes de R. Moméja*, not. à Villefranche, en l'Etude de Mᵉ Doriac). Le fermier, Jean Malaurie, acquit Prats peu d'années après. Elle mourut le 24 juin 1823.

3. ADÉLAIDE. Elle épousa à Prats *Antoine Paris*, le 9 nivôse an xi (30 décembre 1802 ; *Tables décen.)*.

4. ANTOINETTE, femme de *Jean Manière*, propriétaire à Grives en 1816.

5. MARGUERITE-CLOTILDE, mariée à Belvès, le 27 décembre 1798, à *Antoine Révogé*, demeurant à Beaumont-du-Périgord, fils de feu Pierre Révogé ou Révoger et d'Anne Boquet. Le mariage eut lieu aussi à Prats 5 jours après, *(Etat-civil)*.

VIII *bis*. — ARMAND-GAUTIER (DE COUSTIN) DE CAUMONT, chevalier, seigneur de Bourzolles et de Lespinasse, deuxième fils d'Armand et de Jeanne de Coste.

Il contracta deux alliances. La première le 27 août 1708 fut avec *Isabeau de Bessou*[2], veuve de Charles du Puy, seigneur de Lespinasse et qui testa en 1727 ; je la suppose fille de François de Bessou, écuyer, seigneur de Mondiol et de Nicole de Ranconnet. La seconde alliance fut avec *Suzanne de Beaudet de Cardou*, fille de messire Joseph de Beaudet et de Catherine de Montalembert ; le mariage religieux fut bénit le 28 novembre 1739, *(Reg. par. de Bourniquel)*.

Bien que M. de Bourzolles ait habité à Lespinasse, les registres paroissiaux de Molières ne nous apprennent rien sur sa

---

(1) Les Chevigné établis en 1130 en Bretagne, dit Saint-Allais (vii, 354), appartiennent à la plus ancienne noblesse de l'Ouest. Ils ont été admis aux Honneurs de la Cour. Armes : *de gueules à quatre fusées d'or rangées en fasce, accompagnées de huit besans du même.*

(2) Cete famille du Sarladais, maintenue dans sa noblesse de race en 1667, porte : *d'azur au chevron d'or accompagné de trois étoiles de même.*

descendance. Il mourut le 26 juin 1741, et sa femme, le 4 avril 1779, *(Arch. de la Brangelie)*.

Nous ne lui connaissons comme enfant que le suivant, né du second lit.

IX. — JOSEPH (DE COUSTIN) DE CAUMONT DE BOURZOLLES, chevalier, dit *le comte de Bourzolles*, seigneur des Landes, Loybesse, Lespinasse, Saint-Mayme-de-Rauzan.

Baptisé à Bourniquel en 1740, il serait décédé à Paris le 12 octobre 1792. Sa femme, Marthe Despaigne était fille de Jean-Isaac Despaigne[1], chevalier, seigneur des Landes, Loybesse et de Marie Rabié de Lagrange, ou de Lagrange de Saint Rabier (décédée le 19 novembre 1764) ; leur mariage aurait été célébré le 4 septembre 1758. Madame de Bourzolles décéda à l'âge de 41 ans le 4 septembre 1780[2].

De cette alliance sont provenus plusieurs enfants qu'il est difficile de déterminer avec quelque certitude quant aux prénoms, aux titres et aux dates de naissance.

1. JEAN-ISAAC-FRANÇOIS, titré de *comte de Bourzolles* dans l'acte de baptême de 1768 d'un de ses frères, ce qui prouve qu'il était l'aîné. Qualifié plus tard de *marquis de Coustin*, d'ancien premier page du Roi et de capitaine de dragons, domicilié aux Landes, il assista au mariage de sa sœur avec le baron de Béchon. Il vota à Périgueux avec l'Ordre de la noblesse tant en son nom qu'au nom du comte Joseph de Bourzolles ci-dessus. Il aurait émigré.

2. MARIE. Elle naquit aux Landes le 15 août 1760 ; elle eut pour parrain le marquis de Saint-Exupéry, seigneur de Fleurac, *(Reg. par. de la Linde)*.

3. SUZANNE-VICTOIRE, née avant 1768. Elle eut en partage Loybesse que ses héritiers vendirent comme on le verra dans la généalogie d'Arlot. Elle épousa *Joseph-Casimir Gontier de Biran*, fils de Jean Gontier de Biran, et de Marie-Camille Deville, *(Arch. du Soulas)*.

4. JACQUES-FRANÇOIS-ISAAC, né le 7 novembre 1768, décédé sans hoirs aux

---

(1) L'Armorial du Périgord n'indique pas les armoiries de la famille Despaigne qui donna à la Linde des notaires et des consuls. Elle semble avoir été anoblie au commencement du XVIII° siècle.

(2) L'acte du mariage civil de son fils porte le *10 juillet*. Ce n'est pas la seule erreur relevée dans l'Etat-civil de la Linde et dans les actes notariés en ce qui concerne des mentions de dates antérieures à celles des actes. Il règne une telle confusion que je n'ai pu m'y reconnaître ; les prénoms eux-mêmes sont transposés ou appliqués avec une telle légèreté, que j'ai pu commettre des erreurs relativement aux derniers membres de ce rameau.

Landettes, près de la Linde, le 7 juillet 1741 *(Etat-civil)*, ayant laissé sa fortune à ses domestiques, les époux Lacombe. Il fut maire de la Linde.

5. Jean-François-Isaac-Casimir, né ou le 2 août 1771 ou le 2 novembre 1772. Il épousa par contrat du 30 février 1850 *Jeanne Mouneydière*, et mourut l'année suivante, le 3 mai 1851, *(Etat-civil)*. Ainsi finit d'une façon... cette lignée des Coustin. Le *Fonds Raymond* (ut suprà), dit que lui ou son frère laissèrent deux bâtards ; cela semble inexact.

6. Guillaume-Amène, décédé en bas âge le 18 juillet 1780.

7. Suzanne, baptisée le 23 février 1776, morte célibataire en 1821, instituant son frère Casimir.

8. Pétronille-Madeleine-Catherine-Ildefonse. Elle épousa par contrat filiatif, reçu Javerzac, not. roy., du 28 juin 1784, messire *Gérard de Béchon* [1], baron de Caussade, ancien officier aux Dragons d'Orléans, fils de Raymond de Béchon, chevalier, seigneur de Paty, et d'Angélique de Laborie de Campagne. Le mariage religieux fut bénit à Couze le même jour, *(Arch. dép. du Lot-et-Garonne*, B, 201 et *de la Dordogne, Insinuations ; Reg. par. de Couze)*. Elle décéda en 1790, *(La Linde*, etc., par Goustat).

---

(1) Les Béchon, qui porteraient *de gueules au chevron d'or accompagné de trois étoiles d'argent*, vinrent à la Linde, en 1713, par le mariage de Jean Béchon avec Charlotte de Paty, la dernière de la branche de Paty.

MAISON D'ARLOT

PRÉCIS GÉNÉALOGIQUE.

1441-1897.

Pour répondre aux désirs réitérés de plusieurs de mes parents, aux sollicitations d'amis et de confrères en héraldisme, pour éviter également d'en transmettre des fragments ou des résumés ou qu'il ne s'en publiât malgré nous des parties incomplètes, je donne aussi brièvement que possible un précis généalogique sur ma famille. La raison du peu de développement de ce travail, — sauf pourtant pour l'historique des fiefs, que j'ai détaillé, à cause de l'intérêt général que cela présente, — tient à deux motifs : le premier est qu'il convient de moins parler de soi que des autres ; le second est qu'il est à désirer que, malgré les difficultés que cela présente, il paraisse plus tard une étude raisonnée et complète sur ce sujet.

M. de Jehan de Jovelle, étant allé en Angleterre, au siècle dernier, en rapporta, avec des notes sur sa famille, la tradition que nous venions de Grande-Bretagne. Je me permets de n'y ajouter aucune foi, pas plus qu'à la tendance que certains *auteurs auraient à nous supposer d'origine italienne, parce que notre nom se trouve en Italie (Arlot de Rainoni, gentilhomme de bonne maison, vivait à Vicense au XIIIe siècle, d'où il fut chassé par les Gibelins. — Famille Arlotti, de Pise, originaire d'Arles, fixée en Italie au XII[o] siècle, et de noblesse ancienne).*

Notre nom est relativement autochtone, se retrouvant dans toutes les classes de la société sur les confins du Limousin et du Périgord. Je donnerai cependant à la fin de notre filiation quelques noms isolés ne nous appartenant probablement pas, simplement comme curiosité et pour éviter des recherches subséquentes.

ARMES

D'azur à trois étoiles d'argent rangées en fasce, accompagnées en chef d'un croissant de même et en pointe d'un *arlot* (grappe de raisin) aussi d'argent, tigé et feuillé de sinople.

TIMBRE : Couronne de marquis.

SUPPORTS : Deux lions au repos ou accroupis, la tête contournée.

VARIANTES

Le Grand Armorial de France de 1696 *(Registre Guyenne)*, se conformant du reste au cachet du déclarant, Jean-Jacques d'Arlot, marquis de Frugie, supprime la grappe de raisin et pose les étoiles *deux et un*. On ne peut considérer cette brisure comme une marque de puînesse, puisqu'il était le chef de sa maison.

Jacques d'Arlot, seigneur de Cumond, fit faire un cachet à la même époque portant la même suppression. La marquise de Taillefer, née Suzanne-Thérèse d'Arlot de La Roque, scelle en 1786 son testament d'un cachet où ses armes, accolées à celles de son mari, n'ont pas non plus la grappe de raisin. Cependant son père, le lieutenant général comte de La Roque, scelle une lettre à l'abbé de Lespine *(F. Périg.* 118, f. 24) d'un cachet où la grappe ne manque pas.

SEIGNEURIES

Ajat. — Commune du canton de Thenon. Ancienne haute justice seigneuriale sur la paroisse et sur celle de Bauzens.

Le château d'Ajat arriva à la maison d'Hautefort peut-être par démembrement de la châtellenie de Thenon. François, marquis d'Hautefort, baron de Thenon est le premier qui se soit qualifié de seigneur d'Ajat.

Marie-Thérèse d'Hautefort en épousant, en 1741, le comte de La Roque lui apporta ce fief; leur fille unique Suzanne-Thérèse d'Arlot de La Roque en hérita ; la fille de celle-ci, Marguerite-Thérèse de Taillefer, en devint à son tour propriétaire à la fin du siècle dernier, et la fille unique qu'elle eut de Gabriel de Caseaux de Lartigue, président au parlement de Bordeaux, ayant épousé M. de Castarède, un descendant de ce dernier a vendu cette terre, il y a peu d'années, à M. Tiburce de Cézac de Belcayre.

Baccouillat. — Petite métairie noble dans Saint-Privat-des-Prés (Dordogne), dont Louis d'Arlot, baron de Saint Saud, se qualifiait seigneur. Elle dépendait du domaine de la Meynardie (voir ce mot), dès le XVIIe siècle. Ce fut la seule terre dont Augustin de Saint Saud hérita du chef paternel et encore venait-elle des Roux de Campagnac. Il n'eut pas une seule propriété provenant des 40 domaines que son grand-père, le marquis de Frugie, possédait avant la Révolution. Baccouillat appartient maintenant à ma sœur de Fayolle.

Barde (La). — Fief et forge dans Sainte-Marie-de-Frugie (Dordogne), qui formèrent une partie de la dot de Marie Chapelle de Jumilhac, en 1581.

Baronnie. — Petit fief, ou maison noble, appelé aussi les *Barrons* ou *Barraux*, dans le bourg de Frugie. Dès 1400 les Lambertye s'en qualifiaient seigneurs. Il fut vendu en 1593 par François de Lambertye, baron de Montbrun, à Jacques Arlot.

Bauzens. — Village de la commune d'Ajat. Ancien prieuré relevant de la justice d'Ajat.

Bousquet (Le). — Repaire noble, dans Saint-Cyprien (canton de l'arrondissement de Sarlat), appartenant au moyen-âge à la famille de Fages. Il fut vendu au commencement du XVIIe siècle à Bernard de Montesquiou, (dont la descendante fut mère de la comtesse de La Roque, — voir *Fages*), par Anne de Fages femme de Christophe de Babiault, président au parlement de Bordeaux, conseiller d'Etat, et héritière d'un rameau de sa maison.

Breuil (Le). — Hameau dans Saint-Pierre-de-Frugie, acquis en 1596 de noble Georges de Ribeyreix, *(F. Périg.*, 118). D'après M. de Laugardière, il appartenait en 1572 à noble Jean de Saint Martin, *(Bull. de la Soc. hist. et arch. du Périg.*, II, 405). Le nom de Breuil est si commun qu'on peut douter de l'identification.

Cazal. — Métairie dans Loy-Besse; voir ce mot.

Coussière (La). — C'est le nom d'une ancienne châtellenie dont le siège était dans la paroisse de Saint-Saud, qui prit le nom de « commune de Saint-Saud-Lacoussière » quand elle fut incorporée au canton de Saint-Pardoux-la-Rivière. Cette châtellenie avait la haute justice sur les paroisses entières de Saint-Saud [1] et de Romain; la châtellenie de Varaignes en relevait même d'après des lettres patentes de Louis XIII d'octobre 1626 et janvier 1632, concernant la première, *(Arch. dép. de la Gironde*, C, 3842); mais elle dut en être démembrée peu après. La Coussière s'étendait en outre sur une partie d'Abjat, de Saint-Pardoux-la-Rivière et de Saint-Martin-de-Fressenges, où elle prélevait des rentes foncières et des redevances féodales, *(Id.*, C, 469).

Un certain nombre d'arrière-fiefs et de repaires nobles relevaient à foi et hommage des barons de la Coussière. C'étaient : le château de Romain (voir ce mot), ceux de la Valade, de Baynac, du Verdoyer, et les maisons nobles de Courtazelles, Villac, Chastenet, Forges (*alias* Montagnac), Larret (*alias* Larest et la Riet) et Tougoudre (?).

Cette châtellenie n'a appartenu qu'à trois familles. Les vicomtes de Rochechouart la possédaient à l'origine de la formation de leur vicomté, c'est-à-dire au Xe siècle. Au XIVe siècle, par suite d'une alliance, les Pérusse des Cars en devinrent co-seigneurs, puis, au siècle suivant, seuls suzerains. Jacques de Stuer de Caussade, en sa qualité de fils de Diane

---

[1] La maison noble de Vacher relevait cependant directement du Roi d'après un aveu rendu pour elle en 1668, par Léonarde Dussault-Millet, veuve de Pierre Fournier, sieur de Boudazeau ou Prudazeau *(Arch. dép. de la Gironde*, C, 2244 et 4154).

des Cars, vendit le 17 janvier 1621 la châtellenie de la Coussière à Antoine Arlot de Frugie.

Le château-fort de la Coussière, en ruine dès cette époque, ne fut jamais habité par ma famille qui posséda, outre la seigneurie utile, différents domaines dont plusieurs furent peu à peu aliénés. En 1780, il ne restait que dix métairies à la Grande et à la Petite-Coussière, à la Besse, au Pimpidour, à la Porcherie et dans le bourg, puis de nombreux étangs, des moulins et des bois. A la suite d'un partage entre Louis de Saint Saud et son frère l'abbé de Frugie, le 23 novembre 1788, la majeure partie des biens de Saint-Saud revint à ce dernier, qui les laissa par testament à son neveu, le marquis de Cumond, lequel les vendit, comme il l'avait fait pour Frugie, entre 1820 et 1830. — Voir plus loin *Saint-Saud* et consulter le *Bulletin de la Société historique et archéologique du Périgord*, VII, 67 et suiv.

Cumond. — Château et commune du canton de Sainte-Aulaye (Dordogne). Ancienne haute justice seigneuriale avec juge, etc., ayant juridiction sur la paroisse avec les arrières-fiefs de Sallebœuf et de la Courre [1], mais relevant à son tour du fief de Pommiers dans la baronnie de Parcoul.

La terre de Cumond appartenait au moyen-âge à une famille de Brémond (en latin *Bermondi*), dont quelques membres, il est vrai, ne portant que le nom de leur fief ont été cause d'une confusion que nous allons expliquer. Mais ce nom de Cumond (anciennement Cumont, on trouve écrit *Cucomunt* dans un acte de 1202), n'était pour eux qu'un nom terrien, et la meilleure preuve, absolument concluante de ceci, c'est qu'à leur extinction ces Brémond ont désiré que leur nom fut porté par leur descendance féminine, qui alors adjoignit à son nom patronymique non celui de la terre, comme cela se faisait fréquemment dans des substitutions semblables, mais bien celui de leurs ascendants, c'est-à-dire *Brémond*.

MM. Beauchet-Filleau, se fiant probablement à une note d'Armand Maichin dans son *Histoire de Saintonge*, à une autre de Saint-Allais dans la généalogie Jaubert et à une généalogie de Cumont insérée dans son tome VII, ont donné, à tort semble-t-il, Cumond comme berceau à une famille de nom semblable, originaire de Saintonge, très anciennement connue, et aux illustrations et mérites de laquelle ma rectification n'enlève rien. Les assertions d'un Saint-Allais ne peuvent aller contre des actes authentiques comme ceux qui me sont passés sous les yeux. M. Filleau (*Diction. généal. des familles du Poitou*, 2º éd., II, 770), a ajouté que ce qu'il avançait était d'accord avec les notes de MM. de Brémond d'Ars et

---

[1] Une pièce aux Archives de la Rousserie ferait croire que ce repaire aurait dépendu de la seigneurie d'Epeluche.

d'Arlot de Frugie, c'est désaccord absolu qu'il aurait dû dire. Le premier, en effet, a prouvé dans l'*Annuaire de la Noblesse*, (1880, p. 310), que les premiers seigneurs connus de Cumont étaient des Brémond. C'était l'avis également du Mis de Brémond d'Ars, député de la noblesse de Saintonge en 1769, comme c'est celui de son petit-fils, le Mis de Brémond de Migré, très compétent en ces questions.

Hélie de Brémond rendit hommage au Roi le 2 mai 1361 pour Pommiers et pour son fief vassal de Cumont. Sa fille unique, Marguerite, dernière héritière de ces Brémond, dame de Pommiers, Cumont, Sallebœuf et Saint-Maigrin, épousa par contrat filiatif du mardi avant la Toussaint 1358, sous le scel de la sénéchaussée de Saintonge, à Parcoul, (*Carrés de d'Hozier*, 250, f. 124 ; Lespine dans la *Généalogie de Fayolle* dit avec plus de raison : la veille de Saint-Rémy, 1340), Grimond de Fayolle, chevalier, fils d'Hélie et de Marguerite de Saint-Astier [1]. Leur fille unique Jehanne de Fayolle de Brémond (sic), dame de Pommiers, Cumont et Montmallant en épousant Pierre du Puy, damoiseau, imposa à ses enfants l'obligation de continuer à s'appeler Brémond [2] ; ainsi les seigneurs de Pommiers, c'est-à-dire les du Puy, Lanes, Saunier et Abzac, furent suzerains de Cumond.

Il serait trop long d'expliquer en détail comment la seigneurie de Cumond se divisa et subdivisa entre les descendants de Geoffroy et de Bertrande du Puy de Brémond, enfants de Jeanne ci-dessus. Au XVIe siècle deux branches des Jaubert en possédaient les quatre sixièmes, les La Place un sixième et les La Cropte un autre sixième. A la suite de cessions des Aitz, héritiers de La Place et des Jaubert, René de La Cropte, seigneur de la Mothe, devint en 1597 seigneur des deux tiers de Cumond, ce qui comprenait alors toute la justice de la paroisse et le fief de Sallebœuf. Son fils Jean-Pierre de La Cropte vendit, le 8 juillet 1664, sa co-seigneurie de Cumond à Hélie d'Arlot de Sainte-Marie, dont le petit-fils, Léonard de Cumond, réunit en 1723, par son mariage avec Françoise de Jaubert, ce qui lui manquait de cette seigneurie et qui était resté au pouvoir de la famille de celle-ci.

Fages. — Château, avec titre de baronnie, dans Saint-Cyprien (canton de l'arrondissement de Sarlat), qui avait des droits et la basse co-justice sur cette ville, ce qui fut cause de démêlés fréquents avec le seigneur suzerain, l'archevêque de Bordeaux.

---

(1) Les armes des Brémond, seigneurs de Cumond, étaient une bande avec une bordure chargée de besans ; on trouve en effet cet écu accolé en parti à celui (lion couronné) de Grimond de Fayolle sur son sceau scellant deux quittances, en 1354, conservées à la Bibl. nat. aux *Pièces originales* 1119, n° 25650.

(2) Dans un hommage rendu en 1470 par Geoffroy du Puy de Brémond au comte d'Angoulême, cette Jeanne, mère de Geoffroy, et Marguerite, mère de Jeanne, ne sont rappelées qu'avec le nom de Brémond, (*Dossiers généal. du marquis de Brémond d'Ars-Migré*).

La branche aînée de la maison chevaleresque de Fages, qui possédait la terre patrimoniale de son nom, s'éteignit dans les Monlezun, par le mariage, vers 1570, de noble Pierre de Monlezun, baron de Montcassin, avec Anne de Fages, veuve Joachim de Montesquiou-Monluc, prince de Chabanais. Une de leurs filles, Madeleine, épousa Jean-Jacques de Montesquiou, seigneur de Sainte-Colombe, en Périgord. Une descendante de ces derniers, Marie de Montesquiou, apporta en 1700, les biens de sa branche à son mari Bernard d'Hautefort, seigneur d'Ajat, dont la fille unique, Marie-Thérèse, épousa le lieutenant, général de La Roque, de la maison d'Arlot, et transmit Fages à sa fille, la marquise de Taillefer. Ce château appartient de nos jours à leur descendante, notre cousine, la comtesse Georges de Maillard d'Hust, née Madeleine de Taillefer, la dernière de son nom qui doit être relevé par ses enfants.

Firbeix. — Commune du canton de Saint-Pardoux-la-Rivière. La paroisse relevait féodalement de Châlus-Chabrol en Limousin. En 1556, Jeanne d'Albret la vendit à Charles de Pérusse des Cars, évêque de Poitiers.

Un d'Arlot fut enterré dans l'église de Firbeix, en 1461, comme on le verra plus loin, c'est la date la plus ancienne relative à notre possession du château et du fief principal de cette seigneurie. Par le mariage de Marie Arlot de Firbeix, vers 1630, ce château avec de nombreux domaines et redevances seigneuriales, mais sans justice, entra dans la maison Chapt de Rastignac, en grande partie du moins, car Charles de Nesmond, fils d'un second mariage de Marie Arlot, se qualifiait de seigneur de Firbeix, dans son acte de mariage, en 1670, avec Louise Robin *(Rég. par. de St-Christophe-de-Confolens)*. Firbeix sortit de la maison Chapt, en 1817, par le mariage de Zénaïde-Sabine de Rastignac avec François-Auguste-Emilien de La Rochefoucauld, duc de Liancourt et de La Rocheguyon. La famille de La Rochefoucauld a vendu, il y a quelques années seulement, cette terre primordiale des d'Arlot, valant près d'un million.

Fourset (Le). — Château dans la paroisse de Saint-Marcel-de-Clérans, arrondissement de Bergerac. (Voir *Loybesse*).

Frugie. — Château dans le canton de Jumilhac ayant donné son nom à deux paroisses, St-Pierre et Ste-Marie.

Il y avait, pour notre famille, deux choses distinctes : le repaire noble de Frugie, fief et château, qui appartenait de toute ancienneté aux d'Arlot, et la justice seigneuriale. Cette dernière forma une juridiction relevant directement du Roi, sitôt après son dénombrement de la châtellenie de Courbafy. Celle-ci avait été vendue le 25 mars 1600, par la

Couronne aux d'Arlot, à Antoine Chapelle et à Léon Mosnier de Planeaux ; on la divisa entre les acquéreurs. M. de Laugardière commet donc une erreur profonde, quand il dit *(Bulletin de la Soc. hist. et arch. du Périgord*, II, 401) que la *seigneurie* de Frugie nous appartenait dès le xive siècle. (Nous, et non les Lambertye, devions avoir simplement la vigerie du bourg de St-Pierre-de-Frugie, accordée souvent aux familles des fondateurs de certaines églises, or celle-ci avait été rebâtie au commencement du xive siècle par noble Pierre Arlot). Cette erreur est encore constatée par la citation que fait ensuite M. de Laugardière, à la page 407, de la vente de Courbafy, donnée en détail dans le *Chroniqueur du Périgord*, II, 251.

Le château et le domaine de Frugie, dont le nom était devenu, en quelque sorte, un second nom patronymique pour les d'Arlot, sont malheureusement sortis de notre maison par la vente qu'en consentit, en 1820, le marquis de Cumond à Annet Labrousse, dont la petite fille, Mme Audebert-Lasrochas, en est propriétaire.

Le nom de Frugie a été orthographié de façons fort différentes. On trouve, en latin : *Fracto-Jove, Fructo-Jove, Fructione ;* en langue romane : *Faragudia, Faraiguria, Freijot, Frégioux, Frugeu, Fructojour* ; en français : *Affrougier, Frégure, Frégue, Frégis, Frégie, Freugie, Frugie, Frugy, Frugère, Freugière, Fresne.*

Lescurie. — Village dans la commune de Saint-Géry, canton de la Force (Dordogne), appelé *l'Ecurie* dans Belleyme, mais *Lescurie* dans l'hommage qu'en rendit, en 1767, le marquis de Cumond. Ce fief, qui devait nous venir des La Doire, relevait directement de la Couronne.

Linde (La). — Chef-lieu de canton de l'arrondissement de Bergerac. La justice de cette ville royale, s'étendait sur les paroisses de la Linde, Saint-Sulpice, Drayaux, Saint-Colombe, Saint-Front-de-Colubry, puis sur Pontours et Bourniquel en partie. Le roi n'y avait ni domaines, ni terres, ni maisons, *(Arch. dép. de la Gironde*, C, 2369). La justice, engagée déjà par la Couronne, fut acquise, le 27 février 1695, par messire Jacques d'Arlot, seigneur de Cumond.

Une petite étude sur la Linde ayant été donnée par le marquis de Cumond dans le *Bulletin de la Société archéologique du Périgord* (II, 155), et un ouvrage, dû à la plume de M. l'abbé Goustat, ayant paru sur cette ville [1], il me paraît inutile d'entrer dans des détails.

Loybesse. — C'est l'orthographe actuelle et celle de la carte de Belleyme. On trouve souvent écrit *Loys-Besse, Louysbesse* ; le Diction-

---

(1) *La Linde et les libertés communales à La Linde*, par M. l'abbé Goustat — Périgueux, Dupont, 1884.

naire topographique de M. de Gourgue donne les variantes : *La Hibesse*, 1670, et *La Guibesse*, 1772.

Ce hameau de la paroisse de Saint-Marcel de-Clérans (canton de la Linde, Dordogne), portait également le nom de *Fourset* ou *Fourcet*. En 1829 la propriété de Loybesse comprenait encore trois métaries : la Tour, Cazal et la Grande-Métairie avec le moulin de Guassal. Avant la Révolution il comprenait en outre le domaine du Fourset (qui pourait bien être celui de la Tour), le Moulin-Gaucher et le Moulin-Neuf, avec des rentes féodales et autres devoirs seigneuriaux dans les paroisses de Saint-Marcel et Saint-Gilly.

Il est possible que le nom de Louys-Besse ait été donné au Fourset par une famille Besse qui possédait ce fief au xvie siècle. Le 4 août 1603, Arnaud de Beaudet, écuyer, seigneur du Peuch, adjudicataire de ce repaire noble, saisi dès 1588 sur les Besse à la requête de Sibylle de Beauroyre, veuve de M. Girard de Langlade, et à la sienne, fut mis en possession réelle et immédiate des lieux de « Besse et Loys-Besse, aultrement du Fourcet. » Cette terre était affermée plus tard 678 livres, ce qui représenterait une valeur de près de 30,000 fr. de nos jours, *(Arch. de Cumond)*.

De la famille de Beaudet ce fief passa par alliance, avec d'autres biens des Beaudet du Peuch, dans ma famille. Il en sortit au commencement du xviiie siècle, mais notre chartier n'en a pas l'acte d'aliénation. D'après une quittance de 1720 M. de Cumond avait vendu Loybesse depuis peu d'années à Isaac Despaignes, maire de la Linde. Peut-être lui vendit-il le Peuch en même temps. Toujours est-il que Loybesse et les Landes (qu'on identifie avec le Peuch) appartenaient aux Despaigne au xviiie siècle.

Par son mariage, en 1758, avec Joseph de Coustin, comte de Bourzolles, Marthe Despaigne, fille de Jean-Jacques Despaigne, chevalier, seigneur de Loybesse et des Landes, et de Marie de Lagrange Saint Rabier, apporta à son mari les Landes et Loybesse. Loybesse fut la dot de leur fille Suzanne-Victoire, mariée à Casimir Gontier de Biran. Les enfants de cette dernière, Jean-Hubert et Suzette Gontier de Biran, vendirent, le 4 août 1829, par devant Pierre Chanut, notaire à Cause, et pour 25.000 fr. le bien de Loybesse à Louis de Galabert. Cette vente ne semble que fictive en ce qui concerne Suzette, car elle se constitue sa part dans Loybesse par son contrat de mariage du 23 septembre 1829 avec ledit Louis de Galabert. Le fils de celle-ci, Jean-Casimir de Galabert, épousa par contrat du 6 février 1855 Marie-Amélina Pieffort, et leur fille unique Félicité-Louise de Galabert apporta Loybesse à son mari, Philippe-François de Fornel, qui y demeure, *(Arch. du Soulas)*.

Jean-Isaac-François de La Valette, fils d'une Despaigne, se qualifie en 1780 dans de rares actes, de seigneur de Loybesse. Il pouvait avoir une petite partie du domaine.

Mas-de-Bénevent (Le). — Hameau avec fief noble dans Saint-Martial-d'Artenset (canton de Montpon). Cette propriété qu'il ne faut pas confondre avec Bénevent, ancienne bastide, (voir la généalogie de Barraud), nous vint de la famille de La Doire.

Mas-du-Bos (Le). — Forge dans Firbeix.

Mas-de-Couturon (Le). — Couturon, village dans la commune de Sourzac (canton de Mussidan, Dordogne), où la famille Seignac possédait des biens au xviie siècle. Suzanne de Seignac, légua le Mas-de-Couturon à son mari Léonard de La Doire, qui le transmit ensuite à son petit-fils de La Roque.

Mas-Troubat (Le). — Mainement dans Saint-Pierre-de-Frugie, qui relevait, en 1454, de Jean de Maumont, damoiseau.

Meynardie (La). — Château dans la commune de Saint-Privat-des-Prés (arrondissement de Ribérac).

Au début du xve siècle c'était une simple métairie noble à la famille de La Cropte. Elle fut la dot d'Isabeau de La Cropte, fille unique de François de La Cropte, chevalier de Malte, et de Lydie de Caillières, quand elle épousa en 1678, Léon de Saint Astier du Lieu-Dieu. Leur fille, Françoise, en s'unissant, le 4 septembre 1707, à Joseph de Roux, vicomte de Campagnac, apporta la Meynardie à son mari. Leur petit-fils François de Roux, vicomte de Campagnac, se prit d'affection pour mon aïeul, le baron de Saint Saud, et lui laissa la Meynardie et ses dépendances par son testament du 27 septembre 1770. Cette terre et ce château, dont Chez-Parriche, Baccouillat et la Vallée avaient été démembrés au commencement de ce siècle, furent vendus vers 1862, par les filles de Joseph d'Arlot de Saint Saud à M. La Pinsonnie qui les céda peu après à M. Henri de Mégret. Celui-ci restaura le château. M. Georges de Mégret de Belligny, son fils, en est le propriétaire actuel.

Montmallan. — Fief relevant directement du comté d'Angoulême, suivant l'hommage qu'en fit en 1623 le maréchal d'Aubeterre; actuellement village dans la paroisse de la Prade, canton d'Aubeterre (Charente).

Jeanne de Fayolle de Brémond (dont il est parlé ci-dessus à l'article *Cumond*), était dame de Montmallan. Golfier Jaubert, écuyer, seigneur de la Roche-Jaubert, époux de son arrière-petite-fille, Phélippe du Puy de Brémond, co-seigneuresse de Cumond, vendit Montmallan, en mai 1562, à Jean de Grignols, seigneur de Bonnes, lequel en était encore possesseur en 1600. Probablement par suite de quelqu'arrangement de famille celui-ci, qui avait épousé Antoinette d'Esparbès, céda Montmallan à son beau-frère François d'Esparbès, maréchal de France, devenu seigneur d'Aubeterre par son mariage en 1597 avec Hippolyte Bouchard, fille unique de David Bouchard, vicomte d'Aubeterre. Montmallan fut compris dans la dot de leur fille, Isabelle d'Esparbès, unie à Pons de Salignac-Fénélon, puis dans celle de leur fille, Marie de Salignac, conjointe en 1653 avec Henri de Beaumont de Gibaud, maréchal de camp. Catherine de Beaumont, leur fille, apporta cette terre à son mari Louis de Rochon de Puycheni, qui la céda à son tour à sa fille Louise-Hippolyte, quand elle épousa le marquis de Frugie. Léon d'Arlot, son fils, possédait encore en 1750 Montmallan dont dépendaient les moulins de Poltrot, dans la paroisse de Nabinaud, *(Archives de la Valouze)*.

Charles de Beaumont, comte d'Eschillais, devint seigneur de Montmallan, la fortune maternelle de ses cousins de Frugie ayant fait retour à qui de droit. Sa seconde fille, Anne-Pétronille, épousa en 1769 François-Armand vicomte de Manès, et lui apporta cette terre, *(Arch. des Dougnes)*. Ils la gardèrent peu de temps, car ils la vendirent pour 113.000 livres au vicomte Nicolas Charles de Chabans, le 1ᵉʳ septembre 1778; son fils aîné, Jean-Charles, ayant émigré, elle fut vendue nationalement. *(Arch. de la Rousserie)*.

Mosnerie ou la Mounerye. — Repaire noble qui n'existe ni sur la carte de Cassini, ni sur les actuelles, mais il est déterminé dans un contrat de mariage de 1604, où il est dit que « le sieur de Firbeys donne à son dict fils... le chasteau de la Mounerye,.. situé entre le bourg de Firbeys et le village de Guadouneys (Gadonnet). » Il est donc dans Firbeix; on l'avait acquis en 1589, pour 9.450 livres de N... de Brie, *(Arch. de Cumond)*.

Il ne faut pas confondre la Mosnerie avec le village de la Monnerie dans Sainte-Marie-de-Frugie, comme l'a fait M. de Laugardière dans son étude sur Sainte-Marie, *(Bulletin, ut suprà, III, 135)*. A moins que les rentes féodales de la Monnerie, cédées en 1607 à Antoine et Jacques Arlot de Frugie, par les héritiers des seigneurs de la Bastide, *(Id., 146)*, ne portassent sur le village de la Mosnerie ou Monnerie en Sainte-Marie.

Mothe (La). — Château dans la paroisse de Saint-Privat (canton de Sainte-Alauye), qui, comme son nom l'indique, en était le fief dominant. Il appartenait au moyen-âge à la famille Vigier de Chantérac. Marie Vigier, en épousant vers 1425, Hugues de La Cropte, lui apporta, outre Chantérac, les seigneuries de Chassaignes et de la Mothe-Saint-Privat, dont le fief s'étendait jusque dans le milieu du bourg. Cette dernière fut vendue vers 1695 à Hélie d'Arlot, chevalier de Frugie, par François-Isaac de La Cropte, comte de Bourzac. Le marquis de Frugie la revendit à Jean de Belhade, seigneur du Désert, le 5 juillet 1747, pour 12.400 livres, *(Minutes des notaires de Saint-Privat)*. M. Raoul de Belhade (dernier de son nom puisqu'il n'a eu qu'une fille, Mᵐᵉ Vigier, propriétaire du château du Désert) a vendu La Mothe, il y a une trentaine d'années à M. Sestrière, beau-père de M. Signac, possesseur actuel.

Nougayrol. — Hameau de la commune de Soulomès, canton de la Bastide-Murat (Lot), mais qui dépendait autrefois, en partie du moins, de la paroisse de Saint-Sauveur la-Vallée, dont il est rapproché du reste.

Cette terre avec le château, la seigneurie, le bourg et la paroisse de Saint-Sauveur, en toute justice haute, moyenne et basse, mère, mixte, impère, bois, garennes, donnant un revenu de 1.500 livres de rentes foncières, fut avec 10.000 livres d'argent la dot d'Antoinette de Toucheboeuf en devenant marquise de Frugie. Son fils Jean-Jacques d'Arlot vendit ces biens, situés en Quercy fort loin de chez lui, le 17 juillet 1720 pour 52,000 livres à François d'Ussel du Breuil, seigneur de Gaulejac, *(Arch. de Cumond).* Il faut éviter de confondre Nougayrol avec Nougeyrols, village de la commune du Petit-Bersac, proche de Cumond.

Pauliac. — Anciennement Paulhac ou Pouliac *(Cassini).* — Village dans Firbeix.

Peuch (Le). — Ce fief, appelé aussi *Le Peuch-de-la-Linde*, ne peut être à mon avis identifié qu'avec le village du Peuche, actuellement Pech, dans Sainte-Colombe, paroisse réunie à la Linde. C'est aussi l'avis de M. de Gourgues *(Dictionnaire..... 169)* qui en fait une dépendance du village des Landes.

En 1332 et 1334 Bertrande « de Podio » (du Peuch), veuve d'Arnaud du Peuch, et mère de Guillaume, Etienne et Jean du Peuch, vend une vigne et un pré dans Mauzac mouvant de la fondalité de la dite Bertrande. Les actes sont passés pardevant Pierre de Priquet, notaire, en présence de Pierre du Suquet, de la Linde, Guillaume Delpenat, de Mauzac, Jean Descombes, de Sainte-Colombe. Ces pièces, se trouvant dans le fonds Beaudet au chartrier de Cumond, concernent très probablement des propriétaires du Peuch au xive siècle.

Repaire noble des Alphéry puis des Beaudet, cette terre entra dans la maison d'Arlot avec les autres biens de ces derniers. Elle dut en sortir vers 1715 et être vendue avec Loybesse aux Despaigne. En effet, Guillaume de La Valette épousa en 1749 une demoiselle Despaigne, qui lui apporta en dot le Peuch, dont leur fils Jean-Isaac, seigneur de la Finou et de Sainte Colombe, se qualifia seigneur. Il ajoutait même quelquefois la qualification de seigneur de Loybesse dont il devait avoir une petite quote-part. Ce Jean-Isaac-François de La Valette, fut le dernier des seigneurs de la Finou, il mourut en 1792 sans enfants de Catherine de Verdesme.

Peyrussas. — Peirussac dans la carte de Cassini. — Hameau de la commune de Bussière-Galand, canton de Châlus (Haute-Vienne), acquis par les d'Arlot dès 1596 de Georges de Ribeyreix. Comme il est compris dans l'aliénation de Courbafy en 1600, il ne dut s'agir à ce moment-là que de l'acquisition de la justice avec les droits, cens, rentes qu'elle comportait.

Pourcauds (Les). — Village, avec fief et chapelle, dans la commune de Servanches, canton de Sainte-Aulaye (Dordogne). Il appartint d'abord aux familles Huet de Lévy et de Bellade, en partie du moins. Devenue la propriété entière (1.200 hectares), de François de Malleret, écuyer, sgr du Mas-de-Montet, il passa à sa fille, Philippe Sylvie, qui en fit donation, le 26 novembre 1717, à notre aïeul le marquis de Cumond, dont le descendant, le marquis de Cumond actuel, en est le propriétaire.

Puy-de-Chalup(Le). — Un hommage rendu, en 1776, pour la tour et la forêt du Puy-de-Chalup par Jacques d'Arlot comte de La Roque, prouve, à n'en pas douter, que notre famille a possédé ce *castrum*, si important au moyen-âge que les comtes de Périgord et les Grailly vicomtes de Castillon s'en disputèrent la possession à main armée pendant un siècle. Il serait trop long de donner même un court résumé de l'histoire de cette forteresse, entrée dans notre maison peut-être par l'alliance avec les La Doire et sortie nous ne savons comment.

Romain. — Ancienne paroisse, réunie depuis peu d'années au village voisin de Champs pour former la commune de *Champs-Romain* dans le canton de Saint-Pardoux-la-Rivière. Les d'Arlot n'avaient que la seigneurie dominante de la paroisse, comprise qu'elle était dans la châtellenie de la Coussière. La maison noble de Romain, dans le bourg de ce nom, avait des seigneurs particuliers, tels qu'Hélie Panet, capitaine du château de la Coussière en 1471; Alzias Flamenc, en 1493, dont la fille ou la petite-fille en épousant, vers 1520, François de Campniac apporta le château de Romain à son mari et à ses descendants. Au xviiie siècle les Roux en héritèrent.

Pour l'historique de Romain et de ses fiefs, qui relevaient tous de notre marquisat de Saint-Saud-la-Coussière, consulter le *Bull. de la Soc. arch. du Périgord*, viii, 494.

Roque (La). — Château (actuellement presque ruiné et converti en métairie) pittoresquement situé au dessus de la plaine de la Dordogne, qu'il domine, dans la commune de la Linde (Dordogne).

Ce fief, qui semble avoir appartenu de tout temps à la famille de Beaudet, passa par alliance dans celle d'Arlot d'où il sortit en 1816. Le comte Hubert d'Arlot, qui avait hérité de sa tante, Madame de Vassal, d'une partie du domaine de la Roque, vendit cette année-là, le 3 avril, devant P. Chanut, not. à Cause, à David Monteil, une portion de la Roque, comprenant les biens « du Cosse », des terres et des prairies, pour 16.600 francs. Le même jour il aliéna, avec la maison de la Tour, dans la Linde, les biens dits « les clos de La Roque », qui s'étendaient jusque sous l'enceinte de la ville.

La métairie de la Roque appartient actuellement à M. Lagrave, avocat. La contenance primitive de la propriété dépassait cent hectares et vaudrait de nos jours 250.000 francs.

Sainte-Marie. — L'ancienne paroisse et commune de Sainte-Marie-de-Frugie n'est plus, depuis 1856, qu'un village de la commune de la Coquille (canton de Jumilhac).

Notre seigneurie ne devait être que la portion de la juridiction de la Valouze s'étendant sur cette paroisse. Rien n'est difficile comme de déterminer les juridictions seigneuriales qui changeaient et se transformaient au gré, souvent capricieux, de seigneurs les réunissant, les démembrant, sans raisons de nous connues. Ainsi on voit que Ste-Marie, qui relevait en principe de Châlus et de Courbafy, était en 1365 de la châtellenie de Bruzac. Les Crozan en étaient seigneurs aux xve et xvie siècles, et l'alliance contractée par les d'Arlot avec eux a pu nous conférer, sur une partie de Sainte-Marie, certains droits seigneuriaux que nous aurions réunis plus tard à la juridiction de la Valouze.

Guillaume de Ribeyreix ayant épousé en 1659 Marguerite Paillet de Curmont (fille de François, bourgeois de Frugie, qui jouait au gentilhomme et qui fut condamné comme usurpateur de noblesse), devint ainsi possesseur du fief de la Meynardie dans Sainte-Marie ; lui et les Villoutreys, ses successeurs, se dirent alors seigneurs de Sainte-Marie. Ils n'avaient pas cependant la justice de la paroisse, (la litre de l'église porte les traces de nos armes), ce titre était donc usurpé à moins que quelques tènements relevassent de leur seigneurie de la Bastide dans Saint-Priest.

Une seigneurie, surtout en tant que conférant des droits *utiles*, était souvent divisée entre plusieurs familles, qui tantôt s'en disaient *seigneur*, quand elles n'avaient que la co-seigneurie, souvent infime, tantôt n'inscrivaient pas leurs titres dans les actes pendant quelques générations, puis les reprenaient quand le besoin s'en faisait sentir, au grand désespoir des chercheurs qui ont toutes les peines du monde à s'y retrouver. Ainsi M. de Laugardière, dans son étude sur Sainte-Marie-de-Frugie (*Bulletin* cité, III, 140), dit que les d'Arlot n'avaient plus Sainte-Marie en 1676, et qu'elle était aux Ribeyreix. C'est une erreur, je possède des actes postérieurs à cette date où nous sommes qualifiés de seigneurs de cette paroisse.

Saint-Paul-la-Roche. — Quoi qu'il soit dit dans la Généalogie de

Lambertie, p. 34, que la terre de Saint-Paul-la-Roche appartenait aux d'Arlot, on ne s'en qualifia jamais de seigneur, bien qu'on eut eu quelque droit à le faire, la juridiction de la Valouze s'étendant sur une partie de cette paroisse. En 1633 Jean de Saint-Fief se disait seigneur baron du dit Saint-Paul ; le 21 août 1651, il vendit pour 18.300 livres à Pierre Expert, écuyer, sgr de la Vallade, cette seigneurie et sa justice que ses descendants possédaient encore au siècle suivant où elles formaient une juridiction à part.

Saint-Pierre-de-Frugie. — Voir *Frugie*.

Saint-Priest-les-Fougères. — Commune du canton de Jumilhac. On ne s'en qualifia jamais de seigneur, bien que la justice seigneuriale de la Valouze s'étendit sur une grande partie de cette paroisse, et que jusqu'à la Révolution le Bureau des Trésoriers de Guyenne en considérat les d'Arlot comme seigneurs hauts justiciers, *(Arch. dép. de la Gironde*, Q, *Liste civile)*. Du reste l'Almanach de Guyenne de 1760, et la *Révolution en Périgord*, par Bussière, dans son tableau des justices en 1764, sont plus explicites ; ils disent que Saint-Priest formait une juridiction seigneuriale à part, indivise entre MM. de Ribeyreix et de Frugie. Pour cette raison les d'Arlot figuraient sur les rôles de la capitation de la noblesse de cette paroisse qui, dépendant de la sénéchaussée de Saint-Yreix, fit que Léonard d'Arlot de Cumond fut convoqué dans cette ville par les Etats Généraux de 1789. *(Nadaud...* IV, 676).

Saint-Priest en tant que seigneurie dépendait en principe de Châlus et de Courbafy, il fut rattaché à Bruzac aux XIVᵉ et XVᵉ siècles, puis cédé par Jeanne d'Albret aux des Cars en 1566, qui le passèrent aux Chapelle de Jumilhac quelques années après. C'est par ces derniers qu'il nous vint, en co-seigneurie du moins.

Saint-Saud. — Commune du canton de Saint-Pardoux-la-Rivière [1]. Cette paroisse, avec une maison noble dans le chef-lieu, aurait dépendu de Nontron au XIVᵉ siècle, et n'aurait été incorporée à la châtellenie de la Coussière qu'au XVᵉ, suivant M. de Laugardière. Mais celui-ci fait erreur en avançant qu'elle continua à dépendre de la baronnie de Nontron : notre châtellenie relevait directement de la Couronne. Le seigneur de Saint-Saud avait droit de nomination au prieuré et à la chapellenie de Notre-Dame-de-Pitié.

Prenant la partie pour le tout, on appelait quelquefois la baronnie de

---

[1] La plus peuplée des communes de la Dordogne après les cantons, et la plus grande des paroisses de la province de Périgord avec ses 6.000 hectares, car la commune actuelle de Saint-Michel-Léparon, qui en a un plus grand nombre, est formée de deux anciennes paroisses du Périgord et de deux de l'Angoumois.

la Coussière du nom de Saint-Saud, qui n'était que la paroisse du siège de la châtellenie. — Voir ci-dessus *La Coussière*, et pour l'historique de la paroisse, le *Bulletin*, etc., *ut suprà*, vii, 67 et suiv., 148 et suiv.

Saint-Sauveur (-La-Vallée). — Commune du canton de la Bastide-Murat (Lot) ; paroisse appelée *Saint-Sauveur-près-Nougairols* au xviie siècle. — Voir ci-dessus *Nougayrol*, dont Saint-Sauveur suivit la destinée. J'ajoute cependant, d'après une note de M. Champeval, que Saint-Sauveur appartenait au xvie siècle à la famille de Pélegri, puis aux Hébrard. Claude d'Hébrard de Saint-Sulpice, baron du Vigan, vivant à la fin du xvie siècle, acquit de sa cousine Claude d'Hébrard, duchesse d'Uzès, la co-seigneurie de Saint-Sauveur, propriété de cette duchesse.

Sallebœuf. — Actuellement Sale-Bœuf sur la carte départementale. — Ancien château, devenu modeste métairie de la commune de Cumond (canton de Sainte-Aulaye), qui, bien que fief dépendant d'un arrière-fief, avait droit de justice. Ce droit, comme le château fort qui avait subi un ou plusieurs sièges sous les guerres anglaises (Hélie de Brémond, seigneur de Cumond [1], y fut blessé et emmené ensuite prisonnier à Fronsac), n'existait plus à la fin du xviiie siècle qu'à l'état de souvenir, puisque ni la carte de Cassini ni celle de Belleyme ne portent ce fief, dont la motte féodale de Porchera, sur la Dronne, faisait, croit-on, partie. — Voir le *Bulletin*, etc., *ut suprà*, xii, 318.

Taillandie. — On trouve aussi *La Taillandie*. — Ce fief (actuellement village) sur les bords de la Dronne, dans la paroisse de Bonnes, canton d'Aubeterre (Charente), avec extension dans la paroisse d'Essards, relevait de la châtellenie d'Aubeterre, au devoir d'une pistole attachée par un ruban bleu. Il y avait deux choses distinctes, le fief ou la seigneurie et le repaire noble.

La seigneurie appartenait au xvie siècle à une famille de Villedieu [2]. En 1550, Jean Restier, écuyer, seigneur de la Faye (fief en Essards), en rendit hommage comme fils de Suzanne de Villedieu. Les Restier en restèrent seigneurs jusqu'au xviiie siècle, Marie Restier en épousant Pierre-André

---

(1) Saint-Allais et MM. Beauchet-Filleau le nomment Patrice de Cumont, seigneur de Sallebœuf, ce qui est une erreur à moins que Patrice fut seigneur d'un autre Sallebœuf en Saintonge.

(2) Arnaud de Villedieu, écuyer, seigneur de Taillandie, vivait en 1462. Jacques de Villedieu, écuyer, sgr de Sorges, était en 1533 tuteur de François de Villedieu, sgr de Taillandie. Les pièces qui m'ont servi à dresser la notice sur ce fief, sont conservées au château de la Cousse, dans le *fonds Jaubert*. Lorsque je posai une question sur Taillandie dans la *Revue de Saintonge et d'Aunis* de 1891, p. 339, (à laquelle il fut répondu p. 393), je commis quelques inexactitudes, rectifiées par une étude détaillée et postérieure des Archives de la Cousse. Ainsi les Livenne n'eurent sur Taillandie que de prétendus droits de co-suzeraineté qui ne furent pas acceptés, le fief de Nadelin resta vassal de Taillandie.

Jaubert, écuyer, seigneur de Boisvert, lui apporta, en 1649, avec la Faye, des droits sur Taillandie. Un autre André Jaubert, seigneur de la Faye, les augmenta non-seulement par une première acquisition faite en 1720 d'Elisabeth de Restier, femme de messire Claude des Roches, consistant en une métairie à Taillandie, mais par une nouvelle faite de Léon d'Arlot, marquis de la Coussière, le 7 septembre 1751. Cette vente (dont je possède l'acte original) portait sur le repaire noble de Taillandie lui-même, « relevant dud. sgr.de la Faye à cause de son fief de Taillandie », qui comprenait logis, cour, jardin, enclos « droit de pêche et de bateau » plus une métairie; et ce, pour 11.000 livres.

Ce repaire était advenu au marquis de Frugie par sa mère de Rochon, qui le tenait de son aïeule Marie de Dreuille. Or en 1615 Pierre de Dreuille, écuyer, seigneur de la Robertie et co-seigneur de Puycheni avait acheté de Louis de Restier, sous obligation de l'hommage, certains biens relevant de Taillandie, sis au bourg d'Essards et ailleurs.

Parmi les fiefs vassaux de Taillandie il y avait celui de Ramouly, paroisse de Saint-Privat en Périgord, vendu en 1530 par Jacques de Villedieu à Marguerite de La Couldre, et celui de Nadelin[1] dans celle de Bonnes. Ces fiefs passèrent aux mains des Beaumont de Gibaud à une époque indéterminée, aux Livenne, puis, au siècle dernier, à celles de la famille de La Chèze. Le seigneur de Cumond avait cependant certains droits féodaux sur Ramouly.

Tour (La). — Nous avons possédé deux fiefs de ce nom. Le premier était une dépendance de Loybesse, comme on l'a vu ci-dessus. Le second était une maison noble dans la Linde que les d'Arlot tenaient des Beaudet, et qui devait être une dépendance de l'ancien château de cette ville. Cette maison fut aliénée, le 3 avril 1816, par le comte Hubert d'Arlot de Saint Saud. Il ne faut pas les confondre avec le château de la Tour-Beaupoil qui n'est dans notre famille que depuis trente ans.

Valouze (La). — Justice seigneuriale prenant son nom simplement d'un ruisseau affluent de l'Isle, et qui s'étendait sur tout ou partie des paroisses suivantes : Saint-Priest-les-Fougères, Sainte-Marie-de-Frugie, Saint-Paul-La-Roche, Chaleix, Saint-Jory-de-Chaleix et Bussière-Galand. Cette juridiction, démembrée de la prévôté de Thiviers, fut vendue pour 11.800 livres, le 2 mars 1599, à Jacques et Antoine Arlot de Frugie, par François de Lambertie, baron de Montbrun, *(Généalogie Lambertie,* 34). On trouvera dans le *Bull. de la Soc. arch.*, etc., III, 157, des détails sur les villages dépendant de la juridiction de la Valouze.

---

(1) Nadelin a été acheté dans ce siècle-ci par mon grand-oncle, le comte Julien d'Arlot, dont le petits-fils, Jacques, l'a vendu il y a quelques années à M. le sénateur Trarieux, ancien ministre.

La famille de Garebœuf se qualifiait de seigneur de la Valouze, par abus parce qu'elle ne possédait qu'un moulin noble sur ce ruisseau. Cependant, tandis que nous nous qualifiions toujours de seigneurs de la Valouze, le tableau des justices seigneuriales en 1764 semble indiquer un démembrement. Il ne donne à la Valouze des droits que sur Chaleix avec le seigneur de Masvaleix comme justicier, (peut-être un Chapelle de Jumilhac succédant aux Garebœuf). En outre il appelle la juridiction « Lavalouse et Saint-Pardoux »; or il ne peut s'agir de Saint-Pardoux-la-Rivière et le seul village des environs auquel ce nom pourrait s'appliquer est Fardoux, dans Sainte-Marie. Se trouverait-on en présence d'une mauvaise transcription ?

Lorsque mon père a fait bâtir un château au milieu de ses propriétés de la Roche-Chalais, en 1860, il lui a donné le nom de la Valouze en souvenir de l'ancienne seigneurie de ses aïeux.

Vassoux. — Fief et village dans Saint-Pierre-de-Frugie, aliénés par le Domaine, antérieurement à la vente de Courbafy dont ils dépendaient. Ils furent vendus en 1604 par F. de Lambertie de Montbrun à Antoine Arlot de Firbeix, *(Arch. dép. de la Dordogne, Insinuations)*.

PREMIÈRE BRANCHE.

MARQUIS DE FRUGIE.

1347-1753.

Noble Guillaume Arlot vivait à Frugie en 1347.

On constata officiellement le 11 juillet 1630 et le 8 janvier 1647, que sur une colonne de l'église de Frugie étaient gravés ces mots : « *Nobilis Guillelmus Arlotus, fundator ecclesiæ Sancti-Petri de Fracto-Jove, anno Domini millesimo trecentesimo quadragesimo septimo.* » *(Maintenue de 1668 et F. Périg.* 118).

Lors des guerres de Religion le château de Frugie fut pillé, puis la tour Saint-Jacques de ce château, où étaient les papiers de famille, fut brûlée en 1653, *(Enquête officielle de 1572 et Maintenue,* etc.) ; on ne peut donc par filiation remonter à ce Guillaume [1].

---

(1) C'est sans doute à cet Arlot que le scrupuleux Chérin, le généalogiste des Ordres du Roi, qui se trompait cependant rarement, avait fait allusion, lorsqu'il fut cause des lettres suivantes de J. d'Arlot, comte de La Roque, à l'abbé de Lespine (*F. Périg.* 118, f. 24 et 27).

« ... M. Cherein (le père, mort avant 1789)... m'a fait voire un petit manuscrit particulier où il y a la notte d'un d'Arlot mort en 1100, pocédant le fief de Frugie avec ses tittres sur son tombeau... à Ste-Marie de Frugie. Et il me dit « vous ignoré « surement l'ancienneté de cette anecdote, ce mort-là avait un père qui possédait les « mêmes prérogatives, vous ne remonteriez pas jusqu'à cette époc par tittre, les archi- « ves de cette maison ayant été incendié, mais cet historic là me regarde... votre « nom est bon et ancien... je ne vous connois pas une alliance de douteuse... » ... Ce manuscrit pouvoit avoir une demie pied de long, et a peu près la même larjeur ; il me dit que c'étoit des notes qu'il s'étoit fait sur les bonnes et anciennes maisons de cette province, que notre généalogie étoit faite jusqu'en 1300, il me dit : « si vos neveux « veullent se faire presenter (aux Honneurs de la Cour), je les aideres » ...peu de temps après je me trouvais à diner avec lui chés le duc de Céreste, il lui dit devant

GUILLAUME ARLOT « Guillelmus Arleti » vivait en 1441, il est compris sans nom de fief cette année-là dans le rôle d'hommages suivant; il est inscrit entre « Bernardus de Bonaval » et « Hugo Ramnulphi. »

※※※※※

I. — BERDUN ARLOT, seigneur du repaire de Frugie, vivait en 1441. Il figure le 25 avril de cette année avec d'autres gentilshommes du Périgord et du Limousin dans un rôle d'hommages rendus à Jean de Bretagne, comte de Périgord et vicomte de Limoges. Inscrit[1] entre « Golfridus de Pompadorio » et « Anthonius de Lionor », il rendit hommage pour les hôtels nobles de Frugie et de feu Pierre de Beyssenac, ce qui peut faire supposer qu'il avait épousé une fille de cette maison.

Peut-être est-ce lui qui fut enterré en 1461 dans l'église de Firbeix, une de nos seigneuries, et dont la pierre tumulaire portait, outre cette date de 1461, en *parti* et coupées en deux suivant un usage fréquent à cette époque : 1° les armes des d'Arlot (moitié du croissant, une étoile, et moitié de la grappe de raisin) ; 2° des armes représentant soit trois bandes, (en Limousin les Gain et les Estang portaient trois bandes), soit la moitié de 3 chevrons, (armes par exemple des Lambertie, dont la généalogie n'indique cependant pas d'alliance avec nous au XVe siècle, il est vrai de dire que pour cette époque-là elle est un peu incomplète)[2].

Quoique la jonction de Berdun à Jean du degré suivant ne

---

moi : « M. le Duc, vous avez un ami qui est d'une bonne « et ancienne maison ». Je ne l'ai pas vu depuis. »

Le comte de La Roque qui avance, de mémoire, dans ces lettres quelques autres dates invraisemblables, ne me paraissait pas avoir des idées très nettes sur l'origine de notre famille Chérin, de son côté, a pu connaître sur elle des particularités qui ne sont pas arrivées jusqu'à nous, et qu'il ne put communiquer à Lespine, étant mort avant que celui-ci ne s'occupât de la généalogie de notre maison.

(1) Bien que le nom soit orthographié « Berdunus Arleti » (plusieurs autres sont donnés défectueusement dans ce Ms. du *Fonds français*, 9547, copie du *Doat*. 245^1, on ne peut douter qu'il ne s'agisse d'un d'Arlot, le nom de Frugie y étant inscrit avec sa forme romane.

(2) Cette pierre disparut, nous a appris M. le curé de Firbeix, il y a quelques années seulement, dans les matériaux de la nouvelle église. Mais M. Vauthier, architecte diocésain chargé de la reconstruction, avait heureusement relevé le dessin de cette pierre tombale avec la date, et l'avait donné à M. de Froidefond, qui me le communiqua peu après.

soit pas littéralement prouvée par titres, la possession successive et immédiate de la terre et de la maison noble de Frugie, jointe à l'identité du nom patronymique, de domicile et de chronologie ne paraît pas devoir laisser de doutes à cet égard. Il peut donc être considéré comme ascendant direct (père ou aïeul) des suivants :

1. Jean, qui suit.
2. Pierre, écuyer. Il habitait le village du Puy, paroisse de Frugie, quand il rendit hommage pour le tènement de Mas-Trouba, en 1481, (*Arch. de Cumond*). Il fut enterré à Frugie, est-il dit dans le testament de son neveu et filleul Pierre Arlot.

II. — Jean Arlot, écuyer, habitant du repaire noble de Frugie.

Il épousa par contrat du 12 mai 1480, *Catherine de La Motte*, « domicella, filia nobilis Francisci de La Motta, apud Castrum inferius villæ Castrorum Lucii et Capreoli. » (Châlus-Chabrol), *(Cabinet de d'Hozier*, et *Maintenue de 1668)*. Il mourut avant 1519.

On ne leur connaît comme enfant que le suivant :

III. — Pierre Arlot, damoiseau, sieur de Frugie et du Mas-Trouba.

Il s'unit avec *Anne de Maumont*[1], fille d'Antoine de Maumont, damoiseau, co-seigneur de Saint Vitte, qui descendait de saint Louis par sa grand'mère Marie de Rochechouart, comme on le verra plus loin. Le contrat filiatif[2] fut reçu au château de Lambertie par Guicoine, notaire, en juillet 1519, le 15 (*Nouveau d'Hozier*), le 20 (*Maintenue de 1668 et Cabinet*); le 19 juillet 1510, dit par erreur le Nobiliaire du Limousin à l'article Maumont.

Dans son testament du 3 avril 1549, retenu par Dechapelles

---

(1) Famille des plus anciennes, remontant au xi⁰ siècle par filiation suivie, suivant le Nobiliaire du Limousin, anoblie trois siècles plus tard pour un trait d'habileté, suivant d'autres auteurs, en tout cas alliée aux premières familles du Limousin, où elle a tenu un rang distingué. Armes : *d'azur au sautoir d'or accompagné de 4 tours d'argent*.

(2) D'Hozier parut surpris à un moment de ce que ce contrat et quelques autres actes fussent de la même écriture, il était enclin à les considérer comme douteux. Il revint plus tard sur cette opinion, quand il sut qu'il n'avait en effet sous les yeux que des copies postérieures, — les grosses ayant été brûlées en 1592, — et que lors de la Recherche de 1667 les minutes elles-mêmes avaient été apportées à l'Intendant par les notaires détenteurs.

not., M. de Frugie rappelle son père mort, nomme sa femme et institue son fils, (*Cabinet* et *Maintenue*, etc.) Il eut :

1. JEAN, qui suit.
2. FRANÇOISE, mariée à noble *Jean de Bric, (F. Périg.* 118).
3. MARIE, (appelée ANNE dans le *Cabinet* et le *Nouveau d'Hozier)*, femme, dès 1549, de N... seigneur de *Fougéras*. (Un *Juddé*, sgr des Fougères, croit M. l'abbé Lecler.)
4. CATHERINE, femme dès 1549 de *Maurice du Breuil*, écuyer, seigneur du Breuil *(Cabinet*, etc.), peut-être fils de Bertrand du Breuil, seigneur dud. lieu.

IV. — JEAN ARLOT, écuyer, sieur de Frugie.

Son contrat de mariage fut passé, le 15 novembre 1551, par devant de Chapelles, not. roy., avec *Anne de Crozant*, dite *du Genest*, fille de noble Pierre de Crozant, seigneur du Genest, et de Catherine de La Bastide[1], (*Maintenue* de 1668, *Cabinet* etc., *F. Périg.* 118).

En 1571, 1572 et 1573, à la suite de procès avec nobles Jean de Saint Martin, seigneur du Breuilb, et Raymond de La Roumagère, au sujet des honneurs de sépulture et de pain bénit dans l'église de Frugie, Jean Arlot obtint du juge de Courbafy des sentences où sa noblesse et celle de ses aïeux, y nommés, est constatée. (L'abbé de Lespine a vu ces pièces, dont deux sur quatre sont visées dans la Maintenue de 1668). Il testa le 11 décembre 1578 devant Saintperdoux not. roy., (*Maintenue* etc., et grosse aux *Arch. de Cumond*), ayant eu :

1. JACQUES, qui continue.
2. ANTOINE, auteur de la *branche de Firbeix*.

V. — JACQUES ARLOT, écuyer, seigneur haut justicier de Frugie (paroisse) et de la Valouze, seigneur de la Mousnerie, Peyrussas, le Breuil.

On a vu, dans la liste des seigneuries, comment il a acquit celle de la Valouze et une partie de la châtellenie de Courbafy, dont on démembra la paroisse de Frugie pour en faire une haute justice, relevant directement de la Couronne. Le 2 juin 1592 une enquête fut dressée pour constater que les gens

---

[1] Crozant, famille du Limousin, portant : *d'azur à la croix d'argent*, (Nadaud); ou *de sinople à la croix alésée d'argent* (Armorial de 1696; *Limoges*, blasons).

de guerre avaient pillé le château de Frugie et les titres qui s'y trouvaient.

Jacques et Antoine Arlot, son frère, héritèrent de deux maîtres de forge de mêmes nom et prénoms qu'eux, sans cependant aucun lien de parenté établi, pouvant descendre de quelque bâtard, ou de quelque filleul, ayant changé son nom patronymique contre celui de son parrain, comme cela se présentait parfois. L'un d'eux, Antoine Arlot, maître des forges de Labarde et de Malifabost donna, en testant en 1599, pour raison à cette donation, la reconnaissance de services rendus à lui et à son frère, par les seigneurs de Frugie, *(F. Périg.* 118 ; testament aux *Archives de Frugie,* vu par Lespine). Ce point était à établir pour éviter toute confusion.

M. de Frugie contracta deux alliances. La première en 1580, avec *Madeleine Chapelle de Jumilhac,* fille d'Antoine Chapelle, écuyer, baron de Courbafy, seigneur de Jumilhac, Saint-Priest-les-Fougères, la Valade, etc. et de Catherine Bailhot[1], *(F. Périg.* 118). La seconde, le 18 mai 1599, avec *Jeanne de Vars de Saint Jean Ligourre*[2], fille de noble Miles de Vars et de Jeanne de Coignac, dont il n'eut pas d'enfants. Les articles furent signés par devant Sénemaud, not. roy., au château de Saint-Jean-Ligourre, la future reçut 2.000 écus d'or plus une quote part dans la seigneurie de Jumilhac, *(Dossiers généal. de M. Champeval).*

Jacques Arlot testa le 10 septembre 1607 et codicilla le 17 octobre suivant, le tout par devant Bouyer, not. roy., *(Maintenue de 1668* et *Dossiers bleus).* Il mourut peu de jours après, *(Arch. dép. de la Dordogne, Insinuations).*

Du premier lit naquirent :

1. ANTOINE, qui suit.
2. JEAN, nommé au testament de son aïeul, Antoine de Chapelle, *(Id.).*
3. JEANNE, unie par contrat passé le 18 avril 1607 à la Filolie en Thiviers, devant Rey Chiquet, not. roy., à *Pierre de La Roumagère,* écuyer, seigneur de Roncessy et de la Filolie, fils de noble Gaston

---

(1) Antoine Chapelle, riche maître de forges, fut anobli par Henri IV, bien que quelques-uns de ses aïeux et de ses parents, (il en habita dans la paroisse de Saint Saud, dans un petit repaire de leur nom), se qualifiassent écuyers antérieurement à cette époque. Le duc actuel de Richelieu appartient à cette famille, dont les armes sont : *d'azur, à la chapelle d'or.*

(2) Armes : *d'azur à trois cœurs d'argent 2 et 1.*

de La Roumagère et d'Odette de Jussac[1], *(Id.* et *de la Charente*, E, 540).

VI. — Antoine Arlot, chevalier, seigneur de Frugie, de la Valouze, de la Coussière, de Saint-Saud[2], de Romain, de Sainte-Marie, gentilhomme ordinaire de la Chambre du Roi.

Il s'allia avec *Marie de Coustin*, fille de feu noble Jean de Coustin, seigneur du Masnadaud, et de Françoise de Jussac d'Ambleville[3]. Le contrat fut passé au Masnadaud le 7 juillet 1608 par Garreau, not. roy., et insinué à Périgueux le 21 novembre suivant. *(Maintenue de 1668* et *Nob. du Limousin*, 1, 737). On a vu, aux seigneuries, comment il acquit la châtellenie de la Coussière-Saint-Saud, dont il rendit hommage au Roi le 16 juin 1626, *(Maintenue*, etc.). Il fut déchargé des francs-fiefs en 1641, vu sa noblesse de race, *(Id.),* qui fut reconnue par arrêts du Conseil d'Etat du 12 septembre et du 31 décembre 1642, confirmant des arrêts de la Cour des Aides de Guyenne (du 13 septembre 1840) et du parlement de Bordeaux, *(Cabinet de d'Hozier*, 13).

A cause de sa seigneurie de la Coussière, Antoine Arlot reçut, en 1645, les hommages de nobles Henry de Beynac, sgr de la Valade, Pierre de Campniac, sgr du repaire (non de la paroisse) de Romain, Thibaud de Camain, sgr du Verdoyer, Louise d'Abzac et Pierre du Puy, sieur de Courtajallon (Courtazelles), dont les fiefs étaient soumis à sa suzeraineté,*(Arch. de Cumond).* Il testa le 3 avril 1655, *(Maintenue de 1668* et *Arch. de Cumond* ; le *F. Périg.* dit le 11 juin 1654).

Enfants :

1. François, baptisé en septembre 1612, mort jeune, *(F. Périg.* 118).
2. Jacques, qui continua la postérité.
3. Hélie, auteur de la *branche de Cumond.*
4. Françoise, demoiselle de Frugie, mariée le 19 février 1635 à messire *Charles de Montfrebœuf*, seigneur de la Chabroulie, *(Id.),* proba-

---

(1) Les La Roumagère ou Laromagère avaient abandonné dès cette époque leur nom patronymique de *Vermonet.*

(2) Il est qualifié de marquis de Frugie et de Saint-Saud, sur son portrait que je possède ; mais ces qualifications ont été ajoutées à tort après coup.

(3) La famille de Coustin, anciennement connue en Limousin, où elle est encore représentée de nos jours, et qui a donné un chevalier croisé, porte : *d'argent au lion de sable couronné, armé et lampassé de gueules.*

blement fils de noble Pierre de Montfrebœuf et de Françoise de Lubersac.

5. JEANNE, demoiselle de Sainte-Marie et de la Valouze, mariée le 6 juillet 1643, à *Jean de Foucauld*, écuyer, seigneur de Cubjac, fils de Bernard de Foucauld et de Marie de Fayolle.
6. MARIE, baptisée le 28 mai 1617 *(F. Périg.*, 118*)*, religieuse de l'ordre de Fontevrault, à Boubon, *(Nouveau d'Hozier)*.
7. ISABEAU, née le 12 novembre 1620, *(Arch. de Cumond)*, abbesse des religieuses de Sainte-Claire à Nontron, dès 1679, *(Bull. de la Soc. hist. et arch. du Périgord*, XIII, 301 et suiv.).
8. RENÉE, baptisée le 11 octobre 1623 *(F. Périg.* 118*)*, religieuse (disquisitrice le 1er mars 1671) au même couvent, *(Bulletin*, etc.).
9. Peut-être ANGÉLIQUE, qui prit l'habit à ce couvent en 1635, *(Id.)*.

VII. — JACQUES D'ARLOT, chevalier, baron de la Coussière et de Saint-Saud, seigneur de Frugie[1], la Valouze, le Breuil, Mousnerie, etc. Il fut baptisé le 20 octobre 1619 *(F. Périg.*, 118*)*. Lors de la Recherche de la noblesse, il reçut, avec son frère Hélie, décharge de ses titres, donnée le 20 novembre 1666 par Montozon, subdélégué de l'Intendant, et fut maintenu dans sa noblesse d'extraction par arrêt du Conseil d'Etat du 17 novembre 1668[2].

Le baron de la Coussière épousa, le 17 février 1643, *Suzanne de La Rochefoucauld*[3], veuve de François de Flamenc, écuyer, seigneur de Lugerac, fille de messire Louis de La Rochefoucauld, seigneur de Bayers, et de Marie Bouhier des Granges. Son deuxième testament, reçu à Frugie deux jours avant sa mort par Ladoyre not. roy., le 2 mars 1674, mentionne des legs de 50.000 livres à chacun de ses enfants cadets, *(Arch. de Cumond)*. De son mariage provinrent :

---

(1) Il est qualifié de *comte de Frugie* dans une offre d'hommage au Roi, en novembre 1667 *(Arch. dép. de la Gironde*, C, 4110), mais il n'a jamais porté ce titre. Le premier, il a pris la particule devant son nom, sans raison, simplement pour suivre une mode qui commençait à s'établir. Ses successeurs ont agi de même, abandonnant cependant quelquefois cette particule, qu'ils incorporaient d'autres fois à leur nom en écrivant : *Darlot*. Les portraits du baron de la Coussière et de sa femme sont conservés au château de la Valouze.

(2) Cet arrêt a été publié, p. 403 du tome XXIX des *Archives historiques de la Gironde* Il existe *in extenso* au f. 14, v°, du *Cabinet de d'Hozier*, aux *Archives nationales*, série M. 265, et aux *Arch. du chât. de Cumond*.

(3) Le premier La Rochefoucauld qui soit qualifié de seigneur de Bayers est Aimery, marié vers 1220 à Létice de Parthenay ; il possédait aussi Verteuil, qui appartient encore de nos jours à son descendant, le duc de Doudeauville. Suzanne avait un frère, François, commandeur de Malte et bailli de la Morée Armes : *burelé d'argent et d'azur de dix pièces, à trois chevrons de gueules sur le tout*. (Le premier est presque toujours écimé).

1. François, dit le *chevalier de la Mosnerie*, page de la Grande-Ecurie, puis garde du Corps, tué au siège de Lille, *(Maintenne*, etc.; *Carrés de d'Hozier*, 32, f. 125).
2. Antoine, qui continua la filiation.
3. Louis, écuyer, seigneur de Saint-Saud. Il vivait encore en 1679.
4. Hélie, dit le *chevalier de Frugie*, seigneur du Breuil, de la Motte, garde du corps du Roi. Il s'allia avec *Hippolyte-Angèle de Beaumont*, fille de François de Beaumont, chevalier, seigneur de Gibaud, Montmallan, Eschillais, et de Marie de Salignac-Fénélon [1]. Elle était veuve de messire François (Achard) de Joumard, seigneur de Balanzac, *(Diction. des Fam. du Poitou*, par Beauchet-Filleau, 1, 382 et *Arch. de Cumond)*.

Le chevalier de Frugie mourut le 20 avril 1723 sans enfants.

5. Michelle, demoiselle de Frugie, connue par le baptême de sa nièce et filleule, Michelle, en 1674.

VIII. — Antoine d'Arlot de Frugie [2], chevalier, marquis de la Coussière [3], seigneur de Saint-Saud, la Valouze, Romain, Saint-Sauveur et Nougayrol.

---

(1) La famille de Beaumont de Gibaud, issue des sires de Beaumont-sur-Oise, est d'ancienne chevalerie ; elle porte : *d'argent au lion de gueules, armé, lampassé et couronné d'or, à la bordure d'azur*. Angèle de Beaumont était sœur de Léon, évêque de Saintes, sa mère était sœur de Fénélon, archevêque de Cambrai et petite-fille du maréchal d'Aubeterre.

(2) Dans un grand nombre d'actes, jusqu'à la fin du xviiie siècle, le nom de *Frugie* fait suite immédiate au nom patronymique, qui est même parfois mis de-côté. C'est la raison pour laquelle j'ai cru devoir le placer ainsi.

(3) Au point de vue juridique, ce titre, comme celui de son père et ceux pris ultérieurement, est irrégulier ; seule, une possession ininterrompue de près de deux siècles et demi pourrait le légitimer.

Dès la fin du xvie siècle, il devint en quelque sorte d'usage pour plusieurs familles possédant, soit des châtellenies avec arrière-fiefs (c'était notre cas pour la Coussière), soit simplement des hautes justices ou juridictions seigneuriales, avec juges, greffiers, procureurs, notaires châtelains, etc. (Frugie, Cumond, la Valouze), de prendre le titre de *baron*, qu'on convertit en celui de *marquis* sous Louis XIII, et surtout sous Louis XIV, sans solliciter d'érection par lettres patentes. Le roi, non-seulement ferma les yeux sur cet abus, mais il l'approuva tacitement, soit en acceptant des hommages rendus par des gentilshommes ainsi qualifiés, soit en exigeant, surtout au xviiie siècle, que les seigneurs de sa cour prissent un titre. Cette dernière sorte de titre est dite *de courtoisie*, et un grand nombre de ceux portés par les aînés des familles existantes de nos jours (ceux des cadets précédant leur prénom n'ont que l'excuse des relations mondaines), n'ont pas d'autre origine. Les titres provenant des justices seigneuriales, des possessions de châtellenies et de paroisses, passent, je ne sais pourquoi, pour meilleurs, peut-être parce qu'ils sont plus anciens ; mais tout comme les autres ils sont irréguliers en principe.

La Restauration, comprenant que l'ancienne noblesse non titrée devait faire figure aussi bien que celle de l'Empire, ne put que regarder d'un œil bienveillant cette quasi usurpation de titres dont on abuse un peu de nos jours. En Périgord, province pauvre cependant, sur plus de cent titres portés par des gentilshommes au vote de 1789, ou par leurs descendants, il n'y en a peut-être pas plus de dix provenant d'érections régulières.

Le marquis de la Coussière épousa le 4 février 1672 *Jeanne-Antoinette de Touchebœuf-Clermont*, fille de Jacques-Victor de Touchebœuf, chevalier, comte de Clermont, baron de Gramat, vicomte de Puycalvel, capitaine de chevau-légers, et de Jeanne-Marquèze de Gaulejac[1], *(Saint-Allais*, XIV, 218). Mlle de Clermont eut 90.000 livres de dot; elle n'avait que deux sœurs, la comtesse de Durfort-Boissière et la marquise de Rastignac.

Antoine, né en 1645, mourut à 28 ans, le 12 février 1674, *(Reg. par. de Frugie)*, quelques jours avant son père. Sa veuve, rendit hommage le 11 avril 1679, comme mère tutrice pour la châtellenie de la Coussière-Saint-Saud et ses arrière-fiefs, et pour les seigneuries de Frugie et de la Valouze, *(Arch. munic. de Bordeaux*, JJ, 153, f. 59 et 107, v.).

De cette union, rompue prématurément, il naquit :

1. JEAN, qui continua la descendance.
2. MICHELLE, née posthume le 18 mars 1674, *(Reg. par. de Frugie)*.

IX. — JEAN-JACQUES D'ARLOT DE FRUGIE, chevalier, marquis de Frugie et de la Coussière-Saint-Saud, baron[2] de Sainte-Marie, de la Valouze et de Romain, seigneur de la Mothe-Saint-Privat, Taillandie, Montmallan, Saint-Sauveur, etc.

Le marquis de Frugie fut capitaine au régiment du Roi-Cavalerie puis à celui des Cuirassiers-du-Roi. Né à Frugie le 14 janvier 1673 il se maria assez tard, le 22 janvier 1715, avec *Louise-Hippolyte de Rochon*, demoiselle de Montmallan, fille de Louis de Rochon, chevalier, seigneur de Puycheni, Taillandie, et de Catherine de Beaumont de Gibaud[3], *(Arch. de Cumond)*.

La marquise de Frugie, ou du moins ses fils, devinrent héritiers universels des biens de la famille de leur mère, dont la

---

(1) La maison de Touchebœuf, représentée encore par les femmes dans la Dordogne, est originaire de la vicomté de Turenne, où elle est connue depuis le XIe siècle. Elle a formé 9 branches toutes plus illustres les unes que les autres. Armes : *d'azur à deux bœufs passants d'or*.

(2) Ce titre lui est donné dans quelques rares pièces conservées au Bureau des Trésoriers de Guyenne.

(3) Cette alliance était moins brillante que les précédentes, sinon sous le rapport de la fortune et des parentés féminines du moins sous celui de la naissance. Louis de Rochon, garde du Corps du Roi, était fils de Claude de Rochon, seigneur de la Roche, sergent major de la citadelle de Blaye, anobli en 1615, et de Marie de Dreuille, fille d'Esther de Sainte-Maure. Armes ; *écartelé aux 1 et 2 de gueules à la fasce d'or, accompagnée de 3 turbans d'argent : au 2e d'argent à la bande de sinople chargée de 3 annelets d'or; au 3e d'argent à la fasce de gueules*, (*Revue de Saintonge*, 1891, 394 ; et *Armorial de 1696*, Limoges).

sœur, Catherine de Rochon, laissa sa part à ses neveux. Son mari mourut le 5 novembre 1731 (*F. Périg.*, 118), ayant eu :

1. HENRY qui suit.
2. LÉON, appelé le *chevalier de Frugie*, puis le *comte de La Coussière*. Il naquit le 19 octobre 1719 à Puycheni *(Reg. par. d'Essards)*, et eut comme parrain son oncle, Mgr de Beaumont, évêque de Saintes ; il fut lieutenant au régiment de Provence-Infanterie de 1740 à 1745, *(Arch. admin. de la Guerre)*. Il fut émancipé le 7 mars 1738, *(Arch. de la Valouze)*.

    Devenu marquis de Frugie et de Saint-Saud après la mort de son frère, il rendit en cette qualité et avec ces titres hommage au Roi pour son marquisat de Saint-Saud, le 10 août 1750, *(Arch. de la Gironde*, C, 2344). Il mourut *ab intestat* en 1753.
3. CATHERINE-LOUISE, nommée dans le testament de son frère Henry, décédée avant Léon.

X. — ANTOINE-*HENRY* D'ARLOT DE FRUGIE, chevalier, comte de la Coussière, puis marquis de Frugie après la mort de son père, seigneur de Romain, la Valouze, etc.

Il naquit en 1715 et ne fut baptisé qu'en décembre 1726, *(Reg. par. de Saint-Privat)*. Etant sous-lieutenant aux Gardes-Françaises, il testa à Paris par devant Alcaume et Meuniers, not., le 11 septembre 1744 *(Arch. de la Valouze)*, acte insinué le 29 octobre suivant *(Arch. dép. de la Dordogne, Insinuations)*, prévoyant, malgré ses 28 ans, qu'il pouvait mourir. En effet, il fut tué au siège de Fribourg, cette même année 1744, étant depuis peu sous-lieutenant de Grenadiers, *(Arch. admin. de la Guerre)*.

Par son testament, Henry de Frugie avait laissé ses biens à son frère lui substituant son cousin Léonard d'Arlot, seigneur de la Linde.

DEUXIÈME BRANCHE.

MARQUIS DE CUMOND.

1639-Existe.

VII. — HÉLIE D'ARLOT DE FRUGIE, chevalier, seigneur de Sainte-Marie-de-Frugie, Cumond, Sallebœuf, la Roque, Loybesse, dit *Monsieur de Sainte-Marie*, troisième fils d'Antoine d'Arlot et de Marie de Coustin.

Le 19 mai 1639, il fut nommé capitaine au régiment de Montmège, et fut mis hors de combat au siège de Gravelines, (*Carrés*, 32, f. 125). M. de Sainte-Marie épousa au château de la Roque, *Françoise de Beaudet*, demoiselle de la Roque, fille de feu Raphaël de Beaudet, chevalier, seigneur du Peuch, de la Roque, etc., et de Françoise de Losse. Le contrat est du 21 juin 1654, signé la Rivière [1], (*Arch. dép. de la Dordogne, Insinuations*).

On a vu dans la liste des seigneuries ce qui concerne l'acquisition de Cumond. M. de Sainte-Marie testa à Frugie le 16 avril 1672 et y mourut le surlendemain, mais il fut inhumé à Cumond [2], (*Arch. de Cumond*). Sa femme l'avait précédé dans la tombe le 10 juillet 1665, (*Nouveau d'Hozier*). Leurs enfants sont :

1. JACQUES, qui suit.
2. ISAAC, mort en bas-âge, *(Id.)*.
3. LOUIS, auteur de la *branche de la Roque*.

---

(1) Voir au sujet de cette alliance la généalogie de Beaudet, et plus loin la descendance de saint Louis par Françoise de Beaudet.

(2) Son portrait et celui de ses descendants sont conservés, avec celui du comte de la Roque, au château de Cumond.

4. Hélie, écuyer, seigneur de Sallebœuf, officier des armées royales, mort dans la citadelle de Tournay après 1672, *(Arch. de Cumond)*.

5. Antoinette, demoiselle de Sainte-Marie, mariée avec *Annet d'Alesme*, écuyer, seigneur de Meycourby, (dont je n'ai pu trouver l'ascendance). Le mariage fut célébré en l'église Saint-Front le 21 août 1683, *(Arch. munic. de Périgueux*, GG, 73, f. 35).

6. Jeanne, demoiselle de Cumond. Baptisée à l'âge de huit ans environ en 1667 à Cumond, elle y mourut sans alliance le 23 mai 1733, *(Reg. par. de Cumond)*.

7. Renée, dite *de Frugie*, baptisée en 1667, *(Id.)*. Elle épousa *Bertrand de La Baume-Forsac*, chevalier, seigneur de Saint-Germain (du Salembre), fils de noble François de La Baume et de Lucrèce Jay de Saint-Germain.

8 et 9. Autre Antoinette et Belladonie, mortes jeunes.

10. Catherine, demoiselle de Sallebœuf, mariée à *Jean de Chevalier*, écuyer, seigneur du Fayaut et de la Chevalerie, fils de feu messire Hélie Chevalier et de Marie de Bertrand. Je ne sais pour quelle raison le contrat de mariage fut passé à la Chapelle-Montmoreau, le 13 janvier 1684, *(Arch. de Cumond)*. Veuve dès 1700, Mme de la Chevalerie habitait à la Chevalerie, paroisse de Cherves-Châtelard, en Angoumois, *(Rap. de l'archiviste au Conseil gén. de la Charente*, 1892, p. 12).

VIII. — Jacques d'Arlot de Frugie, chevalier, seigneur haut justicier de Cumond et de la Linde [1], seigneur de Sallebœuf, du Fourset, de Cazal, du Mas-de-Couturon, de Loybesse.

Il rendit hommage au Roi pour les biens nobles qu'il possédait dans la juridiction de la Linde en juillet 1679, *(Arch. dép. de la Gironde*, C, 469 et 761), et il acquit la justice de la Linde le 25 avril 1695 et le 3 mars 1699, *(Id.*, C, 2369). Il fut maintenu dans sa noblesse de race le 5 mai 1698, *(Arch. nation.*, M, 265).

M. de Cumond s'unit par contrat du 3 octobre 1700, reçu par Dusoulier, not. roy. au Mas-de-Bénevent, avec *Marie-Claire de La Doire*, demoiselle de Bénevent, fille de Léonard de La Doire, chevalier, seigneur du Mas-de-Bénevent et de Couturon, et de Marie de Chocqueux [2], *(Cabinet de d'Hozier)*. Il décéda le 21 mars 1738 ayant eu :

---

(1) Sur son portrait conservé au château de Cumond, il est qualifié de *marquis de la Linde*, mais je n'ai pas vu d'acte lui donnant ce titre ; la Linde étant ville royale, il n'en avait que la justice comme engagiste.

(2) Léonard de La Doire, qualifié dans de certains actes de seigneur de Bénevent alors qu'il n'avait que le Mas-de-Bénevent, n'eut pas d'enfants de ses deux autres femmes,

1. Léonard, qui continue la filiation.
2. Louis, dit le *chevalier de Cumond*. Né en 1703, il mourut sans alliance à la fin de mars 1738. A l'âge de 17 ans, il servit comme enseigne aux Gardes-Françaises, il se retira comme capitaine au régiment de Vassé-cavalerie, *(Arch. admin. de la Guerre)*.
3. Anne, demoiselle de la Linde. Elle épousa le 27 octobre 1731 *Joseph de Montalembert*, chevalier, seigneur de la Bourlie, capitaine au régiment de Nivernais, lieutenant des Maréchaux de France, fils de noble Bertrand de Montalembert et de Marguerite de Beaudet, *(Min. de Pontard, not. roy.*, en l'étude du not. de Saint-Privat)[1].

IX. — Léonard d'Arlot de Frugie, chevalier, seigneur de Cumond, la Linde, Sallebœuf, la Courre, les Pourcauds, puis, après la mort de son cousin, marquis de Frugie et de la Coussière, seigneur de Saint-Saud, Romain, la Valouze, etc.

Né à Cumond le 2 septembre 1701 (*Reg. par.*), Léonard de Cumond fit ses preuves de noblesse depuis 1480 pour entrer aux pages de la Grande-Ecurie, où il fut reçu en avril 1715, (*F. Français*, 32103). Il fut enseigne aux Gardes-Françaises de 1718 à 1724, *(Arch. admin. de la Guerre)*. Comme on l'a vu, Philippe de Malleret et ses cousins, Henri et Léon d'Arlot marquis de Frugie, le firent héritier de leurs biens.

Le marquis de Cumond rendit hommage au Roi le 16 novembre 1767 pour différents tènements nobles sis paroisse de Saint-Géry, démembrés du fief de Lescurie, juridiction de Mussidan. Il est qualifié dans l'acte de marquis de Frugie et de Saint-Saud, (*Arch. dép. de la Gironde*, C, 2345, f. 170). Il épousa *Françoise de Jaubert*, demoiselle de la Courre, (appelée de Saint-Gelais dans de certains actes bien qu'elle ne fut pas de la branche des Jaubert qui hérita des biens et noms de l'illustre maison de Saint-Gelais), fille de Jean Jaubert, chevalier, seigneur de la Courre, de la Golie, et de feue Anne Jousseaume [2].

Suzanne de Seignac et Diane Campet de Saujon. Son père, Michel de La Doire, mestre de camp de cavalerie, avait été anobli en 1671 pour ses brillants services militaires, (*Bull. Héraldique*, 1890, col. 618), avec ces armes : *D'or à la vache de gueules accolée, clarinée et onglée d'azur, au chef de sable chargé de trois croissants d'argent.* Dans son testament du 14 octobre 1721, M. de La Doire institua héritier universel de Jacques d'Arlot de La Roque, deuxième fils, dit-il, de sa fille Mme de La Roque, (*F. Périg.*, 144, art. *Hautefort*, f. 79).

(1) Son portrait est au château de la Valouze. De cette union sont issus MM. de Boysson, de Chaunac-Lanzac, de Commarque et de Sénailhac existants de nos jours.

(2) Françoise de Jaubert appartenait à une très ancienne famille du Périgord, connue depuis le xiie siècle et dont l'abbé de Lespine a dressé une généalogie, publiée par Saint-Allais, excellente pour les premiers degrés, mais incomplète pour les rameaux sub-

Le contrat, retenu Pontard not. roy., fut signé le 29 décembre 1723, (*Arch. de Cumond*), mais la célébration du mariage n'eut lieu que l'année suivante, le 24 mai, (*Reg. par. de Saint-Privat*).

Le marquis de Cumond et de Frugie mourut *ab intestat* le 18 mars 1771 ayant eu onze enfants :

1. JEAN-FRANÇOIS, dit le *chevalier de la Linde*. Né à Cumond le 5 mars 1725, il commença à servir en 1741 et fut nommé capitaine au régiment de Provence en 1746. Il fit huit campagnes et celle d'Allemagne en 1757 si brillamment qu'il reçut la croix de Saint-Louis à 32 ans, (*Arch. admin. de la Guerre*). Mais il mourut peu après des suites de la guerre sans enfants de *Julie-Dorothée des Ruaux*, comtesse de Rouffiac, fille du comte Jean-Hélie des Ruaux de Rouffiac, maréchal de camps, et d'Elisabeth Gandillaud de Fonguion [1].
2. JACQUES, né le 2 août 1726, mort en bas âge.
3. LÉONARD, qui suit.
4. ANNE, demoiselle de la Linde, née le 6 novembre 1728. Elle épousa le 5 janvier 1770 *François de Belhade*, chevalier, seigneur du Désert, de la Mothe, du Mas-de-Montet, du Repaire-Brunet, fils de feu messire Jean de Belhade et de Marie de Malleret, (*Min. des notaires de Saint-Privat*). M. de Belhade était veuf de Jeanne de Guerre et de Françoise de Belcier d'Arès [2].
5. LOUIS, auteur de la *branche de Saint Saud*.
6. JOSEPH, dit *l'abbé de Frugie*, co-seigneur de Saint-Saud et de la Coussière, docteur en Sorbonne, chanoine de Saint-Front de Périgueux, vicaire général du diocèse d'Aleth. Il naquit à Cumond le 18 avril 1733,(*Carrés*, etc.), et serait décédé en 1808, ayant, par testament du 1er mai de cette année-là, laissé ses biens de Saint-Saud à son neveu Louis de Cumond qui les vendit. Il avait été emprisonné sous la Terreur.
7. MARIE, demoiselle de la Courre, dame de la Linde et de la Roque en partie. Elle naquit le 24 mars 1734 et mourut à la Coste en 1811. Elle épousa le 14 décembre 1773 *Marc de Vassal*, chevalier, seigneur

---

sistants au XVIIIe siècle. Il serait trop long de donner ici les nombreuses variantes d'armoiries portées par les différentes branches. Celles des seigneurs de Cumond et du Pauly sont : *d'azur à la fasce d'or accompagnée de six fleurs de lys d'or, rangées trois en chef et trois en pointe.*

(1) La terre de Rouffiac (Angoumois) avait été érigée en 1654 en comté, en faveur de René Le Voyer d'Argenson, ambassadeur à Venise, grand oncle de Madame de La Linde, et de sa sœur Julie, mariée à François de Perry, marquis de Nieul. Des Ruaux porte : *de sable semé d'étoiles d'or au cheval effaré d'argent brochant sur le tout.*

(2) Je possède le portrait de Madame de Belhade (le nom s'écrit souvent *Bellade*) et de son frère, M. de La Linde.

de la Coste et Fongalop, capitaine au régiment de Périgueux, fils de noble Jean de Vassal et de Jeanne de Las Cases. Héritière des biens de la Linde et d'une partie de la Roque, elle légua ce que la Révolution ne lui avait pas enlevé à son neveu, le comte Hubert d'Arlot.

8. THÉRÈSE, née en 1735, morte en octobre 1737.

9. FRANÇOISE-CATHERINE. Née le 3 juin 1737, elle testa le 5 juillet 1772 avant d'entrer au Carmel d'Angoulême. Chassée de son couvent par la Révolution, elle se réfugia chez son frère Louis, où elle serait décédée.

10 et 11. MARGUERITE ET MARIE-THÉRÈSE, nées en 1739 et 1741, mortes en bas âge.

X. — LÉONARD D'ARLOT DE FRUGIE, chevalier, marquis de Frugie et de Cumond, seigneur de Sallebœuf, la Courre, la Linde, etc.

Il naquit à Cumond le 16 octobre 1729, et sous le titre de *chevalier de la Linde*, il servit comme sous-lieutenant au régiment des Grenadiers de France de 1759 à 1764, (*Arch. admin. de la Guerre*). Il mourut à Bordeaux le 19 novembre 1787, (*Reg. par. de Puy-Paulin à Bordeaux*).

Le marquis de Cumond avait épousé le 29 janvier 1765 *Justine-Augustine de La Cropte de Chantérac*, fille de messire François-David de La Cropte, marquis de Beauvais et de Chantérac et d'Etiennette-Charlotte-Hippolyte de Salignac de La Mothe-Fénélon [1]. Le contrat fut signé au Mas-de-Montet devant Paullet, not. roy., (*Arch. de Cumond*). De ce mariage naquirent :

1. LÉONARD-JOSEPH, MARQUIS DE FRUGIE. Né le 21 avril 1770 il décéda sans alliance à la fin de la Révolution.

2. LOUISE-MARIE-VICTOIRE-*HENRIETTE*, née le 23 décembre 1771, morte le 25 janvier 1848. Elle donna sa main le 16 août 1801 à *Alexandre-René-Gabriel de Terrasson de Monleau*, page de Louis XVI, enseigne aux Gardes françaises, émigré, député de la Charente sous la Restauration, fils de Jean de Terrasson, chevalier, dit le marquis de Monleau, et de Julie-Françoise Terrasson de Verneuil, (*Arch. des Andreaux*).

---

(1) La branche de Bourzac de la maison de La Cropte étant éteinte depuis quelques années, seule celle de Chantérac, séparée au milieu du XVe siècle des autres branches, est représentée de nos jours. Lespine remonte la filiation de cette ancienne famille du Périgord au XIIe siècle. Armes (depuis Jean I, vivant en 1420) : *D'azur à la bande d'or accompagnée de deux fleurs de lys de même*.

3. Louis qui suit.
4. Louis-Hippolyte, baptisé le 20 novembre 1774, (*Arch. munic. de Périgueux*, GG, 98, f. 123, v.)

XI. — *Louis*-Marie d'Arlot de Frugie marquis de Cumond, cadet gentilhomme au régiment de Champagne en 1787, brigadier des Volontaires royaux en 1814, décoré du Brassard et du Lys.

Né le 5 janvier 1773, il mourut le 12 avril 1852. Il épousa le 13 février 1793 Julie-Amélie-*Pauline Jourdain de Boistillé*, fille de Charles-Louis Jourdain, marquis de Boistillé, comte de Rouffiac, chevalier de l'Ordre de Saint-Jacques, colonel de S. M. Catholique, et de Julie-Dorothée des Ruaux de Rouffiac (veuve en premières noces de Jean d'Arlot chevalier de la Linde, ci-dessus).

La marquise de Cumond mourut à Paris à l'âge de 97 ans, le 2 novembre 1864, ayant eu :

1. Josèphe-Julie-*Caroline*. Elle naquit à Rouffiac le 24 avril 1796 et mourut en 1827. Elle s'allia le 26 juillet 1821 à « *Charles*-Rosalie *Gautier*, marquis d'*Orbani-Gautier* », chevalier de la Légion d'honneur, fils de Jean-Baptiste-Séraphin Gautier, marquis d'Orbani, ancien premier président au Conseil souverain de Corse et procureur-général à Pau, et de Thérèse-Radegonde Normand de Garat, *(Etat-civil de Bordeaux)*. De ce mariage ne sont provenus que Carloman, dit le marquis d'Urbin mort sans alliance, et Pauline, comtesse Alfred d'Arlot de Saint Saud.
2. *Louis*-François-Joseph-Henri, décoré de l'Ordre du Lys, né le 25 juillet 1798, mort sans alliance le 13 janvier 1819.
3. Charles, qui continue la postérité.

XII. — Louis-Joseph-*Charles* d'Arlot marquis de Cumond et de Frugie.

Né le 5 mars 1807, il décéda à Cumond le 19 avril 1891. Il avait épousé le 27 octobre 1840 Françoise-*Marie*-Gabrielle *de Sanzillon de Mensignac*, fille de Louis-Grégoire de Sanzillon, chevalier, marquis de Mensignac et de Razac, seigneur du Lieu-Dieu, chevalier de Saint-Louis, officier supérieur à l'armée de

---

(1) On trouve dans le Nobiliaire du Limousin, II, 573, une notice sur cette famille, branche supposée des Jourdain, de Saintonge ; le continuateur de Nadaud fait remonter sa filiation au commencement du xv⁰ siècle, d'après Beauchet-Filleau. Armes : *d'argent au tau de gueules*.

Condé, et de Dorothée-Pauline de Chabans-Joumard de Richemond[1].

De ce mariage sont provenus :

1. ROGER, qui suit.
2. FRANÇOIS-*AYMAR*, COMTE DE CUMOND, officier de l'Ordre du Nicham-Iftikhar, ancien lieutenant d'infanterie, né le 25 mai 1845.
3. LOUIS-JACQUES-*ARTHUR*, VICOMTE DE CUMOND, né au Lieu-Dieu le 6 octobre 1850, décédé à Cumond, le 13 janvier 1880.
4. JEAN-GABRIEL-*GEORGES*, né le 20 janvier 1855 et décédé le 31 octobre suivant.

XIII. — LOUIS-*ROGER* D'ARLOT MARQUIS DE CUMOND ET DE FRUGIE.

Il est né le 20 août 1841. Quand la guerre funeste de 1870 éclata, n'écoutant que son patriotisme, il s'engagea comme simple volontaire dans un régiment de marche, et fit toute la campagne, n'ambitionnant que l'honneur de défendre la France.

Le marquis de Cumond, qui habite la demeure seigneuriale de son nom, s'est allié à Besançon le 3 mai 1875 (contrat signé par S. A. R. Mgr le duc d'Aumale), avec Charlotte-*Marthe de Mareschal-Vezet*[2], fille de Victor de Mareschal, comte de Vezet, et de Thérèse-Josèphe-Victorine de Gras-Préville (dont le père, l'amiral de Préville, joua un rôle important à Naples au commencement de ce siècle). Ils ont :

1. MARIE-THÉRÈSE-JOSÈPHE-*CHARLOTTE*, née à Besançon le 18 avril 1876.
2. HENRI-EMMANUEL-EDOUARD-*FRANÇOIS*, né à Besançon le 29 octobre 1877.
3. MARIE-JOSÈPHE-*LOUISE*, née dans la même ville le 4 mai 1879.
4. PIERRE-ROBERT-*HENRI*, né aussi à Besançon, le 8 février 1886.
5. JEAN-MARIE-VICTOR, né à Cumond le 27 août 1890.

---

(1) Le marquis de Sanzillon était fils de Judith de Bayly, la dernière de sa maison, qui avait reçu la seigneurie de Razac, en 1451, pour les services rendus à Jean de Bretagne, comte de Périgord. La maison de Sanzillon, connue aussi sous le nom de La Foucaudie, est originaire du Limousin, où on la retrouve près de Saint-Yrieix, dès le XIVe siècle ; elle porte : *d'azur à trois sanzilles* (sorte de merlettes) *d'argent, deux et une*.

(2) La marquise de Cumond avait déjà deux sœurs mariées en Périgord: la comtesse Adhémard de Saint-Léger, au château de Richemond, et la comtesse Octave de Saint-Exupéry, au château du Fraisse. On lit dans le *Nobiliaire de Franche-Comté* par de Lurion (Edition de 1895, p. 365) : « Parmi les familles patriciennes de Besançon, celle-ci (Mareschal) était une des plus distinguées... La branche de Vezet sortie d'Antoine... qualifié noble en 1592.... son fils Luc... reçut le 28 janvier 1642 des lettres de noblesse... Elle a donné un président au Parlement et un premier président à la Chambre des Comptes... » Armes : *d'argent à la bande d'azur chargée de trois étoiles d'or, accompagnée de deux raisins de pourpre feuillés et tigés de sinople*. Devise : *Cœli solique munere*.

TROISIÈME BRANCHE.

COMTES DE SAINT-SAUD.

1731-*Existe*.

X. — Louis d'Arlot, chevalier, baron de Saint Saud et de la Coussière, seigneur de Romain, la Meynardie, Baccouillat, Parriche, chevalier de Saint-Louis, dit le *chevalier de La Roque de Cumond* avant son mariage et dans ses états de service, deuxième fils de Léonard d'Arlot marquis de Frugie et de Françoise de Jaubert.

Il naquit à Cumond le 10 mai 1731, (*Reg. par.*) et décéda à la Meynardie le 27 septembre 1806, (*Etat-Civil de Saint-Privat*). Lieutenant au régiment de Provence en 1746, il fut réformé après les campagnes des années suivantes, en 1749. Il reprit du service en 1750, fut nommé capitaine en 1759, puis il quitta le régiment de 1775 à 1778 et reprit de nouveau du service comme capitaine de grenadiers le 3 juin 1778, (*Arch. admin. de la Guerre*).

Le baron de Saint Saud épousa *Marguerite de Fayolle*, fille de Nicolas de Fayolle, chevalier, marquis de Fayolle, seigneur de Tocane, Saint-Vincent-de-Connezac, Saint-Apre, et de Jeanne de Tourtel de Grammont[1]. Le contrat fut reçu le 15 janvier 1775 par de Labonne not. roy. au Mas-Poitevin, et le mariage religieux se célébra le 20 février suivant dans le même château, (*Arch. de la Valouze*). Convoqué le 18 février 1789 pour voter

---

(1) La maison de Fayolle, dont la branche aînée est la seule représentée de nos jours, possède le château de son nom depuis le xiie siècle. Elle est distincte de la famille périgourdine de Fayolle de Sarrazac et surtout de celle des seigneurs de Puyredon. Armes : *d'azur au lion d'argent, armé, lampassé et couronné de gueules.*

pour les États-généraux, M. de Saint Saud se fit représenter par son cousin, M. de Crémoux.

Veuve, la baronne de Saint Saud se remaria avec Jean Castillon de La Jaumarie ; elle mourut très âgée à Nadelin le 11 octobre 1841, (*État-civil de Bonnes*).

Enfants :

1. NICOLAS-FRANÇOIS-*LOUIS*, né le 26 juillet 1776, mort à 17 ans.
2. LÉONARD-JEAN-HUBERT, en famille *JOSEPH*, BARON D'ARLOT DE SAINT SAUD, né le 7 novembre 1777 à la Meynardie et décédé au même lieu le 22 février 1856, n'ayant eu de Marie-*Joséphine de Foucauld-Pontbriant*[1] (épousée à Celles le 10 septembre 1811), fille de Louis comte de Foucauld-Pontbriant, chevalier de Saint-Louis, maréchal de camps et de Victoire-Julie-Sophie Cailleau de La Trochoire, que deux filles :

    A. CÉCILE-*MATHILDE*, née en 1812, mariée le 11 juillet 1831 à Jacques-François-*Charles comte de Saint-Angel*, fils de Jean-Pierre-Charles de Saint-Angel, chevalier de Saint-Louis, brigadier des gardes du Corps et de Marie-Catherine de Lafaye. Elle est décédée à la Renaudie le 3 février 1884, (*État-civil de Saint-Privat*).

    B. JULIE-*SOPHIE*-URSULE-VICTOIRE, née en 1814 à la Meynardie, morte à Mornac (Charente), le 14 juillet 1849. Elle avait épousé le 18 janvier 1836 François-*Eugène Ganivet-Berthelot baron Desgraviers*, fils du général François Ganivet baron Desgraviers, officier de la Légion d'honneur, et de Marie-Marguerite Monod, (*Armorial du premier Empire*, II, 207).

3. ANDRÉ-*HUBERT*, COMTE D'ARLOT DE SAINT SAUD. Il naquit à la Meynardie le 17 novembre 1778 et mourut le 20 mai 1865, à la Vitrolle, château et terre dont il hérita de N... de Sénailhac. Il hérita aussi de la majeure partie des biens de la Linde, qu'il aliéna. Ils lui venaient de sa tante Marie d'Arlot dame de Vassal, qui lui avait fait épouser une parente de son mari. Le comte d'Arlot de Saint Saud s'était en effet allié le 21 août 1806, au château de la Coste, commune de Fongalop, avec Jeanne-Françoise-*Louise de Vassal-Sineuil*, fille de Jean-François-Louis, chevalier de Vassal-Sineuil, capitaine au service de la

---

(1) La branche de Pontbriant de la maison de Foucauld, une des plus anciennes de notre province, porte : *écartelé de gueules au lion d'or et d'argent au pont d'azur*. On trouve aussi ces armes *en parti* et le pont à trois arches d'argent sur champ d'azur. L'Armorial du Périgord donne les nombreuses variantes dans les armoiries.

Hollande, et de sa première femme Joséphine Tounet [1]. La comtesse d'Arlot mourut à la Vitrolle sans enfants le 11 septembre 1862, faisant hériter un parent éloigné, Baptiste marquis de Vassal-Rignac.

4. AUGUSTIN, qui continue la postérité.
5. LOUIS-NICOLAS-EMILIEN, né en novembre 1785, décédé le 17 août 1786.
6. JULIEN, dont la descendance viendra après celle de son frère.
7. LOUIS-*PAUL*, né à Périgueux en 1788, mort sans alliance à la Renaudie le 20 décembre 1870.
8. MARTHE, morte à 18 mois.

XIV. — ANDRÉ-*AUGUSTIN* D'ARLOT DE SAINT SAUD, décoré du Brassard et du Lys, capitaine-commandant des Volontaires royaux de l'arrondissement de Ribérac en 1814.

M. de Saint Saud naquit à la Meynardie le 29 mars 1780, et décéda, le 27 juin 1840, à la Roche-Chalais, dont il fut longtemps maire et où il avait épousé, le 6 mai 1816, *Jeanne-Marie-Sophie de Galaup*, fille de Pierre-François de Galaup, sous-préfet de Ribérac, et de Jeanne Fellonneau [2]. Ils eurent :

1. GUSTAVE, qui suit.
2. MARGUERITE-*NELLY*, née le 29 septembre 1820 et décédée sans alliance le 27 décembre 1838.
3. SUZANNE-VICTOIRE-JEANNE-*EMMELINE*, née le 22 janvier 1824, décédée à Bordeaux le 6 octobre 1852. Elle s'était alliée à la Roche-Chalais, le 22 mai 1843, avec Joseph-*Timothée* comte du Périer de Larsan, fils de Jean-Baptiste du Périer de Larsan et de Marguerite-Pauline Leblanc de Mauvezin.

---

(1) Le chevalier de Vassal, cadet de la branche de la Coste de la maison de Vassal, mourut à Saint-Domingue avec sa seconde femme, Madeleine-Françoise de Redon ; il avait abandonné sa fille Louise, née à Amsterdam en 1790. Jean-Baptiste, marquis de Vassal-Rignac, qui hérita de la Coste et de Fongalop est mort en 1881, laissant onze enfants de Marie-Caroline Delcer. Armes : *d'azur à la bande d'argent remplie de gueules, chargée de trois besans d'or et accompagnée de deux étoiles de même*.

(2) La famille de Galaup, d'après les *Dossiers bleus* (299, N° 7600) et les *Pièces originales* (1267), serait originaire de Naples, d'où elle passa en Guyenne et en Provence au XIVe siècle. La branche de ma grand'mère avait été formée par François de Galaup, écuyer, seigneur de Ligne, fils de noble Pierre de Galaup et de Catherine de Malartic (Arch. dép. de la Gir. E, *minutes de 1672 de Giron*). Obligé de quitter l'Agenais, à cause d'un duel, il vint se fixer près de Coutras, et son fils, abandonnant sa situation de privilégié, devint juge sénéchal de la Roche-Chalais. Le petit-fils de ce dernier obtint, le 16 décembre 1826, des Lettres de confirmation de noblesse (*Original* aux Arch. de la Valouze), règlementant ainsi ses armoiries : *d'or à l'épervier de sable posé sur une branche d'olivier de sinople à la bordure componnée d'argent et de sable*. Ces armes rappellent celles-ci : *de gueules à l'épervier d'or tenant dans ses serres une branche d'olivier de sable*, données par Riestap aux Galaup. Mais dans divers Armoriaux ils ont d'autres armes absolument différentes.

XV. — Pierre-François-*Gustave* d'Arlot baron de Saint Saud.

Il naquit à la Roche-Chalais le 15 septembre 1818 et mourut à Bordeaux le 18 avril 1894. Maire de la Roche-Chalais pendant de longues années, agriculteur distingué, fondateur et président d'honneur du Comice agricole de la Double, il consacra sa haute intelligence à faire le bien autour de lui. Il se maria à Coulonges-sur-l'Autize le 1ᵉʳ septembre 1851 avec Marie-Aimée-*Honorine Ramier de Franchauvet* [1], fille d'Hippolyte-Honoré Ramier, dit de Franchauvet, et d'Emilie-Ninette Vinet. Enfants :

1. Aymar, qui suit.
2. Marie Cécile-*Emilie*, née le 5 mars 1857 à la Roche-Chalais. Elle y a épousé le 20 mai 1879 Marie-Félix-*Gérard*, marquis de Fayolle, commandeur d'Isabelle-la-Catholique, capitaine-commandant d'artillerie territoriale, correspondant du Ministère des Beaux-Arts, etc., fils d'Hélie marquis de Fayolle, et de Louise d'Auber de Peyrelongue. Le mariage a été bénit par S. E. le cardinal Donnet.

XVI. — Jean Marie-Hippolyte-*Aymar* d'Arlot comte de Saint Saud, chevalier de Malte, et de l'Ordre pontifical de Saint-Sylvestre.

Il est né à Coulonges (Deux-Sèvres), le 15 février 1853, et a épousé à Paris le 10 janvier 1884 *Marguerite*-Marie-Henriette-Gabrielle *de Rochechouart*, fille d'Aimery comte de Rochechouart, et de Marie du Vergier de La Rochejaquelein [2]. Le contrat a été signé par LL. AA. RR. Mgr le comte de Paris, Madame la comtesse de Paris et Mgr le duc de Nemours; le mariage a été bénit par S. E. le cardinal Bernadou.

Entré dans la magistrature en 1878, le comte de Saint Saud a donné sa démission en 1880, à l'occasion des décrets contre les congrégations religieuses. Il s'occupe depuis lors d'études his-

---

[1] Cette ancienne famille bourgeoise du Bas-Poitou a pour tradition de descendre de gentilshommes verriers et émailleurs du Nivernais venus dans l'Ouest avec un évêque de la Rochelle, leur parent, et fixés dans la partie du Poitou qui dépendait de cet évêché. Armes (relevées sur un vieux cachet du XVIIᵉ siècle que je possède et qui a scellé des testaments) : *d'azur a 3 pigeons-ramiers d'argent tenant en leur bec un rameau d'olivier de sinople, au chef d'argent chargé de 3 étoiles de gueules.*

[2] Le comte de Rochechouart, chef de nom et d'armes d'une vieille race chevaleresque qui établit sa filiation depuis 888, est décédé en 1897 laissant : le marquis de Rochechouart et le comte Géraud de Rochechouart, tous deux mariés. Armes : *fascé, ondé, endenté, de gueules et d'argent de six pièces.*

toriques et géographiques. Ses travaux de triangulation dans les montagnes espagnoles lui ont mérité la commanderie puis la plaque de grand-officier d'Isabelle-la-Catholique, la plaque de chevalier de deuxième classe du Mérite-militaire d'Espagne, et les palmes académiques. L'auteur du présent travail réside dans l'habitation que ses parents ont fait construire près de la Roche-Chalais en 1861 ; il est père de :

1. *Léonard*-Marie-Pierre-Marcel, né à Vallery (Yonne), le 30 octobre 1884.
2. *Cécile*-Marie-Victurnienne, née à *id.* le 27 juin 1886.
3. *Isabelle*-Marie-Emilie, née à *id.* le 20 janvier 1889.
4. *Adine*-Claire-Henriette--Marie, née à *id.* le 12 août 1891.

※※※※※

XIV *bis*. — André-*Julien* comte d'Arlot de Saint Saud, garde d'honneur de Napoléon.

Il naquit à Périgueux le 14 février 1788, habita Nadelin qu'il avait acheté et fut inhumé à la Vitrolle le 1ᵉʳ juin 1878. A Montuzet, commune de Plassac (Gironde), il s'unit le 7 juillet 1819 avec Madeleine, en famille *Modly*, *Papin de La Gaucherie*, fille d'Hyacinthe Papin de La Gaucherie, chevalier de Saint-Louis, et de Marie de Rolland [1], d'où :

1. Le comte Paul-*Alfred* d'Arlot de Saint Saud, officier de la Légion d'honneur, grand-officier des Ordres du Lion et du Soleil, de Maximilien, du Sauveur, de la Rose, commandeur de l'Osmanié, officier du Danebrog, etc., ministre plénipotentiaire.
    Il naquit à la Jaumarie (commune de Sainte-Marie-de-Vergt, Dordogne), le 1ᵉʳ avril 1820, et décéda à Nadelin (commune de Bonnes, Charente), le 18 novembre 1886. Il s'était marié à Cumond le 28 janvier 1851 avec Julie-Victoire-Séraphine-*Pauline* d'*Urbin-Gautier*, décédée le 2 octobre 1871, fille du marquis d'Urbin (Orbani) et de Caroline d'Arlot de Cumond, (voir ci-dessus) ; il en eut :

---

(1) Les Papin sont, d'après le Nobiliaire de Guyenne, ii, p. 335, d'une famille essentiellement militaire du Bordelais. Armes : *Parti au 1ᵉʳ d'azur au chevron d'or, accompagné en chef d'un croissant d'argent et de deux étoiles de même, et en pointe, de deux chiens d'argent courant l'un sur l'autre*, qui est Papin ; *au 2ᵉ de pourpre au chevron d'or, accompagné de trois cors de chasse liés, enguichés et virolés de même*, qui est Marteau de Rouillac.

Le COMTE ANDRÉ-MARIE-*JACQUES* D'ARLOT DE SAINT-SAUD, commandeur d'Isabelle-la-Catholique, chevalier de Charles III, officier du Nicham-Iftikhar, secrétaire d'ambassade. Né à Paris le 3 avril 1856, il a épousé à Saint-Privat-des-Prés (Dordogne) le 11 octobre 1886 Marie-Caroline-Joséphine-Léonie, en famille *Germaine, de Lafaye*, fille d'Arthur de Lafaye et de Marie d'Abbadie de Villeneuve [1], dont une fille ODETTE, née et décédée à Saint-Privat en 1887.

2. LÉONARD-*EUGÈNE* D'ARLOT DE SAINT SAUD, attaché à l'administration des Douanes. Il naquit le 1er février 1820 à la Jaumarie, et décéda le 1er juin 1894 dans son château de la Vitrolle, commune de Limeuil (Dordogne), dont il avait hérité de son oncle Hubert et où demeure sa veuve, la vicomtesse d'Arlot de Saint-Saud. De son mariage avec Marie-Adèle-*Georgina Darquey*, fille de Pierre Darquey et d'Anne Clarke, célébré à Bordeaux le 5 juillet 1855, il a laissé :

    A. ANNE-MARIE-*EUGÉNIE*, née à Bordeaux le 16 août 1857, et unie dans cette ville le 17 avril 1876 à Antoine-Gabriel, en famille *Gaston, Dutartre de Boisjoly*, fils d'Antoine-Philippe D. de Boisjoly, et de feue Anne-Marguerite Agard de Roumejoux.

    B. MARIE-MADELEINE-*THÉRÈSE*, née à Bordeaux le 10 mars 1859, mariée à la Vitrolle le 30 janvier 1883 avec Philippe-*Francis*-Marie-Joseph *de Soyres*, fils de feu Paul de Soyres, et de Marie-Thérèse de Galabert de Lapeyre d'Hautmont, marquise de Las Cases.

3. HUBERT, qui suit.

XV. — LE BARON ANDRÉ-*HUBERT* D'ARLOT DE SAINT SAUD.

Il est né à la Jaumarie le 7 mars 1826 et est mort dans son château de la Tour-Beaupoil (commune de Pessac-sur-Dordogne, Gironde) le 23 janvier 1893. Il s'était allié à la Gajante, commune de Saint-Ferme (Gironde), le 11 juin 1861 à Charlotte-*Marguerite du Noguès de La Gajante*, fille de Victor-Gustave baron du Noguès, ancien garde du Corps, et de Claire-Françoise de Puch de Montbreton [1]. De cette union sont nés :

---

(1) La famille de Lafaye, originaire de la Saintonge, remonte à François de Lafaye, vivant vers 1580 ; elle fut anoblie en la personne de Jacques de Lafaye, seigneur de Baudry et de Rochefort, mort en 1740, juge sénéchal de Brossac, secrétaire du Roi, conseiller en la Table de marbre. Armes : *d'azur à trois bourgons d'argent portant suspendus, le 1er à dextre une coquille, les deux autres, une gourde d'argent, au chef cousu de gueules, chargé d'une étoile d'argent*

1. Gérard, qui continue.
2. Etienne, né le 26 février 1863, décédé à la Tour le 2 octobre 1879.
3. Julie-Anne-Germaine, née à la Gajante le 8 avril 1864.
4. Anne-*Marie*, née le 31 janvier 1870, décédée à la Tour le 29 mai 1897.
5. Julie-Anne-*Jeanne*, née à Paris le 12 février 1873, religieuse de l'Ordre de Notre-Dame du Cénacle (Dames de la Retraite).

XVI. — Le baron Julien-André-*Gérard* d'Arlot de Saint Saud, chevalier de l'Ordre du Nicham-Iftikhar, lieutenant de hussards.

Il est né à la Gajante le 16 avril 1862 et a épousé à Bourg-sur-Gironde (Gironde) le 3 avril 1895 *Marie-Louise Ribadieu*, fille d'Henry Ribadieu et de Thérèse d'Artigue. Il a :

1. Marie-Antoinette née à Bourg le 19 janvier 1896.
2. Jean-*Roger*, né à id. le 24 juin 1897.

---

(1) Une sœur de Marguerite de Noguès, Juliane, épousa le même jour, un Périgourdin, Maxime d'Artenset de La Farge. La famille de Noguès porte : *d'azur au chevron d'or accompagné de 3 fers de lance d'argent*. Elle reçut le titre de vicomte le 15 février 1817.

Le château de la Tour-de-Pessac, habité par un rameau de ma famille, lui vient des Puch. Il se nomme aussi la Tour de Montbreton, et également Beaupoil, parce qu'il relevait de Montbreton et appartenait, en 1547, à Jean de Beaupoil, écuyer, qui épousa, cette année-là, 17 septembre, Françoise de Donnissan. Je suppose ce Jean fils de noble François de Beaupoil devenu seigneur de la Tour-de-Montbreton par Géraude de Valens, et marié au commencement du XVIe siècle à Isabeau de Boirac, (*Arch. de Montbreton*). Cette Isabeau est donnée à tort par d'Hozier comme épouse d'un Pierre de Beaupoil, auteur d'après lui, dans ses *Carrés*, mais non dans son *Nouveau*, de la branche de la Luminade, dont l'origine est tout autre.

QUATRIÈME BRANCHE.

COMTES DE LA ROQUE.

1704- vers 1860.

VIII. — Louis[1] d'Arlot de Frugie, chevalier, seigneur de la Roque et du Mas-de-Bénevent, troisième fils de M. de Sainte-Marie, et de Françoise de Beaudet.

Mousquetaire en 1682, capitaine au régiment de Bellegarde-cavalerie en 1691, puis au régiment royal de Carabiniers en 1693, il entra dans les Gardes du Corps. Exempt de leur compagnie écossaise en 1706, il eut rang de colonel dès 1708, il y fut enseigne en 1729, et devint ensuite brigadier des armées; il avait la croix de Saint-Louis, (Arch. admin. de la Guerre).

Par contrat du 22 mars 1712, reçu du Soulier et Fougeron, not. roy. (Minutes des notaires de Saint-Privat), M. de La Roque s'allia avec *Suzanne-Françoise de La Doire*, sœur de la femme de son frère, et qui avait eu pour parrain, le 19 août 1684, le duc de Foix-Candale, (Reg. par. de Saint-Martial-d'Artensec). Il décéda avant mars 1741, ayant eu :

1. Léonard. Il naquit à Cumond le 10 mai 1713 et décéda à Coutras, sans alliance, le 16 février 1788, (Reg. par.).
   C'est peut-être lui qui, qualifié simplement de *chevalier de Frugy*

---

(1) Dans de rares pièces il est aussi prénommé, par erreur probablement, Jean et Isaac. On peut consulter sur lui, l'*Etat de la Maison du Roi (Abrégé Chronologique)*, par S. Lamoral S. P. de Nœufville, 1, 88. — Pinard dans sa *Chronologie militaire*, VII, 559, et un acte rédigé postérieurement à sa mort disent qu'il était chef de brigade des Gardes du Corps, ce qui est une erreur, ce grade ayant presque toujours pour titulaire un duc ou un maréchal de France.

aux Archives de la Guerre, servit de 1744 à 1747 aux Gardes-françaises, d'abord comme gentilhomme à drapeau, puis comme premier enseigne.

2. JACQUES D'ARLOT DE FRUGIE, dit *le comte de La Roque*, chevalier, baron de Fages, seigneur de la Roque, d'Ajat, du Mas-de-Bénevent, de Beauzens, du Puy-de-Chalup, co-seigneur de Saint-Cyprien, lieutenant-général des armées, grand-croix de Saint-Louis [1].

Né à Cumond le 30 novembre 1715, le comte de La Roque, décéda à Périgueux le 15 février 1793, n'ayant eu qu'une fille unique de son mariage avec *Marie-Thérèse d'Hautefort*, fille et unique héritière de messire Bernard d'Hautefort, marquis d'Ajat et de Marie de Montesquiou, baronne de Fages. Les articles en furent signés le 6 mars 1741, veille de la bénédiction nuptiale donnée par Mgr de Machéco, évêque de Périgueux, *(F. Périg.* 144, art. *Hautefort*, f. 79 v., et *Arch. municip. de Périgueux*, GG, 92, f. 35 v.).

M. de La Roque hérita d'une partie des biens de son aïeul, Léonard de La Doire, et pour cette raison il est appelé de La Doire dans quelques rares actes antérieurs à 1743.

SUZANNE-FRANÇOISE-THÉRÈSE. Baptisée en décembre 1741 dans la chapelle de Bénevent, elle s'allia à messire *Henry-Jacques de Taillefer*, marquis de Barrière et de Vergt, comte de Roussille, fils de Louis-Jean-François comte de Taillefer et de Marguerite-Thérèse de Sanzillon de Douzac. Le contrat fut passé à Ajat le 6 juillet 1759 par devant Geffard, not. roy., *(Arch. de la Valouze*, où se trouve également un de ses testaments).

3. HÉLIE, né à Cumond en 1717 ; il y mourut l'année suivante.
4. Autre LÉONARD, qui suit.

IX. — LÉONARD D'ARLOT DE FRUGIE, dit le *chevalier de La Roque*.

Il naquit à Coutras le 17 mai 1721 et y décéda le 28 octobre 1778, *(Reg. par.)*. Engagé volontaire au régiment de Maugiron-cavalerie en 1733, il y fut nommé cornette en 1742, puis lieutenant le 1er août 1743 ; il abandonna le service militaire en

---

(1) Ses brillants états de service seraient trop longs à énumérer ; le comte de La Roque commença à servir en 1728 comme page de la Reine, et ne prit sa retraite qu'en 1792 (*Arch. admin. de la Guerre*), ayant su au début de la Révolution, inspirer le respect à ses adversaires politiques par ses hautes qualités militaires et sa parfaite probité jointes à une grande courtoisie. Il fut même désigné pour des missions de confiance, telles que la délimitation du département de la Dordogne. — Si c'est bien lui, comme le disent les Archives de la Guerre, qui entra aux Pages en 1728, et non son frère Léonard, cela prouve simplement que l'on envoya pour les preuves le certificat de baptême de ce frère aîné.

1747, ayant fait sept campagnes en Allemagne et en Flandre, *(Arch. admin. de la Guerre.)*

Le chevalier de La Roque se maria à Coutras, le 24 avril 1749, avec *Marie-Anne de Barbot*, fille de Jean de Barbot, écuyer, seigneur de Fontbonne, receveur des fermes et douanes royales à Coutras, et de feue Marie de Richon [1]. Madame de La Roque décéda dans la même ville le 15 novembre 1786 ; elle était née le 8 septembre 1724 et avait été inscrite sous les prénoms de Marie-Anne, qu'elle portait rarement réunis, *(Reg. par.)*.

De cettte union sont provenus :

1. Elisabeth. Elle naquit en 1750 et épousa *Michel Trigant de La Croix*, fils de Jean Trigant de La Croix, seigneur du Puch, de Bernasse, de Fontidoulle, et de Catherine de Pressac. M. Trigant décéda à Coutras le 28 mars 1806 et sa femme également le 3 mars 1821, *(État-civil)*. Elle fit plusieurs testaments instituant ses frère et sœurs le 26 mars 1792, le 26 prairial an VI et le 16 novembre 1806, *(Minutes des notaires* et *Enregistrement de Coutras)*. Le premier est scellé de cachets portant ses armes dans un losange, mais sans la grappe de raisin.

2. Jean-Mathieu. — Il naquit le 25 mai 1752 et eut pour marraine sa grande tante, Marie-Claire de La Doire, dame de Cumond, *(Reg. par. de Saint-Médard-de-Guizières)*.

3. Marie-Paule. Elle naquit à Coutras le 14 février 1755 et y épousa le 16 novembre 1781 messire *Jacques-François de Morin* [2], gen-

---

(1) Madame de La Roque avait deux frères : Pierre de Barbot de Pleineselve, écuyer, seigneur de Montblanc, et Jean-Baptiste de Barbot, écuyer, sgr de Goujonville, tous deux officiers, qui obtinrent un arrêt de maintenue de noblesse, le 21 février 1761 (leur père était décédé à Coutras le 16 février 1755), sur titres remontant à noble Joseph de Barbot, sgr de Pétruault, commandant une compagnie au régiment de Picardie et vivant à la fin du XVe siècle, *(Arch. dép. de la Gironde*, B, 1445, et *Nouveau d'Hozier*, 24). Ce Joseph serait fils de noble Joachim de Barbot et de Catherine de Pétruault, lequel commandait cinquante hommes d'armes pour le roi d'Angleterre en 1450, (Note du vicomte de Barbot). Un de leurs cousins, Jean de Barbot, baron de Saint-Georges et de Pétruault, fut président de la Cour des Aides et de l'Académie de Bordeaux. C'était un ami, et collaborateur, dit-on, de Montesquieu. Armes : *d'azur à la bande d'argent, cotoyée de six étoiles d'or*.

(2) Ce François de Morin, qui dans de certains actes n'est qualifié que de monsieur et de bourgeois, était probablement fils de Thomas de Morin et de Marie Ferchat. Il appartenait à une ancienne famille bourgeoise de Coutras vivant noblement, sans rapport connu avec les Morin-Eycard, existant de nos jours en Médoc. Un ancien terrier du duché de Fronsac prouve que les Morin de Coutras étaient de même souche que les Morin barons du Sendat et de Montpouillan, seigneurs de Bartaud, Saint-Martin, etc., qui ont donné des conseillers au parlement de Bordeaux, un lieutenant-colonel, un gentilhomme du Prince de Conti, et qui se sont éteints il y a peu d'années dans le Lot-et-Garonne.

Les Morin restés à Coutras se sont alliés aux Ségur, Green de Saint-Marsault, Journiac de Saint-Méard, Pressac de Lioncel. Un de leurs membres, François de Morin, est inscrit dans l'Armorial de 1696, *(Reg. Guyenne*, 909), avec ces armes : *d'azur au lion contourné d'or*.

darme de la Garde du Roi, officier de la Connétablie, veuf de Marie Villegente, *(Reg. par.).* Elle était veuve dès 1792. Peut-être est-ce la même qu'une Marie-Paule Arlot, mariée à *Pierre Bayland*, et décédée à Coutras le 21 avril 1796 *(Etat-civil),* bien que l'acte de décès de cette dernière la disant âgée de 44 ans, reporte sa naissance à 1752.

4. JEAN, né à Coutras le 3 juillet 1756, *(Reg. par.)* et inhumé à Saint-Médard-de-Guizières le 19 janvier 1762, *(Id.).*
5. LÉONARD, qui continue.
6. MARGUERITE, née à Janguet, paroisse de Saint-Médard, le 22 avril 1759; elle eut pour marraine Françoise de Jaubert marquise de Frugie, *(Id.).*
7. FRANÇOIS-JEAN, né au même lieu le 14 mars 1761, nommé au baptême par messire François de Roux de Campagnac, sgr de la Meynardie. Il mourut le 8 octobre 1762, *(Id.).*
8. Autre ELISABETH, tenue sur les fonts baptismaux à Saint-Médard, le 17 mai 1764 par Jean et Elisabeth de La Roque, ses frère et sœur aînés, *(Id.).*
9. Autre MARIE-PAULE, en famille PAULINE. Elle naquit à Janguet le 1er novembre 1767, *(Reg. par. de Saint-Médard-de-Guizières).* Elle s'unit à *Samson-Gabriel Bonnin de Matha* (dont deux oncles, Bernard-Clément et Samson-Gabriel Bonnin seigneurs de Lignières, possédaient la charge de conseillers-référendaires en la chancellerie du parlement de Bordeaux), veuf de Marie-Thérèse Rigaud, fils des feus Gabriel-Samson Bonnin, procureur au sénéchal de Coutras, et Marie Trigant. L'acte est du 20 mai 1790, *(Reg. par. de Coutras).* Elle testa le 8 fructidor an VI, devant Dupuy, not., instituant son frère et ses sœurs, *(Minutes,* etc.), mais elle ne décéda à Coutras que le 5 janvier 1828, *(Etat-civil).*
10. FRANÇOISE, dite en famille LARUE [1]. En 1792 elle est légataire de sa sœur Elisabeth qui la désigne avec ses noms et surnom. Elle ne semble pas s'être mariée; elle vivait encore en 1813.

X. — LÉONARD D'ARLOT DE FRUGIE, qualifié *comte d'Arlot de Laroque* dans son acte de mariage à l'Etat-civil.

---

rampant contre un rocher d'argent mouvant du côté sénestre et adextré d'un arbre d'or, au chef cousu de gueules chargé de trois étoiles d'or. Mais comme ces armes sont *imposées d'office,* il est préférable d'adopter celles des barons du Sendat, *(Même Registre,* f. 48) : *d'argent au lion de sable, au chef d'azur chargé de 3 coquilles d'argent, écartelé de gueules au lion d'or.*

(1) Ce surnom de Larue pourrait venir du village de ce nom dans Saint-Médard-de-Guizières, où les La Roque semblaient avoir une propriété, voisine de la maison de Janguet qu'ils habitaient, dont ils paraissent avoir hérité de la famille de Choqueuse. — Cette Françoise est peut-être la même que Marguerite ci-dessus, du n° 6, car ce dernier prénom surcharge celui de Françoise dans l'original de son acte de baptême ; sa marraine du reste se prénommait Françoise.

Il naquit à Coutras le 27 juillet 1757, entra comme cadet gentilhomme au régiment d'Angoumois-infanterie le 6 juin 1776, y fut nommé sous-lieutenant en 1779, lieutenant le 10 avril 1787 ; il brisa son épée le 9 juin 1792, *(Arch. admin. de la Guerre)* et mourut à Coutras le 16 janvier 1813, *(Etat-civil).*

Le comte de La Roque avait épousé à Bayonne, le 12 janvier 1790, *Rose Lamaignère*, fille de Jean Lamaignère, et de Françoise Labarthe, *(Etat-civil de Bayonne).* La comtesse de La Roque décéda le 28 décembre 1800.

De ce mariage :

1. Un fils qui n'est pas né à Bayonne, mais qui, croit-on, s'y serait marié et dont il m'a été impossible de savoir le prénom. De son mariage serait provenu un fils également, né vers 1825. Mon père vit ce dernier quelquefois à Bordeaux chez sa tante, Mme Faissart. Il fut au collège quelques mois avec mon oncle le baron Hubert d'Arlot, qui le rencontra une fois depuis vers 1860, mais sans avoir l'idée de lui demander où il demeurait.
2. Françoise-Emmeline. Elle épousa, le 3 février 1813, *Jean Trigant de Geneste*, conservateur des hypothèques, fils de Raymond-Jean Trigant de Geneste, et de Marie-Justine Binet, *(Etat-civil de Coutras.)* M. de Geneste mourut à Mantes le 3 mai 1844, et sa femme, à Paris, le 24 novembre 1852, *(Les Trigant* et *Etat-civil de Paris* où elle est appelée *Darlot de Frugie de la Roque).*
3. Marie-Caroline-Etiennette, en famille Coraly, née à Bayonne le 3 septembre 1793. Elle se maria à Coutras le 16 août 1813, avec *Marc Faissart*, fils de Jean-Baptiste Faissart, et de Marie Navarre. Messieurs d'Arlot de Cumond et de Saint Saud, signèrent l'acte de mariage ainsi que Laure et Larue d'Arlot de La Roque, *(Etat-civil).*
4. Marie-Anne, née à Bayonne le 8 septembre 1795, unie à Bordeaux le 5 décembre 1821 avec *Pierre Bureau*, fils d'Antoine Bureau, et de Gracieuse Dubreuil, *(Etat-civil).*

CINQUIÈME BRANCHE.

SEIGNEURS DE FIRBEIX.

1581-1681.

V. — ANTOINE ARLOT, écuyer, seigneur de Firbeix, Mosnerie, la Barde, Vassoux, Baronnie, Pauliac, le Mas-du-Bos, Peyrussas, co-seigneur de Frugie.

Ce deuxième fils de Jean Arlot et d'Anne de Crozant épousa le 13 janvier 1581 *Marie Chapelle de Jumilhac*, sœur de Madeleine, dame de Frugie, (voir ci-dessus); il testa à Limoges le 30 mai 1607, devant Martin not. roy. *(Arch. dép. de la Dordogne, Insinuations)*, laissant :

1. JEAN, qui continue la descendance.
2. JACQUES, écuyer, sieur de Pauliac, Peyrussas, lieutenant particulier au présidial de Limoges. Il se serait marié en premières noces avec une Chapelle de Jumilhac, dont il aurait eu : *Jacques, Antoine* ou *Tony* et *Jeanne*, décédés avant lui, *(Note du marquis de Cumond)*. Ce qui est certain, c'est qu'il épousa *Catherine Sénemaud*, fille du greffier criminel de Limoges et de N... de Durand.

    Jacques du Harlot (c'est ainsi que son nom est orthographié dans plusieurs actes) testa le 2 février 1619 *(Calendrier Limousin, 1785, p. 91)*, ayant eu :

    > JEAN, baptisé à Limoges le 3 mai 1614 en l'église Saint-Michel-des-Lions, *(Arch. municip., 66, 70)*, probablement mort sans alliance.

3. MARIE. Par articles, signés Guischard not. le 8 mai 1597, elle s'unit à *Bertrand de Jehan*, écuyer, sieur de Valboulet et de Borie-Porte,

conseiller du roi au présidial de Périgueux, fils de noble Hélie de Jehan et de Jeanne du Puy-de-Trigonant, *(Arch. dép. de la Dordogne, Insinuations)*. Voir sur son rôle pendant la Fronde à Périgueux, le *Bull. de la Soc. archéol. du Périgord*, 1893, p. 92.

4. MADELEINE. Saint-Perdoux not. reçut, le 12 février 1612, son contrat de mariage avec *François de Bordes*, conseiller du Roi en la sénéchaussée de Périgueux [1], *(Id.)*. Elle fut enterrée à Périgueux le 20 août 1666, *(Arch. munic.* GG, 118, f. 49).

5. Autre MADELEINE, dite *de Firbeix*. Elle s'allia avec *Jean de Bric*, écuyer, sieur de Borlange, puîné de François de Brie, écuyer, sieur de Bosfranc et de Louise Goubert de Vonnac; le contrat fut retenu à Périgueux par Barbe not. roy., le 8 juillet 1615, *(Arch. dép. de la Dordogne, Insinuations)*.

VI. — JEAN ARLOT, écuyer, seigneur de Firbeix, la Mosnerie, Vassoux, Pauliac, etc.

Pardevant F. Labrousse, not. roy., le 19 janvier (*aliàs* mai) 1604, il épousa *Gabrielle de Lambertie* [2], quatorzième enfant de messire François de Lambertie, baron de Montbrun, lieutenant des Ordonnances, chevalier de l'Ordre, etc., et de Jeanne d'Abzac de La Douze, *(Id.)*. Madame de Firbeix testa devant Chabassier not. le 14 mai 1620, et son mari, le 4 février 1632. Il mourut le 2 mars 1635, laissant outre deux bâtards :

1. GABRIEL, qui suit.
2. MARIE. Elle contracta deux alliances : la première, le 20 juillet 1622, par contrat signé Chabassier notaire, *Jacques-François Aymery*, écuyer, vigier de Ladignac, seigneur des Blancs et du Chastaing, *(Arch. de Cumond)*, fils ou petit-fils de Jean Aymery ou Eymeric, sgr dés mêmes lieux et de Catherine de Lambertie [3]. La seconde

---

(1) François de Bordes, dont je n'ai pu établir l'ascendance, appartenait à une honorable famille de Périgueux, qui donna des magistrats, posséda des fiefs, notamment Beaupouyet au XVIe siècle. Il avait été nommé au présidial de Périgueux par provisions du 26 mai 1599. Un de ses fils, Hélie, fut premier président au présidial de Libourne: une de ses filles, Anne, épousa en 1633, Pierre de Ségur, chevalier, sgr de Montazeau. Les armoiries de cette branche d'après d'Hozier (*Nouveau d'H.*) pour les preuves de Ségur sont : *d'or à la tête de More de sable liée d'argent, au chef d'azur chargés de 3 épis de blé d'or.*

(2) La maison de Lambertie, dont la superbe généalogie due à l'érudit chanoine Lecler, a paru il y a un an, est des plus anciennes en Périgord et en Limousin. Elle possède toujours le château de son nom. Armes : *d'azur à deux chevrons d'or.* — Chérin *(164, Lambertie)*, qui avait vu la minute du contrat de mariage donne comme date *23 mai 1603*, l'insinuation est du 22 mars 1604.

(3) Ce Jean Aymery testa le 10 mars 1593 instituant François, son fils aîné, qui lors de la Recherche de la noblesse en 1598-99, produisit ses titres depuis 1487, date d'un hommage rendu au vicomte de Limoges pour le fief des Blancs par noble Bernard Aymeric. Les armes de cette famille ne sont pas connues d'une façon certaine, on peut adopter : *d'or à la fasce de gueules chargée de 3 émérillons d'argent.*

est du 21 mai 1631, date de son contrat, retenu par Magot, not. roy. à Périgueux, avec *Claude d'Aloigny*, chevalier, seigneur de Beaulieu, la Rolphie, le Puy-Saint-Astier, fils aîné de messire François d'Aloigny et de Charlotte de La Porte, (*Arch. dép. de la Dordogne, Insinuations*). Elle testa le 30 mai 1681, (*Dossiers généal. de M. de Boisville*).

3. Autre MARIE, dame de Firbeix. Elle aussi contracta deux alliances. A une date indéterminée, elle donna sa main à *Jacques Chapt de Rastignac*, chevalier, seigneur de Laxion, fils de messire Peyrot Chapt de Rastignac et de Marguerite Chapt. Le 21 juin 1637, (*Nadaud* etc., IV, 522) elle se remaria avec messire *André de Nesmond*, seigneur de Lagrange, fils de noble Jean de Nesmond, baron de Chézac, et de Marie de Monjon ou Monjou, (*Cabinet des Titres*, 90, f. 275).

VII. — GABRIEL ARLOT, écuyer, seigneur de Firbeix, Peyrussas, etc...

Homme d'armes de la compagnie de François de Gain, baron de Linards, il prit part à l'expédition de 1630 en Italie, fut mis hors de combat au siège de Cazal, et mourut vers 1637 à Firbeix des suites de ses blessures.

M. de Firbeix épousa, malgré son père, mais de l'avis de ses plus proches parents, en septembre 1628, sa cousine *Françoise de Vigier*, demoiselle de la Rochette[1]. Il mourut sans enfants légitimes, n'ayant eu qu'un bâtard, *Jean*, probablement fils de Marguerite de Vétat, fille de Pierre de Vétat, écuyer, seigneur de Villenson, qu'il avait séduite sous promesse de mariage n'ayant que seize ans, (*F. Périg.*, 118). Ce Jean est peut-être l'auteur d'une famille modeste, dont un seul membre, Jean-Baptiste Arlot, sieur de la Lande, épousa une fille de condition, Claire de Béron d'Oche, le 21 février 1746, et qui aurait désiré, au commencement de ce siècle, se rattacher à nous.

---

(1) Les armes de ces Vigier sont *d'azur à 3 fasces d'or*, d'après Lecler dans la *Généalogie Lambertie*, et *d'azur à 3 fasces d'argent, à la bordure de gueules*, d'après le *Cabinet des Titres*, 279, preuve 82. Cette famille est alliée aux premières maisons du Limousin ; on peut consulter sur elle les généalogies de Rochechouart et de Lambertie.

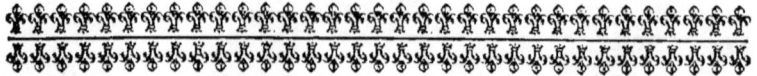

NOMS ISOLÉS.

N... Arlot. — Il s'agit d'une fille qui signe *Arlot de Masvaleix*, le 27 septembre 1598, aux articles de mariage d'Isabeau et de Jeanne de Garebœuf, filles de feu noble Aymeric de Garebœuf, seigneur de Masvaleix et de Madeleine Chapelle de Jumillac, avec Jean et Jacques de Puiffe, maîtres de forges, articles où un Arlot signe comme témoin. Elle dut épouser Jean de Garebœuf, écuyer, sieur de Masvaleix, frère des futures, (*Archives dép. de la Dordogne, Insinuations*).

N... d'Arlot, seigneur de Saint-Saud. — Mgr Hazera, dans *Un curé d'Ambarès au XVIIe siècle*[1], cite, sans source malheureusement et sans se souvenir, m'a-t-il dit, d'où il l'avait tiré, une lettre relative à l'église d'Ambarès (Gironde) où on lit « ...Il y a de longues années que le beau-père et la belle-mère de Monsieur de Sainct-Sault ont été les bienfaiteurs de l'église d'Ambarez : les imitant ledict sieur de Sainct-Sault a fait des presans en la dicte esglize, de valeur, mesme a faict faire des couronnes d'Argent... Le dict sieur demande de poser un banc pour estre disserné du comun des paroissiens... 13 mars 1645. »
Il s'agit donc bien d'un gentilhomme, peut-être de François d'Arlot, né en 1612, fils aîné d'Antoine, seigneur de Frugie et de Saint Saud, que Lespine dit simplement mort jeune et qui, en effet, aurait pu se marier à Ambarès et mourir sans enfants âgé de trente et quelques années.

Laure d'Arlot. — Elle appartenait à la branche de La Roque ; on relève sa signature dans différents actes, à Coutras, en 1813 notamment. Elle est fille ou de Marie de Barbot ou de Rose Lamaignère : il ne faut pas la confondre avec celle surnommée Larue.

---

(1) Tiré-à-part d'un article paru en 1891 dans la *Revue catholique de Bordeaux*.

FAMILLES INDÉTERMINÉES.

N... ARLOT DU PRÉ, docteur de l'Université de Paris, général de l'Ordre des Franciscains de 1280 (*aliàs* 1285) à 1286, date de sa mort, est généralement considéré comme italien, parce qu'il dut naître à Prato en Toscane; néanmoins d'anciens documents sur ce religieux, qui avait son père et trois de ses frères dans l'*Ordre séraphique*, prouvent qu'il avait des parents en France et que, de passage à Paris, il s'occupa d'affaires les concernant; (*Intermédiaire des Chercheurs et des Curieux*, 1896, I, 326, 665).

Dans l'index du *Cartulaire des Templiers du Puy en Velay*, publié par Augustin Chassaing en 1882 (que je n'ai pu consulter) on trouve le nom de ARLOTZ.

JEAN D'ARLAUT, écuyer, est compris pour la châtellenie de Decize en Nivernais, dans le ban et arrière-ban de ce comté, parmi ceux reçus le 1er mars 1503 comme y ayant fief, (*Inventaire des titres de Nevers*..., 454).

MADELEINE D'ARLOT. — Elle épousa par contrat du 7 novembre 1530 noble Guillaume de Roys, seigneur de Lédignan en Languedoc (*Cabinet des Titres, Petite-Ecurie*, 12, f. 29). Mais dans les *Carrés de d'Hozier* (561, f. 219) le père de Madeleine est dénommé feu noble Pons *d'Arelot*, sa femme, Madeleine de Villages, et ils sont dits habiter Beaucaire.

Noble JEAN D'ARLAUS figure le 16 mai 1574 à la montre de Jean d'Hébrard de Saint-Sulpice passée à Lomagne (*Mss. de Clairambault*, 126, f. 850).

MICHEL D'ARLOT (appelé dans un autre acte D'ARLAUT), du pays d'Auvergne, fait partie avec d'autres gentilshommes de cette province, du Limousin, etc., des archers de la Compagnie des Ordonnances du Roi, commandée par M. de Malicorne. On le trouve aux montres du 24 septembre 1575 à Cheray en Poitou, du 2 mai 1580 à Bazauge en Poitou, du 26 octobre 1581 à Aveluy (*Id.*, 125, p. 716 ; 278, p. 5220 ; 279, p. 5602).

Voici en outre ce que contiennent les Pièces Originales, vol. 92, *sur une famille du Baillage de Sens, dont le nom s'orthographiait comme le nôtre, et sur laquelle je n'ai pu avoir de plus amples renseignements ; ses armoiries même me sont inconnues.*

Louis d'Arlot, écuyer, sieur de la Basse-Pleine, décédé avant 1661, laissa de Marie Poisson :

1. Louis, qui suit.
2. Philippe, écuyer, sieur de Fonville ou Fornille, mort avant 1685. Il se maria : 1° le 17 mai 1074 avec Louise Gautier, veuve de noble Paul Hatton, fille de noble Hubert Gautier et d'Anne Mourain ; 2° avec Suzanne de Beaumont.
3. Anne, femme de René de Chapelles, écuyer, sieur de Montarlot.
4. Françoise.

Louis d'Arlot, écuyer, sieur de la Basse-Pleine, marié en 1661 avec Marie Hatton, fille de N... et de N... de Semay, dont il eut :

1. Charles-Edme, qui suit.
2. Louise.

Charles-Edme d'Arlot, écuyer, sieur de la Basse-Pleine (Plaine) et du Petit-Courus. Il s'unit par contrat du 8 janvier 1685 à Marie de Girard, fille de Pierre de Girard, écuyer, sieur de la Salle et de Malassis, dont :

1 et 2. Charles et Louise.

ARMOIRIES DES FAMILLES ALLIÉES

Un certain nombre d'armoiries sont déjà inscrites en notes dans le corps de la généalogie, je donne ci-dessous l'indication de celles complémentaires que j'ai pu trouver.

ALESME. — D'azur au chevron d'or, accompagné en pointe d'un croissant d'argent, au chef cousu de gueules chargé de trois étoiles d'or, *(Armorial du Périgord)*. — Il y a de nombreuses variantes, la branche du parlement de Bordeaux, par exemple, supprimait le chevron et remplaçait parfois les étoiles par des molettes. Saint-Allais et Laîné de leur côté modifient sensiblement les émaux.

ALOIGNY. — De gueules à cinq fleurs de lys d'argent, posées en sautoir.

BEAUDET. — D'azur à trois gerbes d'or, 2 et 1, et à trois étoiles mal ordonnées aussi d'or, *(Maintenue de noblesse, Armorial de 1696, cachets,* etc.).

BELHADE[1]. — D'argent au léopard de gueules, *(Armorial du Périgord)*. — Ecartelé aux 1 et 4 d'argent au lion de gueules, aux 2 et 3 d'argent, à trois fasces d'azur, *(D'Hozier, Ecoles militaires)*.

BONNIN. — D'azur au phénix d'or sur son immortalité de gueules regardant une étoile d'or. *(Armorial Général de 1696, Guyenne 386,* armes déclarées par Jean Bonnin, chanoine de Bazas). Les armes suivantes paraissent préférables. Clément-Bonnin de Lignières, ancien référendaire en la chancellerie de

---

(1) L'Etat-civil moderne fait précéder ce nom de celui de *Thaudias*, qui n'est pas patronymique mais terrien.

Bordeaux, déposa à Coutras, le 3 mars 1792 devant Dupuy not., son testament ainsi « scellé de son cachat ordinaire » : dans un écu timbré d'un casque on voit sans émaux malheureusement : une montagne à deux copeaux, celui de dextre accompagné en chef d'une étoile, celui de sénestre cimé d'un arbre, (*Minutes de Dupuy en l'étude de M° Bardineau*).

Breuil (Du). — Plusieurs familles de ce nom existaient simultanément en Périgord et en Limousin ; dans le doute de savoir exactement celle à laquelle nous sommes alliés, je n'ose donner d'armes.

Brie. — D'or à trois lions de gueules, armés, lampassés et couronnés de sinople, *aliàs* d'azur.

Chapt. — D'azur au lion d'argent, armé, lampassé et couronné de gueules.

Chevalier. — Même observation que pour les du Breuil.

Dutartre. — D'azur à 2 chevrons surmontés d'un croissant entre deux étoiles, le tout d'or, *(Cachet de famille)*.

Foucauld. — De gueules au lion d'or.

Ganivet-Desgraviers. — D'azur au griffon d'or tenant une épée haute dans sa patte dextre, à la champagne d'or chargée de trois étoiles de gueules, au franc-quartier de gueules à l'épée haute d'or.

Garebœuf. — D'argent au bœuf de gueules, au chef d'azur chargé d'un croissant d'argent accosté de deux étoiles d'or, *(Armorial du Périgord)*.

Gautier. — D'azur à trois poignards versés de gueules garnis d'or.

Hautefort. — D'or à trois forces de sable.

Jehan. — D'azur au chevron d'or, accompagné en chef de deux fleurs de lys d'or, et en pointe de trois besans mal ordonnés d'argent.

Juddé. — De gueules (?) à la fasce d'argent, accompagnée de trois roses d'or en chef, et en pointe d'une billette aussi d'or.

La Baume. — Ecartelé au 1er d'azur au loup passant d'or; au 2 de sable au lion d'or; au 3 d'azur à trois fleurs de lys d'or, au bâton péri de gueules en bande; au 4 d'argent à l'aigle de sable, au chef d'azur ; et sur le tout d'or à la fleur de lys de gueules, *(Armorial du Périgord)*. — Ecartelé d'or au chef d'azur à l'aigle de sable brochant sur le tout, et d'azur au loup passant d'or, *(Nouveau d'Hozier, Fayolle, 24)*.

La Mothe. — De sable au lion d'argent, armé, couronné et lampassé de gueules, *(douteux comme attribution)*.

La Roumagère. — D'azur au chevron d'or, potencé et contre-potencé d'azur, accompagné en chef de deux losanges d'or et en pointe d'un lion d'argent.

Montalembert. — D'argent à la croix ancrée de sable.

Montfrebeuf. — D'azur au lion couronné d'or, *(Lainé)*.

Nesmond. — D'or à trois cors de sable, *alias* de sinople, enguichés et virolés de gueules, *alias* de sable.

Périer (du). — Ecartelé aux 1 et 4 d'azur à dix billettes d'or 4, 3, 2, 1; aux 2 et 3 d'azur à trois poires d'or 2 et 1, tigées et feuillées de même, accompagnées en cœur d'un épervier d'or sonneté et grilleté de même, et perché sur un bâton d'or.
(Armes portées par la famille, mais le Nobiliaire de Guyenne et des ouvrages héraldiques donnent des variantes surtout dans les émaux).

Saint-Angel. — D'or au palmier de sinople supporté par deux lions affrontés de gueules.

Sénemaud. — D'argent au cœur surmonté d'une croix de gueules, accosté de deux étoiles d'azur, *(Armorial général de 1696, Limoges, p. 145 des Blasons)*.

Soyres. — D'argent au phénix de sable essorant de son immortalité de gueules, adextré en chef d'un soleil de gueules et senestré d'une étoile de même.

TAILLEFER [1]. — Losangé d'or et de gueules ; sur le tout de gueules au dextrochère de carnation paré de gueules, mouvant de l'angle dextre supérieur de l'écu et taillant d'une épée d'argent, garnie d'or en bande, une barre de fer de sable en barre, accompagné de deux molettes à huit rais d'or, une en chef, l'autre en pointe.

TERRASSON. — D'azur au monde d'argent sommé d'une croix pattée d'or, accompagné de deux étoiles d'or en pointe, (Cachets de famille, branche de Monleau ; — la branche aînée, éteinte, portait le monde d'or cintré de gueules, sommé de sa croix tréflée d'or, bien qu'un cachet ancien donne le monde, la croix et les étoiles d'argent).

TRIGANT. — D'azur à deux lions affrontés d'argent soutenus d'une terrasse de sinople, au chef d'argent chargé d'un croissant de gueules.

---

(1) L'Etat-civil moderne fait précéder ce nom de celui de *Wlgrin*, qui n'est pas patronymique, et n'a été pris depuis un siècle qu'en souvenir de l'origine possible avec les comtes d'Angoulême.

DESCENDANCE

DE SAINT LOUIS

ROI DE FRANCE.

Tableau I.

I. — Saint Louis, roi de France, épousa en 1234 Marguerite de Provence.

II. — Robert de France, comte de Clermont, épousa en 1272, Béatrix de Bourgogne, dame de Bourbon.

III. — Louis de France, duc de Bourbon, épousa Marie de Hainaut.

IV. — Marguerite de Bourbon, épousa en 1320 Jean de Sully.

V. — Jeanne de Sully [1] épousa en 1336 Jean, vicomte de Rochechouart.

VI. — Louis, vicomte de Rochechouart, épousa vers 1356 Marie Vigier de Javerlhac.

VII. — Jean, vicomte de Rochechouart, épousa Eléonore de Mathefélon.

VIII. — Marie de Rochechouart s'unit vers 1400 avec Louis de Pierrebuffière.

---

(1) Bien que cette Jeanne de Sully figure dans le *Père Anselme* et au tome I, p. 124 de l'*Histoire de la Maison de Rochechouart* comme fille d'Henri IV de Sully, elle est bien dite aux pièces justificatives de la page 125, et aux pages 311 et 315 du tome II, fille de Jean II de Sully, sœur d'un Jean, fils de Marguerite de Bourbon et oncle de Louis de Rochechouart, que le roi de France traitait de cousin à cause de cette parenté proche.

IX. — Catherine de Pierrebuffière épousa vers 1430 Antoine de Maumont.

X. — Antoine de Maumont Saint Vitte eut d'une alliance inconnue.

XI. — Anne de Maumont mariée en 1519 à Pierre Arlot de Frugie.

Tableau II.

(Les quatre premiers degrés comme dans le Tableau I)

V. — Louis de Sully épousa Isabeau de Craon.

VI. — Marie de Sully épousa en 1382 Guy de La Trémoïlle.

VII. — Georges de La Trémoïlle s'unit en 1425 avec Catherine de l'Ile-Bouchard.

VIII. — Louise de La Trémoïlle alliée en 1444 à Bertrand de La Tour.

IX. — Jeanne de La Tour d'Auvergne mariée à Aymar de Poitiers en 1472.

X. — Jeanne de Poitiers épousa vers 1500 Jean de Lévis-Mirepoix.

XI. — Françoise de Lévis mariée à Gaston d'Andouins, baron de Navailles.

XII. — Madeleine d'Andouins s'allia en 1527 avec Jean-Marc de Montault.

XIII. — Bernard de Montaut époux de Talilha de Gabaston.

XIV. — Philippe de Montaut, duc de Lavedan, marié à Judith de Gontaut en 1592.

XV. — Jeanne de Montaut-Bénac femme de Jean de Losse.

XVI. — Charlotte de Losse épousa en 1623 Henry-Raphaël de Beaudet.

XVII. — Suzanne de Beaudet mariée en 1654 avec Hélie d'Arlot, seigneur de Cumond.

Tableau III, descendances IIIe, IVe et Ve.

I. — SAINT-LOUIS, marié en 1234 à Marguerite de Provence.

II. — Philippe-le-Hardi, roi de France, épousa en 1262 Isabelle d'Aragon.

III. — Charles de France, comte de Valois, s'unit en 1308 à Mahaud de Châtillon.

IV. — Isabelle de Valois, décédée en 1383, avait épousé son cousin Pierre, duc de Bourbon, fils de Louis et de Marie de Hainaut, formant le IIIe degré du tableau I; (c'est ainsi la quatrième descendance de saint Louis). Trois de leurs filles épousèrent Charles V, roi de France, le roi de Castille et le comte de Savoie.

V. — Marguerite de Bourbon s'unit à Arnaud-Amanieu d'Albret en 1368.

VI. — Charles d'Albret épousa, en 1402, Marie de Sully, veuve de Guy de la Trémoïlle, fille de Louis de Sully, (qui forme le degré v du tableau II, et donne la cinquième descendance de saint Louis).

VII. — Jeanne d'Albret épousa en 1422 Jean, comte de Foix, vicomte de Béarn.

VIII. — Gaston, comte de Foix, marié (contrat *ante nuptias* en 1434) avec Eléonore, reine de Navarre, fille de Jean II, roi d'Aragon.

IX. — Jacques de Foix, infant de Navarre, mort en 1500.

X. — Frédéric de Foix, épousa Françoise de Silly et mourut en 1537.

XI. — Jeanne de Foix, unie en 1564 à Armand de Gontaut.

XII. — Judith de Gontaut mariée en 1592 à Philippe de Montaut, duc de Lavedan et de Navailles.

XIII. — Jeanne de Montaut alliée à Jean de Losse.

XIV. — Charlotte de Losse mariée à Raphaël de Beaudet en 1623.

XV. — Suzanne de Beaudet femme d'Hélie d'Arlot, seigneur de Sainte-Marie et Cumond.

C'est ainsi qu'ont plusieurs fois dans les veines du sang de saint Louis plusieurs familles qui descendent d'Hélie d'Arlot, telles que celles d'Alesme de Meycourby, de Belhade, de Boisjoly, de Boysson, de Castarède, de Cézac, de Chaunac-Lanzac, de Choiseul-Gouffier, de Commarque, de Fayolle, de Ferère, de Lastic, de Maillard-d'Hust, de Montalembert d'Essé, du Périer de Larsan, de Saint-Angel, de Sénailhac, de Soyres, de Terrasson de Monleau, de Valicourt, etc.

D'AUROUT.

ESSAI GÉNÉALOGIQUE.

BIGORRE. — GASCOGNE. — PÉRIGORD.

1470-1819.

ARMES

D'AZUR au rocher d'or gravi par un ours de même, surmonté de trois étoiles d'or *(Production pour la Maintenue de 1667)*[1].

---

[1] Dans cet essai généalogique tout ce qui est indiqué antérieurement à 1667 sans référence de source provient de la production originale pour la Maintenue de noblesse concernant cette famille, conservée aux Archives du Grand-Séminaire d'Auch, sous la cote 1716. Quant aux détails concernant les derniers d'Aurout habitant à la Serpent, ils me viennent en partie de l'aimable abbé Dubos, curé de Saint-Avit.

SEIGNEURIES

Aurout. — L'orthographe actuelle est *Ourout*. — C'est un château, avec ancienne paroisse, qui dépend actuellement de la commune d'Argelès-Gazost, sous-préfecture des Hautes-Pyrénées. La famille d'Antin y succéda aux Aurout. Germain d'Antin, dit le *capitaine Ourout*, épousa en 1569 Louise de Majourau, dame de Doumec (Omex) et d'Ourout par son père, Bernard de Majourau, qui avait acquis ou échangé ces terres à la famille Aurout.

En 1772 Madeleine de Carrère hérita des biens de son grand'oncle, Paul d'Antin, elle épousa en 1773 Nicolas de Saint-Pastou. C'est ainsi que la comtesse de Roquette-Buisson, née Saint-Pastou, possède les terres d'Ourout et de Vieuzac, près d'Argelès, terres provenant des Ourout ou Aurout qui nous occupent.

Bignac (Le). — Fief et annexe de la commanderie de Saint-Nexans, appelés Albuchac ou Albinhac, au moyen-âge ; c'est actuellement un simple hameau de la commune de Saint-Nexans, du canton de Bergerac (Dordogne). La maison noble appartient de nos jours à M. Xavier de Grézel, dont le grand-père, M. de Nadal, l'avait achetée à une famille Blanc.

Doublet. — *Salle* noble, voisine de celle de Lapalisse.

Doumec. — Actuellement *Omex*, commune du canton de Lourdes (Hautes-Pyrénées).

Lapalisse. — *Salle* noble dans la commune de Larroque-Magnoac, canton de Castelnau-Magnoac (Hautes-Pyrénées). Il est possible que les Aurout aient baptisé quelque petit fief en Périgord, du nom et en souvenir de cette *salle*, puisqu'on les trouve qualifiés de sieurs de Lapalisse encore au xviiie siècle, alors que Lapalisse en Bigorre avait été vendu en 1619.

Ourout. — Voir *Aurout*.

Ponsan. — Paroisse et seigneurie du canton de Masseube (Gers).

Serpent (La). — Appelé *Le Serpent* sur la carte d'état-major. Hameau de la commune de Lévignac, canton de Seyches (Lot-et-Garonne). — Cette maison noble fut inféodée, le 10 septembre 1475, par noble Jean de Pellegrue et Madeleine de Larroque, à nobles Pierre de Garennes et à Germaine de Miles, sa femme. En juillet 1527, Arnaud de Béraud, écuyer, capitaine de Lévignac, déclara qu'il avait succédé à noble Germain de Miles et rendit hommage sous le devoir d'une paire de gants. En 1604 les biens qui entouraient cette maison noble étaient déclarés nobles par le Conseil du Roi. Le 5 janvier 1618 Frédéric de Foix, comte de Gurçon, l'échangeait à la famille de Béraud contre la baronnie de Monteton et recevait comme soulte 50.900 livres. La maison et la métairie principale, aliénées par le Grand-Séminaire d'Agen pour 105.000 francs, appartiennent de nos jours à M. Pallart, viticulteur distingué. *(Note de M. l'abbé Dubos)*.

Tournous. — Actuellement Tournous-Devant, commune du canton de Galan (Hautes-Pyrénées).

BRANCHE UNIQUE

1470-1819.

I. — Noble Arnaud-Guilhem d'Aurout, seigneur d'Aurout et de Doumec.

Il naquit vers 1470, et épousa vers 1490 noble *Jacquette de Lanustan*, dame de Doumec, maison noble qu'il aliéna avec celle d'Aurout. Il fut père du suivant.

II. — Noble Fortuné d'Aurout.

Il se maria deux fois : la première, avec *Austher (Esther ?) de Majourau*, qui testa devant Furcata not. le 26 janvier 1521, instituant Arnaud ; la seconde avec *Jeanne de Lanusse*. Dans le second contrat, retenu par Bertrand Desmartis, not. roy. le 25 mars 1525, Esther de Majourau et ses enfants sont rappelés.

Enfants du premier lit :

1. Arnaud, qui suit.
2 et 3. Guillaume et Antoine, nommés au contrat de 1525.

Peut-être du deuxième lit :

3. Noble Bernard d'Aurout, sieur de Locy, qui en janvier 1574, adressa une requête au sénéchal de Bigorre pour obtenir une indemnité parce que ses biens avaient subi des dommages pendant les guerres de Religion. (*Arch. du Gr. Sém. d'Auch*, 1715).

III. — Arnaud, *aliàs* Arnaud-Domec, d'Aurout, écuyer, seigneur de Lapalisse, Doublet, Sainte-Yraltie, co-seigneur d'Estavalies, maréchal-des-logis du roi de Navarre.

Par contrat du 12 mars 1570, signé Barbie, not. roy., il s'unit avec *Marie de Lassus*, damoiselle[1]. De cette union provinrent :

1. EYMERIC, écuyer, seigneur de Tournous, Ponsan et Aurout. Bien que cette dernière terre ne lui appartint plus il s'en qualifie de seigneur dans son premier testament, reçu par Sanchou, not. roy., au château de Montégut en Fézensac. Dans cet acte du 9 octobre 1599, il demande à être enseveli à Sainte-Aullarie (Eulalie), au terrain de Sentrailles en Magnoac, il institue son frère Jacques [2].
Par contrat filiatif du 20 juin 1620, il épousa, par 'devant Gleyzes not. roy., *Jacquette de Brunet d'Auriac*. Le 15 juillet 1631, il fit un nouveau testament, ayant eu :

   A. BERNARD-ROGER, écuyer, seigneur de Tournous. Il est nommé dans la production de son cousin lors de la Recherche de la noblesse en 1667, *(F. Périg.*, 16). Il épousa *Jeanne de Durfort de Castelbajac*, probablement fille de Godefroy de Durfort, marquis de Castelbajac (mort en 1652) et de Marthe d'Ossun ; ou bien de son fils Roger de Durfort, marquis de Castelbajac, et de Jeanne d'Astugues [3], *(Dossiers du chanoine de Carsalade).*

   De cette union provinrent :

   a. LOUIS-BERNAD, seigneur de Tournous, nommé à la production de 1667. Il vivait encore en 1710.
   b. PAUL, nommé dans la même pièce.
   c. JEANNE. Elle est nommée avec ses frères, le 1er juillet 1710, dans un acte concernant l'hérédité de leur tante, Marie de Brunet, passé avec Marie de Vignes, veuve de messire Dominique de Sérignac, fille de Paul de Vignes, *(Id.).*

   B. JEANNE, alliée vers 1650 à *Jean de Castelbajac*, chevalier, seigneur du Bernet, de Cuclas, gentilhomme de la Chambre du Roi, dont les descendants prirent le titre de marquis de Castelbajac.

---

(1) Interrogé par moi si cette Marie de Lassus était de sa famille, le baron de Lassus, qui demeure près de Montréjeau, m'écrivait dernièrement : « Je ne crois pas que Marie de Lassus appartienne à notre maison ; tout au plus se rattacherait-elle à une branche éteinte au XVIIe siècle. »

(2) Je dois ce renseignement, ainsi que quelques autres, à l'obligeance de M. le chanoine de Carsalade du Pont, dont les dossiers généalogiques sont ouverts gracieusement aux chercheurs.

(3) Cette branche des Durfort n'existe, ni dans le *Père Anselme*, ni dans *La Chesnaye-des-Bois*.

2. Jacques, qui continue la descendance.

3 et 4. Antoinette et Jeanne. Elles sont nommées avec leur sœur Anne dans le testament de 1599, *(Id.)*.

5. Anne. Le 9 avril 1619 elle vendit conjointement avec ses frères les maisons de Sainte-Yraltie, Doublet et Lapalisse, que leur père avait acquises de noble Jean de Montesquiou.

IV. — Jacques d'Aurout, écuyer, seigneur de Lapalisse (terre dont il avait sans doute conservé certains droits).

En 1616 il était en Saintonge, gendarme de la compagnie du duc d'Epernon, (*Rôles Saintongeais*, par Brémond d'Ars, pp. 38 et 45). Devenu officier au régiment des Gardes de Louis XIII, il fut ensuite capitaine au régiment de la Valette. Toutes ces circonstances l'amenèrent en Périgord.

Jacques d'Aurout fut nommé maire de Bergerac par Lettres royaux du 27 décembre 1629. A la Jurade du 27 juillet 1630, Hélie Sorbier, docteur en médecine, protesta contre cette nomination, le nom de M. de Lapalisse, ne se trouvant pas, disait-il, sur la liste dressée par les consuls sortant de charge, où figuraient les noms de douze bourgeois « d'entre lesquels M. le bailly faict élection de huit consuls; » et M. d'Alba, avocat, voulut faire procéder immédiatement à la nomination d'un maire suivant les us et coutumes. Le choix du Roi fut néanmoins maintenu d'après la volonté formelle de MM. de Verthamon et Saint-Privas, commissaires députés pour l'exécution de l'Edit de Nantes.

L'opposition faite à Jacques d'Aurout, venait non seulement de ce qu'il était étranger au pays, mais aussi, catholique, or depuis nombre d'années le maire de Bergerac était protestant.

Cette résistance des consuls avait déjà motivé la lettre suivante du duc d'Epernon, lettre grosse de menaces :

« Messieurs les consuls,

« J'ay apris par les lettres qu'a escrit par deça M. d'Argenson et
« veu par la coppie de l'acte de jurade que vous avez naguères
« tenu sur le subiet de la despeche que le Roy vous avoit faicte sur
« l'establissement du sieur de Lapalisse en la charge de mayre de
« Bergerac, la difficulté que vous avés faict d'obéir aux volontés et
« commandemens de Sa Maiesté, en quoy vostre communaulté a
« donné une nouvelle marque de la mauvaise affection qu'elle a à
« son service et m'a donné en mon particulier occasion de me

« plaindre de ceux quy ont participé à ceste désobéissance pour les
« raisons que vous scavés bien, sans que ie vous les raporte ;
« possible que le temps vous faira cognoistre la faulte que vous
« avés de colère commise et vous donnera loisir de vous repentir
« de ce mauvais conseil, et à moy de vous apprendre à mieux obéir
« à Sa Majesté que vous n'avés faict par le passé ; ie ne suis pas si
« loing de vous que ie ne m'en rapproche dans peu de temps avec
« l'ayde de Dieu ; cependant je demeureray autant que vous m'y
« avés obligé,

« Messieurs les consuls,
« Vostre affectionné amy,
« Henry de Lavalette.

« De Paris, ce 24 fevrier 1630. »

Deux mois plus tard, le duc d'Epernon adressait aux officiers municipaux de la petite ville périgourdine une nouvelle lettre :

« Messieurs les consuls,

« J'ay été estrèmement estonné d'apprendre que vous vous soyés
« rendus les principaux instruments des persécutions qu'on fait aux
« cappitaines et officiers quy ont ci devant servy le Roy à Bergerac ;
« je seray bientost Dieu aydant sur les lieux, où ie scauray bien
« vous faire rendre compte de vos actions et remettre dans leur
« devoir ceux quy s'en sont esloignés. On m'a dit aussy que
« le lieutenant criminel invente toutes sortes d'artifices pour
« travailler lesdicts officiers ; s'il se conduit en cela par passion
« plustost que par justice il pourra bien apprendre à ses despens à
« quoy le devoir de sa charge l'oblige [1]. Au surplus ayant veu par
« une lettre de Sa Majesté son intention touchant le sieur de Lapa-
« lisse que sadicte Majesté avoit esleu pour mayre, ie trouve bien
« estrange que vous ayés fait refus de suivre la volonté de Sa
« Majesté. Je scauray bientost quy sont les autheurs de tant de
« mauvaises résolutions que vous avés prises et ie leur feray
« connoistre de quelle façon ils doyvent obéyr au Roy et servir le
« puble ; c'est ce que i'ay voulu vous dire par ces lignes, et que comme
« les meschants doyvent attendre que leurs fautes seront punies, ie

---

(1) Il apprit en effet à ses dépens ce qu'il en coûtait de résister à d'Epernon et aux cardinaux. Il se nommait Jacques Loyseau, fut maire en 1641, et eut une conduite très digne lors de la prise de Bergerac par les Croquants ; ce qui ne l'empêcha pas d'être décapité en 1650 pour avoir donné dans la Fronde. Mazarin avait hérité de la haine de Richelieu et du duc d'Epernon.

« seray bien ayse de tesmoigner à ceux d'entre vous qui se sont
« tenus en leur devoir, que ie suis

« Messieurs les consuls,

« Henry de Lavalette.

« A Fontenay-en-Brie, le xxᵉ avril 1630. »

En 1632, M. de Lapalisse fut député par la jurade de Bergerac vers M. d'Epernon pour « luy faire très humble supplication de recepvoir les habitans en sa grace, et oublier tout le passé, ce qu'il leur avoict octroyé. » La main de fer de Richelieu s'était fait sentir là comme ailleurs, et son protégé fut désigné aux mois d'octobre et de novembre de cette année-là pour aller au nom de la Communauté subjuguée saluer à Bordeaux le Roi, la Reine et le Cardinal, (*Renseignements de M. Charrier, archiviste municipal*, d'après les livres de la *Jurade de Bergerac*).

Par contrat retenu Vidal, not. roy., Jacques d'Aurout épousa le 14 juillet 1624 (date de l'insinuation : 9 juin 1625,) *Jeanne de Tours*. Le 7 août 1634, il fit son testament devant Deguorsse, notaire, et mourut peu après, car, le 23 octobre 1636, sa veuve convola en secondes noces, avec Hélie de Chilliaud, écuyer, seigneur d'Adian, lieutenant général en la sénéchaussée de Bergerac, (*Arch. dép. de la Dordogne, Insinuations*). Elle testa le 28 septembre 1653 devant Lambert, not. roy., instituant son fils qui suit.

V. — Philippe d'Aurout, écuyer, seigneur de Lapalisse et du Bignac.

A moins que le mariage de son père n'ait de beaucoup précédé le contrat, il serait né au plus tôt en 1625 et n'aurait donc été âgé que de 42 ans lors de la Réformation de 1667. Se serait-il vieilli en se donnant 45 ans, lorsque les 8 février et 14 avril 1667 il fit la production exigée pour la maintenue de noblesse devant de Labrousse, subdélégué à Sarlat de l'Intendant, production jugée bonne, puisqu'il figure sur le catalogue des nobles de cette Élection (*Arch. de Gérard*, et *dép. de la Gironde*, C, 3339) ? Cela n'est pas probable, puisqu'il fut convoqué, en 1636, par le sénéchal de Périgord pour le service du Roi. Nous le voyons ensuite enseigne au régiment de Picardie et officier à celui de Montignac.

Le 23 mars 1655, Lambert, not. roy., reçut son contrat de mariage avec *Isabeau de La Plénie*[1]. Le 21 novembre 1684, il assiste au contrat de mariage de Jean (Estutt) de Solminihac, écuyer, seigneur de Mézières et de Bouniagues, avec Isabeau de Digeon (*Généalogie Estutt*, par le marquis de La Guère).

De cette union, rompue avant 1696, sont provenus :

1. CHARLES, qui continue.
2. Probablement PHILIPPE, écuyer, sieur de Lapalisse vivant en 1714. Il n'est connu que par sa fille.

> CHARLOTTE épousa *Jean de Solminihac*, écuyer, de la branche des Estutt, seigneur de Bouniagues, peut-être fils de Jean (Estutt) de Solminihac, sgr de Bouniagues et Mazières et de Jeanne de Digeon. Elle naquit vers 1707 et mourut âgée de 84 ans à Bouniagues le 30 novembre 1791, *(Reg. par. de Saint-Nexans)*. En 1743, elle fut en procès avec Jean Lebreton, écuyer, sieur de Pradier, au sujet d'une dette contractée par son père en mars 1714, *(Arch. dép. de la Dordogne*, B, 2080, reg. f. 70).

3 et 4. JUDITH et ISABEAU. Elles sont nommées toutes les deux dans la production de 1667.
5 et 6. Peut-être ANNE et HENRYE, marraines en 1707 et 1711.

VI. — CHARLES D'AUROUT, chevalier, seigneur de Lapalisse et du Bignac, capitaine au régiment royal de la Marine, *(Pièces originales*, 246).

C'est avec les qualifications ci-dessus qu'il fut convoqué au ban de la sénéchaussée de Bergerac en 1692.

Charles d'Aurout (*alias* de Dauroux) épousa *Charlotte de Vincens*[2]. Il mourut avant 1736, ayant eu :

1. JOSEPH, qui suit.
2. JEANNE-*MARIE*-HENRYE. Elle fut présentée au baptême le 16 novembre 1707 par Jean de La Blénie, écuyer, seigneur de Boulou, lieutenant-

---

(1) Isabeau de La Plénie appartenait à une famille peu connue du Sarladais et maintenue cependant dans sa noblesse en 1667. Il est probable que ce sont ses armes à elle que, veuve, elle fit inscrire dans l'Armorial général de 1696 : *d'or à la bande d'azur chargée de 3 croissants d'argent*, puisque ce ne sont pas celles de son mari. Cependant l'Armorial du Périgord (II, 48) atribue ces armoiries aux Aurout, et donne aux La Plénie : *de gueules à la cloche d'or*.

(2) **Charlotte de Vincens** appartenait sans doute à la famille des Vincens ou Vincent seigneurs de la Bourgognade, vicomtes de Cézac, barons de Capian, qui portaient : *d'or au palmier arraché de sinople*.

colonel au régiment de la Marine, et par Marie-Anne de Vincens, dame de Listrac de Bajouran, remplacée par Henrye d'Aurout, *(Reg. par. de Saint-Nexans)*. Le 2 avril 1741, elle fit donation de ses biens à son neveu Jean-Antoine, *(Arch. dép. de la Dordogne, Insinuations).*

3. ANNE, baptisée le 19 septembre 1711 à Saint-Nexans, et tenue par autre Anne d'Aurout, *(Reg. par.).*
4. ISABEAU, *aliàs* JUDITH-ELISABETH, demoiselle de Saint-Cernin, née le 19 décembre 1712. Elle s'allia le 11 septembre 1736 avec *Jean-Thibaud de Montozon*, écuyer, seigneur de Lafaye, fils de noble Jean de Montozon, sieur de Moncout... et de Marie Gerbaud, *(Id.).*

VII. — JOSEPH (*aliàs* JOSUÉ, prénom qu'il pouvait tenir de Josué de Vincens, vicomte de Cézac) DE DAUROUX, ou D'AUROUT, chevalier, seigneur du Bignac et de la Serpent.

Il était bon catholique puisque le 4 novembre 1735 le curé de Cours lui délivre un certificat pour aller se marier, dans lequel il est dit que « M. Daurou est suffisament instruit de notre religion... je l'ai ouy de confession. » *(Id.).*

Joseph d'Aurout s'unit, en effet, religieusement quelques jours après, le 29 novembre, avec *Marie de Pezet de Germainville*, *(Reg. par. de Lévignac)*. Il vivait encore en 1767, il décéda avant 1781. Quant à sa femme elle fit deux testaments : le premier le 17 septembre 1749, le second le 20 décembre 1768, *(Note de M. l'abbé Dubos).*

De cette alliance sont provenus :

1. PIERRE, qui suit.
2. JEAN-ANTOINE, chevalier, garde du Corps du Roi. Il fut baptisé à Saint-Nexans le 6 octobre 1738 ayant eu pour parrain noble Jean de Solminihac, et pour marraine sa tante Marie d'Aurout dont il fut donataire. Sa mère lui légua 20,000 livres qu'elle réduisit à 14,000.
   En 1788, M. d'Aurout fut premier consul de Lévignac, vota en 1789 dans l'Ordre de la noblesse de l'Agenais, puis il émigra et fut tué à Quiberon, *(Arch. dép. du Lot-et-Garonne, F. Raymond, 42.)*
3. ANTOINE, chevalier de Saint-Louis, — ce qui prouve qu'il servit ; il vota comme ses frères et émigra, *(Id.).* (Peut-être la comtesse de Raymond s'est-elle trompée et ne fait-il qu'un avec le précédent.)

VIII. — PIERRE D'AUROUT, *aliàs* DAUROUT DE LAPALISSE, chevalier, seigneur de la Serpent, garde du Corps du Roi (pensionné de 120 £ en 1792).

Quoiqu'il ait été baptisé dans la religion catholique à Saint-Nexans le 20 février 1737, (il était né le 15, son parrain fut noble Simon de Chapelle, gouverneur de Bergerac), il se fit protestant, ou son père le fit protestant. Mais à peine âgé de 17 ans il se convertit. Les registres paroissiaux de Lévignac contiennent, à la date du 15 janvier 1754, son abjuration écrite tout entière de sa main.

Le 14 octobre 1768 il reçut une donation de sa mère dans le but de lui faciliter « un établissement avantageux », (*Arch. dép. du Lot-et-Garonne*, B, 186, f. 1), ce qui semblerait indiquer qu'il se maria peu après. Sa femme se nommait *Marie Faget de Bénold* [1]. Il n'en eut point d'enfants.

M. d'Aurout décéda le 17 avril 1819, ayant légué toute sa fortune à l'Eglise. La paroisse de Lévignac hérita de 14.864 francs, somme qui fut doublée par sa veuve. Le Grand-Séminaire d'Agen eut, outre 20.000 francs (dont l'intérêt devait servir à entretenir un vicaire à Lévignac), le domaine de la Serpent, qu'il administra quelque temps et qu'il revendit plus tard 105.000 francs. En échange de ce superbe don le Séminaire est chargé de recevoir gratuitement un jeune homme de Lévignac, se destinant au sacerdoce, (*Note de M. le curé de Lévignac*).

C'est ainsi que Pierre d'Aurout, le dernier de son nom, racheta dignement son erreur de jeunesse.

A cette branche appartenait sans nul doute certain « *Henry-Joseph Dauroux*, écuyer », impliqué en 1770 dans une affaire concernant la fille d'un nommé Lecomte, d'Eymet, qui avait reçu ordre du Roi et lettres de cachet pour la faire enfermer dans le couvent des dames de la Foy à Beaumont. M. d'Aurout lui avait conseillé d'obéir aux injonctions royales, malgré les gens du pays, qui avaient arraché la jeune fille des mains de son père, (*Arch. dép. de la Dordogne*, B, 1984).

---

(1) Probablement de la famille de Faget, de l'Agenais, qui portait ces armes parlantes : d'argent au hêtre (fagus) de sinople, sénestré d'une fontaine à deux jets d'azur, au chef d'azur chargé d'un croissant d'or entre deux étoiles de même.

GÉNÉALOGIE
DE BRONS

GUYENNE

1400-1893.

Je n'ai pas la prétention de donner une généalogie complète de la famille de Brons; il ne m'est pas, en effet, passé entre les mains assez de documents la concernant.

Lorsque son dernier représentant mourut à Bordeaux, il y a quelques années, mon ami, le vicomte Pierre de Pelleport-Burète, hérita de ses papiers. Il me pria de les classer pour remettre soit aux dépôts publics soit aux familles intéressées ceux qu'il ne pourrait utiliser. C'est ainsi que je fis donner avec quelques autres pièces aux Archives départementales de la Dordogne, un Livre-de-contrats [1], sorte de Livre-de-famille, où étaient consignés in-extenso un grand nombre d'actes importants rédigés pour les Brons. Je dois donc remercier mon confrère de Pelleport de m'avoir mis à même d'étudier cette ancienne maison, qui semblait, au moment de la Révo-

---

(1) Dans l'indication des sources les initiales *L. de c.* désigneront ce manuscrit.

lution, appelée à avoir une grande situation, grâce à son chef, le général de Brons, homme de mérite et de valeur, et grâce aussi à sa grande fortune territoriale. Mais ces biens furent promptement saisis et dissipés avec la tourmente, et le dernier des Brons supportait stoïquement ces revers avec un fier orgueil qui se peignait sur les traits séduisants de ce gentilhomme si distingué, à la grande barbe blanche et au maintien empreint d'une mâle noblesse.

A une époque récente les Brons cherchèrent, sans parvenir à la trouver, s'il n'y aurait point une jonction entre eux et les Brons d'Angleterre, (peut-être les Broon d'Ecosse). Ceux-ci dans leurs lettres se prétendaient issus « de Bertrand du Guesclin de Broons, né en 1390 au château de Broons-La-Mothe-Vauvert. » Il me paraît difficile de justifier cette ascendance. Du reste nos Brons renoncèrent à se rattacher aux Broons de Normandie et ne portèrent pas, comme ils l'avaient projeté, (des papiers coloriés en font foi) les armes suivantes : écartelé aux 1 et 4 de Broons *anglais qui est* : d'azur à la croix d'argent frettée de gueules, *avec la devise* : Broons herped Brons; aux 2 et 3 de Fronsac *(qu'on verra plus loin) avec la devise* : virtutis bellicæ prœmium ; *et sur le tout*, les rocs *des Brons*.

ARMES.

D'azur à trois rocs d'échiquier d'or.

SEIGNEURIES.

Capdebos. — Actuellement *Cap-del-Bosc*. — Fief dans la commune de Montayral (Lot-et-Garonne). Il fut acheté au xviiie siècle à N... Escourre de Péluzat pour 30.000 livres. La propriété appartient actuellement à M. Durou.

Cazes. — Maison noble dans Montayral, au sujet de laquelle, le 2 juin 1528, intervint une transaction entre nobles François de Guayrac, Antoine de Raymond dit de Folmont, sgr de Cénac, et Catherine de Mortaigne sa femme, *(Papiers de Brons)*, Mme veuve Briançon, petite-fille de M. Dalché, en est la propriétaire.

Cézerac. — Château dans la même commune, jadis en Quercy. Il appartenait en 1503 à noble Gaillard de Beynac, dont le fils, Ponce, en rendit hommage le 9 septembre 1521 à Charles duc d'Alençon, comte d'Armagnac. En 1596 Paul de Luguat s'en qualifie seigneur. En janvier 1606, François de Ferrières, chevalier, sieur propriétaire *(sic)* de Cézerac, septuagénaire, se déclarait prêt à en faire l'aveu et l'hommage dans un délai de huit mois. Peu après cette seigneurie passa à la famille de Laborie[4]. En 1673 l'évêque d'Agen agréa une supplique

---

(1) Les armes de cette famille relevées sur plusieurs de leurs testaments sont : *d'or à la gerbe et à l'arbre de..., au chef d'azur chargé de deux étoiles d'argent.* Un cachet même supprimait la gerbe.

de Marc-Antoine de Laborie, écuyer, seigneur de Cézerac, auquel le curé de Sainte-Madeleine de Cézerac contestait, comme issu de protestants, que son « parastre », le sieur de Parnac, eut reçu un droit de sépulture dans cette église [1], le 31 mars 1633, *(Id.)*.

Cézerac passa par mariage vers 1706 à la famille de Mirandol, et, un peu plus tard, par mariage également, à celle de Brons. Par testament du 22 avril 1736, noble François-Ignace de Laborie, sgr de Cézerac, institua héritier universel Antoine de Brons, fils de sa belle-sœur, Marguerite de Mirandol, (il avait épousé Isabeau de Mirandol, et sa sœur, Marie de Laborie s'était unie avec Samuel de Mirandol).

Cérézac, sorti depuis bien des années de la famille de Brons, pour entrer dans celle de Fédas, appartient de nos jours à leur descendante Madame de Saint-Amant.

Cluzel (Le). — Actuellement *Les Clauzels*. — Repaire dans la paroisse de Marminiac (canton de Cazals, Lot). C'est maintenant une métairie avec extension sur la commune de Boissiérettes.

Duguie (La). — On trouve aussi *la Duye* ; le nom actuel est sur la carte du ministère de l'Intérieur *Laduie*. — Ce fief, commune de Montayral (Lot-et-Garonne), qui se divisait en la Duguie-haute et la Duguie-basse, appartenait aux xve, xvie et xviie siècles à une famille du même nom, et au xvie à une famille de La Boissière, son alliée. Le 6 mai 1783 le vicomte Antoine de Brons acheta cette terre pour 120.000 livres à Michel-Louis de Lafon, chevalier, seigneur de la Duye et à sa sœur Elisabeth.

M. Caumont, conseiller général du canton de Tournon, a acheté la Duguie à M. Meidieu, il y a quelques années.

Ginouilhac. — Il y a dans le Lot une commune de ce nom, et un village dépendant de celle d'Espédaillac. Les Seguy étant au xviie siècle seigneurs de Ginouilhac, c'est peut-être par l'alliance Seguy que ce fief échut aux Brons.

Ladhuie. — Voir *Duguie*.

Libos. — Section de la commune de Monsempron (Lot-et-Garonne). La seigneurie appartenait au xviie siècle à la famille de Laborie.

Literie. — Hameau de la commune de Vérac (Gironde), puis maison noble de même nom, appelée aussi Leyterie, dans la commune de la Lande (Gironde), et qui appartenait également aux Achard, aïeux des Brons.

---

[1] L'église de Cézérac, qui touchait au château, a été détruite par un incendie.

Pommiers. — Ce château, dans la commune de Vérac (Gironde), tenait son nom de la famille chevaleresque de Pommiers, dont l'héritière, Livie, fille du vicomte de Fronsac, épousa Louis Achard, vers 1340 *(Histoire de Libourne par Guinodie*, 1876, III, p. 216). La Chesnaye-des-Bois prétend que Pommiers était aux Achard avant cette époque. Au XVIIᵉ siècle cette seigneurie échut aux Fronsac modernes par alliance avant d'arriver aux Brons de la même façon.

Romiguière (La). — La famille de Brons possédait deux fiefs de ce nom en Quercy. Le premier, situé sur les bords du Lot, était dans la paroisse de Saint-Géry (Lot), il lui advint en 1474 par échange avec Raymond Hébrard de Saint-Sulpice. Le second était dans la paroisse de Marminiac, juridiction (actuellement canton) de Cazals (Lot). C'est dans ce dernier que Mathurin de Brons fit son testament en 1581. C'est ce qui explique pourquoi les deux branches se qualifiaient simultanément de seigneurs de la Romiguière.

Le second était l'apanage de la branche cadette; il appartient actuellement à la famille Lalande qui l'acquit de celle de Gaulejac, cette dernière l'avait acheté ou pris en partage aux Brons en l'an XII.

Vérac. — Paroisse girondine dont la sirerie de Pommiers était le fief dominant. A un moment donné la justice, où tout au moins une partie des droits féodaux attachés à cette paroisse, durent échapper à ses possesseurs, les Fronsac qui les tenaient des Achard, puisque le 24 mai 1752 Louis-François de Fronsac acheta Vérac à Charles Huon, écuyer, seigneur de Lisle et de Vérac.

« Le chasteau de Vérac, paroisse du même nom au duché de Fronsac, diocèze et eslection de Bordeaux, fut bâti vers l'année 1615 ou 1616 par noble Jacques Achard, seigneur dud. lieu et des deux maisons nobles de Litterie, tant en Vérac qu'en La Lande. Il avoit épousé Marguerite Bouchard d'Aubeterre et en secondes nopces Marie de Callières. » *(Revers de la couverture d'un livre d'heures manuscrit, sorte de livre-de-famille, des Balavoine, Fronsac et Brons, donné par M. de Pelleport à la Bibliothèque municipale de Bordeaux).*

Viguerie (La). — *Aliàs* la Viguerie-lez-Sarlat, ou encore Bigarie; repaire noble au bout du faubourg de l'Endrevie dans la banlieue de Sarlat (Dordogne), ville où les Brons possédaient un hôtel noble comme on le verra plus loin. Il fut acquis en avril 1632 d'Elisabeth de Vienne, femme de François de Montmorency-Boutteville. Il y avait à la Viguerie un moulin de ce nom détruit seulement ce siècle-ci.

PREMIÈRE BRANCHE.

1400-1893.

I. — Noble JEAN DE BRONS, seigneur de Goudour.
Il vivait en 1400 et est dit père d'Etienne dans un mémoire de famille.

1. ETIENNE, qui suit.
2. Peut-être OLIVIER, damoiseau, qui fut témoin avec d'autres gentils-hommes du Bas-Limousin, le 14 avril 1441, d'un hommage rendu au vicomte de Limoges pour Payzac et la vigerie d'Exandon (?) par nobles Hélie et Aymeric du Mas, *(Chartrier de Talleyrand)*. Un Olivier de Broons assista en 1460 au siège d'Avranches, il était chevalier banneret. Ce dernier était également, en 1451, écuyer d'écurie du Roi, *(Pièces originales, 526)*. Il semble appartenir aux Broons ou Bron de Normandie, de même qu'un Hugues de Bron, damoiseau, vivant en 1341.

II. — ETIENNE DE BRONS, écuyer, seigneur haut justicier de Goudour *(de Godorio)*.
Né en 1402, il épousa en 1434 *Sarah du Port*, aliàs *du Pont*. On ne lui connaît comme fils que le suivant.

III. — DÉODAT DE BRONS, écuyer, seigneur de Goudour puis de la Romiguière.
Sa femme n'est pas connue, peut-être s'appelait-elle *N... d'Ols*. Le 12 janvier 1474, il échangea son fief de Goudour contre celui de la Romiguière en Saint-Géry, avec Raymond d'Hébrard, chevalier, seigneur de Saint-Sulpice. Son père et sa mère sont rappelés dans cet acte. Enfants :

1. HUGUES, écuyer, seigneur de la Romiguière dont il rendit hommage au Roi le 9 mars 1503. Il assista en 1518 au mariage d'Antoine d'Hébrard de Saint-Sulpice, chevalier, avec Jeanne de Lévis, *(Généal. d'Hébrard)*.
2. ANTOINE, qui continue la postérité.

IV. — ANTOINE DE BRONS, dit *La Romiguière*, chevalier de l'Ordre du Roi, seigneur du Cluzel ou des Clauzels et de la Romiguière.

En 1516, il habitait la paroisse de Saint-Géry et en 1522, le repaire du Cluzel, dans la paroisse de Marminiac.

Par articles du 14 juillet 1516, ratifiés après mariage le 25 février 1517 par devant Pierre Dubreuilh not., il s'allia avec *Antonie de Vielcastel*, fille de feu noble Bernard de Vielcastel et d'Anne « de Marsi » (1). Nobles Hugues de Brons et Guillaume de Bonnefous assistèrent à cet acte, *(L. de c.)*.

M. de La Romiguière fut capitaine de 400 hommes d'armes, qu'il dut conduire à Narbonne, suivant un ordre de M. de Clermont, lieutenant-général du Languedoc, daté du 17 avril 1528. Il avait d'abord été capitaine de la compagnie des Gendarmes du maréchal de la Palisse. Il consentit une vente à Guillaume de Bonafos ou Bonnefous, écuyer, le 25 janvier 1539, *(Factum de 1789)*.

Antoine fit un premier testament le 12 août 1522, reçu par Dubreuilh not., nommant exécuteurs testamentaires Hugues de Brons, son frère, nobles Jean-Gary d'Ols, prieur du Buzet, et Gaspard d'Ols, seigneur d'Ols, ses oncles, et nobles Mathurin et Raymond de Vielcastel, oncles de sa femme. Le second testament fut retenu par Rigal not. roy., le 12 février 1547, *(Id.)*.

Enfants nommés au premier testament :

1. MATHURIN qui suit.
2. MATHURIN, le jeune.
3 et 4. JEANNE et CLAIRE.

V. — MATHURIN DE BRONS, chevalier, seigneur de la Romiguière.

Montluc lui donna en 1568 une commission pour lever 300 hommes de pied, il tint garnison à Domme puis embarqua sa compagnie à Brouage pour aller s'emparer de l'île de Ré,

---

(1) Saint-Allais, dans la généalogie Vielcastel, ne donne à ce Bernard, damoiseau en Marminiac, comme femme que Marguerite de Brolhac (Brouillac) de Mazières, épousée en 1490. L'antique race des Vielcastel, dont la devise est : *Il est tant vieilh le castel que les siècles l'ont vu bielh*, ou bien : *quam vetus est castrum cujus nescitur origo !* ou encore : *Diex li vol*, est encore représentée de nos jours; elle porte : *de gueules au château donjonné d'or*. (L'Armorial du Périgord dit *une tour d'argent donjonnée de trois tourillons*).

(Chartrier de Lanquais). Par commission d'Honorat de Savoie, amiral de France, du 14 octobre 1572 il fut capitaine de 200 arquebusiers à cheval et de 200 piquiers ; il reçut un don de 2.000 livres en récompense de ses soins pour ramener sous l'obéissance royale la ville de Domme, dont les consuls avaient refusé d'entretenir sa compagnie, *(L. de c.)*

Mathurin de Brons épousa *Jeanne de Cladech* fille de Charles de Cladech, écuyer, seigneur de Péchaud, et de Marguerite de Chaumont[1]. Les articles du mariage furent signés à Péchaud le 13 juillet 1550, *(L. de c.* avec quittance de dot au pied le 22 juin 1558). Son testament est daté du 19 janvier 1581 à la Romiguière en Marminiac. Nobles Geoffroy de Vivant, seigneur de Doyssac et Geoffroy de Cladech, seigneur de Thouron, beaux-frères du testateur sont nommés exécuteurs testamentaires, *(Id.).* Il eut :

1. Jean, qui suit.
2. Mathurine et Catherine, nommées au testament paternel.

VI. — Jean de Brons, dit *le capitaine La Romiguière*, écuyer, seigneur de la Romiguière.

Il contracta deux alliances : la première, par articles du 1ᵉʳ octobre 1581, passés à Daglan, avec *Jeanne de Vergoin*, fille de feu Etienne de Vergoin, avocat à Gourdon, et de Françoise de Borie. Elle testa le 6, *aliàs* 26, octobre 1594 devant Planet not. roy., *(Id.).* La seconde alliance est du 7 juin 1612, date du contrat reçu par Planet not. roy., avec sa cousine *Louise de Vielcastel*, fille de Mathurin de Vielcastel, écuyer, et de Gabrielle de Boisset.

Le 15 novembre 1589, le capitaine La Romiguière reçut du Roi certains biens et justices avec leurs droits féodaux, confisqués sur le seigneur de Giverzac[2], rebelle. Jean de Brons refusa le bénéfice de cette confiscation, et transigea avec le seigneur de Giverzac le 17 août 1594. Il mourut avant 1615.

---

(1) Les Cladech portent : *d'or à la molette de sable accompagnée en chef de trois billettes de même, à la bordure de gueules.* Ils tirent leur nom du château de Cladech (commune du canton de Belvès), ville où fut inhumé en 1376 Jean de Cladech. Le capitaine Vivant avait en effet épousé Jeanne de Cladech, sœur de Jeanne ci-dessus.

(2) Marc de Cugnac, chevalier, sgr de Giverzac, La Bastide, etc., trempa dans les projets du duc de Biron, son parent. Condamné à mort par contumace, il dut se retirer en Espagne. Henri IV lui pardonna et Marc de Cugnac fut présenté au Roi peu après.

Du premier lit :

1. François, qui continue.

Du deuxième lit :

2. Autre François, auteur de la seconde branche.

VII. — François de Brons, écuyer, seigneur de la Romiguière et de la Cour, appelé aussi *le capitaine La Romiguière*.

Il naquit en 1591 ; j'ignore ses services militaires, je sais seulement qu'il reçut une lettre du maréchal de Thémines lui enjoignant de le rejoindre avec ses gens de guerre à Saldiac, pour delà les conduire à l'armée, *(Factum de 1789)*. Il mourut à Sarlat le 10 juillet 1662, *(Reg. par.)*.

Dartigols, notaire à Sarlat, reçut les articles de son mariage, le 14 mai 1615. Sa femme se nommait *Bertrande de Veyssière*, alias *Vayssière*, fille d'Antoine de Veyssière, lieutenant-assesseur civil et criminel au siège de cette ville, et de Bertrandine de Vienne [1]. Elle reçut 3.000 livres constituées par son oncle Bertrand de Vienne, sgr de Soligny, gouverneur de Bourg-en-Bresse, en outre des droits sur le greffe de Sarlat que lui avait légués son oncle, feu Jean de Vienne, chevalier, contrôleur général des finances, *(L. de c.)*

François de Brons transigea le 13 novembre 1623 avec sa belle-mère, Louise de Vielcastel, *(Id. f. 30)*. Le 17 avril 1632, il acquit de sa cousine-germaine, Elisabeth de Vienne, veuve de François de Montmorency, comte de Boutteville, mère du maréchal duc de Luxembourg, et de la duchesse de Mecklembourg, l'ensemble de ses biens sis à Sarlat et aux environs [2] *(Grosse aux Arch. dép. de la Dordogne, E, pap. de*

---

(1) La famille Vayssière, d'ancienne bourgeoisie sarladaise, porte, d'après l'Armorial de 1696 : *d'azur à deux palmes adossées d'argent mouvant d'une teste de mort* (maure) *soutenues d'un croissant d'argent et accompagnées de trois étoiles mal ordonnées d'or* ; mais des empreintes de cachets, citées dans la *Sigillographie du Périgord*, donnent : *d'or à deux palmes de sinople en sautoir soutenues d'un croissant d'argent au chef d'azur chargé de trois étoiles d'argent*.

(2) Dans ces biens était compris le charmant hôtel à la curieuse cheminée, qu'on admire à Sarlat, appelé à tort l'hôtel de Brons. Il est vrai qu'il a appartenu à ces derniers depuis 1632 jusque vers 1860, époque où le dernier vicomte de Brons le vendit au marquis de Maleville. — Sur ces de Vienne et leur élévation, consulter la biographie du président de Vienne, par le vicomte de Gérard, dans le *Bulletin de la Soc. hist. et arch. du Périgord*, XIX).

famille). Le 23 novembre 1641, il fut autorisé par Pierre Dufourg, archiprêtre de Daglan, à construire à neuf à Daglan une chapelle avec droits de tombeaux, sous la rente « obitale » annuelle de dix sols, donnant droit à une messe de *Requiem*, ce qui fut confirmé par l'évêque de Sarlat en 1662, *(Papiers de Brons).*

Le capitaine La Romiguière et sa femme dictèrent leur testament mutuel à Demondesses, not. à Sarlat, le 11 août 1649 ; mais ils moururent longtemps après, lui, en 1662, elle, le 23 janvier 1666, *(Reg. par. de Sarlat)*, ayant eu :

1. Antoine, qui suit.
2. François, écuyer, sieur de la Mothe. Il naquit en 1620, fut curé de Saint-Vincent-du-Cosse, et décéda à Sarlat le 10 août 1660, *(Reg. par.).*
3. Marie-Angélique. Par contrat du 4 novembre 1636 elle épousa *Jean de La Dieudye*, conseiller en la sénéchaussée de Sarlat, fils de Jean de La Dieudye et de Marie de Bars, *(Arch. dép. de la Dordogne, Insinuations, et L. de c.).*
4. Mathurin, capitaine au régiment des Galères, tué au siège de Salins en 1668, *(Factum de 1789).*
5. Madeleine. Elle aussi se maria avec un conseiller du Roi au même siège, *Jean de Touron*, fils de feu Marc de Touron, juge de Montfort et de Marguerite de Grézel. Le contrat fut retenu par Lascoux, not. roy., le 3 février 1648, *(Id.).* Elle mourut le 21 mars 1713.
6. Autre Madeleine, religieuse au couvent des Filles de Notre-Dame à Sarlat. On lui constitua pour y entrer 1.500 livres, le 31 décembre 1636.
7. Jeanne. Par contrat du 12 février 1665 elle s'allia avec *Antoine du Roc*, écuyer, seigneur du Roc-Blanc, fils de noble Jean du Roc, et de feue « Baltazalle » d'Estresses, *(Id.).*

VIII. — Antoine de Brons, écuyer, seigneur de la Romiguière et de la Cour.

Comme ses aïeux, il servit la cause du Roi ; le 12 décembre 1652, il reçut ordre pour commander ses troupes dans Sarlat et aux environs. Il fut maintenu dans sa noblesse de race, le 25 janvier 1667, par jugement de l'Intendant Pellot avec son oncle François, *(Chérin, 38).*

Judith de Beynac, fille de Guy baron de Beynac, premier

baron du Périgord et de Gabrielle de Pons[1], lui accorda sa main. Les pactes de cette union furent signés à Beynac par devant Delpoux, not. roy., le 24 octobre 1645, (*L. de c.*).

M. et Mme de La Romiguière firent un testament mutuel le 15 juin 1679, (*Arch. dép. de la Dordogne*, B, 1208). Lui mourut le premier à 70 ans, le 3 décembre 1686, à Sarlat, (*Reg. par.*). Sa veuve fit un testament déposé le 21 février 1696 chez Lagrange, not. à Sarlat, et qui ne fut jamais ouvert puisque, l'ayant trouvé dans les papiers des Brons, j'en ai brisé les liens de soie. De cette union sont provenus :

1. Guy-François, qui continue.
2. Marie, née le 19 octobre 1649, morte le 4 septembre 1736. Par contrat du 13 août 1662 (n'ayant que 12 ans), elle s'allia avec *Pierre de Reynal*, conseiller au présidial de Sarlat, fils de François de Reynal, conseiller honoraire au même siège.
3. François, né le 23 septembre 1652, mort sans alliance en 1687.
4. François-Joseph, écuyer, sieur de la Cour. Il naquit le 6 juin 1654, et fut tué au siège de Dixmude étant commandant au régiment de Turenne.
5. Jean-Isaac, né le 20 février 1657, officier au régiment du Maine, décédé sans alliance, (*Livre de famille*).
6. Marie-Jeanne, née le 17 octobre 1661, légataire de sa mère.
7. Pierre, né en août 1664, et inhumé en octobre 1670.
8. Autre Marie, née le 8 décembre 1667, morte à trois mois.
9. Antoine, né le 24 mars 1669, baptisée en 1674, capitaine au régiment du Maine, décédé à Sarlat sans alliance le 25 mars 1755, (*Reg. par.*).
10. Jean-Gabriel, né le 17 mai 1671, mort en 1689.
11. Charlotte, née le 25 août 1674, inhumée à Sarlat en mai 1678, (*Id.*).

IX. — Guy-François de Brons, écuyer, seigneur de la Romiguière.

Officier au régiment du Maine, il était, en 1674, au camp de Weinheim. Il épousa par contrat du 20 février 1677 *Jeanne du Bernard*, fille de feu Raymond du Bernard, conseiller du Roi, receveur des décimes de Sarlat et de Jeanne de Chaumels[2], (*Minutes des not. de Sarlat*).

---

(1) Hélie de Beynac vivait en 1001, mais la filiation ne commence qu'à Gaillard qui testa en 1255. Le titre de marquis de Beynac a été relevé par le comte Amable de Beaumont et est porté par son fils Soffrey comte de Beaumont du Repaire, marquis de Beynac. Armes : *Burelé d'or et de gueules de dix pièces.*

(2) La famille du Bernard, (actuellement du Bernat de Montmège) portait pour armes : *de sinople au pal d'argent chargé de 3 grues de sable, parti d'argent à la croix alésée de*

M. de Brons étant décédé à Sarlat le 27 février 1688, sa veuve se remaria avec noble Geoffroy de Fargues, écuyer, sgr de Marsalès, (*Arch. dép. de la Dordogne*, B, 1287). Enfants [1] :

1. ANTOINE-JOSEPH qui suit.
2. ANTOINE, capitaine au régiment du Maine. Le 4 novembre 1699 contrat de mariage fut passé par devant Lagrange not. roy. à Sarlat, entre lui et *Marie*, aliàs *Jeanne de Cordis*, fille de Géraud, de Cordis magistrat au présidial de cette ville, sieur de Taydes et d'Anne de Saint-Clar, [2] *(L. de c.)*. Il fit un testament mystique le 3 janvier 1746.
3. JOSEPH, né et mort en 1684.
4. PHILIPPE-JOSEPH, né le 1er août 1686 et décédé le 26 février 1789, *(Reg. par. de Sarlat)*.
5. ANNE-MARIE, née le 22 mai 1673, morte en 1689, *(Id.)*.

X. — ANTOINE-JOSEPH DE BRONS, écuyer, seigneur de la Romiguière, de la Viguerie.

Né vers 1681, il mourut en 1713 ayant été capitaine au régiment du Maine.

Marguerite de Mirandol, sa femme, qui testa le 3 mai 1735, mais ne mourut qu'en 1765, (*L. de c.*), était fille de noble François de Mirandol et d'Anne de Lacombe [3]. Deux contrats furent passés au sujet de cette union : le premier par Gibily not. le 17 avril 1702, à Daglan (*Insinuations aux Arch. dép. de la Dordogne*), le second, le 10 décembre suivant par Lagrange not. à Sarlat, (*Minutes de Lagrange*).

De cette union, naquirent :

1. ANTOINE-JOSEPH, qui suit.
2. MARIE « morte en odeur de sainteté » en 1718, *(Livre de famille)*.

---

sable (Armorial général de 1696, *Guyenne*, 553, sous le nom de Jean Dubernard, marquis de Pelvezy, La Chapelle-Aubareil). J'ignore pourquoi l'*Armorial du Périgord* donne à cette famille, d'origine récente, des armes portant : *parti au 1 d'azur au bœuf passant d'argent*, qui est du Bernard, et *au 2 d'azur à 3 épées rangées d'or la pointe en bas*, qui est Souillac.

(1) Peut-être eut-il « Jeanne de Bron, supérieure des Filles de la Foi » à Bergerac en 1726, à moins que ce ne fut la Marie-Jeanne du degré précédent, *(Arch. dép. de la Dord.*, B, 1852)*.

(2) La famille de Cordis est anciennement connue à Sarlat où elle a donné des magistrats au sénéchal ; elle a comme armes : *d'or à la fasce d'azur chargée de 3 coquilles d'argent, accompagnée de trois cœurs de gueules 2 et 1, et d'une bordure d'argent chargée de 13 mouchetures d'hermine*, (Cachet de Jeanne de Cordis ci-dessus et litre peinte à l'extérieur d'une des chapelles de la cathédrale de Sarlat.)

(3) Le château de Mirandol, d'où cette famille tire son nom, est situé à pic sur la Dordogne, en aval de Saint-Denis, près Martel. Venue en Périgord au xvie siècle cette famille, connue dès le xiie, y possède toujours son habitat ; elle porte : *d'argent à l'aigle éployée de sable, becquée et membrée de gueules, au chef d'azur chargé de 3 étoiles d'or*.

3. Jeanne, née en 1705, morte le 1er janvier 1723, (Reg. par. de Sarlat).
4. Honoré, né en 1707, inhumé en novembre 1711, (Id.).
5. N..., mort le 21 mai 1712, (Id.).
6. Jean-Gabriel, dit *le chevalier de Brons*, chevalier de Saint-Louis, capitaine au régiment de Nivernais, grièvement blessé à Guastalla. Il naquit le 24 juillet 1713 et mourut le 29 octobre 1784, *(Livre d'heures*, voir plus haut).

Le 17 septembre 1774, fut bénit à Sarlat son mariage religieux avec *Marie-Anne de Gérard-Latour*, fille d'Antoine de Gérard, écuyer, seigneur de Latour, et de Marie-Anne de Rupe[1].

Madame de Brons fit son testament à Sarlat le 5 février 1778 et y mourut le 13 février 1781, *(Rég. par.)*. Son mari y prit également ses dispositions testamentaires devant Gaussen not. roy. les 11 septembre 1781 et 6 mai 1782. Faute d'enfants son neveu Gabriel hérita de lui.

XI. — Antoine-Joseph de Brons, chevalier, seigneur de la Romiguière, de Cézerac et de Libos.

Il hérita, comme on l'a vu, d'une partie de la fortune de son oncle par alliance, François de Laborie. Comme son frère il porta l'épée au régiment de Nivernais. Le 10 février 1740 il s'unit avec *Marie de Sauret*, fille de noble Jean de Sauret, baron de Berbiguières, sgr de Marnac et de Lasfonds, receveur des tailles de l'Election de Sarlat et de Marie de Lapeyre[2]. Le contrat est encore dans les minutes de Lagrange, not. à Sarlat.

Le 17 août 1747 Antoine de Brons transigea avec Marie-Thérèse d'Hautefort, femme de Jacques d'Arlot comte de La Roque, au sujet de l'hérédité de Marie de Montesquiou de Montluc, *(Arch. de la Valouze)*. Etant veuf il déposa son testament olographe chez Gaussen not. roy. le 30 juin 1779, et décéda à Sarlat le 20 novembre 1780 *(Reg. par.)*, ayant eu :

---

(1) La famille de Gérard, originaire des Baléares, vint se fixer en Sarladais au commencement du xvie siècle ; elle y demeure encore et y a contracté les meilleures alliances. Elle porte : *d'azur au croissant d'argent entouré de 5 étoiles d'or en orle*. La branche de Latour brisait d'une bordure d'argent. Des *roses* chargeaient encore l'écu au commencement du xviie siècle, or des présomptions rattacheraient cette maison aux Gherardi de Florence, dont deux frères chassés par les troubles vinrent à Montpellier sous Charles V ; l'un d'eux serait passé à Majorque. Ces Gherardi portaient quatre roses cantonnant une croix.

(2) Armes de la famille de Sauret : *de gueules à deux épées d'argent garnies d'or en sautoir les pointes en haut, accompagnées chacune d'une couronne fleuronnée d'or et posées près de la pointe des épées.* Jacques Sauret, père de Jean ci-dessus, fut anobli le 11 janvier 1713 par l'office de conseiller secrétaire du Roi, il était sieur du Mondinet et époux d'Andriette de Vernet, il avait été lieutenant d'infanterie et échevin de Belvès, *(Arch. du Vte de Gérard)*.

1. JEAN-JACQUES, appelé *le Comte de Cézerac*, chevalier de Saint-Louis, chef d'escadron au régiment de cavalerie de Royal-Picardie.

Il naquit à Sarlat le 13 juin 1742 *(Reg. par.)*, testa le 21 juin 1781 et mourut sans postérité ; ses obsèques furent célébrées à Cézerac le 10 août suivant. Les articles sous-seing privé de son mariage avec *Elisabeth de Mirandol*, fille de messire Jean-Joseph, sgr de Péchaut et de Marie-Louise de Cadrieu sont du 27 décembre 1778 ; (le *Mercure de France* dit janvier 1779).

2. JEAN-BAPTISTE-ANTOINE, qui continue la postérité.
3. FRANÇOIS-JOSEPH, dit *le Chevalier de Brons* ou *de Cézerac*, capitaine commandant au régiment des Gardes-Lorraines, blessé au combat d'Amenebourg (?) le 21 septembre 1762. Le 10 janvier 1791 (contrat et bénédiction nuptiale), il s'unit avec *Anne de Gérard-Latour*, fille de Pierre de Gérard, chevalier, sgr de Latour et de Sainte-Nathalène et de feue Jeanne de Gérard du Barry. Le chevalier de Brons mourut à Villeneuve-sur-Lot en 1796 et sa femme à Sarlat en 1832. Il ne naquit qu'un fils de cette union.

PIERRE-JOSEPH-LÉON, dit *le Vicomte de Brons*, officier des Gardes du Corps de Louis XVIII. Il épousa miss *Henriette Worthy*, qui mourut à Paris peu après son mari, et qui n'aurait été que sa seconde femme. Quant à lui il décéda à Paris vers 1860 peu de temps après avoir vendu son hôtel de Sarlat à M. de Maleville, n'ayant eu qu'un bâtard, *Fitz-Henry*, qui hérita de son père, quitta la France et se fixa en Angleterre.

4. MARIE-FRANÇOISE, née le 31 décembre 1740, morte jeune.
5. MARIE-ANTOINETTE, morte âgée de cinq ans.

XII. — JEAN-BAPTISTE-ANTOINE VICOMTE DE BRONS, chevalier, seigneur de la Romiguière et de Cézerac, en Quercy ; de la Duye ou Duguie, de Libos, de Capdelbosc et de Cazes, en Agenais ; de la Viguerie, en Périgord ; de Vérac, de Pommiers et de Literie, en Bordelais ; de la Briasse et Legard, en Angoumois [1], chevalier de Saint-Louis, aide de camp du duc de Mouchy, colonel en 1788, maréchal de camp en 1770, gouverneur de Libourne, Coutras, Castillon et Fronsac, commissaire général des Princes à Luxembourg et Lunebourg pendant

---

(1) C'est lui-même qui désigne toutes ses terres dans le curieux livre d'heures dont il a été parlé ci-dessus. Le général de Brons avait le culte de ses aïeux, il avait recueilli beaucoup de pièces sur eux. Outre un livre de famille rédigé spécialement par lui, il a laissé d'intéressants *Souvenirs* sur l'émigration. Espérons que l'érudit vicomte Pierre de Pelleport, leur possesseur, ne tardera pas à les publier.

l'Emigration, etc... (il serait trop long de détailler ses brillants états de service).

Né à Sarlat le 3 juillet 1743, (*Reg. par.*), il épousa à Libourne le 7 septembre 1775 *Henriette-Charlotte de Fronsac*, fille unique de Louis-François de Fronsac, chevalier, seigneur de Gardedeuil, Pommiers, Vérac, Literie et de Jeanne de Carles, (*Livre d'heures*) [1]. La vicomtesse de Brons mourut à Libourne le 22 janvier 1804, peu après le retour en France de son mari.

Il semble que le vicomte de Brons se soit remarié. Au Fonds Raymond (42, *verbo* Brons) aux Archives départementales du Lot-et-Garonne, dans l'Etat-civil de Villeneuve-sur-Lot et dans une note informe qui se trouvait dans les papiers de Brons, on lit que *Marie-Anne de Galaup*, veuve en premières noces de Guillaume Latour de Blagniac, et en secondes, de Jean-Baptiste-Antoine de Brons, fille de Louis de Galaup, et de Marie-Anne Baretet, décéda à 105 ans le 4 juillet 1863.

M. Germain du Périer, ayant voté pour le vicomte de Brons en 1789 dans l'Ordre de la Noblesse, avait, paraît-il, outrepassé son mandat. M. de Brons fit paraître à ce sujet une *Lettre à l'Ordre de la Noblesse* qui motiva une réplique assez vive de M. du Périer, semblant attaquer la qualité de gentilhomme et le titre de son mandant. M. de Brons, nouvellement promu

---

(2) Ces Fronsac descendaient-ils des anciens sires de ce nom, étaient-ils à l'origine simples cadets ou des bâtards d'une des nombreuses familles qui se sont succédé à Fronsac ou ont possédé simultanément l'important *Fronsadais* ? Impossible d'y répondre. Mon érudit confrère de Boisville et moi n'avons trouvé rien de concluant ; de vagues indices, meilleurs cependant à notre avis que les *vergettes* ajoutées peut-être à une époque récente à l'écu de nos Fronsac, nous font supposer une filiation d'une branche cadette. Il y avait bien dans les papiers des Brons des notes à ce sujet, mais outre qu'elles n'étaient appuyées sur aucunes preuves, elles se sont trouvées contredites par nos recherches personnelles. Il est assez curieux que les papiers des Brons soient restés complets, et que ceux des Balavoine et des Fronsac, éteints chez les premiers, aient complètement disparu.

Nous remontons par filiation prouvée les Fronsac jusqu'à Gaillard de Fronsac, sgr d'Uch vivant en 1481. Henri de Fronsac, maintenu dans sa noblesse de race en Périgord en 1667, possédait le fief de Gardedeuil (châtell. de Montpon), sa femme, Henriette Achard, lui apporta Pommiers ; c'était le bisaïeul de la vicomtesse de Brons.

Les armoiries sont énoncées de plusieurs façons : *D'argent à trois trèfles de sable à la bordure de sable*, (F. Périg. xvi, production pour la maintenue de 1667). *D'azur à trois trèfles de sinoples à 5 pals retraits de gueules mouvant du chef de l'écu*, (Armorial de 1696, Guyenne, 161). *D'or à trois trèfles de sinople, 2 et 1, au chef retrait passé d'or et de gueules de 5 pièces*, (Histoire de Libourne, Guinodie, III, 210). *D'or à trois trèfles de sable, 2 et 1 à 5 pals retraits de gueules en chef*, (Livre-de-famille). *D'or à trois trèfles de sinople 2 et 1 à cinq vergettes de gueules alésées par le bas mouvant du chef de l'écu*, feuilles peintes dans les papiers de Brons. Ce sont ces dernières armes, ainsi héraldiquement décrites, que nous serions disposé à adopter. Courcelles dans sa généalogie des anciens vicomtes de Fronsac donne à ces derniers : *d'azur à trois pals d'or mouvant du chef de l'écu*. Nous retrouvons ces trois pals ou vergettes dans les armoiries des modernes Fronsac.

colonel d'état-major, riposta par une brochure également vive, où il résumait la question et donnait des détails sur la noblesse de ses aïeux ; elle est intitulée : *Eclaircissements sur un imprimé intitulé Observations de M. Dupérier sur la Lettre adressée à l'Ordre de la Noblesse, par M. Jean-Antoine vicomte de Brons*, 1789 (in-12°, 45 p. s. n. d'imprimeur). L'affaire s'arrangea par l'entremise de MM. de Bensse et de Wormezelle, et à la suite de la brochure de M. de Brons on imprima en trois pages une déclaration satisfaisante pour l'honneur des des deux gentilshommes, signée d'eux et de leurs témoins.

Il eut comme enfants :

1. PHILIPPE-ANTOINE, qui continue.
2. PHILIPPE[1]-JEANNE-ANTOINETTE-CHARLOTTE, née à Libourne le 7 mai 1778, reçue en novembre 1786 au couvent de Saint-Antoine-de-Viennois. Elle mourut à Libourne le 22 mars 1792 ; « ut flos ante diem stebilis occidit », dit son père dans son *Livre-de-famille*.
3. ROSE-ANTOINETTE-ROSALIE, née le 14 septembre 1779, elle eut pour parrain le prince de Poix. Elle fut admise au même couvent que ses sœurs. Par contrat du 20 octobre 1803 elle fut épousée par le comte *Louis-François de Belcier*, chevalier de Saint-Louis, fils de François de Belcier et d'Angélique d'Abzac, *(Minutes de Jeanneau, not. à Libourne)*.
4. ZOÉ, née et morte en 1780.
5. GABRIELLE-ELISABETH-DELPHINE, née le 6 mai 1781, morte le 22 janvier 1801, *(Livre, etc.)*.
6. LOUISE-MARIE-PAULINE, née le 21 octobre 1783, reçue également au couvent de Saint-Antoine-de-Viennois, *(Id.)*.
7. FRANÇOISE-JOSÉPHINE, née en 1784, morte en 1785.
8. LOUISE-MARIE-URSULE-ADRIENNE, veuve dès 1828 de *Jacques-Célestin Ichon*, demeurant à Libourne.

XIII. — PHILIPPE-LOUIS-CHRISTOPHE-DÉODAT-ANTOINE, VICOMTE DE BRONS-CÉZERAC, chevalier de Saint-Louis et de l'Ordre de Marie-Thérèse.

Il naquit le 7 juin 1776 et fut présenté au baptême par le duc de Mouchy et la duchesse de Lesparre. D'abord page de Monsieur, il commença à servir comme sous-lieutenant au bataillon d'Armagnac, puis au régiment de Royal-Pologne de 1788 à 1792. Ayant émigré avec son père, il rentra en 1802. La Restauration

---

(1) Les sept filles ont comme premier prénom *Philippine*.

le nomma colonel dans la Garde et le retraita comme officier général.

Le vicomte de Brons contracta deux alliances : la première avec *Barbe-Marie-Joséphine de Labat de Savignac*, fille d'Hyacinthe-Marie-Servidie de Savignac et de Bonaventure-Anne-Laurence de Gombaud de Razac[1]. Le contrat fut retenu par Trémoulet, not. à Bordeaux, le 3 mai 1803. En secondes noces il épousa en 1818 miss *Jane Handerson-Martin*, morte vers 1862. On déposa en 1827, chez Brachet not. à Libourne, le testament du vicomte de Brons remontant au 21 juin 1820.

Du deuxième lit, naquirent :

1. Williams-Philippe-Louis, vicomte de Brons, décédé à Pommiers sans alliance le 2 juin 1834.
2. Léon, qui termine.

XIV. — Philippe-*Léon*-Hamilton, vicomte de Brons-Cézerac, chevalier de la Légion d'honneur, directeur du Mont-de-Piété et du Dépôt de mendicité de Bordeaux.

Il naquit dans cette ville vers 1825 et y décéda le 7 mars 1893 sans alliance. Il s'adonna à quelques pratiques de spiritisme, mais il est probable qu'il n'entra pas dans la franc-maçonnerie comme son père et son grand-père.

Les sentiments du dernier des Brons, mort dans l'infortune, se révèlent par le désir exprimé dans son testament que ses héritiers brisent l'épée de son père pour qu'elle ne tombe en des mains indignes. Ceux-ci, dans une pieuse pensée, ont cru que le meilleur moyen d'éviter cette profanation était de placer cette arme dans les mains du fils lui-même. Elle est donc enfermée dans le cercueil de Léon de Brons, qui la garde à jamais, et est enseveli dignement comme le dernier chevalier de sa race.

---

(2) Les Labat, que le Nobiliaire de Guyenne suppose originaires de Bretagne, sont connus en Guyenne depuis la fin du xv⁰ siècle. Leur filiation prouvée remonte à François de Labat, baron de Savignac, conseiller secrétaire du roi en 1647, dont les descendants furent conseillers au parlement de Bordeaux. Armes : *d'argent à la bande de gueules chargée de 3 étoiles d'or accostée de 2 étoiles d'azur.*

DEUXIEME BRANCHE.[1]

1646-18...

VII. — François de Brons, écuyer, seigneur de la Romiguière et la Reylle (*sic*).

Il épousa *Marie de La Loubrérie*, aliàs *Loubreyre* (dont il était veuf dès 1691) par contrat du 14 octobre 1646 signé devant Lamothe not. roy. par les parties, François de Loubreyre, écuyer, et Isabeau de La Mothe, père et mère de Marie[2].

Ayant produit ses titres de noblesse en même temps que son neveu, il fut maintenu comme lui en janvier 1667, (*Arch. dép. de la Gironde*, C, 3339). Enfants :

1. Jean-Louis, qui suit.
2. Pierre, écuyer, sieur de la Barthe, marié avec *Louise de Gaulejac*[3].
3. Joseph. Il transigea le 25 septembre 1691 avec ses frères en présence de leur père.
4 et 5. François et Jean-Louis.
6. Isabeau, femme d'*Etienne de La Vernhie*.
7. Catherine, alliée avec noble *Jean de Chaunac*, sgr de Lanzac.

VIII. — Jean-Louis de Brons, écuyer, seigneur de la Romiguière et de la Ruelle (*aliàs* Réole et Reulé), capitaine au régiment de Saint-Géry.

Il offrit sa main à *Angélique de Séguy*, fille de noble Etienne de Séguy, seigneur de Périgal et de Charlotte-Thérèse de Gaulejac de Puycalvel[4]. Leur contrat de mariage est daté du

---

(1) Tous détails indiqués sans sources proviennent soit de *Chérin*, vol. 38, soit du *Nouveau d'Hozier*, 70, n° 1335 (Preuves pour Saint-Cyr de Marie-Jeanne de Brons).

(2) Les La Loubreyrie semble être la tige primordiale des Beaulieu de la Filolie, du Périgord.

(3) La maison de Gaulejac, très ancienne en Quercy, a possédé en Périgord le fief de Besse (commune du canton de Villefranche), elle porte : *parti d'argent et de gueules*.

(4) Séguy porte : *d'azur à l'aigle couronnée d'or, accompagnée en chef de deux levriers et en pointe d'un cor de chasse aussi d'or*.

14 janvier 1678. Le 12 août 1698 il fut maintenu dans sa noblesse par Pelletier de la Houssaye, intendant de Montauban. Enfants :

1. PIERRE-VICTOR, qui continue.
2. MARGUERITE, mariée par contrat du 27 février 1716 avec noble Louis de La Sudrie, seigneur de Pechguézel, fils de messire François de La Sudrie, sgr de Brocard et de feue Isabeau de Bonnafm. (On trouve aussi la date 1713, puis François au lieu de Louis, et Puechguiset).

IX. — PIERRE-VICTOR DE BRONS, écuyer, seigneur de la Romiguière.

Par contrat reçu à Daglan, le 18 février 1708 par Gibely, not. roy. il épousa *Jeanne de Bocquet*, fille de feu David de Bocquet et de Marie Delpy. Il dénombra son fief de la Romiguière et en fit aveu le 1er septembre 1724. Jeanne de Bocquet fut inhumée à Marminiac le 18 août 1773, (*Reg. par.*). Je ne lui connais que :

1. JEAN-LOUIS, qui suit.

X. — ARNAUD-JEAN-LOUIS DE BRONS, écuyer, seigneur de la Romiguière.

Sa femme se nommait *Jeanne de Fabri*, fille de Paul de Fabri, seigneur d'Augé et de Catherine de Leygue. Roulliez, not. roy. à Agen, reçut leur contrat de mariage le 18 mai 1772. La cérémonie religieuse est du lendemain, (*Livre-de-Famille*). Madame de Brons, étant veuve (son mari était mort le 4 février 1764), fut convoquée à Cahors en 1789 avec l'Ordre de la noblesse. Elle eut :

1. JEAN-LOUIS-FRANÇOIS, baptisé à Marminiac le 27 février 1775, (*Reg. par.*). Il produisit ses titres devant Chérin pour entrer dans la marine. Il vivait encore en 1804, (*État-civil de Marminiac*). Ayant vendu la Romignière, il habita quelque temps Marminiac dans la maison appelée la Tour-de-Dalet, puis il alla se fixer à Cahors, où il dut mourir sans postérité.
2. MARIE-JEANNE, baptisée aussi à Marminiac le 17 novembre 1777. (*Id.*) Elle fut reçue à Saint-Cyr en 1787. Ce serait elle ou une de ses sœurs (car elle aurait eu des sœurs) qui aurait épousé à Lectoure *N... Lagrange*, fils d'Arnaud Lagrange et de Marianne Barciet de la Busquette, frère du général comte Lagrange, pair de France, etc...

A cette branche appartenaient :

Jean de Brons, seigneur de Ginouilhac (*aliàs* Ginailhac), marié dès 1769 avec Jeanne de La Duguie, (*Arch. dép. du Lot*, B, 1138). Elle était veuve dès 1773.

Barthélemy de Brons, épousa Catherine du Monteils ; il en eut Marie de Brons, baptisée à Marminiac le 27 décembre 1774, (*Reg. par.*).

Marie de Brons. Elle fut marraine en 1774 de Marie de Brons ci-dessus.

N... de Brons de Ginailhac, décédé dès le 27 février 1775, date, où sa veuve, *Jeanne de Valgoudon* (?), est marraine de Jean-Louis-François de Brons, (*Reg. par. de Marminiac*).

GÉNÉALOGIE

DE FAYOLLES DE PUYREDON.

1409-1883.

Il existait en Périgord trois familles nobles du nom de Fayolle, (je dis nobles parce qu'en Ribéracois et en Sarladais deux familles bourgeoises de même nom prirent parfois la particule), n'ayant aucun rapport entre elles, pas plus qu'avec une famille limousine et une agenaise de nom semblable et nobles aussi toutes les deux[1]

De ces trois familles, l'une, la plus notable, — et dont la généalogie par l'abbé de Lespine a été publiée dans le Nobiliaire universel de Saint-Allais, — existe encore de nos jours ; c'est celle des marquis de Fayolle en Tocane-Saint-Apre. L'autre, éteinte il y a relativement peu de temps, possédait des fiefs et des forges à Sarrazac et Saint-Paul-la-Roche, puis comme les deux autres, un château de son nom. Elle fut maintenue

---

(1) Cette dernière s'allia quelquefois en Périgord, plusieurs de ses membres se prénommaient Melchior. Une famille Évérard de Fayolle des confins du Limousin et de la Marche, émigrée en Saintonge puis en Bordelais, portait également ce prénom.

dans sa noblesse de race en 1667. J'aurais voulu en donner la généalogie, mais je n'ai pas assez d'éléments pour la constituer. Quant à la troisième, celle dont nous allons nous occuper, (au nom de laquelle pour la distinguer nous mettons une s finale, bien qu'elle ne la portât pas toujours), on verra comment elle nous arriva du Poitou au XVᵉ siècle.

Tout cela prouve qu'il ne faut pas, parce qu'on voit dans une même province, vivant souvent côte à côte, plusieurs familles du même nom, se laisser aller a priori à la tendance facile, parfois séduisante, de les unir entre elles, même par des inductions tirées de vraisemblances, comme, par exemple dans le cas présent, des armoiries, — ces trois familles de Fayolle portant des lions dans leur écu.

Le regretté M. du Luc, propriétaire du château de Saint-Cernin-de-la-Barde, m'avait confié son chartrier pour le classer et l'analyser. Bien qu'il ne descendit ni des Buade ni des Fayolles, il s'intéressait aux anciens seigneurs de sa terre. Je lui dois un souvenir. Il ne faut pas non plus oublier M. Beauchet-Filleau, le baron de Lanauze, M. Martial Charrier, M. Bruzac, notaire à Eymet.

ARMES.

Écartelé aux 1 et 4 d'argent au lambel de gueules, aux 2 et 3 d'argent à trois lions de gueules, *(Preuves de Charles de Fayolles pour Malte, Bibliothèque de l'Arsenal, 3674, p. 167).*

Devise : Regi patrioque fidelis, *(Armorial du Périgord, 11).*

On observera que la famille de Pisseleu porte : *d'argent à 3 lions de gueules;* que les *Pièces originales* (1.119, n° 25.652, f. 5) donnent à la famille « de Fayolles en Poitou »; *d'argent au lambel de gueules;* et en outre que sur le château de Fayolles en Saussignac, bâti par le premier de cette maison qui soit venu en Périgord, se trouvent sculptées des armes où l'on ne voit en écartelé que l'écu des Vivonne à côté d'un autre écu où ne se trouve qu'un lambel. On en concluera que les armes au lambel sont seules celles des Fayolles, qu'ils soient Joubert ou autres, et que les suivantes, armes probablement d'alliance, n'ont été prises que parce que les seigneurs de Puyredon ont cru descendre des Pisseleu en ligne masculine, quand il semble que ce n'est qu'en féminine, ainsi qu'on le verra plus loin.

VARIANTES.

De sable à trois lions d'argent lampassés et armés de gueules, *(Armorial Général de 1696, Registre Guyenne, f. 364;* armoiries déclarées par Jean de Fayolles, sgr de Saint-Front).

D'argent à trois lions de gueules, lampassés et armés de sable, *(Id., f. 366;* armoiries déclarées par Jean de Fayolles, écuyer, sieur dudit lieu, *sic).*

SEIGNEURIES

Bridoire. — Château de la commune de Ribagnac et avec extension sur celle de Rouffignac (Dordogne). — Ancienne châtellenie qui semble avoir toujours été divisée entre plusieurs seigneurs. Le 4 juin 1284 Marguerite de Turenne, dame de Bergerac, reçut à hommage les seigneurs de Bridoire nommés : Arnaud de Bridoire, Roland, Hélie et B. de Roquefort, G. et Arnaud de Maureilhac, Gaubert d'Aubeterre. Il n'est plus question des Bridoire après 1359, ni des Roquefort après 1478. La co-seigneurie des Maureilhac passa à une famille Dubois, par le mariage de Pierre Dubois, écuyer, seigneur de Latour, avec Catherine de Maureilhac vers 1520. Raymond de Chaumont, seigneur de Badefol, apparaît comme co-seigneur en 1465, de même que Bernard de Ségur, seigneur de Ponchat, en 1489. Mais celui-ci céda pour 200 écus sol ses droits à Pierre Dubois ci-dessus, et Pierre de Ségur, fils de Bernard, ratifia cette cession le 8 juillet 1539. Louise Dubois, descendante et héritière de Pierre, épousa Bertrand de Pardaillan, seigneur de la Mothe-Gondrin, dont la petite-fille, Louise de Pardaillan, en épousant, le 15 avril 1524, Louis de Chaumont, seigneur de Clermont et de Labatut lui porta une partie des droits des Pardaillan sur Bridoire, droits qui passèrent aux Bonsol puisqu'en 1728 Guy de Bonsol, marquis de La Mothe-Gondrin, se qualifie de baron de Bridoire, et en 1780, Jean-Denis de Bonsol, marquis de Campeils, également. Les Fayolles conservèrent jusqu'à la fin au moins du XVIIe siècle, leur part de co-seigneurie acquise des Chaumont en 1493. En 1773 Jean-Jacques de Bessant, marquis de Bazillac, échangea sa co-seigneurie de Bridoire contre celle du Bourg, en Quercy, à Jean-Jacques marquis de Souillac, dont la fille Joséphine de Souillac, apporta cette terre à son mari, le marquis de Foucauld, aïeul d'Arnaud, marquis de Foucauld de Lardimalie, propriétaire actuel de ce château.

Charmals (Les). — Village dans la commune de Ribagnac (Dordogne).

Château-Geoffroy. — Situation inconnue. Le nom de *Geoffroy* pourrait bien venir des La Chassaigne, et s'appliquer à quelqu'ancien fief débaptisé.

Châtelux. — Actuellement *Châtelux-le-Marcheix*, commune du canton de Bénévent (Creuse). Ce fief relevait du Roi à cause de la Tour-de-Maubergeon, en Poitou.

Fayolle. — Fief dans la paroisse de Saint-Saviol, (près de Civray, Vienne), avec extension, féodale du moins, dans la paroisse de Limalonges, commune actuelle des Deux-Sèvres. — Ozanne Joubert apporta au commencement du XVe siècle la co-seigneurie de Fayolle à Jean Sapinaud, écuyer, son mari. Leurs descendants le gardèrent et lui adjoignirent le nom de *Joubert*, pour bien prouver son origine. Dans un acte de 1605 ce fief est appelé *Fayolles-Joubert*, *(Arch. dép. de la Charente, Minutes de Fèvre, not.)*. Il appartenait alors à Jean Sapinaud, écuyer, marié à une Périgourdine, Jeanne de Saint-Astier. Leur fille et héritière apporta Fayolle à son second mari, (elle était veuve de Clément Doticon, écuyer, sieur de Lagurat), en épousant le 18 février 1624, (Roche et Dunoyer, not. à Civray), Jacques du Rousseau, écuyer, sieur de La Forest, fils de noble Hélion du Rousseau, sieur de Marandat (près Montbron) et de Claude Audoin, *(Arch. dép. de la Dordogne, Insinuations)*. Leurs descendants prirent par courtoisie le titre de marquis de Fayolle, qui fut confirmé par lettres-patentes du 7 avril 1869 sur la personne de Louis-Charles-Gustave du Rousseau de Fayolle, contre-amiral, époux de Marie-Françoise Bérard des Glajeux. C'est l'aïeul de ce marquis de Fayolle qui aliéna la terre de son nom ; elle appartenait en 1870 à une famille Bineau qui vendit il y a une vingtaine d'années le château à une famille Mady.

Fayolles. — Château (ainsi appelé en souvenir du fief poitevin des Joubert) dans la commune de Saussignac (Dordogne). Il fut bâti sur l'ancien fief de Rappevacque, par Jean Joubert de Fayolles, Ier du nom ; il en fut néanmoins distinct. On verra à la troisième branche des Fayolles comment il échut à la famille du Bois de La Grèze. Ce château fut vendu le 29 décembre 1738 par Louis d'Abzac, chevalier, seigneur de la Prade et par son frère Antoine, agissant en qualité d'héritiers de leur mère Gabrielle du Bois de La Grèze, arrière petite-fille de Jeanne de Fayolles, héritière de sa branche, à Mathieu Vidal, bourgeois de Sainte-Foy. Son fils, Charles Vidal, en rendit hommage le 18 décembre 1773 au baron de Saussignac, (alors Louis-Marie, marquis de Pons), sous le devoir d'un éperon doré, (Note de M. Ed. Boisserie de Masmontet, dont la famille maternelle, Masmontet de Nastringues, eut ce château à la suite des Vidal).

Javerlhac. — Commune du canton de Nontron, dont les Fayolles n'eurent qu'un instant la co-seigneurie.

Marigné. — Actuellement village de la commune de Saint-Pierre-d'Excideuil, près de Civray (Vienne).

Mons. — Il semble s'agir de Mons, localité près de Faux (Dordogne).

Nontronneau. — Ancienne paroisse unie à Lussas, canton de Nontron (Dordogne).

Peyre (La). — Peut-être le village de ce nom dans la commune de Ribagnac (Dordogne).

Pressac. — Château, commune de Daignac (Gironde). Pour son histoire voir *Un coin de l'Entre-deux-Mers*, par Drouyn.

Puychevalier. — Village de la commune de Monsaguel (Dordogne). Ce fief relevait de l'évêque de Sarlat étant dans la juridiction d'Issigeac. Jean de Buade, seigneur de Saint-Sernin, qui vivait au commencement du xvie siècle, est le premier qui s'en qualifie seigneur. Les Fayolles n'en eurent que la co-seigneurie.

Puyredon. — Motte féodale avec château, dans la commune de Saint-Perdoux (Dordogne). On verra plus loin comment cette seigneurie avec sa justice advint à la Maison de Fayolles. Le 1er février 1299 en présence de « R. de Loyssa, » (Losse?), chevalier, d'Arnaud de Maureilhac et de Gaillard de Sales, damoiseaux, P. de Puyredon, damoiseau, fils de feu Guillaume, du consentement de R. de Puyredon, son curateur, rendit hommage à noble baron Grimoard de Balenx, seigneur de Cahuzac. L'hommage, au devoir d'une paire de gants blancs, porte sur les terres, moulins, eaux de moulins, abreuvoirs, cens, rentes, hommes et femmes que ledit seigneur de Puyredon possédait dans les paroisses de Saint-Perdoux, Mandacou, Saint-Capraise d'Eymet, Saint-Cyprien d'Issigeac et Eyrenville, *(Arch. de St-Sernin)*.

Puyredon est sorti vers 1820 de la famille de Fayolles pour passer chez celle de Mestre qui l'a cédée à celle de M. A. Pourpory, son propriétaire actuel. — Voir sur la motte féodale de Puyredon, entourée d'un fossé, le *Bulletin de la Société archéol. du Périgord*, XXIII, 183.

Rappevacque. — Ancien fief dans la paroisse de Saussignac (Dordogne) sur lequel on bâtit au xve siècle le château de Fayolles. Il en fut distinct et son hommage consistait en une paire de gants blancs. Il relevait de la châtellenie de Saussignac.

Saint-Front. — Saint-Front-de-Champniers, commune du canton de Nontron. Pour son historique voir la *Monographie de la ville et du canton* *de Nontron*, par R. de Laugardière. Les Fayolles n'en eurent que la co-seigneurie. Cette paroisse appartenait en 1673 aux Disnematin-Dorat et en 1681 aux Labrousse de Verteillac.

Saint-Martin-le-Peint. — Commune du canton de Nontron (Dordogne). Même observation que pour Saint-Front, laquelle concerne aussi Javerlhac et Nontronneau.

Saint-Sernin. — Château et commune du canton d'Issigeac (Dordogne). Bernard de Buade, damoiseau, est qualifié de seigneur de Saint-Sernin-de-la-Barde dès 1450. Cette seigneurie advint par mariage aux Fayolles au XVIIIe siècle. Elle fut détachée en 1637 de la châtellenie de la Barde et reportée à celle de Verteuil par le duc de La Rochefoucauld, alors suzerain. Ce transfert fut confirmé par lettres-patentes en mars 1785. *(Arch. de Saint-Sernin.)* Ce château est actuellement la propriété de la famille du Luc qui en a hérité de celle de Fayolles.

Vaud-Blanche (La). — Anciennement *Vaublanche*; château de la commune du Compas (Creuse).

Vidalie (La). — Repaire noble dans Bouniagues ; actuellement écart de cette commune de la Dordogne. Cette terre appartient de nos jours à M. Bourdil qui la tient de la famille Gay, d'Issigeac.

Bèquerie (La). — Métairies dans Saint-Perdoux, qui appartenaient aux branches de Puyredon et de la Vidalie.

Caillau (Le). — On trouve les formes suivantes : *Les Caillaux* et *Les Cailloux*. — Hameau de la commune de Sadillac (Dordogne) situé entre Puyredon, dont il semble avoir été démembré, et les Charmals.

PREMIÈRE BRANCHE.

SEIGNEURS DE PUYREDON.
1400-1883.

Les origines de la famille de Fayolles ou Fayolle, dont nous allons nous occuper, sont des plus obscures et l'on doit, — sans hésitation à mon avis, — rejeter au point de vue de la filiation masculine non seulement un mémoire généalogique conservé aux archives du château de Saint-Sernin-de-la-Barde, bien qu'il remonte à la fin du XVIe siècle, mais aussi un tableau d'ascendance donné, sans commentaires de d'Hozier du reste, dans les *Dossiers bleus* à la Bibliothèque nationale.

Ces deux filiations ne s'accordent que sur le point de faire descendre les Fayolles de Puyredon par les mâles de la Maison de Pisseleu. Ni feu M. Beauchet-Filleau, ni son fils, ni le vicomte de Gérard, à qui j'ai soumis la question, ni moi-même, ne sommes disposés à accepter cette origine.

La première filiation part d'un André de Pisseleu marié en 1170 à Barbe de Valençay, père d'Eloy allié en 1220 à Amicie de Ponches, père lui-même d'un Jean de Pisseleu qui, au retour de la croisade, vint épouser en Poitou, en 1254, Renée de Montbas, fille de Marc, seigneur de Fayolle et de Contré, dont il eut Roger de Pisseleu marié en 1276 avec Angèle de Tousson, grand-père d'Itier de Pisseleu, dit de Fayolle, uni en 1328 à Isabeau de Civray, et de Frédéric, commandeur de Saint Jean de Jérusalem au siège de Rhodes, ainsi de suite jusqu'à Hervé (de notre deuxième degré) mais en supprimant l'Itier de la filiation vraie vivant en 1402.

La seconde filiation débute par un Georges de Pisseleu marié en 1271 à Barbe de Valençay, et père d'André marié à Renée de Montbas, héritière de Fayolle, dont Itier de Pisseleu dit de Fayolle, époux de Guillelmine de La Guierche, quadrisaïeul paternel d'Hervé Joubert de Fayolle, mari de Louise d'Appelvoisin.

Ce qui est certain, c'est qu'un Frédéric de Pisseleu, né en 1384, fut reçu chevalier de l'ordre de Saint Jean de Jérusalem en 1402. Il était, dit l'enquête pour ses preuves, (dont une copie est aux archives de Saint-Sernin) fils de Gaspard de Pisseleu dit de Fayolle et de Françoise de Monthoreau. Gaspard et un de ses frères, Frédéric, commandeur de Saint-Jean, lors du siège de Rhodes, en 1367, étaient enfants de Gabriel de Pisseleu, baron de Contré, seigneur de Fayolle, et de Marthe de Courthomer. Gabriel était fils d'autre Gaspard de Pisseleu et de Nicole d'Assigné, petit-fils d'Itier et de Guillelmine de La Guierche, et arrière-petit-fils d'André de Pisseleu, qui avait épousé Renée de Montbas, héritière de la terre de Fayolle.

Ce qui d'autre part est plausible ce serait qu'une fille ou une sœur de Gaspard de Pisseleu de Fayolle (marié en 1380 à Françoise de Monthoreau) eut épousé un gentilhomme du nom de Joubert, et lui eut apporté la terre poitevine de Fayolle, avec la même obligation qu'elle avait reçue de ses ascendants. Immédiatement, en effet, d'un côté les Joubert se désignent comme *dits de Fayolle*, puis *de Fayolle* tout court ; les Sapinaud, du leur, doivent en faire autant. D'abord ils appellent leur fief : *Fayolle-Joubert*, et leurs descendants, les du Rousseau, retiennent ce nom de *Fayolle* au point que de nos jours ils ne sont désignés que sous cette appellation terrienne.

Il faut rechercher plus haut les causes qui ont déterminé cet état de choses, plus fréquent qu'on ne croit. Sans entrer dans des considérations sur des habitudes et des usages féodaux qui sortiraient du cadre imposé, je ne puis que rappeler combien de familles chevaleresques tenaient jadis plus à la perpétuité du nom de leur fief qu'à celle de leur nom patronymique. Qu'était souvent ce dernier pour elles ? Un simple surnom, qui commençait à devenir héréditaire au début du XIVe siècle, surnom provenant soit d'un sobriquet, — nul intérêt à en perpétuer le souvenir, — soit d'une terre primordiale, passée déjà peut-être en des mains étrangères ou restée chez un aîné. Un fief important, au contraire, pouvant, lui, devenir le patronyme d'une famille, n'avait-on pas tout intérêt à en conserver la mémoire ?

De nombreuses familles l'avaient si bien compris qu'en changeant de province, ou simplement de lieu de résidence, elles baptisaient leur fief nouveau du nom du premier. Cet usage de donner à un fief nouvellement acquis le nom de celui que l'on avait perdu, s'est perpétué jusqu'à la Révolution : je ne saurais trop insister là-dessus.

Demandons-nous donc tout d'abord si certaine seigneurie de Fayolle, située près de la ville de Guéret et qui dépendait de *Montbas* [1] (châtellenie de la paroisse de Gajoubert, arrondissement de Bellac), n'aurait pu être la cause de l'appellation de Fayolle, donnée au fief de la famille de *Montbas* (paroisses de Limalonges et de Saint-Saviol, près de Civray), que l'héritière d'une branche de cette vieille maison apporta aux Pisseleu au XIIIe siècle.

Cette supposition est aussi celle de notre savant ami, le vicomte de Gérard, qui serait en outre disposé à voir dans le premier quartier de l'écartelé des Fayolles de Puyredon, c'est-à-dire dans le *lambel de gueules sur champ d'argent*, non point l'écu des Joubert (héritiers des Pisseleu, dont les *lions* forment le second quartier), mais celui du fief de Fayolle. Un écusson plein étant plutôt un écu territorial qu'un écusson de famille, le lambel indiquerait ici, — et non sans raison, — un démembrement territorial. Les *Pièces originales*, 119, n° 25.652, confirment notre supposition, car elles donnent sous le nom terrien de *Fayolles en Poitou*, sans nom patronymique : *d'argent au lambel de gueules*.

Ainsi donc s'expliquerait le port de cet écartelé avec le nom de Fayolle. Seulement ce dernier nom seul finit par subsister, — affaire d'habitude, — tandis que les lions des Pisseleu restaient seul dans l'écu des Fayolles.

En résumé : fief de Fayolle à des Montbas, peut-être ainsi

---

[1] Les Barton succédèrent aux Montbas au commencement du XIVe siècle. Mathurin Barton, vivant en 1313, possédait la seigneurie de Fayolle, près de Guéret ; en 1614 François Barton de Montbas se qualifiait seigneur du même Fayolles, que Nadaud, — dans son *Nobiliaire du Limousin* (1, 112), d'où ceci est tiré, — écrit avec s finale.

dénommé en souvenir d'un fief primordial dans la Basse-Marche. Il passe au XIIIe siècle chez les Pisseleu, qui incorporent son nom au leur. Une héritière des Pisseleu épouse, sans nul doute, à la fin du XIVe siècle un Joubert; même substitution s'en suit. Un de leurs descendants vient en Périgord, mais il ne garde que le nom de Fayolle et le donne même à un de ses fiefs, toujours en souvenir ; en faisant bâtir un château sur ce dernier, il fait sculpter un écu portant, avec les armes de sa femme, seulement celles au lambel sur un plein. D'un autre côté, les derniers possesseurs du Fayolle du Poitou, — les Sapinaud succédant aux Joubert, les du Rousseau, aux Sapinaud, — ne retiennent que le nom du fief.

On ne peut qu'admirer cette ténacité à perpétuer le nom terrien de *Fayolle*, puisque nous voyons les Montbas, les Pisseleu, les Joubert, les Sapinaud et les du Rousseau ne pas faillir aux obligations que leur ont imposées à ce sujet leurs ascendants. Qu'ils devaient donc être puissants les souvenirs attachés à ce fief primordial, pour s'être ainsi perpétués durant des siècles, et qu'il serait intéressant de les connaître !

Pour tous les motifs ci-dessus, laissant de côté l'ascendance, très douteuse au point de vue masculin, des Pisseleu, nous ne commencerons cette généalogie qu'aux Joubert.

※※※※※※※※※※※

FILIATION

I. — HERVÉ JOUBERT, écuyer, co-seigneur de Fayolle, vivait en 1400.

Il mourut avant 1409, ayant eu de *Louise d'Appelvoisin* :

II. — PIERRE OU PERROT JOUBERT DE FAYOLLES, écuyer, co-seigneur de Fayolle.

Le 17 janvier 1409, il fit aveu à Jean, duc de Berry, comte de Poitou, pour une terre noble au Champ-Quétin, châtellenie de Civray, comme fils de feu Hervé Joubert, écuyer, (*Cabinet héral. de MM. Beauchet-Filleau*).

Le 20 avril 1418, il rendit hommage, par un acte rappelant son feu père, au prince dauphin de Viennois, pour des terres nobles qu'il possédait près de Civray, la moitié du village de

Fayolle, et des biens nobles près de l'église de Limalonges, indivis entre lui et les héritiers de feu Jean Joubert, écuyer, *(Arch. de Saint-Sernin*, et *F. Périg.* 137, n° 161).

De *Madeleine d'Apcher* il eut (dit d'Hozier de sa propre écriture dans les *Dossiers bleus*) :

III. — ITIER JOUBERT DE FAYOLLES, écuyer, seigneur de Marigné, de Saint-Philippe, de Brangier.

Il habitait la paroisse de Saint-Martin-de-Bruz, dit l'enquête de 1546 concernant son petit-fils François. Un mémoire de famille lui donne pour femme une *Alix de Pérusse*. C'est très douteux. Une note des *Dossiers bleus* appelle son épouse, *Henriette de Nombar*.

Enfants :

1. JEAN, qui suit.
2. PIERRE, chanoine. Le 8 août 1483, il donne une procuration générale à son frère Jean, par devant Jean Gastebois, prêtre, notaire public et royal à Lauzun, *(Original aux Arch. de Saint-Sernin)*. Le 11 avril 1505, Armand de Gontaut, évêque de Sarlat, lui concède la vicairerie perpétuelle de N.-D. de Monteton, *(Id.)*.

IV. — JEAN JOUBERT, dit DE FAYOLLES, Ier du nom, seigneur de Marigné, Puyredon, Rappevacque, co-seigneur de Bridoire, capitaine de Coulonges-les-Royaux.

Il épousa une riche jeune fille de grande maison, *Marguerite de Vivonne* [1], sœur de Roux de Vivonne, co-seigneur d'Anché, Voulon et Marigné, et de Jean de Vivonne, chevalier, co-seigneur des mêmes lieux. Les accords de cette union furent passés le 21 août 1486. Dans cet acte, reçu par Cornillaud et Naudis, Catherine de Vivonne, tante de ladite Marguerite, et veuve de Pierre de Clervaux, chevalier, promet à sa nièce sa part dans les seigneuries de Voulon, Anché, Marigné, Villemont, Brazille, Faudré, indivises entre elle et son frère Régnauld de Vivonne, *(Arch. de Saint-Sernin* et *Dossiers bleus)*.

La célébration du mariage est néanmoins antérieure à cette date : 1° parce que dès 1483 Jean de Fayolles habitait le Périgord ; 2° parce que son fils naquit en 1485. Le 31 octobre 1503,

---

[1] La maison de Vivonne, en Poitou, est trop célèbre pour qu'on s'étende sur elle. Elle portait des hermines dans son écu.

à Marigné, intervint une transaction au sujet de la succession de Roux de Vivonne, entre Jean de Fayolles, sa femme et Jean de Vivonne, (*Arch. de Saint-Sernin*).

Le 14... 1490, Jean de Fayolles reçut une reconnaissance de noble Jean de Brouillac, *aliàs* Capitaine-Blanc ; il il acquit le 18 mars 1493 et en juillet 1494 une partie de la seigneurie de Bridoire, de noble Raymond de Chaumont, époux de Marie de Clermont. Le 20 mai 1498, il acquit des rentes foncières sur le fief de Rappevacque ou Rappevaques de noble Bertrand de Bideran, seigneur de la Mongie, capitaine de Saussignac, qui les tenait du seigneur de Gardonne, (*Arch. dép. de la Gironde*, C, 4.107, n° 39). Il possédait des rentes et autres devoirs seigneuriaux dans Sadillac, car il transigea, vers 1515, à ce sujet avec Guillaume de Franca, licencié-ès-lois, Jean Bosquet, not., et Frère Jean de Clarens, prieur et seigneur des paroisse et juridiction de Sadillac, (*Arch. de Saint-Sernin*). Enfin, en avril 1506, il acheta dans la paroisse de Bouniagues, des biens (qui restèrent à sa descendance fort longtemps), relevant de Ma... de Gordiège, damoiseau, et confrontant aux héritiers de noble Jean de Brouillac, (*Id.*).

Messire Jean d'Estissac, de la maison de Madaillan, s'étant allié avec Jeanne de La Brousse, fille de Jean de La Brousse, chevalier, et de Jeanne de Vivonne, possédait du chef de sa belle-mère des biens en Poitou. Voulant sans doute les agrandir ou simplement les posséder sans indivision, il proposa à son cousin par alliance [1], Jean Joubert de Fayolles, de lui échanger Puyredon et autres biens en Périgord, contre ceux que ledit Joubert tenait de sa femme, Marguerite de Vivonne. Ainsi fut fait. Cette donation est rappelée dans les actes d'hommages et spécialement dans celui du 21 novembre 1489 rendu par ledit Jean Joubert à Bertrand d'Estissac. L'original de celui-ci est conservé aux archives du château de Saint-Sernin, il est signé de Luc Gelot, prêtre et not. roy., de Jean de Senhalis, not. public, et passé au château de Cahuzac, diocèse de Sarlat, en présence de nobles Jean de Bideran, capitaine de Cahuzac, et Jean de Buade.

Jean de Fayolles, veuf, testa le 16 août 1524, instituant son

---

[1] Et non son beau-frère comme je l'ai imprimé dans la *Généalogie de Bideran*, sur la foi d'un mémoire de famille.

fils aîné héritier universel, et nommant ses filles. L'acte fut passé à Puyredon, par devant Jean de Franca, not., (*Grosse aux Arch. de Saint-Sernin, Dossiers bleus, F. Périg.* 137, n° 161). Il fut père de :

1. JEAN, qui continue.
2. FRANÇOIS, auteur de la *branche de Fayolles*, en Saussignac.
3. BARNABÉ, religieux à l'abbaye de N.-D. de Celles en Poitou [1]. Un Mémoire de famille, inséré aux *Dossiers bleus*, le fait chanoine de la Sainte-Chapelle à Paris, abbé de Réalmont, et..... évêque de Montpellier ! Alors qu'il n'y avait pas encore d'évêché à Montpellier, et qu'à Maguelone il n'y avait aucun prélat de ce nom.
4. CATHERINE. Elle épousa par contrat retenu J. de Franca, not. roy. à Issigeac, le 7 février 1505 noble « *Petrus Jaubert*, dictus de La Rocha, dominus reparii nobilis de la Meynazière, diocesis petragoricensis » *(Arch. de Saint-Sernin)*. Les *Dossiers bleus* le nomment « de la Roche-Taubert », il doit donc s'agir d'un Jaubert, sgr de la Roche-Jaubert [2].
5. JEANNE, femme de *Léonard de La Grelière*, (*Dossiers bleus*).
6. MARIE, femme de « *Jean de Rocilho.* » Peut-être est la même qu'une Marie que les mêmes *Dossiers* disent mariée à la Tour-de-Montbreton, près de Gensac.
7. MARGUERITE, dite DAUPHINE, unie à *Alain de Campagnac (aliàs Campagnac, de Siorac, Dossiers bleus).*
8. PHILIPPE, non mariée en 1524.

---

(1) Il est intéressant d'observer que les familles alliées, ou simplement voisines, à cette époque, des puissants sires d'Estissac, comme les Fayolles, les Jaubert, les Bideran, furent dotées de bénéfices en Poitou, où les Madaillan d'Estissac possédèrent d'importantes châtellenies.

(2) Pierre Jaubert de La Roche-Jaubert était vraisemblablement fils de Golfier Jaubert, co-seigneur de la Roche-Jaubert, et de sa première femme, Phélippe du Puy de Brémond. Il doit être considéré comme le père de Pantaléon Jaubert, dit de La Roche-Jaubert, abbé de Charroux au diocèse de Poitiers, que Lespine et la *Gallia Christiana* font fils de la deuxième femme de ce Golfier, Liette (du Puy-Brémond) de Cumond, sans savoir que Liette n'aurait pu l'avoir avant l'âge de 54 ans. Pantaléon qui serait alors petit-fils de Golfier, (il eut vécu sans cela cent ans, autre invraisemblance), possédait un bréviaire, conservé précieusement au château de Cumond, dans les archives de notre famille, portant enluminé sur un feuillet, un écusson, où sont peintes des armes qui ne seraient autres que les siennes, écartelées de sa mère et ses deux grand'mères. Au premier quartier, *d'azur à la fasce d'or, accompagnée de 6 fleurs de lys d'or, trois en chef et trois en pointe*, qui est *Jaubert de Cumond* ; au deuxième un semé *d'hermines*, qui est *Vivonne* ; au troisième, *d'argent au lambel de gueules*, qui est en effet *Joubert de Fayolles* ; au quatrième, *d'or à la tour d'argent surmontée d'un croissant de gueules*, qui serait d'après M. de Brémond d'Ars, l'écu des *du Puy de Brémond*, dont le fief du Puy, paroisse de Saint-Quentin-de-Chalais, aurait passé à la famille de Ballue qui avait, ou qui prit à cette occasion, des armes similaires : *d'azur à la tour d'argent surmonté d'un croissant de même;* famille qui, du reste, s'allia avec celle de Jaubert vers 1560.

V. — Jean de Fayolles, IIᵉ du nom, écuyer, seigneur de Puyredon, co-seigneur de Bridoire.

Il épousa vers 1515 à 1520, en Poitou, *Catherine du Teilh de Mézières* (ou *Mazières*)¹, appelée *Delteilhémo* dans le testament de son mari. La décharge des francs-fiefs vise le contrat de ce mariage à la date du 6 mai 1555. A cette époque Jean de Fayolles était mort, car on ouvrit et on fit insinuer en 1551 son testament qui remontait au 26 août 1528. Ce testament, reçu par de Franca, not., rappelait le père, la mère, le frère du testateur ; il fait connaître ses cinq enfants. Nobles François de La Bermondie, prieur de Sadilhac, et Jean de Buade, sgr de Saint-Sernin, en étaient les exécuteurs testamentaires, (*Arch. de Saint-Sernin*).

Jean de Fayolles transigea avec son frère François, le 16 janvier 1534, (*Dossiers bleus*). Le 10 octobre 1540, il fit aveu et dénombrement de ses biens nobles. Dans cet acte, reçu par Jean de La Rolphie, conseiller du Roi à Périgueux, il se dit âgé de 55 ans, il était donc né vers 1485 ; il y renomme ses cinq enfants, (*Dossiers bleus*, f. 3).

Dans l'acte d'hommage rendu par Puyredon, le 25 février 1542 à Louis de (Madaillan), chevalier, baron d'Estissac, Cahuzac, etc., on rappelle la donation de cette terre avant 1489, avec haute, moyenne et basse justice, impère et mixte ; présents nobles Jean de Buade et Bertrand de Montlouis, sgr de Montsac ? capitaine de Monclar, (*Arch. de Saint-Sernin*). Il eut :

1. Jean, qui suit.
2. Autre Jean, légataire de son père de 1.000 livres ts. tué en Piémont au service du Roi.
3. Jeanne. Elle s'unit par contrat du 3 septembre 1550 à *Louis de Bideran*, écuyer, seigneur de Saint-Surin, fils de noble Louis de Bideran, et de Marguerite du Pont, (*Id.* et *Arch. de la Grèze*).
4. Antoinette. Elle avait épousé dès 1540, en Limousin, *Antoine de Lafon*, écuyer, procureur d'office en la cour et la châtellenie d'Ussel ², dont elle eut Pierre Lafon, écuyer. Le 7 mars 1558, elle tran-

---

(1) Je ne sais si elle appartenait à la famille poitevine des du Theil qui portent : *d'or au lion de gueules, armé, lampassé et couronné d'argent, au chef d'azur*.

(2) C'est encore là un exemple du fait suivant, fréquemment observé au XVIᵉ siècle : le mouvement intellectuel et commercial de la Renaissance amena beaucoup de cadets d'anciennes familles, plus ou moins *gênées* par les guerres du XVᵉ siècle, soit à faire le commerce, soit à étudier les lettres et le droit, et à acheter des offices de magistrature, même secondaire, qui ne furent considérés comme faisant déroger qu'au siècle suivant. En Bretagne les notaires appelés *passes*, n'étaient-ils pas presque toujours gentilhommes ?

sigea avec son frère sur la succession de ses père, mère et sœur, en présence de nobles Henri du Bois de La Grèze, Bertholmieu de Carbonnier, Raymond du Pont, et de maîtres Jean de Belcier, bailli, et François Pepin, lieutenant général, à Bergerac, *(Arch. de Saint-Sernin)*.

5. JACQUETTE, née en 1524, morte sans hoirs après 1559.
6. N..., morte sans alliance, avant 1540.

VI. — JEAN DE FAYOLLES, IIIe du nom, chevalier, seigneur de Puyredon, chevalier de l'Ordre de Saint-Michel, *(Mém. de famille)*.

Il s'allia avec *Foy de Vaux*, fille de Jacques de Vaux, seigneur de Paradoux et bourgeois d'Agen[1], et d'Agnès de La Vigerie. Les pactes, remontant au 31 août 1550, ne furent régularisés que le 6 mai 1555 pardevant Guyon, not. roy., au château de La Grèze, paroisse d'Eyrenville. La future reçut 3.000 livres ts. de dot, quatre robes en satin noir, en satin blanc, en damas à fleurs et en taffetas cramoisi, deux chaperons de velours, *(Dossiers bleus)*. Le futur avait reçu dès 1545 en donation paternelle la seigneurie de Puyredon sous réserve d'usufruit, avec subtitution en faveur de François, oncle du donataire, *(Id.)*. Il en rendit hommage le 9 mai 1559 à Louis, baron d'Estissac, rappelant ses ascendants dans l'acte.

M. de Puyredon commanda à plusieurs reprises des troupes catholiques opérant contre les huguenots dans les pays compris entre le Lot et la Dordogne. Les protestants, pour se venger, brûlèrent et pillèrent deux ou trois fois Puyredon, *(Divers)*. En 1562, il reçut une *commission* du duc de Montpensier, « pour la pugnition des séditieux et rebelles de Cahuzac, la Barde, Bridoyre, Sadilhac, et iceulx pugnir et les desarmer » *(Bull. de la Soc. hist. et arch. du Périgord,* XIX, 215). Louis de Bourbon, bien qu'en dise Montluc, avait voulu, après la victoire de Vergt, assurer la pacification du Bergeracois.

Jean de Fayolles testa le 2 février 1559 et fit un codicille le 15 mai 1565 devant Guyon, not. roy. Dans ces actes passés en présence d'Henry du Bois, écuyer, sgr de La Grèze, qui

---

[1] Les *Dossiers bleus* orthographient *Vaurs*, et un *Mémoire de famille* dit Jacques de Vaux de la maison des vicomtes de Paradour, ce qui paraît bien douteux. Le *Nouveau d'Hozier* (f. 21), donne d'après l'Ordonnance des Commissaires Généraux deux dates erronnées : celle du 6 mai 1551 pour le mariage, et celle de 1599 pour le testament. Elle a souvent confondu les quatre Jean entre eux.

avait aussi assisté à son mariage, et de « sire Jean Augeard, de Sadilhac [1], » il nomme son père, sa mère, sa femme, ses enfants et sa sœur Jacquette à laquelle il lègue 1.000 francs bordelais, (*Arch. de Saint-Sernin*). Lui et sa femme décédèrent vers 1566, ayant eu, (*Dossiers bleus*) :

1. JEAN, qui suit.
2. et 3. CATHERINE et MARGUERITE, décédées avant leur père, *(Dossiers bleus)*.
4. et 5. JACQUETTE et LOUISE, nées après 1559.

VII. — JEAN DE FAYOLLES, IV⁰ du nom, écuyer, seigneur de Puyredon et de la Vidalie.

Par articles retenus Sixte Guay, not. roy. à Bordeaux, le 5 décembre (*aliàs* 15 novembre et 15 décembre) 1575, Jean de Fayolles épousa *Jeanne de La Chassaigne* [2], fille de feu messire Joseph de La Chassaigne, chevalier, soudan de Pressac, seigneur de Javerlhac, etc., président au parlement de Bordeaux, et de Marie Douhet, (*Arch. de Saint-Sernin, Carrés, Dossiers bleus*). Cette alliance, tout honorable qu'elle fut, et malgré les grands biens qu'elle apporta dans la maison de Fayolles, ou bien en raison de ces biens, lui causa bien des troubles.

M. et Mme de Puyredon firent un testament mutuel par devant Artieu, not. roy., le 4, *aliàs* 14, décembre 1595 (*Maintenue de 1667*). Lui, codicilla le 8 juillet 1622, et elle, veuve, à la Vidalie devant Vergnaud, not. roy., le 14, *aliàs* 24, mai 1628, (*Dossiers bleus, Carrés de d'Hozier*, f. 221). Ils eurent un grand nombre d'enfants, qui sont :

1. LOUISE, née en 1577.
2. FRANÇOISE, née le 11 juillet 1578, morte sans alliance, disent les *Dossiers bleus*. Ou bien ils se trompent, ou bien il y a une autre Françoise ; car celle nommée au testament de sa mère comme décédée avant 1628, laissa de *N... de Romagnières* : Jean, Isaac et Judic, (*Carrés*, ut suprâ).

---

(1) La qualification de *sire* se donnait, au XVI⁰ siècle, à de riches négociants, appelés seulement alors *marchands*.

(2) Jeanne de La Chassaigne, (dont les armes sont : *d'azur à 3 fasces d'or accompagnées de 3 étoiles de même, 2 en chef et 1 en pointe*), se serait remariée, non pas avant 1591 avec Arnaud de Saint-Martin, sgr de Bajeran, comme il est dit aux *Arch. munic. de Bordeaux, Mss. Drouyn* Arch. de la Rocque, mais le 11 juin 1597, p. c. reçu par Jean de Mathieu, avec Arnaud de Bérailh, écuyer, sgr de Bajouran, veuf d'Anne de Ribes, (*Note de M. Campagne*).

3. CATHERINE, née le 22 octobre 1579. (Toutes les dates de naissance sont données par les *Dossiers bleus*).
4. JEANNE, née le 6 novembre 1581. (Date du baptême plus probablement).
5. Autre JEANNE, née le 13 juin 1582.
6. CHARLES, qui continue la postérité.
7. MARGUERITE, née le 3 mai 1584.
8. CÉSAR, *aliàs* JULIEN et JULES-CÉSAR, né le 15 avril 1585. Le 15 mai 1618, il partagea avec ses frères Charles l'aîné et Florent, la succession paternelle, *(Dossiers bleus)*. Il fut archiprêtre de Bouniagues. (Par erreur, les *Dossiers bleus* le font auteur de la branche de la Vidalie).
9. ANNE, née le 13 octobre 1586.
10. FLORENT, auteur de la *branche de la Vidalie*.
11. FRANÇOIS, né le 16 juillet 1589.
12. Autre CHARLES, né le 29 décembre 1591, dit *Monsieur de Château-Geoffroy*. Il fut reçu chevalier de Saint-Jean de Jérusalem *(vulgo* Malte) : commission d'enquête 30 mai 1610, lettre du Magistère, 31 mai 1611, réception et vœux 7 octobre 1612. La bulle, du 12 octobre suivant, est en original aux *Arch. de Saint-Sernin*. Il testa à la Vidalie le 19 octobre 1617, *(Id.)* et mourut peu après.
13. Troisième CHARLES, né le 30 septembre 1592. Peut-être est-ce lui qui en 1633, étant religieux à l'abbaye de Nanteuil, en Angoumois, fut héritier de Jeanne de Gamaches, dame de La Chassaigne, *(Un coin de l'Entre-deux-Mers*, 183).
14. Troisième JEANNE, née le 8 mars 1596, sous la tutelle de son frère Charles en 1618. — Une de ces trois Jeanne est vraisemblablement celle qui épousa *Antoine de Bideran*, écuyer, sgr de Causé, fils de noble Jean de Bideran, et d'Anne de Touchebœuf-Beaumond, *(Généal. Bideran)*.

VIII. — CHARLES DE FAYOLLES, appelé souvent *de La Chassaigne de Fayolles*, chevalier, baron de Château-Geoffroy, de Châtelux, de Saint-Front, soudan de Pressac, seigneur de Puyredon, Javerlhac, Saint-Martin, Nontronneau, gentilhomme de la Chambre du Roi.

Il naquit le 22 mars 1583, et servit comme page chez son oncle Geoffroy de La Chassaigne, soudan de Pressac, baron de Château-Geoffroy, etc., dont il fut le principal héritier au grand mécontentement de son cousin, Geoffroy de La Chassaigne. Celui-ci s'étant emparé à main armée de Châtelux et de Pressac, à la suite des lenteurs d'un procès intenté à l'occasion de cette succession, il fut rendu le 5 avril 1639, en la Chambre de l'Edit de

Languedoc, un arrêt (inexécuté en partie) condamnant à mort Geoffroy de La Chassaigne [1], qui périt seulement assassiné, tout à côté de Pressac que ni lui ni ses successeurs du reste ne remirent aux mains des Fayolles; malgré les arrêts du parlement.

Charles de Fayolles épousa le 3 mars 1612 *Philippe de Culant*, fille de Jean de Culant, chevalier de l'Ordre du Roi, seigneur de Brécy, et de Claude de Gamaches [2], (*Dossiers bleus, Carrés*, etc.). Il servit comme officier sous le maréchal de Schomberg et mourut avant août 1645. Le 9 mai 1635, il avait reçu des Commissaires généraux, députés pour les francs-fiefs et le régalement des tailles, une décharge comme noble d'extraction, (*Arch. de Saint-Sernin*).

Nous lui connaissons comme enfants :

1. Jean, baron de Saint-Front (que lui avait légué spécialement son grand-oncle G. de La Chassaigne, et dont son père hérita). Il naquit le 6 octobre 1615, et fut enseigne-colonel au régiment d'Enghien dès le 23 juillet 1639. Il fut tué à un des sièges de Salces en 1640 ou 1642, (*Dossiers bleus*).
2. François, qui continue la postérité.
3. Geoffroy. Né le 16 novembre 1616, il fut officier des armées royales et servit en Piémont.
4. Jeanne, mariée le 20 mars 1623 [3] à *Pierre de Courssou*, écuyer, seigneur de Neuville, probablement fils de Jean de Courssou, écuyer, sgr de Caillavel (ou Cailhevel), et de Jeanne du Pont, (*Maintenue de Courssou* et *note de M*me *A. de Gorostarzu*).
5. Marie, née le 16 août 1613.
6. Peut-être Hilaire, marraine, en 1643, (*Reg. par. de Saint-Perdoux*).

IX. — François de Fayolles, chevalier, baron de Saint-Front et de Château-Geoffroy, soudan de Pressac, seigneur de Puyredon, Javerlhac, Saint-Martin, co-seigneur de Bridoire.

---

(1) Voir au sujet de ce procès ce que j'en ai dit dans le *Bulletin de la Société hist. et archéol. du Périgord*, XIX, 215 ; et dans une brochure intitulée : *Pouvoir et lettre à MM. de Fayolles de Puyredon*. Dans ces articles, rectifiant *Un coin de l'Entre-deux-Mers*, par L. Drouyn, sont reproduits le *Pouvoir* de 1562 du duc de Montpensier, et la *Lettre* du duc d'Epernon de 1649, avec une courte notice biographique sur les Fayolles de 1550 à 1650.

(2) D'une très ancienne famille du Berry et du Limousin, les Culant, qui comptent un amiral et un maréchal de France, portent : *d'azur, semé d'étoiles d'or, au lion d'or, au lambel de gueules*.

(3) Cette date peut paraître bien avancée mais elle doit être exacte puisque son fils, Florent de Courssou, épousa en 1645 Philippe de Madranges. Ce Florent, dans une donation de ses biens, faite le 20 mars 1688 à sa fille, Henrye de Courssou, femme de Jean de Fayolles, dit que sa feue mère, Jeanne de Fayolles, était fille de Charles.

Il servit sous le duc d'Epernon contre les Frondeurs bordelais, et s'allia avec *Françoise de Fumel*, fille de François, baron de Fumel, seigneur d'Hautesvignes et d'Anne, ou Diane, de Gordièges [1]. Le contrat reçu Servant, not. roy. et le mariage religieux sont du même jour, 9 août 1645, (*Reg. par. de Verteuil d'Agenais*).

Le jugement de maintenue de noblesse de l'Intendant Pellot, concernant le baron de Saint-Front, au 29 avril (*aliàs* août?) 1667, fut précédé de deux productions en décembre 1666 et le 6 avril 1667, (*Arch. de Saint-Sernin*). A Limoges, il y a une maintenue le 23 octobre 1697 le concernant ou bien un de ses fils.

En juillet 1672 il dénombra au roi sa co-seigneurie de Bridoire, (*Arch. dép. du Lot-et-Garonne, F. Raymond*, 6). Par donation entre vifs du 4 novembre 1685, il fit passer la majeure partie de ses biens sur la tête de son second fils, (*Arch. de Saint-Sernin*). Il fut père de :

1. Jean, écuyer, baron de Saint-Front. Il fut baptisé le 6 juin 1655, *(Dossiers bleus)*. Son père le déshérita pour avoir épousé, malgré son consentement, sa cousine, *Henrye de Courssou*, fille de noble Florent de Courssou, sgr de Neuville et de Philippe de Madranges. Le contrat, retenu par Labouneille, not. roy. à Issigeac, le 10 février 1686, *(Dossiers bleus* et *Arch. de Saint-Sernin)*, précéda de deux ans la célébration du mariage qui eut lieu le 10 mars 1688 dans la chapelle de la maison épiscopale à Issigeac. Henrye mourut avant 1713 et Jean avant 1729, ayant eu :

    A. Florent, écuyer, baron de Saint-Front, seigneur de la Blénie et de Fonjuliane, né le 18 février 1690. Il habita plusieurs localités, dont la paroisse de Saint-Julien. Je ne sais comment il put avoir, même en co-seigneurie, la Blénie, fief des Saint-Ours, peut-être par son mariage.

    Il épousa sa cousine *Hippolyte de Fayolles*, (voir plus loin). Les dispenses pontificales sont du 5 novembre 1713, le contrat aurait été reçu par Pigeard, not. à la Blénie, paroisse d'Urval, chez les Saint-Ours, trois jours auparavant, *(Dossiers bleus* et *Pièces originales*, 119, n° 25.657). Le baron de Saint-Front fut reçu le 7 avril 1724 chevalier de Justice des Ordres

---

(1) François de Fumel n'est pas mentionné dans la généalogie de sa famille donnée au *Nobiliaire de Guyenne*, par O'Gilvy, mais les *Dossiers bleus* indiquent la filiation ci-dessus. Armes : *d'azur à 3 fumées d'or mouvant de la pointe de l'écu.*

du Mont-Carmel et de Saint-Lazare, (Bulle originale aux *Arch. de Saint-Sernin*). Il mourut le 6 août 1750, *(Reg. par. de Saint-Perdoux)*. Enfant :

Peut-être AARON, sgr de la Blénie, habitant la paroisse d'Urval, présent en 1735 à un mariage à Bouniagues, *(Reg. par.)*. Nos recherches dans les anciens registres d'Urval ne nous ont pas signalé un seul Fayolles. Seraient-ils devenus protestants comme le prénom d'Aaron le ferait supposer ? En tout cas ils n'ont pas laissé de traces.

2. CHARLES-FLORENT, qui continue.
3. FRANÇOISE, unie en 1710 à *François de Saint-Jean*, chevalier, seigneur de Mondésir, fils de messire Jacques de Saint-Jean, et de Françoise de Longaud. Le contrat fut reçu au château de Montpon par Mirambeau, not. roy., *(Arch. de la Rousserie* et *Dossiers bleus)* ; c'est à se demander s'il n'y a pas une erreur et confusion entre une tante et sa nièce, car elle naquit le 15 juillet 1653, disent les registres de Saint-Perdoux, et aurait eu 57 ans en 1710).
4. JEAN-MARC, chanoine de la cathédrale de Saintes où il mourut le 5 avril 1733. Par testament du 24 novembre 1730, il laissa sa fortune à son neveu François ; il régla ainsi son épitaphe : « Deprecare, pie lector, pro anima pauperis Marci, cujus corpus hoc in tumulo jacens resurrectionem expectat judicandum. » *(Arch. de Saint-Sernin)*.
5. CHARLOTTE, décédée à Bouniagues, le 29 octobre 1731, *(Reg. par.)*.
6. PHILIBERT.
7. 8. 9. DIANE, MARIE, GABRIELLE.
10. PIERRE, baptisé le 4 novembre 1663, et tenu par Pierre baron de Fumel, *(Reg. par. de Saint-Perdoux)*.
11. FRANÇOIS-CÉSAR.
12. HIPPOLYTE. Elle assista au mariage de son frère, Charles Florent.

X. — CHARLES-FLORENT DE FAYOLLES, chevalier, seigneur de Puyredon et de la Vaublanche.

Baptisé le 12 juillet 1648, il se maria deux fois : 1° le 15 janvier 1681 avec *Anne de Merle*, fille de Jacques, sieur de la Ramade, et de Louise de Bideran [1] ; 2° le 17 octobre, *aliàs* 16 novembre, 1713, à la Grèze, avec *Anne de La Roque de Mons*, veuve d'Alexandre du Bois de La Grèze, chevalier, sgr de

---

[1] Cette alliance et la suivante sont citées dans les *Carrés* par d'Hozier, qui qualifie à tort *d'écuyer* et de *seigneur* Jacques Merle, dont la famille était de modeste bourgeoisie.

Fayolles, fille de Jean de La Roque, chevalier, seigneur de la Férière, et de Jeanne de Lacour [1].

Du premier lit sont provenus :

1. FRANÇOIS, qui suit.
2. LOUIS, mort probablement sans alliance après sa mère et dès 1710.
3. FRANÇOISE, mariée à *Louis de Saint-Ours*, écuyer, seigneur de la Blénie, *(Carrés* et *Dossiers bleus)*.
4. HIPPOLYTE, unie par contrat du 10 août 1713, à son cousin-germain *Florent de Fayolles*, baron de Saint-Front, *(Dossiers bleus)*. Elle fut tenue sur les fonts baptismaux le 25 octobre 1686 par Hippolyte-Hilaire de Malbastit, demoiselle, *(Reg. par. de Saint-Perdoux)*.
5. Autre FRANÇOIS, écuyer, héritier de son oncle le chanoine. Lieutenant au régiment de Périgueux en 1700, il passa comme cornette au régiment de Saint-Sernin, et y fut promu lieutenant en 1710 ; il eut le bras droit coupé au siège de Béthune, *(Carrés* et *Arch. admin. de la Guerre)*.

XI. — FRANÇOIS DE FAYOLLES, chevalier, seigneur de Puyredon, Saint-Sernin, Puychevalier, la Ramade, chevalier de Saint-Louis.

Etant capitaine de dragons au régiment de Saint-Sernin et chevalier de Saint-Louis, il épousa le 26 novembre 1710, *Madeleine de Buade*, héritière d'une branche de sa maison, fille de Baptiste de Buade, chevalier, seigneur de Saint-Sernin-de-la-Barde, de Puychevalier, et d'Anne de Gordièges [2] ; contrat signé par devant Pigeard, not. à Issigeac, *(Arch. de Saint-Sernin* et *Carrés)*.

M. de Puyredon dut naître vers 1685, car il avait 34 ans quand il fut émancipé en 1719, *(Id.)*. Il testa le 9 octobre 1761 et mourut peu après ; sa veuve décéda le 17 mai 1756. Ils eurent :

1. CHARLES-FRANÇOIS, qui suit.

---

(1) La famille de La Roque de Mons remonte à Antoine de La Roque, sgr de la Roque-David près Escandillac vivant en 1460 Elle posséda en Périgord, au XVIIe siècle, la seigneurie de Mons, en Bergeracois, dont la tour féodale appartient toujours à la dernière descendante de cette maison, la comtesse Léonie de La Roque de Mons, chanoinesse, tour indiquée, du reste, dans la carte de Belleyme, sous le nom de : *La Roque de Mons*.
Armes : *de gueules au lion léopardé d'or sur un mont de sinople*.

(2) La famille de Buade, dont nous comptons donner la généalogie, remonte à Raymond de Buade, damoiseau, qui vivait en Bergeracois en 1300 ; elle porte : *d'azur à trois pattes de griffon d'or*.

2. Autre CHARLES-FRANÇOIS, baptisé le 20 août 1727, *(Reg. par. de Saint-Perdoux)*.

3. MARIE-FRANÇOISE, demoiselle de Saint-Sernin, baptisée le 28 juin 1721 *(Reg. par. de Saint-Perdoux)*. Elle épousa le 30 avril 1737 Jean de Fayolles, écuyer, sgr de la Vidalie, (Voir plus loin).

4. FRANÇOISE, baptisée le 28 janvier 1723, supérieure du couvent des Dames de la Croix à Aiguillon. Elle vivait encore en 1790.

5. HIPPOLYTE-FLORENTINE, baptisée le 17 septembre 1724. Elle épousa *Pierre du Faure*, écuyer, sgr de Montmirail, dont elle était veuve lors d'un échange qu'elle fit avec messire Isaac de Ségur de Bouzely, le 20 mai 1787, *(Note de Mme A. de Gorostarzu)*. Elle vivait encore en 1800.

6. SUZANNE-FLORENTINE, baptisée le 23 juin 1727. — C'est probablement elle qui reçut le 2 décembre 1743 autorisation de sa tante Françoise de Fayolles, veuve de Louis de Saint-Ours de la Blénie, d'épouser N... de Saint-Ours, chevalier, sgr de Ferran, *(Bibl. munic. de Bayonne, Mss. Communay)*.

7. MARIE-CHARLOTTE, baptisée le 13 juillet 1729. Elle épousa N... *Roze de La Coste de Gramont*, chevalier, major au régiment de Vassan, *(Arch. dép. de la Dordogne, B, 1815)*. Elle testa le 20 février 1782, instituant Marguerite de Gautier de Savignac, *(Note du baron de Lanauze)*.

XII. — CHARLES-FRANÇOIS DE FAYOLLES, chevalier, seigneur de Puyredon et de Saint-Sernin.

Il naquit le 17 janvier 1720 *(Carrés, f. 239)* et mourut le 12 juin 1767. Nous savons peu de chose sur lui, sinon qu'il lui restait une modeste portion des biens considérables de ses aïeux et qu'il donna sa main à *Marie-Anne de Souillac*, demoiselle de Beauregard, fille du comte Jean-Jacques de Souillac et de Marie de Beauséjour [1]. Elle eut en dot 20.000 livres, est-il dit dans son contrat de mariage passé à Bergerac, devant Couderc not. roy., le 10 septembre 1744, *(Arch. dép. de la Dordogne, Insinuations)*. François de Fayolles et son fils eurent des difficultés pour leur fief de Saint-Sernin avec les La Rochefoucauld, sa mouvance ayant été détachée de la Barde et portée à Verteuil.

De cette union provinrent :

---

[1] La maison de Souillac appartient à la meilleure noblesse de notre province. Jean de Souillac, seigneur de Montmège et de Terrasson, lieutenant général des armées, colonel des cent Suisses de la Garde, était chevalier du Saint-Esprit. Armes : *d'or à trois épées de gueules en pal;* « Les trois espées, disent les Souillac, sont une pour Dieu, une pour le Roy, une pour nous. » *(Armorial de Grandpré)*.

1. Jean-Jacques-Joseph-Marie-Madeleine, chevalier, seigneur de Puyredon, de Saint-Sernin, de Puychevalier et de la Béquerie, qualifié quelquefois de *marquis de Fayolles.* Né le 11 juin 1746, il épousa le 20 octobre 1780 *Marianne-Suzanne Le Bruin de Léotard.* M. de Fayolles décéda à l'hospice de Cadillac le 19 novembre 1787, *(Arch. dép. de la Gironde,* C, 242), et sa veuve fut convoquée avec l'Ordre de la noblesse en 1789 à Périgueux, *(Armorial du Périgord,* II, 266). Le 26 décembre 1790, elle vendit Puyredon pour 80.000 livres à son beau-frère, le chevalier de Fayolles. Elle fut mère de :

   A. Gabriel, baptisé le 18 juillet 1787 ayant eu comme parrain Gabriel de Talleyrand, comte de Périgord, *(Arch. de Saint-Sernin).* Il épousa le 3 mai 1809 *Marie-Fanny-Idette du Luc,* fille de messire Laurent du Luc, conseiller au parlement de Bordeaux, et de Marie-Bernardine de Chillaud des Fieux [1]. M. de Fayolles décéda après 1829 sans postérité, ayant laissé sa fortune à sa femme. Ainsi passa à la famille du Luc la terre de Saint-Sernin-de-la-Barde.
   B. Antoine, mort sans être marié vers 1806.
   C. Anna, décédée le 3 avril 1847.

2. Jeanne-Florentine, née à Puyredon le 8 décembre 1747. En 1790, elle demeurait à Sarlat, et comparaissait avec ses sœurs dans la vente de Puyredon, *(Arch. de Lescaut).*
3. Georges-Hippolyte-Jean, né le 21 novembre 1748 et décédé le 31 août 1773, *(Reg. par. de Saint-Perdoux).*
4. Françoise-Jacquette, née le 20 janvier 1752, *(Id.).*
5. Marie-Gabrielle, demoiselle de Puychevalier, baptisée le 14 janvier 1753, religieuse dominicaine à Castelsarrazin.
6. Françoise, baptisée le 16 mars 1754, *(Id.).*
7. Jean-Georges-Antoine, baptisé le 16 décembre 1755 et qui dut mourir en septembre 1763, bien que le curé de Saint-Perdoux ait indiqué le suivant comme le décédé.
8. Jean-Jacques, qui continue la descendance.
9. Louis-Joseph-Antoine, né le 26 avril 1759, mort aussi en 1763.
10. Marie-Charlotte, demoiselle de la Béquerie, née également le 26 avril 1759, mariée à *Jean,* aliàs *Gilles, Guyon,* fils de François-Mathieu Guyon et de Louise Gueyraud, le 19 août 1790, *(Greffe de Bergerac, Reg. de Bouniagues).*

---

(1) Les du Luc portent : *d'argent à l'arbre de sinople chargé de 4 merlettes de sable dont l'une s'envole.* Cette famille n'a aucun rapport avec celle de même nom qui possédait au moyen-âge des fiefs dans Hautefort, qui semble s'être éteinte à la fin du XVIe siècle, et dont les armes étaient : *de gueules au château à trois tours d'argent, au chef cousu d'azur chargé de trois croissants d'or,* (Trésor d'Hautefort à la Roussière).

11. MARIE-JEANNE, demoiselle de La Mothe, baptisée le 29 septembre 1763, mariée dès 1790 à *Jean-Henri de Goyon* ; veuve, elle décéda à 68 ans le 22 septembre 1832, *(Etat-civil de Sadillac)*.

12. GEORGETTE, demoiselle de Saint-Sernin.

XIII. — JEAN-*JACQUES*-JOSEPH-MARIE, dit le CHEVALIER DE FAYOLLES.

Il fut baptisé le 21 janvier 1757, *(Reg. par. de Saint-Perdoux)*. Il commença à servir comme aide-de-camp de son oncle, l'amiral vicomte de Souillac, et conserva par son courage et son habileté à la France deux navires *le Bonamy* et *le Sévère*. Mommé major d'infanterie le 1er juillet 1783, il fut bientôt colonel des volontaires de l'île Bourbon. Il revint en France après la Terreur, mais, l'inactivité ne pouvant lui convenir, il sollicita le 14 février 1812 du Ministre de la Guerre « un emploi bien mérité pour un vieux militaire descendant du maréchal de Turenne. » Cet emploi lui fut accordé, car le colonel de Fayolles mourut, le 31 juillet 1826, gouverneur de Vitré et décoré de la croix de Saint-Louis.

De *Marie de Carias*, fille de Pierre de Carias, brigadier des Gardes du Corps de Louis XVI, le chevalier de Fayolles laissa :

1. PIERRE, appelé quelquefois par courtoisie *le marquis de Fayolles*. Né à Sadillac le 19 avril 1798, il mourut au Grand-Maragnac, commune de Serres, canton d'Eymet, le 13 février 1883. En 1816, M. de Fayolles était entré aux cuirassiers du Dauphin, en 1822 il fut garde du Corps de Monsieur, puis du Roi en 1828, en 1831 il fut fait capitaine de Dragons et chevalier de la Légion d'honneur, puis en 1850 chef d'escadron de cavalerie, *(Note de M. Gentil de Fayolles)*.

M. de Fayolles se maria deux fois et n'eut aucun enfant de ses deux femmes. La première se nommait *Elisabeth Boulay*. (Je n'ai pu avoir ni la date de son mariage ni celle de son décès)[1]. Par contrat du 21 octobre 1861 reçu par Boussion, notaire à Eymet, il se remaria avec Madeleine-Rose-*Zélia Degeorge-Beaupré*, fille de Jacques-Ambroise Degeorge et de Françoise-Paule-Zacinthe Delort; elle était veuve de Michel Colonges, *(Etude de Me Bruzac, not. à Eymet)*. Par son testament du 6 octobre 1882, M. de Fayolles insti-

---

(1) On la dit de la famille du comte Boulay de la Meurthe, ministre de Napoléon, qui portait : *d'azur à la gerbe d'or, à la champagne d'argent chargée d'une branche de chêne et d'une d'olivier en sautoir, au franc-quartier des comtes conseillers d'Etat*. Mais dans la généalogie donnée à l'*Armorial du Ier Empire*, par Révérend (1, 121), cette alliance ne figure pas.

tua son neveu par alliance, Louis-Isidore Gentil, à la charge de relever ses noms et titres, *(Id.)*.

2. BERTRAND, dit *le chevalier* et aussi *le comte de Fayolles*. Né à Sadillac, il mourut à la Tourelle (Lot-et-Garonne) le 19 juillet 1879, ayant laissé ses biens à sa seconde femme qui en a disposé en faveur des œuvres religieuses du diocèse d'Agen. Lui aussi se maria deux fois : la première, avec *Marie Stewart*, décédée au château de la Tourelle le 10 juin 1873 à Saint-Colomb (Lot-et-Garonne) ; l'acte de son décès la dit âgée de 69 ans et fille du colonel Charles Stewart et de Marie Udale, *(Etat-civil)* ; la seconde, avec *Marie*-Françoise-Eléonore *Eyma*, fille de Joseph Eyma et de Louise Lespinasse [1]. Le mariage eut lieu à Ginestet le 18 mai 1874, *(Etat-civil)*. La comtesse de Fayolles, en religion sœur Charlotte, est actuellement religieuse de Saint-Vincent-de-Paul.

3. JEAN-JOSEPH-*AUSONNE*, né à Sadillac, le 5 mars 1805, mort à Lauquerie, près de Lauzun, le 19 février 1856. Il était officier de gendarmerie et chevalier de la Légion d'Honneur.

4. JEAN-*FRÉDÉRIC*, décédé aussi sans alliance, commissaire général de la Marine à la Réunion, à l'âge de 49 ans.

5. *CONSTANCE*-MARIE-ELISABETH, née à Sadillac le 24 mars 1801, décédée à Paris le 2 janvier 1862. Elle y épousa, le 23 avril 1847, *Louis-Joseph Rafin*, officier supérieur, officier de la Légion d'Honneur, fils de Louis-Joseph Rafin, capitaine d'infanterie, et de Louise-Hyacinthe Simony. De cette union provint *Louise-Marie* Rafin, mariée à Paris, le 17 octobre 1857, avec *Louis-Isidore Gentil*, fils de Pierre Gentil et d'Adélaïde Marguin. Madame Gentil est morte à Bonnières (Seine-et-Oise), le 15 octobre 1892, laissant Léon, Lucien, officier, et Pierre Gentil de Fayolles, qui, avec leur père, vont entrer en instance pour relever le nom de Fayolles, conformément au désir exprimé par leur grand-oncle dans son testament.

6. MARIE-ELISABETH, mariée à *Jean-Baptiste-Napoléon Lefébure* et décédée à la Nouvelle-Orléans.

---

(1) Certains membres de cette famille sont qualifiés, tels que Pierre-André Eyma de Frégiguel, écuyer, fils de Joseph Eyma et d'Elisabeth Dierx de Rat ; il était conseiller secrétaire du Roi et avait épousé Jeanne de Sorbier. Armes : *de gueules à trois besans d'argent*. Quelques branches portaient : *d'or à trois aiglettes d'azur*.

DEUXIÈME BRANCHE.

SEIGNEURS DE LA VIDALIE.

1588 — *Après* 1787.

Il a été difficile d'établir la filiation complète de cette branche faute d'avoir pu consulter ses papiers et les registres paroissiaux de Bouniagues, égarés depuis peu d'années à la mairie et dont les doubles sont incomplets au greffe du tribunal de Bergerac.

VIII. — FLORENT DE FAYOLLES, écuyer, sieur de la Vidalie et de la Peyre, dixième enfant de Jean IVe du nom et de Jeanne de la Chassaigne.

Il naquit le 15 avril 1588, testa le 28 novembre 1642 et mourut peu après, (*Dossiers bleus*, f. 7, v.) Il avait épousé par contrat reçu Lespinasse not., le 3 mai 1617 *Lucie de Castanet*, nommée au testament de sa belle-mère, (*Id.* et *Maintenue de 1667*). Le 15 mai 1618, il procéda avec ses frères au partage de la fortune paternelle, et il eut une partie des métairies de la Béquerie, dans Saint-Perdoux, et de la Peyre à la suite du testament de son frère Charles, (*Arch. de Saint-Sernin*). Enfants :

1. JEAN, écuyer, sieur de la Peyre. Il est nommé avec son frère dans une sentence de janvier 1643 rendue par l'officialité de Sarlat, dans un procès que leurs cousins de Puyredon leur avaient intenté au sujet d'un mariage que Jean allait contracter. Cette pièce est malheureusement incomplète aux archives de Saint-Sernin, et j'ignore si Jean de Fayolles se maria. Si cela est, il pourrait être père des douteux du degré suivant. Il vivait encore en 1683.
2. CÉSAR, qui suit.
3. Peut-être LUCIE, qu'on retrouve dans un acte de 1683, et qui serait marraine de Luce du degré suivant, (*Reg. par. de Bouniagues.*)

IX. — JULES-CÉSAR DE FAYOLLES, écuyer, sieur de la Vidalie.

Il fut maintenu en 1667 lors de la Recherche de la noblesse avec son cousin de Puyredon, *(Arch. de Gérard)*.

Il épousa *Marie de La Rigaudie*, fille de Jean de La Rigaudie, et de Marie de Puynedet [1]. Le contrat de mariage fut signé pardevant Delmontagnie not. roy. le 22, *aliàs* 29, novembre 1654, *(Arch. du Vte de Tessières)*. De ce mariage provinrent :

1. JEAN, qui continue.
2. LUCE, *aliàs* LUÇON. Bien qu'indiquée comme aînée dans une pièce aux archives d'Argillières au Vte de Tessières, il semble qu'elle ne soit née qu'en 1674 puisque son acte de décès, le 17 octobre 1734, la dit âgée alors de 60 ans, *(Reg. par. de Bouniagues)*.
3. FRANÇOISE, mariée dès 1681 avec N... *Arlieu* ou *Archieu*, sieur de la Vidalie, *(Id.)*.
4. ISABEAU, morte sans alliance dès 1735, ayant fait une donation à sa nièce Marie, *(Arch. dép. de la Dordogne, B, 2076)*.
5. JEANNE, mariée religieusement à Bouniagues, le 20 janvier 1683, avec *Jean Thibaud*, sieur de la Garde *(Reg. par.)*
6. Autre JEAN, vivant encore en 1710. Probablement le Jean, sieur de Mons, qui est dit lieutenant au régiment d'Excideuil à la convocation du ban de 1690, *(Arch. dép. de la Gironde, C. 3338)*. Les Archives administratives de la Guerre nous signalent de leur côté un sieur de Fayolles, lieutenant au régiment des milices d'Excideuil de 1689 à 1696.
7. Peut-être N... « de Fayoles, sieur de la Vidalie, capitaine au régiment de Solms, cy-devant lieutenant des cadets à Cambray, » *(Ban de 1690, etc.)*.
8. Peut-être encore N... « de Fayoles, sieur des Charmatz, lieutenant au régiment de Solms, » *(Ban,* etc.) [2].

X. — JEAN DE FAYOLLES, écuyer, seigneur de Mons.

Il épousa *Catherine Bouyssou*, fille de Jean Bouyssou, sieur de Gautier et de Marie de Capelle. Le mariage fut célébré à Issigeac le 5 juin 1708, (l'acte conservé à la mairie porte filiation). Je ne connais de cette union que :

---

(1) La famille de La Rigaudje, dont le nom patronymique semble être Chastenet, possédait des forges et un fief de son nom. Elle remonte à Jean de La Rigaudie, sgr dudit lieu, époux de Sibyle Flamenc et qui testa en 1490. Laurent, frère de Marie ci-dessus, acheta le 18 août 1679 la charge de conseiller secrétaire du Roi. Armes : *d'argent à quatre fasces de gueules, à la bordure d'azur chargée de huit besans d'or*.

(2) Une note des archives du Vte de Tessières dit que Jules-César de Fayolles eut six filles et deux garçons. Si elle est exacte, deux des filles nous seraient restées inconnues, et deux de ces trois officiers pourraient être seulement neveux de Jules-César.

1. Jean, qui suit ;
2. et 3. Pierre et Florent ; ils assistent tous les deux en 1737 au mariage de leur frère aîné. L'un des deux semble avoir été officier des armées royales en 1750.
4. Autre Jean, né en 1717. Entré le 6 novembre 1743 comme garde du Corps dans la compagnie de Villeroy, il y fut nommé brigadier en 1773 et sous-lieutenant le 29 avril 1786, ce qui équivalait au grade de brigadier des armées ; dès 1783 il avait rang de colonel. En mars 1770 il reçut la croix de Saint-Louis, *(Arch. admin. de la Guerre).*
5. Françoise. Elle épousa, le 4 août 1735, à Bouniagues, *François Prioreau*, fils de Guillaume Prioreau, conseiller au sénéchal de Bergerac, et de Louise Golirat, en présence d'Aaron de Fayolles, sgr de la Blénie, de la paroisse d'Urval, *(Reg. par.).*
6. Probablement autre Françoise, demoiselle de la Vidalie, mariée religieusement à Saint-Perdoux, le 4 septembre 1735, avec *François Pineau* ou *Pigeard*, *(Reg. par.).*
7. Marie, demoiselle de Mons, baptisée à Issigeac, le 24 mars 1709. Elle s'allia, avant 1729, avec *François-Charles de Nadal*, sieur de Lamothe. Elle reçut, en 1735, une donation de sa tante Isabeau.

XI. — Jean de Fayolles, écuyer, seigneur de Mons, des Charmals, de la Vidalie, du Caillau.

Il naquit le 23 avril 1710 et fut baptisé à Issigeac, *(Reg. par.).* En l'église de Saint-Perdoux fut célébré, le 30 avril 1737, son mariage avec sa cousine *Marie-Françoise de Fayolles de Saint-Sernin*, fille du seigneur de Puyredon et de Madeleine de Buade, *(Reg. par.).*

Jean de Fayolles eut de graves dissentiments avec Ricard Duchartron, qui dut implorer la protection de la justice en novembre 1769, *(Arch. dép. de la Dordogne,* B, 1885). En 1777 il porta une plainte contre Pierre et François Desplait, qui avaient acheté le domaine de la Vidalie, où ils co-habitaient avec le plaignant. Certain jour ceux-ci auraient « ouvert comme de force et à grand bruit une porte de communication des appartements, et étoient entrés en brigands, armés de barres et de broches de fer dans la chambre où étoit l'épouse et la famille du plaignant ; ils saisirent rudement par les bras une de ses filles, ils rossèrent un valet, et donnèrent un coup de broche dans le pied d'une servante, qui étoient accourus au secours de leurs maîtresses ».

Cette cohabitation confirme la ruine de cette branche. Mais les filles de Jean de Fayolles ne furent pas enfermées pour inconduite dans un couvent de Cahors, comme le porte l'Inventaire-sommaire des Archives de la Gironde (C, 243) ; la pièce dit simplement qu'elles durent aller demeurer près d'un parent, en 1787, sans doute après la mort et la ruine de leur père.

Enfants :

1. FRANÇOIS, émancipé le 7 janvier 1766, *(Arch. dép. de la Dordogne, Insinuations)* ; sans renseignements postérieurs.
2. MARIE-MADELEINE, baptisée le 12 novembre 1738 à Bouniagues. On peut l'identifier avec Marie de Fayolles de la Vidalie, épouse dès 1775 d'*Etienne Selvin*, *(Reg. par. de Ribagnac).*
3. HIPPOLYTE-FLORENTINE, baptisée à Bouniagues le 17 février 1743, *(Reg. par.).*

TROISIÈME BRANCHE.

SEIGNEURS DE FAYOLLES.
(SAUSSIGNAC).

1524-1624.

Plus encore que pour la branche précédente, nous avons été privé des éléments nécessaires pour établir une simple filiation. Nous nous contenterons de rapporter les rares notes qui sont parvenues à notre connaissance.

V. — FRANÇOIS DE FAYOLLES, écuyer, seigneur de Fayolles (paroisse et juridiction de Saussignac) et de Rappevacque, coseigneur de Puyredon, deuxième fils de Jean et de Marguerite de Vivonne.

Il est connu, non seulement par les testaments de son père et de son frère, mais aussi par la pièce suivante dont l'original est aux archives de Saint-Sernin : « Nobbles personnes maistre Françoys de Montalembert, escuyer, chanoyne de l'Esglize de Poitiers, curé de Sainct Jehan de Lymalonges,... Jehan Crouzille (des Crouzilles), escuyer, sieur du Puy (-de-Brux) de soubz l'âge de cinquante-huict ans, demeurant à Poictiers, maistre Michel de Lisle, escuyer, curé de....., Micheau Faute, seigneur de Montple...., demeurant au bourg de Brux, chastellenye de Couhé..... Antoine de Lisle, écuyer, seigneur de Bonnefin, âgé de 75 ans et demoizelle Marguerite de Crouzille, sa femme, demeurant en la parroisse de Limalonges, Jacques de Pessart, sieur de Touche..tard âgé de 75 ans, demeurant à Limalonges... » reconnaissent que « defunct Jehan de Fayolles, en son vivant escuyer, seigneur de Puyredon et de Marigné avoit esté marié avecques damoiselle Marguerite de Vivonne, desqueulx dicts de Fayolles et de Vivonne » est issu François de Fayolles, seigneur de (en blanc) paroisse de Saussignac « au pays de Pierregort » qu'ils étaient de noble race, que Jean était fils d'Itier, etc... Thibault et Delabade, notaires, reçurent cette attestation le 25 juin 1546.

Ayant pris part à une expédition contre les Turcs, il reçut, le 4 avril 1518, des bulles d'indulgence de Léon X, *(Dossiers bleus)*. Le 7 avril 1540, Jeanne de Chaumont, fille et héritière de noble Raymond de Chaumont, sgr de Bridoire et de Saint-Phélips, autorisée de son mari, Hélie de Vilhal, demandait l'annulation d'une vente consentie à François de Fayolles, comme fils de feu Jean, *(Carrés,* 92, *Bideran,* f. 28).

Sa femme paraît être une *du Puy de Brémond*, (et non pas du Pyn-Cassé, comme on semble le lire dans une transcription fautive d'un acte ancien), elle se prénommait *Marie*. Aux Archives départementales de la Gironde (C, 4107, n° 39), se trouve une pièce capitale pour les seigneurs de Fayolles, mais elle est tellement rongée qu'on en tire peu de renseignements. Marie du P..., y est-il dit, veuve de François de Fayolles (qu'elle semble avoir épousé vers 1533) testa devant Devillars not., le 15 octobre 1564.

Enfants :

1. Probablement JEAN, qui suit.
2. LOUISE. Par articles portant filiation du 10 février 1563 (v. s.), reconnus devant Devillars, not. roy., le 12 avril suivant 1564, elle épousa *François de Luns*, écuyer, seigneur de Graveyron et de Fongrenier, fils de noble Hervé de Luns et d'Anne du Puy de Brémond [1], *(Arch. de Saint-Sernin)*.

VI. — JEAN DE FAYOLLES, écuyer, seigneur de Fayolles et de Rappevacque.

Il fut curateur de Jean de Fayolles, écuyer, sgr de Puyredon. Il revendit à nobles Philippe et Geoffroy de Bideran,

---

(1) François de Luns était le frère de Philippe de Luns, dont Michelet et les frères Haag ont fait une martyre. Cette Philippe avait épousé Jean Le Brethon ou Le Berthon, écuyer, sgr de Graveyron. Elle se fit donner, par testament de son mari du 20 avril 1557, une partie de ses biens et, huguenote ardente, elle empêcha que des prêtres l'assistassent à sa mort, arrivée peu après. Condamnée au feu par arrêt du parlement de Paris, elle fut brûlée vive le 24 septembre 1557, (*Note de M. Dujarric*, confirmée aux *Arch. dép. du Loi-et-Garonne*, B, 622). En 1560 le Roi rendit aux héritiers de Philippe ses biens confisqués, dont Graveyron (fief de la paroisse de Pineuil, près de Sainte-Foy, Gironde), qui venait de son mari et passa ainsi aux Luns, maîtres de forges à Lunas.

sgrs de la Mongie, le 16 avril 1566, des rentes féodales en Saussignac que feu noble Bertrand de Bideran avait acquises du seigneur de Gardonne et revendues le 20 mai 1498 à Jean de Fayolles, (*Arch. de la Gironde, ut suprà*).

Jean de Fayolles épousa *Serène* « *Eclesia* », qui testa devant Dubouché, not. roy., le 17 janvier 1593. Quant à lui, il dicta son testament à Limeilh not., le 13 octobre 1596, *(Id.)*. Il semblerait qu'il fut protestant et qu'il aurait pillé Puyredon, le château de son cousin, d'après une enquête que celui-ci fit faire le 30 mars 1594, *(Dossiers bleus)*.

Un Jean de Fayolles, écuyer, seigneur de Fayolles (peut-être le même), épousa le 10 janvier (année rongée), devant Jacmère, *Françoise de Ségur*, selon toute probabilité fille de Pierre de Ségur, écuyer, seigneur de Montazeau, Ponchat et Sainte-Aulaye (qui testa en 1553), et de sa dernière femme, Catherine de Pellegrue [1].

On peut supposer comme formant le degré suivant :

1. FRANÇOIS, qui suit.
2. Autre FRANÇOIS, abbé de la Reine, tuteur en 1604 de Pierre de Luns, fils de Louise de Fayolles.
3. JEANNE, dame de Fayolles et Rappevacque. Elle épousa le 9 janvier 1595 *François du Bois*, écuyer, seigneur de la Grèze, fils de François du Bois, écuyer, seigneur de Gaspirou et du Fresne, et d'Anne de Grimouard, *(Maintenue du Bois*, 1667). Jeanne semble avoir été la dernière représentante de sa branche, car elle hérita des biens de Saussignac, c'est-à-dire des fiefs de Fayolles et de Rappevacque avec leurs dépendances, fiefs qui passèrent aux d'Abzac, comme on l'a vu plus haut.

   Le 19 mars 1624 elle adressait une requête au sujet de Fayolles disant que François de Fayolles était décédé en 1621, il semblerait qu'elle agissait ainsi en qualité d'héritière.

VII. — FRANÇOIS DE FAYOLLES, écuyer, seigneur de terres nobles en Saussignac.

Comme héritier de Jean de Fayolles, seigneur de Fayolles, il eut des difficultés avec les seigneurs suzerains de Saussignac et de Gardonne. Le 22 mai 1620 intervint à ce sujet un arrêt de la

---

(1) François de Ségur de Ponchat, frère de cette Françoise et fils dudit Pierre, parle, dans son testament de 1604, de sa *nièce* de Fayolles, femme du seigneur de la Grèze, (*Carrés*, 579, f. 37, v.).

Chambre de l'Edit entre lui et Pierre d'Escodéca de Pardaillan qui avait acheté la seigneurie de Saussignac au comte de Lauzun. Le 11 décembre suivant, François de Fayolles, par une transaction, reconnaissait que Fayolles seul relèverait de Pierre d'Escodéca de Boisse, (*Arch. de Fayolles*).

Il mourait l'année suivante, probablement sans postérité puisque ses biens passaient à Jeanne de Fayolles ci-dessus.

NOMS ISOLÉS

Jeanne de Fayolles, dame de Perrou dans la paroisse de Rouillac, juridiction de Montcuq en Périgord, épousa le 3 novembre 1588 *Arnaud de Briançon*, écuyer, seigneur de Briançon, de Perrou et de la Mothe, fils de noble Pierre de Briançon, et de Jeanne Le Berthon de Graveron. (*Nobil. de Guyenne, généal. Briançon*).

François de Fayolles, diacre du diocèse de Sarlat, reçut le 4 janvier 1641, des lettres d'obédience pour être admis dans l'Ordre de Saint-Benoît, (*Arch. de Saint-Sernin*). Il semble qu'il ne peut être fils que de Charles et de Philippe de Culant.

Jeanne de Fayolles, épousa vers 1680 *Théophile d'Aulède*, écuyer, seigneur de Lespau et de Lalande.

FAMILLE INDÉTERMINÉE

Je n'aurais pas mentionné les Fayolles qui vont suivre, par ce qu'ils ne sont pas de notre province, si je n'avais été frappé 1º de ce nom de Pressac joint au leur, et qui est celui d'une terre des Fayolles de Puyredon: 2º si l'on ne trouvait un Fayolle, sieur de Pressat, convoqué au ban de la noblesse du Périgord en 1690, pour la paroisse du Bugue, et qu'il m'a été impossible de joindre à ceux qui m'ont occupé.

FRANÇOIS DE FAYOLLE, écuyer, sieur de Pressac, eut acte de l'Intendant de Limoges, d'Aguesseau, le 14 juin 1668, en représentation de ses titres de noblesse: il testa le 25 novembre 1689, (*Dossiers bleus*, 264, nº 6790). Il eut :

1. FRANÇOIS, écuyer, sieur de Pressac, institué en 1689, maintenu par M. de Bernage le 23 octobre 1697; il demeurait à Saint-Ferriol, Élection de Brive, *(Arch. nation.*, M, 393 nº 56).
2. Peut-être JEAN DE FAYOLLE DE PRESSAC, conseiller en l'Élection de Guéret, père de :

    JEAN DE FAYOLLE DE PRESSAC, nommé au même siège en 1711 à la place de son père, *(Arch. dép. du Puy-de-Dôme, Mss. Cohendy)*.

GÉNÉALOGIE
DE THOMASSON.

1490 — *Existe.*

Mon excellent confrère de la Société historique et archéologique du Périgord et du Conseil héraldique, M. Ferdinand de Thomasson de Saint-Pierre, archiviste-adjoint départemental de la Dordogne, avait réuni depuis quelques années des documents sur sa famille; il a pu dresser à la suite de ses recherches un essai généalogique, qui a servi de base à mon travail sur sa maison, travail dont il a été le collaborateur constant, et qui, ainsi, est son œuvre autant sinon plus que la mienne. Les actes cités me sont, en grande partie, passés sous les yeux, et leur collation a été facile.

Le capitaine Raoul de Thomasson aidé de son beau-père, le vicomte de Caix de Saint-Aymour, s'est spécialement occupé de sa branche.

Le nom de cette famille s'est écrit : Thomasson, Thoumasson et Thommasson. On sait quelle minime importance il faut attacher à l'orthographe des noms propres.

ARMES

De gueules au chevron abaissé d'argent accompagné en chef d'un lion d'or et en pointe d'une étoile aussi d'or.

VARIANTES

Le chevron est indiqué quelquefois *brisé* et la branche de Vaugoubert le porte ainsi.

Au *Fonds-Français* (32.135, f. 17 rouge), le lion est indiqué comme placé dans le *premier canton*, ce qui évite d'*abaisser* le chevron pour laisser place au lion.

La branche aînée de Saint-Pierre ne porte ni le chevron *brisé* ni le lion dans le canton dextre du chef (ce qui est un tort à mon avis) ; c'est pour cette raison que je donne le chevron comme *abaissé*.

SEIGNEURIES ET TERRES.

Ancheyrat. — Hameau de la commune de Sarrazac, canton de La Nouaille (Dordogne).

Arideix. — Tènement situé dans les paroisses de Saint-Jory-Lasbloux et de Saint-Germain-des-Prés (Dordogne), sur lequel il existait un repaire noble dont il ne reste aucun vestige ; mais il en est fait mention dans les arpentements de Saint-Germain-des-Prés.

Chatenet (Le). — Terres, prés, vignes et bois faisant partie du tènement d'Arideix.

Claud (Le). — Terre sans maison, pré et bois situés dans le fief de Saint-Pierre.

Coderc (Le). — Hameau ou village, aujourd'hui habitation isolée, dans la commune de Saint-Germain-des-Prés. Tout à côté, il y avait autrefois un repaire noble, dont il restait une grande tour, appelée la Tour du Coderc que le précédent propriétaire, M. Latronche, a fait démolir, il y a une cinquantaine d'années.

Combe (La). — Nom de terres sans habitations dans Saint-Germain-des-Prés.

Condaminas (Las). — En français, *Les Condamines*. — Tènement et village de la commune de Saint-Germain-des-Prés. La partie qui en restait fut vendue à la fin du siècle dernier.

Enclave (L'). — Territoire dans Corgnac (Dordogne) ne dépendant pas de la juridiction de Laxion, mais de celle d'Excideuil.

Gastaudie (La). — Repaire dans Saint-Amand-de-Vergt (canton de Vergt), donné le 8 août 1769 par Marie Gerbaud de Lafaye à Thibaud de Thomasson, son neveu, *(Arch. dép. de la Dordogne, Insinuations)*, et vendu, le 27 mai 1788, par le fils de celui-ci à Guillaume Ventou, sieur de Bélair, pour 23.240 livres, *(Id, E, Pap. de famille)*.

Lasrochas. — Tènement dans le Sarlande, canton de Lanouaille.

Leyssard. — Lieu-dit dans la commune de Sarrazac, appelé anciennement aussi *les Eyssards*.

Navarie (La). — Repaire noble dans Sarlande, *(Carrés,* 602, f. 43).

Plamont. — Ancien repaire noble, situé près du village du même nom, commune de Saint-Germain-des-Prés, vendu le 3 novembre 1791 à M. de Bourdineau.

Pouzat. — Terre primordiale des Thomasson, située entre les villages des Condamines et de Magnac, communes de Saint-Germain-des-Prés et de Saint-Jory-Lasbloux, sur laquelle devait exister certainement autrefois un repaire noble. Aujourd'hui, sur les matrices cadastrales un grand nombre de terres, de prés et de bois, situés dans ces parages, sont désignés sous le nom de Pouzat.

Puychalard (Le). — Terres et vaste coteau en grande partie boisé (le restant, autrefois en vignobles), qui font partie des propriétés de Saint-Pierre et de Sallepenche, commune de Saint-Germain-des-Prés.

Queyroy (Le). — Village dans la commune de Sarlande (Dordogne).

Quintinie (La). — Ecart dans Tocane-Saint-Apre (Dordogne).

Reille (La). — Terre avec habitation, paroisse de Dussac, faisant partie de la prise noble de Blanzac.

Rilhac. — Maison noble dépendant du fief de ce nom dans Sarlande, relevant de la collégiale de Saint-Yrieix, *(Carrés,* etc., 44).

Rouchat. — Moulin sur la Loue, paroisse de Sarlande. Peut-être est-ce la même chose que le Lasrochas ci-dessus, identifié avec le moulin actuel de Rouchut.

Roulandie (La). — Tènement dans Sarlande.

Saint-Pierre. — Anciennement Saint-Pierre-de-Sensac. — Château, ancien fief de la commune de Saint-Germain-des-Prés (canton d'Excideuil, Dordogne), possédé depuis un temps immémorial par la famille de Thomasson. Il lui appartient encore de nos jours et a donné son nom à la branche de M. Ferdinand de Saint-Pierre, qui en est le châtelain actuel. Il y avait en ce lieu un prieuré de ce nom.

Salevert. — Ancien repaire noble, situé dans l'enclave de Corgnac, dont il a été parlé ci-dessus. Sorti de la famille de Thomasson vers la fin du siècle dernier, il appartient actuellement au comte Raoul de Malet de Glane.

Sallepenche. — *Salepenche* sur Cassini. Maison d'habitation sur Saint-Germain-des-Prés, avec ancien pigeonnier, ce qui prouve que c'était un repaire noble. Venue aux Thomasson par le mariage avec Marguerite de Lignac, cette terre appartient aux enfants Lasternas descendants d'Anne de Thomasson du Puychalard, épouse de Pierre Beylot.

Séchère (La). — Village de la paroisse de Chirac en Angoumois.

Vaugoubert. — Fief important de la commune de Quinsac, canton de Champagnac-de-Bélair, pour l'historique complet duquel nous manquons d'éléments. On sait que les Pourtens ou Portenc y demeuraient au XVIe siècle, et que Maguerite Audier de Montcheuil, fille d'Antoinette Pourtens, l'apporta à son mari Guy d'Aydie en 1614. Ce château est la propriété du comte de Lestang d'Hust, gendre du feu comte de Cosnac, qui l'avait acheté en 1861 aux héritiers d'Ambroise-Thibaud de Thomasson.

Venat ou **Le Venat**. — La situation de ce fief n'est pas connue.

Vergnes (Les) ou **Las Vergnas**. — Tènement situé aux appartenances des villages des Condamines et de Plamont, commune de Saint-Germain-des-Prés.

Vignemeyze. — Hameau dans la commune de Saint-Germain.

PREMIÈRE BRANCHE.

SEIGNEURS DE PLAMONT.
1490-1838.

I. — Antoine Thomasson, écuyer, sieur de las Condaminas.

Né vers 1490, il testa le 3 décembre 1545. De *Marguerite de Coral*, aliàs *Coralli* [1], nous ne lui connaissons que le fils suivant.

II. — Pierre de Thomasson, écuyer, sieur de Pouzat.

Par contrat du 31 décembre 1550, reçu Vallade not. roy., il s'allia avec *Anne de Teyssière* [2], fille de Raymond de Teyssière, écuyer, seigneur de Beaulieu, et d'Antoinette de La Vergne, (*Carrés de d'Hozier*, 602, f. 14). De cette union provinrent :

1. Guillaume, qui suit.
2. Thonye, mariée avant 1623 avec *François (Francilhou) Château* ; le 16 juillet de cette année-là, elle fait une donation en faveur de mariage à sa nièce Thoniette ; elle est nommée au testament de son frère.

III. — Guillaume Thomasson, écuyer, seigneur de Plamont et de Pouzat.

---

(1) Coral, en Limousin, porte : *d'argent à la croix pattée de gueules, en pointe une bande de même*. Le *Nobiliaire du Limousin* (IV, 596), qui donne quelques notes sur les Thomasson, donne la date de ce testament et orthographie *Corral* ou *Scorail*.

(2) Les premiers Teyssière, connus depuis le XIIe siècle par le cartulaire de l'abbaye de Dalon, se sont éteints au XVe siècle chez les Paradol, qui en ont relevé le nom. Cette famille compte un chevalier et une chanoinesse de Malte, puis de nombreux officiers. Le comte de Tessières, colonel d'artillerie, de la branche de Miremont est actuellement le chef de nom et armes qui sont : *losangé d'argent et de gueules*.

Le 1ᵉʳ avril 1586, Picaud not., reçut son contrat de mariage avec *Marguerite de La Roche-Aymon*, fille de noble Aymar de La Roche-Aymon, seigneur de Prémilhac, et de Marguerite de Turenne, *(Carrés)* [1]. Suivant un ordre du maréchal d'Aubeterre, il servit dans les armées royales lors des troubles qui éclatèrent en Périgord en 1589.

Le 16 novembre 1587 Jacques de La Roche-Aymon cédait à son beau-frère Thomasson, les rentes féodales qui pouvaient lui être dues sur les villages et tènements de Plamont, ainsi qu'une métairie sise en cette appartenance consistant en « pretz, boys, terres, étang, chamfroitz et aultres héritaiges », puis une vigne appelée de la Salouzie de la contenance de « dix journaulx d'homme » ; le tout pour les 1.300 livres que Marguerite pouvait prétendre sur les biens de Prémilhac, *(Arch. de Saint-Pierre)*.

M. de Plamont testa en « sa maizon noble de Plasmond » le 2 février 1624, pardevant Picaud, not. roy. (*Carrés*, etc.), ayant eu :

1. JACQUES, qui continue.
2. THONIETTE, mariée par contrat du 16 juillet 1623, reçu par Château, not. roy., avec *Guillaume de Lasageas* (le nom est écrit *Lasastat* dans les *Carrés*), sieur de Nartiat, fils de Pierre de Lasageas, du bourg d'Anlhiac, *(Arch. dép. de la Dordogne, Insinuations)*.
3. FRANÇOISE, légataire de son frère pour 1.600 livres.

IV. — JACQUES THOMASSON, écuyer, seigneur de Pouzat et de Plamont.

Il s'allia avec *Catherine Mosnier de Planeaulx*, fille de feu messire Léon Mosnier, sgr de Vieillecour et de Malleville et de Bonne de Lage [2]. Elle eut 3.000 livres de dot. Le contrat fut signé le 20 octobre 1620 par Château, not. roy., *(Carrés et papiers de M. R. de Thomasson)*.

---

(1) La maison de La Roche-Aymon, connue en Limousin depuis 1141, a contracté des alliances avec les plus anciennes maisons de cette province, de l'Auvergne et de la Marche. Un rameau, celui des seigneurs de Prémilhac, fut longtemps représenté en Périgord. Un cardinal de ce nom, archevêque de Reims, baptisa, sacra et maria Louis XVI. Armes : *de sable semé d'étoiles, aliàs de trèfles, d'or, au lion de même armé et lampassé de gueules*.

(2) L'*Armorial du Périgord* et le *Fonds Périgord* 16 donnent à ces Mosnier pour armes : *d'azur à la bande d'or accompagnée de deux besans de même*, alors que les Mosnier, du parlement de Bordeaux, portent des armes absolument différentes. Or il semble que ces deux familles n'en font qu'une, puisque le 7 octobre 1565 « Jean Mosnier, escuier, sieur de Pla-

Comme ses ancêtres Jacques servit dans les armées du Roi, car il recevait, le 24 septembre 1636, une lettre missive du sénéchal de Bourdeille pour se tenir prêt à marcher contre les Espagnols qui menaçaient Bayonne. Le 18 juin 1639, il figurait au ban de la noblesse du Périgord.

M. de Plamont décéda peu de jours après avoir pris ses dispositions testamentaires, le 19 décembre 1658, devant Picaud not. roy. (*Carrés*, etc., f. 8, le *Nobiliaire du Limousin*, dit à tort le 20 février 1675). Sa femme lui survécut et de beaucoup, car, bien qu'elle ait testé le 31 décembre 1664, acte reçu à Excideuil par Merlhiot, not. roy., elle ne décéda qu'en 1675 au bourg de Saint-Pierre-de-Sensac, où elle habitait, et fut inhumée le 20 novembre dans l'église de Saint-Germain-des-Prés, *(Arch. de Saint-Pierre)*.

Les testaments ci-dessus font connaître :

1. GUILLAUME, qui suit.
2. JACQUES, sieur du Claud. De *Claude de Lignac*, épousée en mars 1668 *(Arch. dép. de la Dordogne, Minutes de Rolin)*, il ne laissa pas de postérité. Il mourut en 1675, ayant testé le 17 février 1675 devant Bourzat not. roy.
3. LÉON, auteur de la *branche de Saint-Pierre*.
4. PIERRE, auteur de la *branche du Puychalard*.
5. LOUIS, écuyer, sieur de Vignemeyze et d'Arideix. Il testa le 14 août 1693 et fut inhumé cinq jours après dans l'église de Saint-Germain-des-Prés au tombeau de ses ancêtres. Il ne s'était pas marié.
6. FRANÇOIS, écuyer, sieur du Châtenet, décédé avant décembre 1664. Le 30 août 1661 il procéda avec ses frères au partage de certains biens de sa famille, par lequel la métairie de la Gacherie demeurait propriété de leur mère, et la métairie de las Condaminas restait aux cadets, *(Papiers de M. Raoul de Thomasson)*.
7. MARGUERITE, unie à *Jacques Pasquet*, sieur de Laubregeas. Son contrat de mariage est du 31 août 1652, et son testament du 9 mars 1682, *(Minutes de Rolin*, etc).

V. — GUILLAUME THOMASSON, écuyer, seigneur de Plamont. Ainsi que ses frères, M. de Plamont fut maintenu dans sa noblesse le 6 décembre 1667 *(Carrés,* f. 13)[1]. Il fut convoqué

---

neaux, a faict son testament par lequel il faict ses héritiers Lancelot Mosnier, sieur de Faugueroles, président (au parlement), et Pierre Mosnier, escuier, » *(Arch. dép. de la Gironde,* E, *Répertoire des familles nobles,* f. 28).

(1) Le jugement de maintenue, qui est *in extenso* dans les *Carrés*, fut confirmé par arrêt

avec eux aux bans de 1674 et 1690 de la noblesse du Périgord.

Il contracta deux alliances : la première, le 10 mai 1660, avec *Marie Château*; la seconde, avec *Léonarde de Vaucocour*[1]. Le contrat de mariage avec cette fille de Jacques de Vaucocour, écuyer, seigneur de Château et des Roches, et de Françoise de Roux, fut reçu à Château, paroisse de Sarrazac, par Debord not. le 3 février 1670, *(Carrés)*.

M. de Plamont mourut après février 1693 et avant le 29 septembre 1696, ayant eu du premier lit :

1. ANNET, qui continue la descendance.
2. LOUIS, auteur de la *branche d'Ancherrat*.

Du second mariage provinrent :

3. JACQUES, auteur de la *branche de Leyssart*.
4. FRANÇOISE, demoiselle de Leyssart. Le 24 juillet 1698, elle transigea avec son frère Jacques, *(Carrés)*. Baptisée le 28 août 1672 *(Reg. par. de Saint-Germain)*, elle est probablement morte fille.

VI. — ANNET THOMASSON DE POUZAT, écuyer, seigneur de Plamont et de la Reille.

Il fut émancipé par son père le 5 janvier 1693. Sa femme était de grande maison; elle se nommait *Marie-Anne de Chasteigner de La Roche-Poçay*, fille de messire Pons de Chasteigner, baron de Lindois, et de Charlotte de Nesmond[2]. Elle décéda le 25 février 1745. Son mari l'avait précédée dans la tombe, car il fut inhumé à Saint-Germain le 13 mai 1735, *(Reg. par.)*.

Des enfants issus de leur mariage nous ne connaissons que :

1. JEAN-BAPTISTE, écuyer, sieur de Plamont et de la Séchère, qui eut de

---

du Conseil privé du Roi, le 11 août 1692, rendu en faveur de Léon Thomasson, sieur des Vergues, cassant deux arrêts de la cour des Aides de Guyenne des 19 juin et 31 août 1690. (*F. Français*, 32. 135, f. 17, v. marge, et *Carrés* où il est *in extenso* au f. 19).

(1) La famille de Vaucocour, dont le fief de son nom dans Thiviers passa à la famille Gaillard, se poursuit de 1124 à 1809 ; elle porte : *d'azur à trois fleurs de lys d'or au chef de... chargé de trois yeux de...*

(2) Originaire du Poitou, la maison de Chasteigner, qui porte : *d'or au lion arrêté de sinople*, remonte à Foucauld de Chasteigner, nommé dans la charte de fondation de l'abbaye de Ligueux, en Périgord, en 1115. Elle a formé trente branches. La Roche-Pozay, en Vendée, a été rachetée il y a peu d'années par elle.

Jeanne Rampoux ou *Rampnauld*, nous apprend le *Nobiliaire du Limousin* :

- A. MARIE-ANNE, née le 6 janvier 1739.
- B. CATHERINE, née le 29 avril 1742. C'est très probablement la Catherine Thomasson de Plamont qui épousa le 15 janvier 1767 *Jean-Baptiste Bernardeau de Valence*, gendarme de la garde du Roi, fils de François-Gabriel Bernardeau, sgr de Valence, sénéchal d'Adriers et d'Anne Naudin, *(Note de M. P. Robert de Beauchamp)*.
- C. GABRIEL, mort en bas-âge.

2. JEAN, qui continue la descendance.
3. et 4. Deux fils de prénom inconnu, l'un était connu sous le nom de *Monsieur de Larivière*.
5. GABRIELLE, demoiselle du Repaire, *(Etude de Me Garrigue, Minutes de Réjou, inventaire du 3 juin 1735)*.
6. FRANÇOISE. Elle testa devant Réjou le 9 octobre 1750, *(Id.)*.

VII. — JEAN THOMASSON DE POUZAT, chevalier, seigneur de Plamont.

Il contracta deux alliances. Le 12 janvier 1731, Lalande, not. à Ruelle en Angoumois, reçut son contrat de mariage avec *Anne de Lambert de la Vouture*[1], fille de défunts Antoine de Lambert, écuyer, seigneur de Chamaraute, premier président en l'Election d'Angoulême et Jeanne Couturier. Elle mourut le 26 mars 1742.

Le second contrat du mariage est du 22 février 1743, il fut signé en présence de Pichon, not. roy. La future se nommait *Marie-Suzanne de Couhé de Lusignan*[2], peut-être fille de Jean de Couhé, écuyer, sgr du Mas (fils de Paul et d'Anne Coquet de la Forge-Neuve, petit-fils de François Texier de Javerlhac) et d'Anne de Couhé. Elle demeurait à la Forge-Neuve, paroisse de Javerlhac, où fut donnée la bénédiction nuptiale.

M. de Plamont décéda le 1er mars 1783 et sa seconde femme le 26 mars 1789, ayant eu :

---

(1) Le *Nobiliaire du Limousin*, III, 32, consacre une courte notice à cette famille de la magistrature d'Angoulême, mais il ne donne pas ses armes.

(2) A cette époque les Couhé de Lusignan contractèrent des alliances dans notre province ; ils descendaient de la branche de l'Estang dont la filiation ne remonte qu'à 1427. Comme pour les autres Couhé le surnom de Lusignan n'a été pris qu'au XVIIe siècle. Armes : *écartelé d'or et d'azur chargé de quatre merlettes de l'un en l'autre*.

1. Pierre, baptisé le 25 décembre 1743 [1].
2. Salomon, chevalier, seigneur de Plamont. Il vota en 1789 avec l'Ordre de la noblesse du Périgord, et mourut sans alliance vers 1832, chez le baron de Chasteigner au château des Deffends (Charente). Il était âgé de 88 ans, ayant été baptisé le 21 novembre 1744.
3. Gabriel, baptisé le 11 octobre 1746 ; sans renseignements ultérieurs.
4. Anne, baptisée le 17 février 1748. Elle ou sa sœur fut religieuse à la Visitation d'Angoulême.
5. Jean, baptisé le 24 avril 1749.
6. Bertrande, ondoyée le 20 septembre 1751.
7. Autre Pierre, baptisé en février 1753.
8. Siméon, dit l'*abbé de Plamont*, baptisé le 4 septembre 1754. Il entra dans les ordres et mourut à Angoulême, âgé de 84 ans, c'est-à-dire vers 1838, *(Note du baron de Chasteigner)*.

---

(1) Ce baptême et les suivants sont inscrits dans les registres paroissiaux de Saint-Germain-des-Prés.

DEUXIÈME BRANCHE.

SEIGNEURS DE SAINT-PIERRE.
1657 — Existe.

V. — Léon Thomasson de Pouzat, écuyer, sieur des Vergnes ou de Las Vergnas, quatrième fils de Jacques Thomasson et de Catherine Mosnier de Planeaux.

Il servit, nous apprend une minute de Robin aux *Arch. dép. de la Dordogne*, comme officier dans les armées royales, mais nous ne savons avec quel grade.

Léon Thomasson se maria deux fois. Sa première femme, *Claude de Vitrac*, était fille de Jean de Vitrac, écuyer, seigneur de la Croze, et de Gabrielle Expert[1] ; la seconde, *Anne de Malet de La Jorie,* était fille de Guillaume de Malet, écuyer, seigneur de La Roche et d'Antoinette de La Tour[2]. Le premier contrat fut reçu au repaire noble de la Croze, en Saint-Germain-des-Prés, le 17 janvier 1657, par Picaud, not. roy. *(Arch. dép. de la Dordogne, Insinuations)*, et le second, le 3 juin 1665, (*Id.*, B, 184).

Anne de Malet ayant testé à Saint-Pierre-de-Sensac, le 6 avril 1682 (*Arch. de Saint-Pierre*), elle y décéda le lendemain.

Par un acte d'échange du 3 avril 1675, Claude de Lignac, veuve de Jacques Thomasson, céda à ses beaux-frères Léon, Pierre et Louis, héritiers testamentaires du dit Jacques, la

---

(1) Vitrac porte : *D'or à trois trèfles de sinople (Armorial gén. de France)*, ou bien : *d'azur, à trois trèfles d'or*, (*Armorial du Périgord*, II, 522). Famille qui possédait les fiefs de Saint-Michel, en Tourtoirac et de la Tour, et qui a relevé les noms de Vandière et d'Abzac.

(2) La famille de Malet ne portait, après son arrivée en Périgord, que les armes de celle de la Jorie, à laquelle elle avait été substituée, armes qui représentaient un lévrier et des étoiles, avec des émaux qui ont souvent varié. Puis après avoir écartelé des la Jorie, elle ne porte plus que ses armes pleines : *de gueules à trois fermeaux d'or*.

partie des biens qu'elle possédait dans le fief de Saint-Pierre, représentant sa dot et sa part d'acquêts. Pour la désintéresser, Catherine Mosnier, sa belle mère, voulant que les dits biens restassent dans la famille, donna en contr'échange à sa belle fille une métairie au village de la Gacherie, dans Saint-Médard d'Excideuil. Deux jours après Léon Thomasson restait seul propriétaire de Saint-Pierre, à la suite d'une convention avec ses frères, *(Id.)*.

Le 25 octobre 1685 les Bénédictins de Limoges cédèrent à Léon Thomasson, pour 450 livres, les rentes qui leur étaient dues sur l'ancien prieuré de Saint-Pierre-de-Sensac.

M. de Saint-Pierre vivait encore en 1707 n'ayant eu d'enfants que de son second mariage.

1. Pierre, qui suit.
2. Antoinette, née à la Verdenie en Saint-Germain, le 12 novembre 1673. Elle s'unit à *Pierre Moreau*, écuyer, sieur de la Borderie.
3. Isabeau ou Elisabeth, née à Saint-Pierre le 4 septembre 1675. Par contrat du 7 octobre 1707, reçu par Bourzat, not., elle épousa *François Valade*, sieur de la Valade, peut-être fils de Jacques Valade de la Valade, sieur du repaire noble de Truffin en Angoisse, et d'Isabeau Pasquet de Savignac.
4. Jean. Né à Saint-Pierre le 9 juillet 1677, il décéda en bas-âge.
5. Anne, demoiselle de Saint-Pierre, née le 29 décembre 1678, religieuse au couvent de Sainte-Claire d'Excideuil.
6. Autre Isabeau, née le 9 avril 1680, femme de *Joseph Rapnouil*, sieur des Aloix, demeurant à Thiviers.
7. Georges, présenté au baptême le 13 avril 1681, décédé sans alliance.
8. Autre Antoinette, nommée au testament de sa mère.

VI. — Pierre Thomasson de Pouzat, écuyer, seigneur de Saint-Pierre.

Il naquit le 30 octobre 1670. A 25 ans, le 28 février 1696, il recevait une commission de capitaine au régiment d'infanterie de Sourches, (*Carrés*, 602, f. 28).

Moyrand, not. à Corgnac, reçut le 3 avril 1694 le contrat de mariage de Pierre Thomasson avec *Marie Sudrie de Salevert,* fille de Pierre Sudrie, sieur de Salevert, et de Marguerite de Leymarie, (*Arch. de Saint-Pierre*) ; Bourzat, not. roy., passa, le 9 juillet 1707, celui de son second mariage avec *Gabrielle de Chasteigner de La Roche-Posay*, veuve de noble Pierre André, seigneur de Franchères, et fille de feu Pons de

Chasteigner, chevalier, seigneur du Lindois, et de Charlotte de Nesmond, (*Id.*).

M. de Saint-Pierre testa le 5 novembre 1707 devant Petit, not. roy., et mourut le lendemain. Sa veuve convola en troisièmes noces avec messire Laurent du Reclus, sgr du Breuil, (*Généal. de Chasteigner*). Du premier lit provinrent :

1. JEAN-BAPTISTE, qui continue la descendance.
2. LÉON, écuyer, seigneur de Salevert [1]. Il eut pour tuteur Pierre Moreau, écuyer, sieur de la Borderie, qui, appelé en 1712 pour le service de S. M. fut remplacé par Pierre Thomasson du Puychalard. Il mourut sans alliance peu après.

VII. — JEAN-BAPTISTE THOMASSON DE POUZAT, chevalier, seigneur de Saint-Pierre et de Salevert.

Il fut baptisé le 16 septembre 1696 et mourut le 9 juin 1774 ayant pris ses dispositions testamentaires le 11 avril 1771.

Jeanne de Roux de Lusson [2], demoiselle de Faragaudie, fille d'Yrieix de Roux, chevalier, seigneur de Lusson, de Faragaudie, et de Marie de Vassal, lui accorda sa main. Le contrat de mariage est du 27 avril 1721 (Décheux, not. roy.), et la bénédiction nuptiale, du 14 mai suivant, à Beyssenac (Corrèze), (*Arch. de Saint-Pierre*).

Madame de Saint-Pierre mourut à Saint-Pierre le 12 novembre 1745, ayant eu :

1. YRIEIX, écuyer, seigneur de Salevert, mort sans s'être marié le 15 janvier 1751. Il était né le 9 juin 1722 [3].
2. MARIE, baptisée le 7 janvier 1724, décédée probablement sans alliance, avant 1774.
3. PIERRE, qui suit.
4. ELISABETH, née le 20 mai 1727. Le 5 janvier 1751, elle se maria

---

(1) Les registres paroissiaux de Saint-Germain-des-Prés manquant de 1692 à 1722 (un procès-verbal d'enquête constate qu'ils furent dévorés par les chiens du curé), il n'a pas été possible de préciser la date de sa naissance.

(2) La maison de Roux a fourni de nombreux rameaux au milieu desquels il est difficile de se reconnaître. Le *Nobiliaire du Limousin* fait remonter la branche de Lusson en Périgord à Aymar de Roux vivant en 1451. Cette maison existe dans MM. de Roux de Reillac et de Château-Rocher. Armes : *fascé d'azur et d'argent de six pièces, la première en chef chargée de trois fleurs de lys d'or*.

(3) Toutes ces dates de naissances, mariages et décès proviennent des registres paroissiaux de Saint-Germain, conservés à la mairie.

avec *Pierre Pandigue*, écuyer, seigneur de Maisonseul, de la paroisse de Sorges, capitaine de milices au bataillon de Périgueux.

5. Marie-Anne, née en mai 1729, morte jeune.
6. Jeanne, baptisée le 28 août 1731. Le 20 août 1751 on célébra son mariage avec *Jean Sudrie*, sieur de la Côte, habitant au village de Vignemeyze, qui décéda le 1er janvier 1778.
7. Anne, née le 24 octobre 1732. Le 24 octobre 1754 elle épousa messire *Raymond de Brunet*, sieur de Ferrière, fils du seigneur de la Besse, dont elle devint veuve dès mars 1763.
8. Thérèse-Luce, baptisée le 26 novembre 1734. Par contrat reçu Dupuy, not. roy., le 27 mars 1762, elle épousa *Jean Sudraud*, sieur de la Chabroulie et de Bonneau, noble citoyen de Périgueux, demeurant à la Chabroulie, paroisse de Négrondes.

VIII. — Pierre de Thomasson de Pouzat, chevalier, seigneur de Saint-Pierre, de Lenclave et de Salevert.

Né le 12 février 1726, il décéda le 16 septembre 1807. Il avait épousé, le 23 avril 1775, au château de Portal, paroisse de Vouthon en Angoumois, *Gabrielle de Lestrade*, fille de François marquis de Lestrade, chevalier, seigneur de Conti et de Floirac, et de Gabrielle d'Abzac de La Douze[1]. Le contrat est du même jour, (*Minutes de Réjou, notaire*).

Madame de Saint-Pierre testa devant le même notaire le 14 mars 1790 et décéda le 15 juillet suivant.

Le 15 mars 1789, Pierre de Thomasson donna, par devant Me Pouchard, notaire à Coulaures, procuration à son beau-frère, le marquis de Lestrade, pour voter en son nom avec la noblesse de Périgord aux Etats-Généraux. Pendant la période révolutionnaire il fit partie, sous le nom de Salevert, des reclus enfermés dans le château d'Hautefort.

Enfants :

1. Anne-Gabrielle, née à Saint-Pierre le 28 avril 1776. Elle se maria le 26 février 1794 avec *Jean de Croizant*; elle mourut à Saint-Pierre-de-Côle le 27 septembre 1795.
2. Françoise-Jeanne, née le 28 avril 1777, morte âgée de deux ans.
3. François, né en 1778, décédé l'année suivante.
4. Charles, qui a continué la postérité.

(1) Armes : *d'argent au lion de gueules*. Cette famille de Lestrade, qui remonte à Etienne, chevalier, vivant en 1299, habite toujours Coulaures ; elle ne doit pas être confondue avec celle de même nom, des seigneurs de la Cousse, également dans Coulaure et également ancienne.

5. CHARLES-ARMAND, tenu au baptême par le comte de Rastignac et la comtesse de Montcheuil, le 18 août 1781. Parti pour l'Amérique en 1801 avec M. de Boysseulh, il y mourut.
6. JEAN, né le 21 novembre 1782, tué en duel le 10 avril 1806 étant maréchal-des-logis au 6ᵉ hussards.
7. JACQUES, né et mort en 1784.
8. BATHILDE-AUGUSTINE, baptisée le 13 août 1785, morte en février 1792.
9. MARIE-ANNE, baptisée à Coulaures le 25 juin 1787. Elle épousa le 18 novembre 1823, *André de Lubersac*, fils de Charles de Lubersac et de Marie Fourichon. Elle décéda, sans postérité, à Excideuil, le 11 mai 1833, *(Etat-civil)*.

IX. — CHARLES DE THOMASSON DE SAINT-PIERRE, né le 20 octobre 1779, mort le 29 octobre 1859 au château de Saint-Pierre.

Le 20 mars 1799 il s'unit avec *Rosalie-Louise de Brochard de Puymorin*, fille de Dominique de Brochard et d'Anne de Fayolle[1]. Elle décéda le 3 décembre 1831.

De leur mariage sont provenus :

1. PIERRE-JUSTIN, qui suit.
2 à 5. Quatre autres enfants décédés sitôt leur naissance.

X. — PIERRE-JUSTIN DE THOMASSON DE SAINT-PIERRE.

Il naquit le 11 mai 1800 et se maria à Saint-Jory-Lasbloux, le 16 septembre 1833 avec *Marie-Michelle-Honorine de Sanzillon* fille d'Etienne-Gédéon marquis de Sanzillon, commandeur de la Légion d'Honneur, chevalier du Phénix-de-Holenlohe, colonel de la première légion de gendarmerie, et de Rosalie-Marie de Captal de Saint-Martin[2].

M. de Saint-Pierre décéda le 2 octobre 1871 et sa femme le suivit dans la tombe vingt ans après, le 6 décembre 1891. Ils ont eu :

1. MARIE-LOUISE-*ROSALIE*, née le 21 mai 1835, décédée le 22 février 1891. Elle se maria le 9 février 1873 avec *Pierre Garrigue*, fils de Pierre Garrigue et de Jeanne Gounou.

---

(1) Armes de la famille de Brochard, maintenue dans sa noblesse d'extraction en 1667 : *d'argent au cerf passant de sable surmonté de trois larmes de gueules, au chef d'azur chargé de trois fleurs de lys* (aliàs *étoiles*) *d'argent*.

(2) La maison de Sanzillon, dont le nom est sur le point de s'éteindre, porte, comme nous l'avons déjà dit : *d'azur à trois sanzilles d'argent*. La marquise de Sanzillon était la dernière représentante des Captal et des Saint-Martin.

2. *Marie-Louise*, née le 4 août 1836. Le 29 octobre 1867 elle s'est unie avec Antoine-*Ernest Pichon de Vendeuil*, fils de Clément Pichon de Vendeuil et de Catherine Debet, demeurant à Fazillac, commune de Saint-Germain, mais décédé à Périgueux, le 13 mars 1881, *(Etat-civil)*.
3. Louis-Joseph, qui suit.
4. Ferdinand, qui viendra après son frère.
5. Yrieix-Pierre-*Tiburce*, né le 5 juin 1844 et décédé au Petit-Séminaire de Bergerac, le 28 avril 1858.

X. — Louis-Joseph, en famille Ludovic, de Thomasson de Saint-Pierre, chevalier de la Légion d'Honneur, actuellement retraité chef de bataillon.

M. de Saint-Pierre est né le 1er juin 1838 et a épousé, à Paris, le 5 mai 1888, *Marie Six*, fille d'Alexandre Six et de Marie Beaucamp.

X bis. — Guillaume-*Ferdinand* de Thomasson de Saint-Pierre, archiviste-adjoint du département de la Dordogne.

Né au château de Saint-Pierre, dont il est toujours le propriétaire, le 4 octobre 1840, M. de Saint-Pierre s'est marié à Périgueux avec *Marie-Louise Lacoste-Delpérier*, fille d'Annet Lacoste-Delpérier et de Marie Navarre. Le mariage civil est du 16 février 1882, et la bénédiction nuptiale, du surlendemain.

De cette union sont provenus :

1. Marie-*Michelle*-Honorine, née le 5 septembre 1883, à Périgueux.
2. *Jacques*-Louis-Joseph, né le 6 mars 1886, à Périgueux.
3. Jean-Guillaume, né le 13 décembre 1887 et décédé le 5 août suivant.
4. Jean-Louis-*Pierre*, né le 12 juin 1889 à Périgueux.

TROISIÈME BRANCHE.

SEIGNEURS DU PUYCHALARD.
1658-1871.

V. — Pierre Thomasson, écuyer, sieur de la Combe, deuxième fils de Jacques, sieur du Pouzat, et de Catherine Mosnier.

Il est nommé dans les testaments de ses père et mère. La date de son mariage n'est pas connue. On sait par le testament de son beau-père, du 16 novembre 1671, *(Arch. dép. de la Dordogne, Minutes de Rolin not. roy.)*, qu'il épousa *Marguerite de Lignac*, fille de Pierre de Lignac, sieur du Coderc, et de Catherine Merlhiot, demeurant à Excideuil [1].

Pierre Thomasson testa à Sallepenche le 26 août 1693, à six heures du matin, *(Id., Minutes de Bourzat not. roy.)* et fut inhumé le même jour dans l'église de Saint-Germain-des-Prés [2]. Il fut père de :

1. Pierre, qui suit.
2. Louise, née le 17 juin 1675.
3. Guillaume, baptisé le 26 juillet 1676, mort jeune.
4. Léon, écuyer, sieur du Coderc, baptisé le 25 mars 1680. Il prit en 1709 du service dans les armées royales, on ignore ce qu'il devint ensuite.
5. Catherine, née le 24 octobre 1683.
6. Jacques, écuyer, sieur du Claud, baptisé le 2 décembre 1685. Il prit du service en même temps que son frère, *(Arch. de Saint-Pierre)*.

---

(1) Les armes de la famille de Lignac nous sont inconnues; elle portait souvent la qualification d'écuyer et possédait les fiefs de la Faye, du Bost, de la Borie, des Faureaux et du Coudré ou Couderc. Néanmoins elle fut condamnée à l'amende lors de la Recherche de la véritable et de la fausse noblesse en 1667.

(2) Il est bon de faire observer à propos de cette sépulture précipitée, qu'il y eut cette année-là dans toute la vallée de l'Isle et le pays d'Excideuil une épidémie qui fit de tels ravages qu'on se hâtait d'enterrer les morts, tant les corps se décomposaient rapidement.

7. JEANNE, baptisée le 27 juin 1689. On croit qu'elle mourut sans alliance.

VI. — PIERRE THOMASSON, écuyer, seigneur du Puychalard et de Sallepenche.

Né à Sallepenche, il fut baptisé le 4 mars 1674; il mourut le 25 septembre 1739. Par articles du 12 février 1706, reconnus le 7 avril suivant devant Bourzat not. roy., *(Minutes de Bourzat, ut suprà)*, il épousa *Marie Dutheil*, fille de Pierre Dutheil et d'Anne Laval, *(Arch. de famille)*. Madame du Puychalard mourut le 14 juin 1728 à Sallepenche, ayant eu à notre connaissance :

1. ETIENNE, qui poursuit la filiation.
2. JEANNE. Le 5 octobre 1741 à Saint-Jory-Lasbloux, elle épousa *André Lambert*, fils d'André Lambert et de Louise Tenant, (leur fille Louise s'unit le 27 avril 1758 avec Jean de Malet, écuyer, sgr de la Borgne). Elle décéda à Vignemeyze le 26 août 1767.
3. Autre JEANNE, femme de *Jean Réjou*. Son contrat de mariage est du 24 juillet 1737, et son testament du 18 août 1756, *(Minutes de Réjou not. roy. à Saint-Germain)*.
4. JEAN, écuyer, sieur du Claud.
5. Autre ETIENNE, baptisé le 12 mai 1724. Avant de partir comme officier dans un régiment d'infanterie, il fit son testament le 15 mai 1743, *(Id.)*.
6. Autre JEANNE, baptisée le 12 février 1726. Conjointement avec ses frères, elle demanda par requête adressée au juge du marquisat d'Excideuil, le 19 septembre 1740, qu'il leur fut nommé un curateur pour partager avec leur frère Etienne l'aîné la succession paternelle et maternelle.

VII. — ETIENNE THOMASSON, écuyer, seigneur du Puychalard, de Vignemeyze et de Sallepenche.

Il contracta une première alliance avec *Marguerite Rousseau*, fille des feus Poncet Rousseau, écuyer, sieur de la Courtade, ancien capitaine d'infanterie, et Jeanne du Puy de Trigonant. Le contrat fut passé par Réjou, *(Minutes, etc., ut suprà)* le 28 avril 1737, et la célébration du mariage suivit deux jours après. Jean Rousseau, écuyer, garde du Corps, sgr de la Courtade (en Saint-Germain-des-Prés où il demeurait) assista sa sœur Marguerite, qui mourut le 11 janvier 1745.

La seconde union, vers 1748, fut contractée avec *Marie de*

Rossignol, veuve de Jean Boyer et fille de noble François de Rossignol, sieur de Combier et de Claire de Reynier (ou Reignier [1]), *(Acte du 4 juillet 1757, reçu par Réjou, etc.)*

Etienne Thomasson mourut à 65 ans, le 9 novembre 1772, à Sallepenche, ayant eu du premier lit :

1 et 2. JEANNE et HÉLÈNE, nées en 1738 et 1741, mortes à deux ans.
3 et 4. FRANÇOISE et JEAN, nés en 1742 et 1744, morts aussi en bas âge.

Du second mariage sont provenus :

1. YRIEIX, qui suit.
2. FRANÇOIS, baptisé le 8 septembre 1752.

VIII. — YRIEIX THOMASSON DE POUZAT, écuyer, seigneur du Puychalard, etc.

Il naquit le 15 mai 1749 à Sallepenche, et vota, par procuration en 1789 avec la noblesse du Périgord. Sa qualité de ci-devant noble le fit emprisonner à Hautefort, sous la Terreur. Vers 1771, il se maria avec *Marie Lafont-Morelière*, qui décéda le 2 août 1819, ayant eu :

1. MARIE, baptisée en 1772, morte à quelques mois.
2. PIERRE, né en 1774, mort l'année suivante.
3. MARIE-ANNE, baptisée en mars 1776, décédée à sept ans.
4. ELISABETH, née le 16 avril 1777.
5. ANNE, dite en famille *Rouzy*, née le 9 décembre 1778, morte à Sallepenche le 25 septembre 1865.
6, 7, 8. JEANNE, autre PIERRE et BERNARD, tous morts en bas âge de 1784 à 1786.
9. JEAN, né le 6 août 1784. Le 19 avril 1825, il céda ses droits successoraux à ses sœurs, n'ayant pas d'enfants de *Marie-Thérèse Salomon du Bossaye*, en faveur de laquelle il testa le 14 avril 1837. Il mourut à Angoulême le 26 juin suivant.
10. JEAN-BAPTISTE, né le 3 septembre 1788, décédé en 1863 à Villement, commune de Ruelle-sur-Touvre (Charente), propriété de sa femme *N... Beaussange*. Il était capitaine d'infanterie. De cette union provint une fille unique morte à 18 ans.

---

(1) La famille de Rossignol fut maintenue, en la personne de François Rossignol, dans sa noblesse de race par arrêt du conseil du Roi du 17 avril 1679 ; elle s'est alliée aux Beaupoil, Beynac, La Roche-Aymond, Le Blanc de Saint-Just, Pompadour, Sanzillon ; ses armes sont : *d'azur, à trois épées d'argent rangées en pal les pointes en bas.*

11. Marie, baptisée le 30 août 1789 et décédée sans alliance à Sallepenche le 19 février 1839.
12. Anne, baptisée le 22 juin 1792, mariée le 6 mars 1821 avec *Pierre Beylot*, fils de Martial Beylot et d'Aubine Grand ; leur contrat avait été reçu par Réjou le 25 février précédent, (*Minutes*, etc.). Anne de Thomasson mourut à Sallepenche, qu'elle eut en partage, le 2 mai 1871, laissant un fils et une fille.
13. Autre Anne, née le 2 septembre 1793, morte le 22 septembre 1800.
14. Autre Marie, née le 9 avril 1796, mariée 1º avec *François Montleau* le 18 janvier 1822 ; 2º avec Jérôme *Marcillaud-Lavallette*, fils de Bertrand Marcillaud-Lavallette et de Suzanne Villevaleix. Ribière reçut le contrat le 3 novembre 1828, à Leydier, commune d'Eyzerat, et le mariage civil se fit à Eyzerat, le 25 décembre suivant, *(Arch. de famille)*.

QUATRIÈME BRANCHE.

SEIGNEURS D'ANCHEYRAT.

1667. — Vers 1800.

VI. — Louis Thomasson, écuyer, sieur du Claud, fils de Guillaume Thomasson, seigneur de Plamont, et de Marie Château.

Il habita à Plamont avec son frère jusqu'en 1700, époque où il se maria avec *Catherine de Saint-Martin*[1], peut-être fille de Jacques de Saint-Martin, écuyer, sieur de la Garlandie (fils d'Antoine, sgr du Mas), et de Marguerite d'Escatha, puisqu'en 1704 il présentait sur les fonts baptismaux Louis de Saint-Martin, fils de Jean de Saint-Martin, écuyer, sieur du Mas, et de Marie de Preyssat, *(Reg. par. de Jumilhac)*. (Elle pourrait peut-être s'identifier aussi bien avec Catherine de Saint-Martin née le 27 août 1671 du mariage de noble Pierre de Saint-Martin, sgr de Laborie et de Puyguérault, et d'Henrye du Lieuvre, *(Reg. par. de Sarrazac)*. Catherine de Saint-Martin mourut à Ancheyrat en 1736 et Louis Thomasson en 1737, âgé de 70 ans, ce qui reporte sa naissance à l'année 1667, *(Reg. par. de Sarrazac)*.

Messire Jean-Baptiste Thomasson, sgr de Saint-Pierre, acquit, le 7 juin 1728, de son cousin d'Ancheyrat diverses rentes dues à ce dernier sur le tènement de Plamont, *(Arch. dép. de la Dordogne, minutes de Parrot not.)*.

Enfants nés de cette union :

---

[1] On sait peu de choses sur cette famille de Saint-Martin, différente probablement de celle de Blagnac si bien étudiée par M. Champeval. Au moyen-âge, on trouve des Martin de Saint-Martin possédant la justice du Pizou. Olivier de Saint-Martin, damoiseau en Corniac, vivait en 1453, *(Arch. de Saint-Pierre)*. Vraisemblablement ces sujets étaient de la même famille que ceux qui nous occupent, lesquels ont eu des forges à Jumilhac et le fief de Puyguérault à Saint-Cybard, dans l'Entre-Dordogne ou Puynormandais, peu éloigné du Pizou. Armes : *d'azur à la croix d'argent cantonnée de quatre fleurs de lys d'or*.

1. Annet, qui suit.
2. Jean, né en 1702, *(Reg. par. de Sarrazac)*.
3. Autre Jean, né en 1710, *(Id.)*.

VII. — Annet, *aliàs* Antoine (à moins que cet Antoine qualifié de sieur d'Ancheyrat lors de l'inventaire des meubles de Peyronne de Pompadour, de la Doyardie, le 17 juin 1747, ne soit un frère inconnu), Thomasson, écuyer, sieur d'Ancheyrat et du Claud.

Né vers 1701, il décéda le 8 août 1771, s'étant marié en 1726 à Saint-Paul-Laroche avec *Claire Rossignol de Combier*, demoiselle du Breuilh *(Reg. par.)*, dont :

1. Jean, écuyer, né en 1739, décédé le 7 avril 1768, *(Reg. par. de Sarrazac)*.
2. Louis, qui suit.
3. Catherine, née en 1730, *(Id.)*.
4. Françoise, demoiselle d'Ancheyrat, mariée en 1751 avec *Aubin Tarrade*, sieur de Monsigou, *(Id.)*.
5. Florence, qui s'unit en 1762, avec *Joseph d'Amelin*, écuyer, sieur de la Rochette, de la paroisse de Négrondes, *(Id.)*.

VIII. — Louis Thomasson, écuyer, sieur d'Ancheyrat et du Claud.

Nous savons peu de choses sur le dernier représentant de cette branche. Il naquit en 1740, épousa le 13 février 1776 *(Id.)* *Berthe Combescot de Malebeau*, du village du Tuquet en la paroisse de Saint-Mémin, au diocèse de Limoges, et mourut à la fin du siècle dernier ou au commencement de celui-ci, ayant été conduit le 23 avril 1793 dans les prisons d'Excideuil, faute d'avoir trouvé deux cautions de son civisme et de ses sentiments de patriote, ce qui fait son éloge, *(Arch. dép. de la Dordogne, L non clas.)*. Il fut père de :

1. François, né le 8 décembre 1776, *(Reg. par. de Sarrazac)*.
2. Catherine, baptisée à Sarrazac le 10 janvier 1778, *(Id.)*.
3. Autre Catherine, baptisée au même lieu le 16 janvier 1780.
4. Jean, également le 22 décembre 1782.

CINQUIÈME BRANCHE.

SEIGNEURS DE LEYSSARD ET DU QUEYROY.

1671. — Vers 1800.

VI. — JACQUES THOMASSON, écuyer, seigneur de Leyssard, sieur de la Navarie et de Rouchat, fils de Guillaume Thomasson, seigneur de Plamont, et de Léonarde de Vaucocour.

Il naquit le 5 juillet 1671, et par contrat du 4 juin 1697, il épousa — acte signé Peyroni not. et passé à Bony paroisse de Saint-Jean-de-Côle, — *Françoise Tenant*, demoiselle du Puy[1], fille de Jean Tenant, écuyer, sieur du Puy et de Marguerite du Barry, *alias* Barby, (remariée en troisième noces et veuve de Pierre de Ladoire, sieur de Champaneyx), de l'avis de son oncle maternel et curateur Louis Manet, écuyer, sieur de Lautarias, *(Carrés* etc...)

Le 28 décembre 1700 Jacques Thomasson transigea avec Jean de Raymond, chevalier, sgr de Beausoleil et co-sgr de la paroisse de Sarlande, *(Id.).* Le 30 mai 1712, il fit partie du conseil de famille des enfants mineurs d'Aubin d'Abzac, écuyer, sieur de la Betonnie et de Louise Tenant, *(Arch. de Glane).*

Nous ne savons pas s'il y eut d'autres enfants de cette alliance que les suivants :

---

(1) La famille Tenant, qui posséda longtemps le fief de Razat près Thiviers (actuellement propriété de la comtesse Théobald de Choiseul-Gouffier, née Bathilde de Lupel, fille de Mlle Noël du Payrat) et qui est représentée de nos jours par M. Tenant de La Tour, de l'abbaye du Chalard est très peu connue. Elle fut cependant maintenue dans sa noblesse de race en 1667, elle produisit à cette occasion les armes suivantes, qui diffèrent de celles données dans l'*Armorial du Périgord* : *d'argent à l'arbre de sinople terrassé de même, accompagné en chef de deux corneilles affrontées de sable.* D'Hozier dans les preuves de Louise de Thomasson donne : *d'or à l'ancre de sable accostée de deux étoiles de gueules.*

1. Françoise, née le 3 juin 1699 à Sarlande. Elle se maria le 16 février 1725 avec *Pierre de Tessières*, écuyer, sieur du Genest, fils de noble Antoine de Tessières, sieur de Masmoureau et de Jeanne de Roux, *(Dossiers généal. de M. Huet)*.
2. Louis, qui continue la filiation.

VII. — Louis Thomasson[1], écuyer, seigneur du Queyroy et de Leyssard, sieur de Rilhac, de la Navarie, de Lasrochas et de la Roulandie.

Il naquit à Bony, et fut baptisé le 13 avril 1704, *(Reg. par. de St-Jean-de-Côle)*. Sa femme, fille d'Yrieix, de Roux, écuyer, seigneur de Lusson et de Marie de Vassal, se nommait *Marie-Anne de Roux*, demoiselle de la Jarousse. Le mariage religieux, précédé d'un contrat signé l'avant-veille par Brousse, not. roy., fut célébré le 30 septembre 1733 à Saint-Loup-de-Gandumas, *(Carrés)*. Nul doute qu'il n'ait été officier.

Louis Thomasson testa le 20 mars 1750, devant Couquet not. roy. et mourut peu après, car sa femme était veuve le 4 novembre suivant, date d'un hommage qu'elle rendit pour le Queyroix, Lasrochas et ses autres fiefs relevant de la collégiale de Saint-Yrieix, et ce « audevant du grand-autel de lad. esglize de Saint-Yrieix » *(Carrés)*.

De cette union provinrent :

1. Jacques, qui suit.
2. Jeanne, mariée le 6 février 1758 à Sarlande avec *Léonard Masgontier*, bourgeois de Saint-Yrieix, *(Reg. par.)*.
3 et 4. Françoise-Marie et Luce, nommées au testament de leur père.
5. *Louise*-Marie, née à Sarlande le 24 mai 1748. Elle produisit ses titres de noblesse le 7 mars 1760 pour être reçue dans la maison royale de Saint-Cyr *(Carrés* et *Preuves de Saint-Cyr)*. Elle s'éteignait à Sarlande quelques années plus tard, le 10 novembre 1769, dans la fleur de l'âge, *(Reg. par.)*.
5. Anne, née posthume, décédée en bas-âge.

VIII. — Jacques Thomasson, écuyer, sieur du Queyroy.

A Saint-Yrieix, en Limousin, il vota pour les Etats-Généraux dans l'Ordre de la noblesse tant pour lui que pour Louise

---

(1) Dans beaucoup d'actes tant pour les membres de cette branche que pour les autres, la particule est omise devant le nom patronymique.

de Lubersac, veuve de messire Jacques de Monfrebœuf, sgr des Piquets.

Il émigra et peut-être mourut-il à l'étranger, car on perd sa trace à partir de 1792. Le 16 mai de cette année-là le directoire du district d'Excideuil nomma une Commission pour aller saisir les biens qu'il possédait à la Novarrie, ou Navarie, paroisse d'Excideuil. Il semblerait cependant, d'après une autre pièce, qu'il n'eut quitté la France que le 23 juin, (*Arch. dép. de la Dordogne*, L).

SIXIÈME BRANCHE.

SEIGNEURS DE VAUGOUBERT.
1595. — *Existe.*

La jonction de la branche de Vaugoubert avec les précédentes, recherchée dès 1772 par messire Jean-Baptiste-Thibaud de Thomasson, qui se mit en rapport à ce sujet avec ses cousins, les seigneurs de Saint-Pierre, ne peut être prouvée par titres, car elle est probablement antérieure au commencement du XVIe siècle.

On sait combien les guerres de Religion ont causé de disparitions de titres chez les anciennes familles de Guyenne, combien la jonction de rameaux de plusieurs d'entre elles est difficile. En ce qui concerne les Thomasson, l'identité du nom patronymique jointe à celle des armoiries et d'une même région d'habitat permet d'assurer que nous devons nous trouver en présence d'une branche détachée du tronc primordial à une époque indéterminée.

I. — JEAN THOMASSON, né vers 1595 puisqu'il est dit âgé de 75 ans dans son acte de décès au 27 octobre 1670 survenu à Valeuil, *(Reg. par. aux Arch. dép. de la Dordogne)*. On peut le supposer père de :

1. GUILLAUME, qui suit.
2. Autre GUILLAUME, présent au mariage, en 1687, de sa sœur Sicarie.
3. SICARIE, mariée le 4 février 1687 à *Jean Chabanes (Id.)*.

II. — GUILLAUME THOMASSON, né vers 1636, décédé à Valeuil âgé de 50 ans le 30 avril 1686, *(Id.)*. Il peut également être père des suivants :

1. PIERRE, qui suit.
2. GUILLAUME, témoin au contrat de mariage du suivant.

III. — PIERRE THOMASSON, sieur de la Quintinie.

A lui commence la filiation prouvée. Mais comme dans un acte il est dit natif de la paroisse de Valeuil, sa parenté, sinon directe du moins collatérale, avec les sujets précédents, ne peut faire de doutes. Il habita la ville de Lisle où il résidait encore en 1735.

Par contrat signé Trémoulines, not. à Celles, le 15 janvier 1703, il épousa *Léonarde Peytoureau*, fille de Jean Peytoureau, greffier de la juridiction de Lisle, et de Léonarde de Peyron, *(Arch. dép. de la Dordogne, minutes de Trémoulines)*. Ils eurent :

1. GUILLAUME, qui continue.
2. ANTOINE. Il habitait la ville de Lisle lorsqu'il épousa par contrat passé par devant Veyry not., le 29 septembre 1738, *Marie Bétaille*, fille de Pierre Bétaille, sieur de Villac, et de Jeanne Trémoulines, *(Arch. dép. de la Dordogne, minutes de Veyry)*.

IV. — GUILLAUME DE THOMASSON, sieur de la Quintinie, seigneur des fiefs nobles du Venat et de la Gastaudie.

Guillaume naquit le 17 janvier 1704 et fut baptisé à Lisle huit jours après, *(Reg. par.)*. Il devint par la suite contrôleur général des fermes du Roi, à Mende en Gévaudan.

Léonarde de Montozon [1], demoiselle de Lafaye, née le 19 septembre 1716 du mariage de Jean de Montozon, écuyer, sgr de Moncouche, et de Marie Gerbaud de Lafaye, lui accorda sa main. Le contrat fut passé au repaire de la Sénédie, paroisse de Lisle, par Veyry not., le 25 février 1734, *(Arch. dép. de la Dordogne, minutes de Veyry)*. La cérémonie religieuse est du 8 mars suivant. De cette union provinrent :

1. PIERRE, baptisé à Lisle le 1er mai 1735, *(Reg. par.)*.
2. LÉONARDE, née à la Sénedie le 3 août 1737, morte en bas-âge, *(Id.)*.

---

(1) Le nom de Montozon était très répandu, aux siècles passés, sur les bords de la Dronne, entre Lisle et Ribérac, et porté dans toutes les classes de la société. Une famille de ce nom fut maintenue dans sa noblesse en 1667, elle a donné de nombreux magistrats à l'Election et au présidial de Périgueux. Elle est encore représentée de nos jours, de même qu'une autre famille de même nom en possession de la noblesse au XVIIIe siècle. Armes : *d'azur à un oison d'argent posé sur un mont d'or fixant un soleil d'argent placé au premier canton de l'écu.*

3. Autre Léonarde, née le 22 février 1739, *(Id.).*
4. Jean-Baptiste, qui suit.

V. — Jean-Baptiste-Thibaud de Thomasson, écuyer, seigneur de Vaugoubert, du Venat et de la Gastaudie, directeur et receveur général des Domaines du Roi en Roussillon, ayant débuté par Bergerac et Agen.

Il naquit le 13 février 1741 et fut baptisé le lendemain à Lisle, *(Id.).* Il mourut le 24 septembre 1813 au château de Vaugoubert qu'il avait acheté vers 1780 de madame de Saint-Viance, nièce du comte d'Aydie de Vaugoubert.

M. de Thomasson avait épousé, par contrat du 19 novembre 1775, *Jeanne-Marie de Texier*, fille d'Adrien-Sicaire de Texier, écuyer, seigneur de Talivaud, et de Françoise Périgord [1]. Madame de Thomasson mourut le 9 septembre 1791; sa mère fut guillotinée à Paris, le 28 nivôse an II, pour avoir entretenu des correspondances avec ses fils émigrés.

On a vu ci-dessus comment M. de Thomasson vendit la Gastaudie. Il fut père des suivants :

1. Adrien-Sicaire, né à Agen le 30 décembre 1780 et mort sans hoirs vers 1828. A Bussière-Badil, le 16 février 1814, il s'était allié avec *Jeanne-Pauline Masfrand de Panivol*, fille de Pierre Masfrand de Panivol et de Marie-Henriette-Guillemine Valade.
2. Ambroise-Adrien, qui suit.
3. Jeanne-Marie-Justine, née le 24 février 1786, décédée à Lapouyade-Saint-Angel le 21 janvier 1817. Elle avait épousé, le 6 juin 1814, *Antoine de Lamberterie* [2].

VI. — Ambroise-Adrien-Thibaud de Thomasson, chevalier de

---

(1) Cette famille Texier ne semble avoir aucun rapport avec celle périgourdine des seigneurs de Javerlhac, qui portait le même nom. Elle blasonnait : *de gueules à la fasce d'argent chargée d'un levrier courant de...*, *accompagnée en chef d'un croissant d'argent et en pointe de deux doubles annelets* (ou *fermaux* ou *doubles navettes ?*) *d'argent.* J'ajoute que la branche de Chouvignac accolait en parti un rébus : *d'argent au chou de sinople, accosté d'une vigne de même, surmonté d'A-C entrelacés.* On observera que les Texier seigneurs d'Hautefeuille en Gâtinais portaient des armes identiques.

(2) M. de Lamberterie, dernier représentant des seigneurs de la Chapelle-Montmoreau par les mâles, et des La Roussie, seigneurs de Lapouyade par les femmes, se remaria en secondes noces le 27 novembre 1843 avec Marie-Zélie des Places, veuve du marquis de La Garde-Saint-Angel, grand'mère du marquis actuel. L'enfant du premier lit Louis-Adrien de Lamberterie étant mort en 1825, son père laissa sa fortune à l'héritier du premier mari de sa seconde femme, le marquis Amédée de La Garde.

la Légion d'Honneur, Payeur-général de la Charente-Inférieure et du port de Rochefort [1].

Le 20 juillet 1816, il fit un partage avec son frère et sa sœur, portant sur les biens de ses auteurs. Quelques années plus tard, le 30 septembre 1825, il épousait *Delphine-Thérèse Cornu de La Fontaine de Coincy*, fille de François Benoît Cornu de La Fontaine de Coincy et d'Henriette-Sophie Cornu de La Fontaine [2].

M. de Thomasson décéda au château de Vaugoubert le 27 juillet 1860, *(État-civil de Quinsac)*, ayant eu :

1. PAUL, qui continue la descendance.
2. ADRIEN-NUMANCE, dont la postérité sera rapportée après celle de son frère.
3. HENRIETTE-LAURE, née à Angers en 1825, mariée à Paris le 14 septembre 1846 avec *Pierre-Maurice Roux*, ancien officier de la Garde Royale de Charles X, fils de François Roux et de N... de La Fresnaye. Madame Roux est décédée sans hoirs à Royat le 15 octobre 1891. En juillet 1882, à l'occasion du décès de son mari, survenu le 14 mai précédent, elle recevait une lettre autographe de Mgr le Comte de Chambord.

VII. — *PAUL*-ERNEST DE THOMASSON.

Il naquit à Angers le 11 janvier 1827 et décéda à Paris le 29 octobre 1893. Il avait épousé à Angoulême, le 15 février 1862, Thérèse-*Léonide Reygondaud de Villebardet* [3], née à Toulouse le 9 juin 1835 du mariage d'Emile Reygondaud de Villebardet, ancien officier de la Garde Impériale, et de Renée-Adélaïde Moreau. Madame de Thomasson habite Paris, elle est mère de :

1. RAOUL, qui suit.

---

(1) La plupart des renseignements concernant la fin de cette branche proviennent de notes recueillies par M. Raoul de Thomasson.

(2) La famille Cornu de Coincy est originaire de l'Aisne, où se trouve le village de Coincy. Victor de Coincy était maréchal de camp et gouverneur de Toulon sous Louis XV. Elle était représentée naguère en Périgord. Elle existe à Paris, dans les Landes et le Loiret. Armes : *d'azur à trois cors d'argent*.

(3) La famille Reygondaud est originaire du Limousin. Emile Reygondaud de Villebardet donna sa démission d'officier après Waterloo, se fixa à Cuba et mourut à Angoulême en 1863. Cette famille, alliée aux Charon de Brie, de Gardareins, Verbrughe, de Hérédia, est représentée à Paris, Bordeaux, Alger et au Mexique. Elle porte pour armes : *d'azur au chevron d'or accompagné en chef de deux coqs affrontés de même et en pointe d'un croissant aussi d'or*, (Note de M. R. de Thomasson).

2. Marie-Julie-*Renée*, née à Paris le 21 février 1868.

VIII. — Jean-Emile-*Raoul* de Thomasson, capitaine d'artillerie attaché à l'Etat-major général de l'Armée.

M. de Thomasson est né à Angoulême le 19 novembre 1862, il s'est marié à Paris le 17 mai 1893 avec Hélène-Marie-Louise-*Marguerite de Caix de Saint Aymour*, fille d'Amédée vicomte Caix de Saint Aymour et de Berthe La Beaume de Tarteron [1]. De ce mariage est provenu :

Jean-Marie-Adrien-*Paul*, né à Paris le 3 octobre 1894.

VII bis. — Adrien-Numance de Thomasson.

Il épousa *Eve Arnault de La Grossetière*, fille d'Hippolyte Arnault de La Grossetière et d'Aspasie-Adélaïde de Barbarin [2]. Il mourut à La Rochelle le 14 mai 1883 ayant eu :

1. René, né le 13 octobre 1857.
2. Maurice, qui suit.
3. *Yvan*-Paul-Numance-Hubert, né à La Rochelle, le 13 décembre 1865. Il y demeure avec son frère et sa sœur.
4. *Herminie*-Eve, née à La Rochelle le 16 février 1872, mariée à Nantes le 22 novembre 1897 avec Charles-Joseph-*René Paris de Bollardière*, capitaine d'Infanterie de marine, chevalier de la Légion d'Honneur, fils de Joseph-Alexandre de Bollardière, et d'Angèle-Françoise Hervieu de Maisière.

VIII. — Maurice de Thomasson.

---

(1) La maison de Caix porte : *écartelé aux 1 et 4 d'argent à deux sautoirs de gueules surmontés de deux croisettes de même*, qui est de Caix ; *aux 2 et 3 d'azur au lion d'or couronné d'argent armé et lampassé de gueules*, qui est de Saint Aymour ; sur le tout : *fascé de vair et de gueules de six pièces*, qui est de Coucy.

Les Caix sont issus d'Anseau de Caix qui vivait à la fin du XIe siècle. Anseau de Caix était fils de Dreux de Boves, et avait pour frères Enguerrand de Coucy et Robert de Péronne. La maison de Caix est, avec la famille de Coucy-Poillecourt, issue d'un fils cadet de Raoul III de Coucy le seul rameau mâle subsistant aujourd'hui de la maison de Boves-Coucy. Au XVIIe siècle, Claude-Alexis de Caix épousa Marie-Barbe Arnauld de Saint Amour fille de Antoine Arnaud, chevalier, comte de Saint Amour. Il est l'auteur de la branche de Caix de Saint Aymour, représentée à Paris. La branche de Rambures est représentée en Picardie et celle de Chaulieu en Normandie.

(2) Arnault de La Grossetière porte : *de gueules à trois merlettes d'argent*, (Note de M. R. Thomasson). Cependant le *Dictionnaire des familles du Poitou*, I, 112, donne à ces Arnault, qualifiés écuyers au commencement du XVIIe siècle, sgrs de Lasalle, la Janetière, la Grossetière, les Rochettes etc., *d'azur à trois étoiles d'or et au croissant d'or en abîme*.

Il est né à La Rochelle le 1er août 1859. Il a épousé à Nantes le 29 juin 1885, sa cousine *Herminie Arnault de La Grossetière* fille d'Hippolyte de La Grossetière et de Pauline Audibert.

M. de Thomasson habite le château de Landal, près de la Boussac dans l'Ille-et-Vilaine, et est père de :

1. Marthe-Renée, née le 1er mai 1886, décédée le 11 juillet 1893.
2. *Maurice*-Hubert-Numance, né à Nantes le 6 juillet 1889.
3. *Yolande*-Marie-Herminie, née le 29 novembre 1894.

SUJETS ISOLÉS

Noble PIERRE THOMASSON épousa *Etiennette de Foucauld*, il demeurait en 1501 dans la châtellenie d'Excideuil. Voici comment il est fait mention de lui aux *Arch. dép. des Basses-Pyrénées* (E, 727, f. 20). « Le 24ᵉ septembre 1522 Estevène Foulcaude, femme de feu Pierre Thomasson, habitant à Excideuil, a exposé que led. feu Pierre et elle recognurent de fue dame Jehanne de Bretaigne, lors dame d'Eycidueil, par devant de Valibus notaire, le 3 août 1501, une maison sise à Excidueil en la rue du Rodeix, étant de la fondalité et justice de la chastellanie d'Excideuil, sous la rente de 2 sols 6 deniers tournois et 6 deniers d'acapte en mutation de seigneur. »

JACQUES THOMASSON était consul de Périgueux en 1548, il épousa Valérie de Froidefond et testa le 23 août 1563, *(Arch. dép. de la Dordogne*, E).

Au XVIᵉ siècle on trouve à Valeuil et à Bourdeille des Thomasson qu'il est difficile d'identifier et auxquels pourrait se rattacher certain avocat de ce nom, exécuteur du testament de Brantôme qui le nomme « mon principal et ordinaire conseil », et qui mourut dès 1613, *(Nobiliaire du Limousin*, IV, 599).

ANNE THOMASSON, femme de *Pierre Couturon*, sieur de la Pinoulie, demeurant à Excideuil, testa le 4 avril 1616.

JEHAN THOMASSON, noble citoyen de la ville de Périgueux, vivait en 1630, *(Nobiliaire*, etc.)

JEANNE THOMASSON, damoiselle, était en 1648 femme de *François d'Alby*, syndic de la Communauté de Périgueux *(Arch. dép. de la Dordogne, minutes de Paillet)*.

R.-P.-ANGE THOMASSON était en 1691 supérieur des Cordeliers d'Excideuil.

ADDITIONS ET CORRECTIONS

Page 9. — Lazare de la Croix forme le viiie degré et non le ixe.

Page 23. — Aux enfants de Jean de la Croix, auteur de la branche de Puyozard, il faut ajouter *Jean de la Croix*, écuyer, sieur de Ramefort, marié par contrat du 9 janvier 1623 à Marie Hastelet, fille de François Hastelet, écuyer, sieur de Jomelières (forge et fief de la commune de Javerlhac, oublié dans le dict. de de Gourgues), et de Jeanne Sescaud. Marie Hastelet testa en 1648 n'ayant pas eu d'enfants, (*Nob. du Limousin*, II, 405). Ceci explique la note que j'ai donnée sur Jean de la Croix à la page 45, et rectifierait la note de la page 47 (deuxième alinéa), à moins de confusion de prénoms qui feraient alors de Jean et de Pierre de la Croix un seul et même personnage.

Page 29, dernière ligne. — *Rosalie de la Croix* est décédée à Bordeaux le 15 mars 1897.

Page 40, note. — Les armes de la famille de *Vassal*, données ici d'une façon inexacte, sont rectifiées page 163.

Page 103. — Aux enfants d'Eléazar de Marsoulier et d'Esther Clarmont, il faut ajouter *André de Marsoulier*, baptisé en 1725, *(Reg. par. de Saint-Laurent-de-Pradoux)*.

Page 107. — *Avignac*. L'orthographe actuelle est *Davignac*. Cette paroisse du canton de Meymac (Corrèze) appartenait aux Ventadour au xive siècle et fut acquise des Lestrange vers 1500 par Pierre de Coustin, dont un descendant la recéda vers 1606 aux Ventadour. — *Beaurepos* (*alias* Bonrepos) n'est pas dans Peyrignac, comme l'a dit également le savant annotateur de Tarde ; ce fief est dans l'ancienne paroisse de Pressignac réunie actuellement à Souillac (Lot), *(Note de M. Champeval)*.

Page 113, ligne 3. — Au lieu de *la Philippe*, lire *la Philippie*; cette maison noble des Coustin était dans la petite ville de Donzenac (Corrèze), *(Note d'id.)*.

Id. ligne 10. — *Jean d'Auriolles* appartenait probablement à la famille de Gontaut, dont une branche qui possédait *Cabrerès* (et non *Cabreires*) et *Roussillon* (près de Cahors et non de Toulouse) ne portait souvent que le nom d'*Auriole* ou *Auriolles*, *(Note d'id.)*.

Page 118, ligne 5 du VII. — Au lieu de Madeleine Delme, lire *Madeleine de Lyée*.

Page 121, ligne 5 du VIII. — Si *Isabeau de Bessou* était fille de François de Bessou, comme je l'ai supposé, elle eut été très âgée en 1708 toute veuve qu'elle fut.

Page 131, ligne 25. — Au lieu de : La Place, lire *des La Place*.

Page 140, ligne 20. — Au lieu de Saint-Yreix, lire *Saint-Yrieix*.

Page 155, note 1. — *Jacques d'Arlot* n'est qualifié sur son portrait que de seigneur de la ville royale de La Linde.

Page 160, note 2. — M. de Lurion a, parait-il, commis une erreur en parlant de lettres de noblesse données en 1642 à la branche de Vezet de la famille *Mareschal*. Cette maison, qualifiée dès 1320, remonterait par filiation à noble Aymonin Mareschal de Willafans vivant en 1420 et dont le fils se fixa à Besançon. Les lettres de noblesse ont trait à la noblesse du Saint-Empire conférée par l'empereur Ferdinand II à Luc Mareschal pour services rendus à la Diète, lui octroyant ainsi qu'à ses descendants des deux sexes les titre et privilèges de baron libre du Saint-Empire. Quant aux lettres patentes de 1642, ce sont des lettres de réhabilitation, datées de Madrid, décernées à ce même Luc « pour le cas où il aurait dérogé à la noblesse de ses prédécesseurs ayant pratiqué et commercé par lettres de change pour lui faire passer (à Philippe IV) dans les nécessités de la guerre plus de cent mille écus par prêts et avances sur ses biens engagés, sans en avoir reçu aucune *mercede* ». — A la ligne 2 au lieu de Saint-Léger, lire *Saint-Légier*.

Page 196, ligne 11. — Le nom de Montcout, incomplètement lu, est *Moncouche*, comme on peut le voir page 282.

Page 199, ligne 7. — C'est Madame Durand qui a hérité des papiers de Brons, elle les a simplement confiés au vicomte P. de Pelleport.

Page 215, ligne 16. — Le *vicomte de Brons* n'était pas chevalier de la Légion d'Honneur mais d'un ordre étranger dont le ruban était rouge.

Page 222. — *Château-Geoffroy* est, nous apprend M. Champeval, la même chose que Châtelux-le-Marcheix, dans la sénéchaussée de Montmorillon, fief acquis le 12 avril 1512 de Jacques Foucauld de Saint-Germain.

TABLE ET INDEX

DES NOMS DE PERSONNES ET DE LIEUX.

SOMMAIRE.

Avertissement		1
Généalogie de la Croix		1
—	Armes	3
—	Seigneuries	4
—	Branche de la Croix	7
—	— du Repaire	10
—	— de Besne	19
—	— de Puyozard et Tougnan	23
—	— de Jovelle	30
—	— de Saint-Cyprien	39
—	Sujets isolés	44
Généalogie de Beaudet		49
—	Armes	51
—	Seigneuries	53
—	Branche du Peuch	55
—	— de Cardou	62
—	Sujets isolés	68
Généalogie de Malleret		69
—	Armes et seigneuries	70
—	Branche du Repaire-Brunet	72
—	Famille Dubreuilh de Malleret	77
—	Sujets divers	80

Généalogie de Barraud.		83
—	Armes et seigneuries	85
—	Branche de Fournil	87
—	Noms isolés	93
Généalogie de Marsoulier		95
—	Armes et seigneuries	96
—	Branche de Montaut et Fournil	98
Généalogie de Coustin de Bourzolles		105
—	Armes et seigneuries	107
—	Branche de Bourzolles	112
Généalogie d'Arlot		125
—	Armes	127
—	Seigneuries	128
—	Branche de Frugie	144
—	— de Cumond	154
—	— de Saint-Saud	161
—	— de la Roque	168
—	— de Firbeix	173
—	Noms isolés et indéterminés	176
—	Armoiries des alliances	179
—	Descendance de saint Louis	183
Généalogie d'Aurout		187
—	Seigneuries	188
—	Branche unique	190
Généalogie de Brons		199
—	Armes et seigneuries	201
—	Première branche ou de Cézerac	204
—	Deuxième branche	216
Généalogie de Fayolles		219
—	Armes	221
—	Seigneuries	222
—	Branche de Puyredon	226
—	— de la Vidalie	245
—	— de Fayolles	249
—	Noms isolés et indéterminés	253
Généalogie de Thomasson		255
—	Armes	256
—	Seigneuries	257
—	Branche de Plamont	260
—	— de Saint-Pierre	266
—	— du Puychalard	272

Généalogie de Thomasson.
—   Branche d'Ancheyrat.................... 276
—   — de Leyssard.................... 278
—   — de Vaugoubert.................. 281
—   Noms isolés 287
Additions et Corrections.. 289

INDEX ALPHABÉTIQUE

Les noms des familles sont en caractères ordinaires, et en italiques ceux de lieux dont nous ne donnons que les identifiés. Les doubles noms commençant par *La* ou *Le* sont portés à l'L s'ils désignent une famille, et à l'initiale du second mot si c'est un nom de lieu. Les *Régiments* sont classés alphabétiquement à la lettre R, mais les armes spéciales comme les *Gardes du Corps*, les *Gendarmes*, etc., doivent être cherchés à *Gardes*, *Gendarmes*, etc., de même que les Ordres religieux, chevaleresques à leur lettre, les Gentilshommes de la Chambre, etc.

Quelques noms se trouvant répétés plusieurs fois dans la même page, il est bon de la parcourir complètement.

Abbadie, 166.
Abjat, 129.
Abzac, 68, 91, 131, 174, 214, 223, 251, 266, 269, 278.
Achard, 203, 213. Voir aussi *Joumard*.
Adhémar, 78, 114.
Agard, 166.
Aitz, 75.
Ajat, 128.
Alamigeon, 33, 37.
Alba, 86, 90, 92, 102.
Albert, 66.
Albret, 8.
Alby, 287.
Alesme, 155, 179.
Alfiery. Voir *Alphéry*.
Alleguedes, 64.
Aloigny, 175, 179.
Alphéry, 54, 55, 137.
Ambarès, 26, 176.

Amblard, 12.
Amelin, 277.
Ancelin, 20.
Ancheyrat, 257.
André, 31, 267.
Angoulême, 72.
Anglars, 114, 118.
Antin, 188.
Apcher, 230.
Appelvoisin, 227, 229.
Arces, 4.
Archiac, 113.
Archiac, 113.
Arideix, 257.
Arlaus et Arlaut, 177.
Arlieu, 246.
Arlot, 53, 57, 61, 75, 76, 102, 123 à 186, 290.
Arlotti, 126.
Arnault, 37, 285, 286.

Arsac, 81.
Artenset, 167.
Artigue, 167.
Asnières, 22.
Aspremont, 114.
Assigné, 227.
Astugues, 191.
Auber, 164.
Aubert, 27.
Aubusson, 60.
Audebert, 133.
Audibert, 286.
Audier, 259.
Auga, 118.
Augeard, 117, 235.
Aulède, 76, 253.
Auray, 110, 117.
Aurioiles, 113, 289.
Aurout, 187 à 197.
Aurout, 188.
Auroy, 8.
Aury, 8.
Autefaye, 4, 30.
Autels, 9.
Auvergnats (Les), 91.
Avignac, 107, 289.
Avril, 7, 8, 46, 47.
Aydie, 86, 109, 259, 283.
Aymery, 174.

Babiault, 129.
Bacalan, 86.
Baccouillat, 128.
Bailhot, 148.
Balenx, 224.
Ballue, 232.
Bancalis, 117.
Banes, 57.
Barbarin, 285.
Barbot, 170.
Barby, 278.
Barciet, 217.
Barde (La), 128, 225, 234.
Baretet, 213.
Baronnie, 128.
Barraud, 83 à 94, 100, 102.
Barreiron, 42, 46.
Barreyre, 26.
Barry (Du), 37, 278.
Bars, 208.
Barton, 228.
Bastide (La), 139.
Baulos, 25.

Bauzens, 128, 129.
Bayland, 171.
Bayly, 160.
Baynac, 129.
Bays, 36.
Bayssellance, 94.
Bazin, 4.
Beaudet, 49 à 68, 121, 134, 137, 154, 156, 179, 184, 186.
Beaufort, 119.
Beaulieu, 216.
Beaulieu, 36.
Beaumont, 116, 136, 142, 151 à 153, 178, 209.
Beaumont, 68.
Beaupoil, 16, 167.
Beaupouyet, 85, 89, 174.
Beaurepos, 107, 289.
Beauroyre, 134.
Beauséjour, 241.
Beaussange, 274.
Béchon, 122.
Bélac, 26.
Belcier, 63, 76, 157, 214, 234.
Belhade, 75, 76, 136, 138, 157, 179.
Belrieu, 90.
Bénevent, 85, 89.
Béquerie (La), 225, 245.
Bérailh, 235.
Bérard, 223.
Béraud, 188.
Berbiguières, 107, 116.
Bergerac, 192 à 195.
Bernard, 29.
Bernard (Du), 209.
Bernardeau, 264.
Bernardines, 76.
Berne, 93.
Bernier, 78.
Béron, 175.
Bertrand, 153.
Besco, 91.
Besne, 4.
Bessant, 222.
Besse, 134.
Bessou, 118, 121, 290.
Bessotines, 102.
Beylot, 250, 275.
Beynac, 115, 149, 201, 207.
Beyssenac, 145.
Beyssenac, 268.
Bezolles, 117.
Bideran, 231 à 233, 236, 239, 250, 251.

Bigarie (La), 203.
Bignac (Le), 188.
Binet, 172.
Blanchereau, 41.
Blaye, 26.
Blénie (La), 238.
Blois, 115.
Bocquet, 217.
Bodet, 52. Voir *Beaudet*.
Boirac. Voir *Boyrac*.
Boiresse, 81.
Bois (Du), 118, 223, 234, 239, 251.
Boisjoly, 166.
Boisjourdan, 90.
Boisserie, 223.
Boisset, 206.
Boistillé. Voir *Jourdain*.
Bollardière, 285.
Bonafos, 205.
Bonestieu, 86.
Boney, 102.
Bonnafin, 217.
Bonnefous, 205.
Bonnes, 71, 73, 141.
Bonneval, 145.
Bonnin, 171, 179.
Bonrepos, 289.
Bonsol, 222.
Bontemps, 101.
Bordenave, 57.
Bordes, 174.
Borie, 97, 206.
Bosc (Du), 112.
Bosredon, 66.
Bouchard, 86, 136, 203.
Bouhier, 150.
Bouilhaguet, 4.
Bouilhaguet, 4.
Bouillac, 120.
Boulay, 243.
Boule, 24.
Bouniagues, 231, 236.
Bourbon, 57.
Bourdeille, 86.
Bourdil, 225.
Bourdieu (Du), 65.
Bourdineau, 258.
Bourgnac, 86.
Bournazel, 59.
Bourniquel, 53, 66.
Bourzolles, 108. Voir *Coustin*.
Bousquet (Le), 129.
Bouyssou, 246.

Boyrac, 97, 100, 167.
Boyrac, 96.
Boys (Du), 99, 112. Voir *Bois*.
Boysson, 111, 156.
Brémond, 130, 131, 141.
Breuil (Du), 20, 43, 147, 180.
Breuil (Le), 129.
Breuil d'Arces (Le), 4.
Breuilh (Le), 35.
Brézé, 109.
Briançon, 201, 252, 253.
Bridoire, 222.
Bridoire, 222, 231, 234, 238.
Brie, 147, 174, 180.
Brisay, 86, 92.
Brochard, 270.
Brons, 199 à 218, 290.
Broons, 200, 204.
Brossac, 6, 166.
Brossard, 101.
Brouillac, 205, 231.
Broulet, 57.
Brugière, 93.
Brunet, 71, 74, 191, 269.
Brux, 249.
Bruzac, 57.
Buade, 224, 225, 231, 233, 240.
Bureau, 172.
Bussac, 109.
Bussereau, 102.

Cabry, 75, 76.
Cacaud, 91.
Cadouin, 32.
Cadrieu, 212.
Caillau (Le et Les), 225.
Cailleau, 162.
Caillières, 135, 203.
Caix, 255, 285.
Calvimont, 60.
Camain, 78, 149.
Campagnac, 232.
Campniac, 16, 138, 149.
Capdebos, 201.
Capdevielle, 6.
Capelle, 246.
Captal, 270.
Carbonnat, 74.
Carbonnier, 234.
Cardou, 52, 53.
Carias, 243.
Carles, 213.
Carlux, 109, 116.

Carmélites, 158.
Cars (Des), 60, 129, 132, 140.
Caseaux, 128.
Cassaigne (La), 109.
Castanet, 245.
Castarède, 128.
Castelbajac, 191.
Castelnau, 63, 108.
Castelnau, 108.
Castet (Du), 99.
Castillon, 162.
Caumont, 107, 108, 114, 115, 202.
Cazal, 129.
Cazaud, 21.
Cazes, 201.
Cazideroque, 53, 57.
Celles, 232.
Cercles, 5.
Cérétany, 19.
Cézac, 128.
Cézerac, 201.
Chabans, 78, 136, 160.
Chabanes, 281.
Chabroulie (La), 269.
Chaleix, 143.
Champs-Romains, 138.
Chantal, 26.
Chantérac. Voir *La Cropte*.
Chapelle, 128, 133, 140, 148, 173, 176, 197.
Chapelle (La), 4.
Chapelle-Montabourlet (La), 4.
Chapt, 132, 175, 180.
Chardebœuf, 116.
Charmals (Les), 222.
Charroux, 232.
Chaslard (Le), 5.
Chassaing, 78, 109.
Chassaing, 112.
Chassarel, 63.
Chastaing (Du), 112.
Chasteigner, 263, 267.
Chastenet, 31, 246.
Chastenet, 129.
Chastrude, 31.
Château, 260, 263.
Château, 263.
Château-Geoffroy, 222, 290.
Châteauneuf, 15.
Chatelard (Le), 5, 43.
Châtelux, 223, 236, 290.
Chatenet (Le), 257.
Chatignac, 6.
Chaubin, 81.

Chaumels, 209.
Chaumont, 206, 222, 231, 250.
Chaunac, 120, 156, 216.
Chaussade, 88, 89, 90, 101.
Chazaud (Du), 71, 78.
Chébandie (La), 13.
Chénac, 4.
Chevalerie (La), 155.
Chevalier, 118, 155, 180.
Chevau-légers de la Garde, 33, 152.
Chevigné, 108, 120.
Chevrière, 27, 47.
Chez-Raballe, 35.
Chilliaud, 194, 242.
Chocqueux, 155.
Choiseul, 278.
Choumond, 45.
Cintrat, 31.
Civray, 226.
Civray, 228, 229.
Cladech, 206.
Clarisses (Ordre dit des), 60, 150, 267.
Clarmont, 102, 103.
Claud (Le), 5, 257.
Clanzurou, 15.
Clérans, 58.
Clermont, 222, 231.
Clervaux, 230.
Clochetterie (La), 6.
Clugnac, 33.
Cluzel (Le ou Les), 202.
Coderc (Le), 257.
Coignac, 148.
Coincy, 284.
Colonges, 243.
Combe (La), 257.
Combe-de-Faux, 53.
Combe-Haute, 53.
Combes, 99.
Combes (Les), 11.
Combescot, 277.
Commarque, 62, 156.
Comte, 36.
Condaminas (Las), 257.
Condé (Armée de), 21, 29, 160, 212.
Congleton, 8.
Conilh, 25.
Conilh, 47.
Coquet, 264.
Coquille (La), 139.
Coral, 260.
Cordeliers, 287.
Cordis, 210.

Corgnac, 257, 258.
Cornu, 284.
Cosnac, 259.
Cosson, 97, 101.
Coste, 67, 118.
Coucy, 285.
Coudere (Le), 53.
Couhé, 264.
Courbafy, 62, 132, 138.
Courre (La), 130.
Courssou, 237, 238.
Courtade (La), 273.
Courtajalon ou *Courtazelles*, 129, 149.
Courthomer, 227.
Coussière (La), 129, 140, 149.
Coustin, 54, 61, 67, 105 à 124, 134, 149, 289.
Couturier, 264.
Couturon, 287.
Croix (La), 5, 46.
Croix (Dames de la), 241.
Croizant, 269.
Crouzilles (Des), 249.
Crozan, 139, 147.
Croze (La), 266.
Cuguac, 62, 206.
Culant, 237.
Cumond. Voir *Arlot*.
Cumond, 130, 141, 232.
Cumont, 19, 20, 130.

Daglan, 208.
Dalché, 201.
Dalmay, 41.
Darquey, 166.
Dauroux. Voir *Aurout*.
Dausse (La), 11.
David, 15.
Davignac. Voir *Avignac*.
Debays, 36.
Debet, 271.
Debetz, 36.
Degeorge, 243.
Delbech, 117.
Delcer, 163.
Delort, 243.
Delpy, 217.
Delteilhémo, 233.
Denoux, 4.
Desgraviers, 162, 180.
Despaigne, 54, 122, 134, 137.
Deville, 122.
Devoux, 4.
Dexans, 24.

Dieusidoux, 110.
Digeon, 195.
Dignac, 88.
Di-nematin, 225.
Domme, 205, 206.
Dominicaines (Religieuses), 242.
Donnissan, 167.
Dordaygue, 53, 57.
Dorel, 12.
Double (La), 164.
Doublet, 188.
Douhet, 235.
Doumec, 188.
Doursal, 53.
Dreuille, 142, 152.
Dubernat. Voir *Bernard*.
Dubois, 222. Voir *Bois*.
Duboys, 19.
Dubreuilh, 31, 71, 73, 77 à 80, 172. Voir *Breuilh*.
Duchartron, 247.
Duchier, 31.
Duguit, 29.
Duguie (La), 202.
Dumas, 44.
Duperrieu, 26.
Dupuy, 92, 102.
Durand, 173.
Durfort, 99, 152, 191.
Durieu, 24, 45.
Dussac, 258.
Dussault, 23.
Dussault-Millet, 129.
Dutartre, 166, 180.
Dutheil, 273.

Eclesia, 251.
Elections, 36, 41, 211, 254, 264.
Emigration, 17, 212.
Enclave (L'), 257.
Endrieu, 52.
Epernon (Duc d'), 192 à 194, 238.
Escatha, 63.
Escodéca, 114, 252.
Escourre, 201.
Esparliès, 135.
Essan, 24.
Essards, 141, 142.
Essarts (Des), 118.
Estissac, 231, 234.
Estresses, 208.
Estutt. Voir *Solminihac*.
Etang-des-Faures, 6.

Evérard, 219.
Excideuil, 277, 287.
Expert, 140, 266.
Eygounias, 5.
Eyma, 244.

Fabri, 217.
Fages, 129, 132.
Fages, 131.
Faget, 197.
Faissart, 172.
Farges, 16, 33.
Fargues, 210.
Faucher, 15.
Faure, 93.
Faure (Du), 241.
Faute, 249.
Fayard, 11.
Faydi, 15.
Faye (La), 141.
Fayolle, 33, 128, 131, 135, 150, 161, 164, 219, 270.
Fayolle, 223, 227, 228.
Fayolles, 219 à 254.
Fayolles, 223.
Fédas, 202.
Fellonneau, 163.
Fénélon. Voir *Salignac*.
Ferchat, 170.
Ferrand, 36.
Ferrières, 201.
Feuillants, 27.
Feydit, 31.
Feytières, 9.
Feytou, 65.
Firbeix, 132, 136, 145.
Flamenc, 73, 138, 150, 246.
Fleury-sur-Loire, 5.
Foix, 89, 168, 185, 188.
Fonbois, 70, 75.
Fontaine (Couvent), 34.
Fontémoing, 29.
Fontevrault (Ordre de), 150.
Forge-Neuve (La), 264.
Forges, 135, 148, 250, 289.
Forges, 129.
Fornel, 134.
Foucauld, 63, 91, 150, 162, 180, 222, 287, 290.
Fougéras, 147.
Fouilloux (Le), 70, 75.
Fouquiau, 86.
Fourcaud, 29.

Fourichon, 270.
Fournier, 129.
Fournil, 86.
Fourset (Le), 53, 132.
Foy (Dames de la), 197, 210.
Franciscains, 177.
Fraysse, 67.
Fraysse (Le), 67.
Frayssinet, 90.
Fromentaux, 70.
Fronsac, 203, 213.
Fronde (La), 174.
Frugie, 128, 129, 132, 134, 144 à 147, 152.
Fumel, 118, 238.

Gacherie (La), 262, 267.
Gaillard, 263.
Gain, 114, 117.
Gain, 109.
Gajante (La), 166.
Galabert, 134, 166.
Galard, 6, 114.
Galaup, 163, 213
Galliot, 35.
Gamaches, 236, 237.
Gandillaud, 157.
Ganivet, 162, 180.
Gardes du Corps, 26, 27, 37, 118, 152, 158, 168, 196, 212, 243, 247, 273.
Gardes-côtes, 20.
Gardes d'honneur, 165.
Garde royale, 29, 33, 45, 113, 114, 152, 215, 241, 264.
Gardes-françaises, 153, 156, 158, 169.
Gardedeuil, 213.
Garebœuf, 143, 176, 180.
Garénie (La), 53.
Garennes, 189.
Garrigue, 270.
Gastaudie (La), 257.
Gastebois, 230.
Gaudin, 29.
Gaulejac, 152, 203, 216.
Gautier, 159, 178, 180, 241.
Gay, 64, 225.
Gendarmes divers, 27, 31, 64, 171, 205.
Gentil, 244.
Gentilshommes de la Chambre, 31, 115, 149, 236.
Gérard, 211, 212.
Gerbaud, 196, 257, 282.
Gères, 38.
Gherardi, 211.

INDEX ALPHABÉTIQUE

Gilbert, 36.
Ginouilhac, 202.
Girard, 77, 134, 178.
Girardotte, 87.
Giraud, 41.
Gironde, 67.
Giry, 79.
Goër, 115.
Goisson, 96, 97.
Golirat, 247.
Gombaud, 215.
Gontaut, 59, 185, 289.
Gontier, 122, 134.
Gordieges, 231, 238, 240.
Goubert, 20, 174.
Gounou, 270.
Gouts, 4, 5, 6.
Goyon, 243.
Grand, 275.
Grant, 24.
Gras, 160.
Graveyrie (La), 70.
Graveyron, 250.
Grenier, 42.
Grèzel, 188, 208.
Grézignac, 34.
Grignols, 73, 135.
Grimoard, 99, 100.
Grimouard, 37, 251.
Guayrac, 201.
Guéret, 254.
Guerre, 76, 157.
Guichardie (La), 5.
Guillaumeau, 41.
Guyon, 242.

Handerson, 215.
Hard, 98.
Hastellet, 47, 289.
Hatton, 178.
Haute-Faye, 4.
Hautefort, 34, 60, 99, 128, 132, 169, 180.
Hautefort, 274.
Hébrard, 141, 203, 204.
Hervieu, 285.
Heu, 115, 116.
Hommes d'Armes, 30, 205, 206. Voir *Gendarmes*.
Hôpital Saint-Louis, 17.
Huet, 75, 138.
Hunault, 115.
Huon, 203.
Ichon, 214.

Janguet, 171.
Jarte (La), 23, 47.
Jaubert, 74, 78, 131, 135, 142, 156, 171, 232.
Jaucourt, 113.
Javerlhac, 223.
Jay, 29, 33, 155.
Jehan, 6, 37, 40, 125, 173, 180.
Jésus (Compagnie de), 25.
Joas, 99.
Jomelières, 289.
Joubert, 221, 223. Voir *Fayolles*.
Joumard, 37, 74, 151.
Jourdain, 159.
Jousseaume, 150.
Jousset, 6.
Jovelle, 47.
Jovelle, 5, 47.
Juddé, 147, 180.
Jussac, 149.

Labarthe, 172.
La Bastide, 147.
Labat, 97, 215.
La Baume, 155, 181.
La Beaume, 285.
La Bermondie, 97, 233.
La Boissière, 106, 202.
La Borie, 110.
Laborie, 64, 122, 201, 202.
Labrousse, 225.
La Brousse, 13, 16, 133, 231.
Le Bruin, 242.
La Caraulie, 120.
La Cassaigne, 62.
La Chambre, 6, 37.
La Chassaigne, 222, 235.
Lachèze, 79, 142.
Lacombe, 100, 210.
La Coste, 241.
Lacoste, 271.
La Confrette, 16.
La Couldre, 142.
Lacour, 240.
Lacourt, 74.
La Croix, 1 à 47, 289.
La Cropte, 45, 131, 135, 136, 158.
La Dieudye, 208.
Ladoire, 102, 135, 155, 168 à 170, 278.
La Duguie, 202, 218.
Laduie. Voir *Duguie*.
Lafaurie, 58.
La Faye, 17, 31, 37.
Lafaye, 162, 166.

Lafon, 202, 233.
Lafont, 32.
Lafont-Morelière, 274.
La Fresnaye, 284.
La Garde, 283.
Lage, 261.
Lagorsan, 98.
La Goutte, 111, 117, 129.
Lagrange, 122, 134, 217.
Lagrave, 139.
La Grelière, 232.
La Grèze, 234.
La Grossetière, 285.
La Guierche, 227.
Laigue, 53.
La Jorie, 266.
Lalande, 203.
La Loubrèrie, 216.
Lamaignère, 172.
Lambert, 264, 272.
Lamberterie, 283.
Lambertye, 128, 142, 174.
La Mothe, 181, 216.
La Motte, 146.
Landes (Les), 54, 109, 134, 137.
Landron, 81.
Laneau, 93, 99.
Lanes, 131.
Lanusse, 190.
Lanustan, 190.
Lapalisse, 188, 192.
La Personne, 100.
Lapeyre, 211.
La Place, 11, 85, 88, 89, 93, 131, 290.
La Plénie, 195.
La Pinsonnie, 135.
La Porte, 19, 24, 75, 76, 175.
Lard, 110, 114.
La Rigaudie, 246.
La Rivière, 31, 32.
Larmandie, 57.
La Roche-Aymon, 60, 261.
La Rochefoucauld, 58, 132, 150.
La Rochejaquelein. Voir *Vergier*.
La Roche-Jaubert, 232. Voir *Jaubert*.
La Rolphie, 233
La Roque, 56, 239.
La Roumagère, 148, 149, 181.
La Roussie, 283.
Larret, 129.
Larroque, 189.
Larue, 171.
Lasageas, 261.

Las Cases, 159, 166.
Lasrochas, 257.
Lassus, 191.
La Sudrie, 217.
Latané, 90.
La Tour, 63, 80, 266.
Latour, 77, 213.
Latronche, 257.
Lau (Du), 63.
Laubart, 89.
Laumonerie, 14.
Lauvergnac, 81.
Laval, 273.
La Valette, 54, 134, 137.
Lavandpot, 109.
Lavaure, 86.
La Vergne, 260.
Lavergne, 121.
La Vernhie, 216.
La Vigerie, 234.
Laxion, 257.
Le Berthon, 99, 250, 253.
Le Bigot, 57.
Leblanc, 163.
Le Brethon, 250.
Lecoq, 117.
Lefèbure, 244.
Lenclave. Voir *Enclave*.
Le Prestre, 121.
Le Roux, 113.
Lescours, 91.
Lescurie, 133.
Lespinasse, 110, 224.
Lestang, 24, 259.
Leslang, 6.
Lestrade, 269.
Lévignac, 189, 196, 197.
Lévis, 204.
Le Voyer, 157.
Lévy, 74, 75.
Leygue, 53.
Leygue, 217.
Leymarie, 267.
Leyssard, 258.
Leyterie, 202.
Libos, 202.
Lignac, 259, 262, 271.
Ligneux, 263.
Limalonges, 224, 225, 230, 249.
Linde (La), 53 à 59, 66, 68, 133, 137, 138, 142, 155, 162.
Lionor, 125.
Lisle, 249.

INDEX ALPHABÉTIQUE

Literie, 202.
Livenne, 21, 141.
Livron, 90, 93.
Lomagne, 110.
Long (Le), 33.
Longaud, 239.
Longue-Rouchette, 6.
Losse, 59, 154, 184, 185, 224.
Lostanges, 118.
Louis (Saint), 57, 59, 183 à 186.
Loybesse ou *Louybesse*, 53, 110, 133.
Loyseau, 194.
Lubersac, 150, 270, 280.
Luc (Du), 225, 242.
Luchet, 20.
Lude, 62.
Luguat, 201.
Lunas, 250.
Luns, 250, 251.
Lupel, 278.
Lur, 89.
Lusignan. Voir *Couhé*.
Luxe, 90, 92.
Lyée (pour *Delme*), 118, 290.

Madaillan, 231, 232.
Madranges, 237, 238.
Madronnet, 103.
Madronnet, 96, 103.
Maillard, 11, 139.
Maison-Neuve, 90.
Majourau, 188, 190.
Malaret. Voir *Malleret*.
Malartic, 163.
Malaurie, 111, 121.
Malbastit, 240.
Malbec, 26.
Malcap, 58.
Malet, 259, 266, 273.
Maleville, 207, 212.
Malleret, 69 à 82, 138, 156, 157.
Malleville, 71.
Malte (Ordre de), 17, 115, 120, 135, 150, 164, 226, 227, 236.
Manes, 136.
Manet, 278.
Manière, 121.
Marcillaud-Lavallette, 275.
Mareschal, 160, 290.
Mareuil, 10, 12, 24.
Marguin, 244.
Marigné, 224.

Marine (Officiers de), 20, 27, 29, 102, 217, 243, 244.
Marminiac, 202, 203, 217.
Marnac, 110.
Marole, 8.
Marqueyssac, 42.
Marsan, 100.
Marsi, 205.
Marsoulier, 91, 95 à 104, 289.
Marteau, 165.
Martin, 10, 37.
Martineau, 45.
Marval, 6.
Mas (Du), 204.
Mas-de-Bénevent (Le), 135.
Mas-de-Coutaron (Le), 134.
Mas-de-Montet (Le), 71, 72.
Mas-Troubat (Le), 134.
Masfrand, 283.
Masmontet, 94, 223.
Masnadaud, 112.
Masson, 43.
Masvaleix, 143.
Maugézin, 71, 72.
Maumont, 134, 146, 184.
Maureilhac, 222.
Méfrenie (La), 33.
Mège, 24.
Mégret, 135.
Méhée, 23.
Meidieu, 202.
Mellet, 89, 90.
Mercier, 11.
Mérée, 110.
Merlhiot, 271.
Merillarda, 112.
Merle, 235.
Merveille, 24.
Meslon, 97, 100.
Mespoulet, 110.
Mestre, 224.
Meynardie (La), 128, 134, 139.
Miles, 189.
Milon, 88.
Mirabel, 110.
Mirandol, 202, 210, 21
Mirandol, 210.
Mitounias, 6.
Monbazillac, 86, 92, 102.
Monconseil, 6.
Monoucq, 86.
Mondinet, 96.
Monestié, 64.

Monfrebœuf, 280.
Monjon, 175.
Monjut, 86.
Monlezun, 132.
Monnerie ou *Mounnerye*, 136.
Monod, 162.
Mons, 224, 240.
Monsalar, 45.
Moreau, 268.
Mosnerie, 136.
Mosnier, 261.
Montagnac, 110.
Montaignac, 117.
Mortaigne, 201.
Montalembert, 37, 66, 67, 121, 156, 181, 249.
Montaut, 59, 96, 113, 184, 185.
Montaut, 97, 98.
Montayral, 201, 202.
Montbas, 226 à 228.
Montbas, 228.
Mont-Carmel (Ordre du), 239.
Monteil, 139.
Monteils (Du), 218.
Montesquieu, 110.
Montesquiou, 132, 169, 211.
Montet, 14.
Monteton, 230.
Montfrebœuf, 149, 181.
Monthoreau, 227.
Montjeu, 86.
Montleau, 275.
Montlouis, 233.
Montmallan, 135.
Montmorency, 203, 207.
Montozon, 37, 196, 282.
Montpensier (Duc de), 234.
Montpon, 80, 89.
Montrem, 6.
Monzie-Saint-Martin (La), 117.
Morand, 58.
Moreau, 267, 284.
Morel, 13, 75.
Morin, 170.
Mosnier, 133, 267.
Mothe (La), 136.
Mothe-de-Bonnes (La), 71.
Mothe-Rochecoral (La), 20.
Mothe-Saint-André (La), 21.
Monneydière, 122.
Mourain, 178.
Mourcinq, 24.
Monsquetaires, 120. Voir *Garde*.
Murat, 8, 9.

Nadal, 188, 247.
Nadelin, 141, 142, 165.
Nanteuil, 236.
Narbonne-Pelet, 103.
Naudin, 264.
Naujan, 97.
Navarie (La), 258.
Navarre, 172.
Nesmond, 132, 175, 181, 263, 268.
Noailles, 108, 109.
Noël, 278.
Nogerée, 41.
Noguès (Du), 166.
Nombar, 230.
Nontronneau, 224.
Normand, 159.
Nougayrol, 137.
Nougeyrols, 137.

Ols, 204, 205.
Omex, 188.
Orbani, 159, 165.
Ordonnances du Roi, 114, 116, 177. Voir *Gendarmes*.
Ordre (Chevaliers de l'), 57, 73, 114, 115, 234, 241.
Orgouilloux, 101.
Orléans, 116.
Orliac, 111.
Ossun, 191.
Ourout, 188.
Ouvriers, 24.

Pages, 31, 33, 40, 151, 156, 169.
Paillet, 139.
Palegry, 116.
Paleyrac, 68.
Paleyrac, 53.
Palu, 64.
Pandigue, 269.
Panet, 138.
Panyot, 74.
Papin, 165.
Papus, 90.
Paradol, 260.
Pardaillan, 222.
Paré (Du), 62, 64.
Paris, 121, 285.
Parthenay, 86, 89, 150.
Pasquet, 262.
Passirac, 5.
Pastoureau, 13.
Patronnier, 45.

Paty, 64.
Paty, 65.
Pauliac, 137.
Paulin, 110.
Pauly, 74.
Peanne, 20.
Pech (Le), 54.
Pecon, 10.
Pélegri, 141.
Pellegrue, 189, 251.
Pepin, 234.
Perdux, 68.
Périer (Du), 163, 181, 213.
Périgord, 283.
Périgueux, 23.
Perrier, 40.
Perrot, 78.
Perron, 252.
Perry, 157.
Pérusse, 230. Voir *Des Cars*.
Pessart, 249.
Petit, 32, 88.
Petit-Bélabre, 35.
Pétruault, 170.
Peuch (Du), 137.
Peuch (Le), 54, 109, 137.
Peyrat (Du), 62.
Peyre (La), 224.
Peyrignac, 107.
Peyrou, 282.
Peyrouse, 31.
Peyrussas, 137.
Peytoureau, 282.
Pezet, 196.
Philip, 78, 120.
Philippie (La), 289.
Pichon, 271.
Pieffort, 134.
Pierrebuffière, 114, 183.
Piet, 41.
Pigeard, 247.
Pile, 64.
Pindray, 14, 21.
Pineau, 247.
Pingaud, 34.
Pisseleu, 221, 226 à 229.
Piston, 86.
Places (Des), 283.
Plamont, 258.
Plessis (Du), 32.
Poisson, 178.
Polastron, 98.
Polignac, 101.

Poltrot, 136.
Pombeau, 16.
Pommiers, 131, 203, 213.
Pompadour, 145, 277.
Ponches, 226.
Pons, 86, 110, 114, 209.
Ponsan, 188.
Pont (Du), 204, 233, 234, 237.
Pont (Le), 71.
Pontard, 73.
Pontbriant, 86.
Port (Du), 204.
Port-Bouton, 40.
Portenc, 78.
Pot, 109, 116.
Pourcauds (Les), 71, 75, 138.
Pourpory, 224.
Pourtens, 259.
Pouyade, 25.
Pouzat, 258.
Prats, 110.
Pressac, 170.
Pressac, 224, 236, 237, 254.
Pressignac, 289.
Prinse, 80.
Prioreau, 247.
Protestantisme, 23, 30, 31, 58, 192, 234.
Prye, 116.
Puch, 96, 101, 166.
Puiffe, 176.
Puy (Du), 32, 73, 74, 110, 121, 131, 135, 149, 174, 232, 250, 273.
Puy (Le), 232.
Puychalard (Le), 258.
Puychevalier, 224.
Puy-de-Chalup (Le), 138.
Puyguérault, 11.
Puylimeuil, 6.
Puymartin, 112.
Puynedet, 246.
Puyojeard ou *Puyozard*, 6.
Puyrasat, 4.
Puyredon, 224.
Puyredon, 224, 231, 233, 242, 251.
Querret, 7.
Queyroy (Le), 258.
Quinsac, 259.
Quintinie (La), 258.

Rabaine, 20.
Rabié, 122.
Rafin, 244.
Ramier, 164.

Ramnulphe, 145.
Ramouly, 142.
Rampoux, 264.
Ranconnet, 118, 121.
Raoul, 97.
Rappevacque, 224, 231.
Rapnouil, 267.
Rastelle, 87.
Rauzan, 97, 99.
Ravine, 75.
Raymond, 79, 201, 278.
Reclus (Du), 268.
Redon, 163.
Refuge (Du), 35, 78.
Régiment d'Agenais, 28.
— d'Angoumois, 172.
— d'Anjou, 26.
— d'Asphelt, 102.
— d'Auvergne, 102.
— de Beauvoisy, 75.
— de Bellegarde, 168.
— de Cambis, 20.
— royal de Carabiniers, 168.
— de Champagne, 159.
— de Chartres, 17.
— des Cuirassiers du Roi, 152.
— divers, 120, 160, 164, 167, 212, 243, 244.
— d'Enghien, 237.
— d'Excideuil, 246.
— des Galères, 208.
— des Gardes, 192.
— des Gardes-lorraines, 212.
— des Grenadiers, 40, 153, 158, 161,
— de Laval, 20.
— du Maine, 209, 210.
— de la Marine, 195, 196.
— de Maugiron, 169.
— de Monpezat, 116.
— de Montignac, 194.
— de Montmège, 154.
— de Navarre, 89.
— de Nivernais, 66, 156, 211.
— de Penthièvre, 40.
— de Périgueux, 158, 240, 269.
— de Picardie, 194.
— de Piémont, 82.
— de Provence, 153, 157, 161.
— provincial de la Rochelle, 21.
— du Roi-Cavalerie, 152.
— de Royal-Picardie, 212.
— de Royal-Pologne, 214.
— de Saint-Géry, 216.

Régiment de Saint-Sernin, 240.
— de Solms, 246.
— de Soumery, 102.
— de Tresnel, 20.
— de Turenne, 209.
— de La Valette, 192.
— de Vassé, 156.
Régnault, 13, 15.
Reille (La), 258.
Renaudie (La), 71, 75, 78.
Repaire (Le), 6.
Repaire-Brunet (Le), 71.
Restier, 141, 142.
Retraite (Dames de la), 167.
Revogé, 121.
Révolution (Epoque de la), 17, 21, 28, 274, 277. Voir *Condé* et *Emigration*.
Reygondaud, 284.
Reynal, 209.
Reygnier, 274.
Ribadieu, 167.
Ribagnac, 222.
Ribes, 235.
Ribette, 56, 57.
Ribeyreix, 16, 129, 138 à 140.
Richon, 170.
Rigaud, 171.
Rilhac, 258.
Rivoyre, 111.
Rizac, 26.
Robert, 35.
Robinet, 34.
Roc (Du), 208.
Roche-Chalais (La), 143, 163.
Rochechouart, 129, 146, 164, 183.
Rochefort, 116.
Roches (Des), 42.
Rochon, 58, 152.
Rocilho, 232.
Roffignac, 33.
Roisson, 11.
Rolland, 165.
Romagnières, 235.
Romain, 129, 138, 219.
Romiguière (La), 203.
Roque (La), 54, 138.
Roque-David (La), 240.
Roquefort, 222.
Roque-de-Mons (La), 240.
Roquette, 188.
Rosières, 56.
Rossignol, 274, 277.
Rossignol, 4.

INDEX ALPHABÉTIQUE

Rouchat, 258.
Rouffiac, 157.
Roulaudie (La), 258.
Roumaguet, 54.
Roumejoux. Voir *Agard.*
Rousiers, 56.
Rousseau, 11, 273.
Rousseau (Du), 223, 227, 229.
Roux, 13, 16, 46, 128, 135, 138, 171, 263, 268, 279, 283.
Royère, 68.
Roys, 177.
Roze, 241.
Ruaux (Des), 157, 159.
Rubran, 26.
Ruffier, 72.
Rupe, 211.
Rupin, 120.

Sablon, 78.
Sadillac, 225, 231, 233, 234.
Saint-Amant, 202.
Saint-Angel, 12, 71, 162, 181.
Saint-Antoine-de-Viennois (Religieuses de), 214.
Saint-Astier, 135, 223.
Saint-Aulaire. Voir *Beaupoil.*
Sainte-Aulaye, 70, 74.
Saint-Blancart, 100.
Saint-Clar, 210.
Sainte-Colombe, 53, 54, 58.
Saint-Cyprien, 6, 129.
Saint-Estienne, 115.
Saint-Exupéry, 50, 53, 67, 160.
Saint-Félix-de-Villadeix, 58.
Saint-Ferréol, 254.
Saint-Fief, 140.
Saint-Front-de-Champniers, 224.
Saint-Germain-de-Belvès, 111.
Saint-Germain-des-Prés, 257 à 259.
Saint-Jean, 239.
Saint-Jean de Jérusalem (Ordre de). Voir *Malte.*
Saint-Jory-Lasbloux, 257, 258.
Saint-Julien 117.
Saint-Laurent-des-Hommes, 85, 86.
Saint-Légier, 160.
Saint-Loubès, 6, 25, 27, 47, 81.
Saint-Loup, 5.
Saint-Marcel-de-Clérans, 132, 134.
Sainte-Marie-de-Frugie, 128, 132, 139.
Sainte-Marthe (Religieuses de), 41.
Saint-Martial-d'Artensec, 135.

Saint-Martin, 129, 147, 235.
Saint-Martin-de-Fressenges, 129.
Saint-Martin-le-Peint, 225.
Sainte-Maure, 152.
Saint-Mayme-de-Rauzan, 111.
Saint-Médard-de-Guizières, 171.
Saint-Michel, 266.
Saint-Michel-Léparon, 140.
Saint-Nexans, 188.
Saint-Ours, 59, 62, 66, 67, 119, 240, 241.
Saint-Pardoux-la-Rivière, 129.
Saint-Pastou, 188.
Saint-Paul-Laroche, 139.
Saint-Perdoux, 224.
Saint-Pierre, 87, 88. Voir *Thomasson.*
Saint-Pierre, 258.
Saint-Pierre-de-Frugie, 132. Voir *Frugie.*
Saint-Pompon, 110.
Saint-Priest-les-Fougères, 140.
Saint-Priest-de-Mareuil, 47.
Saint-Privat-des-Prés, 70 à 73, 77, 134, 136.
Sainte-Radegonde-de-Nairac, 25.
Saint-Saud. Voir *Arlot.*
Saint-Saud, 129, 138, 140, 153.
Saint-Sauveur, 86, 89.
Saint-Sauveur-la-Vallée, 137, 141.
Saint-Sernin, 225, 241, 242.
Saint-Sulpice, 11.
Saint-Viance, 283. Voir *Philip.*
Saint-Vincent-du-Cosse, 208.
Saint-Vincent de P. (Religieuses de), 244.
Saint-Yrieix, 279.
Saintes, 239.
Sales, 224.
Salevert, 259.
Salignac, 136, 151, 158.
Salle (La), 81, 97.
Sallebœuf, 130, 131.
Sallepenche, 259.
Salomon, 274.
Salomon, 74.
Sans, 23.
Sansart, 91, 100.
Sanzillon, 34, 68, 159, 169, 270.
Sapinaud, 223, 227, 229.
Sarlaude, 258, 278.
Sarlat, 203, 208.
Sarrazac, 257, 258.
Sarrazin, 41.
Saunier, 4, 30, 31, 34, 37, 131.
Sauret, 108, 211.
Saussignac, 250, 252.

Saut de-la-Gratusse, 51.
Schomberg, 237.
Schwumberg, 115.
Séchère (La), 259.
Ségur, 97, 100, 101, 174, 222, 241, 251.
Seguy, 202, 216.
Seignac, 101, 135, 156.
Seignes, 24.
Selvin, 248.
Sénailhac, 156.
Sénemaud, 173, 181.
Sequaire, 23.
Sériguac, 191.
Serpent (La), 188.
Servanches, 138.
Sescaud, 23, 44, 289.
Sestrière, 137.
Signac, 72, 137.
Sinsac, 71.
Six, 271.
Solminihac, 195, 196.
Sorbier, 103, 192.
Souc, 108.
Souchet, 20.
Souillac, 115, 116, 118, 210, 222, 241.
Souillac, 106.
Soulou, 92.
Soyres, 166, 181.
Stewart, 244.
Stuer, 129.
Sucraud, 269.
Sudrie, 267, 269.
Suire, 21.
Sylvestre, 102.

Taillandie, 35, 141.
Taillefer, 127, 128, 132, 169, 182.
Talleyrand, 242.
Tarrade, 277.
Tarteron, 285.
Tartuc, 97.
Tauzy (Le), 71.
Teilh (Du), 233.
Tenant, 273, 278.
Térère, 4.
Termes, 74.
Terrasson, 158, 182.
Tessières, 71, 260, 279.
Testard, 32.
Texier, 264, 283.
Teyssière. Voir *Tessières*.
Thaudias. Voir *Belhade*.
Thenac, 6.

Thibaud, 246.
Thiviers, 263.
Thomasson, 255 à 287.
Tocane-Saint-Apre, 258.
Touchebœuf, 63, 137, 152.
Tougnan, 6, 27.
Tour (La), 54, 142, 167.
Tour-Blanche (La), 4, 5, 30, 40, 41.
Tour-de-Montbreton (La), 232.
Tournons, 188.
Touron, 208.
Tours, 194.
Tourtel, 161.
Tousvents, 35.
Touzy (Le), 71.
Trarieux, 142.
Trigant, 170 à 172, 182.
Tripoudière (La), 100.
Truffin, 267.
Tuquet (Le), 277.
Turenne, 261.
Udale, 244.
Urbin. Voir *Orbani*.
Ursulines, 27.
Ussel, 114, 137.

Vacher, 129.
Valade, 267, 283.
Valade (La), 129, 149.
Valençay, 226, 227.
Valbrune, 13, 64.
Valens, 167.
Valeuil, 281, 282, 287.
Valgoudon, 218.
Valouze (La), 139, 140, 142.
Vandière, 266.
Varaignes, 129.
Vars, 80, 148.
Vars, 11.
Vassal, 40, 120, 138, 157, 158, 162, 163, 268, 279, 289.
Vassaldie (La), 40.
Vassoigne, 34.
Vassoux, 143.
Vaucocour, 263.
Vaux-Blanche (La), 225.
Vaugoubert, 259, 284.
Vaultier, 6.
Vaux, 12, 45, 234.
Vayssière, 206.
Venat, 259.
Ventou, 257.
Vérac, 202, 203.

Verdoyer (Le), 129.
Verdesme, 137.
Vergier (Du), 164.
Vergoin, 206.
Vermonet, 149.
Vernet, 211.
Verneuil, 158.
Verteuil, 82, 91.
Vétat, 175.
Veyret, 44.
Veyssière, 207.
Vezet. Voir *Mareschal*.
Vidal, 223.
Vidalie (La), 225.
Vienne, 115, 203, 207.
Vielcastel, 205 à 207.
Vigier, 37, 59, 74, 136, 175, 183.
Vigier (Du), 117.
Viguemeyze, 259.
Vignes, 191.
Vignes (Les), 63.
Viguerie (La), 203.
Vilhal, 250.

Vilhate, 33.
Villac, 129.
Villages, 177.
Villamont, 42, 46.
Villedieu, 141.
Villegente, 71, 171.
Villepontoux, 103.
Villevaleix, 273.
Villotes, 97.
Villontreys, 17, 139.
Vinceus, 195, 196.
Vincent, 52.
Vinet, 164.
Vitrac, 266.
Vitrat, 6.
Vitrolle (La), 162.
Vivairon, 6.
Vivant, 91, 117, 206.
Vivonne, 230, 231, 249.
Volontaires royaux, 159, 163.

Worthy, 212.

Achevé d'imprimer povr l'avtevr

Svr les Presses de l'Imprimerie Générale dv Svd-Ovest

(J. CASTANET, A BERGERAC)

LE VINGT-DEVXIÈME JOVR DE FÉVRIER

DE L'AN DE GRACE M DCCC XCVIII

EN LA FÊTE DE SAINTE ISABELLE DE FRANCE, SŒVR DE SAINT LOVIS

www.ingramcontent.com/pod-product-compliance
Lightning Source LLC
Chambersburg PA
CBHW071335150426
43191CB00007B/735